प्रजनन-तंत्र तथा दैवी भावना

प्रजनन-तंत्र तथा दैवी भावना

प्रसिद्ध तेलुगु लेखक तापी धर्माराव द्वारा लिखित कृतियाँ : देवालयालमीद बूतु बोम्मलु ऐंदुकु (देवालयों पर मिथुन मूर्तियाँ क्यों?), इनपकच्चडालु (लोहे की कमरपेटियाँ) तथा पेल्लिदानि पुट्टुपूर्वोत्तरालु (विवाह संस्कार : स्वरूप एवं विकास) और उनकी विवेचना

लेखक

तापी धर्माराव

विवेचक

डॉ. एटुकूरू प्रसादराव

अनुवाद

डॉ. सी. वसन्ता

राधाकृष्ण

नयी दिल्ली पटना इलाहाबाद कोलकाता

ISBN : 978-81-8361-657-7

प्रजनन-तंत्र तथा दैवी भावना

पहला संस्करण : 2014

मूल्य : ₹ 700

प्रकाशक

राधाकृष्ण प्रकाशन प्राइवेट लिमिटेड
7/31, अंसारी मार्ग, दरियागंज, नई दिल्ली-110 002

शाखाएँ : अशोक राजपथ, साइंस कॉलेज के सामने, पटना-800 006
पहली मंजिल, दरबारी बिल्डिंग, महात्मा गांधी मार्ग, इलाहाबाद-211 001
36 ए, शेक्सपियर सरणी, कोलकाता-700 017

वेबसाइट : www.radhakrishnaprakashan.com
ई-मेल : info@radhakrishnaprakashan.com

मुद्रक

बी.के. ऑफसेट
नवीन शाहदरा, दिल्ली-110 032

PRAJANAN-TANTRA TATHA DAIVEE BHAWNA
by Taapi Dharma Rao

प्रस्तावना

तापी धर्माराव का जन्म 19 सितम्बर, 1887 को हुआ और निधन 8 मई, 1973 को हुआ। 86 वर्ष के जीवन में उन्होंने तेलुगु भाषा में अनेक पुस्तकें लिखी हैं। प्रधान रूप से उनके लेखन का प्रयोजन समाज को शिक्षित करना रहा है। लेखन के लिए उन्होंने ऐसे विषयों का चयन किया जिन्हें व्यावहारिक रूप में प्रत्यक्ष देखते रहते थे किन्तु उन विषयों पर लिखी हुई पुस्तकें उन्हें खोजने पर भी नहीं मिलीं। उनके लेखन में आँखों देखी सामग्री है। उनका अपना प्रत्यक्ष आत्मानुभव है। समाज में पाए जानेवाले तथ्यों का साक्षात्कार उन्होंने किया। समाज में प्रचलित कुप्रथाओं को देखकर वे चुप नहीं रह सके। उनके मन में द्वन्द्व हुआ और उन्होंने उनका समाधान खोजना चाहा। जिज्ञासु वृत्ति से तथ्य एकत्रित किए और पुस्तकें लिखीं। उनकी पुस्तकों में ज्ञान से अधिक अनुभव है और परम्परा से अधिक व्यावहारिक तथ्य हैं। ऐसे तथ्य हैं जिनकी ओर देखकर भी लोग देखे-अनदेखने हो जाते हैं और जानकर भी अजाने हो जाते हैं। सच कहने के लिए साहस, धैर्य तथा आत्मबल की आवश्यकता है। तापी धर्माराव अपने इन गुणों के कारण इस प्रकार की मौलिक पुस्तकें लिख पाए हैं।

2

श्रीमती सी. वसन्ता ने तापी धर्माराव की तीन पुस्तकों का हिन्दी अनुवाद प्रस्तुत किया है। वे पुस्तकें इस प्रकार हैं–1. *विवाह संस्कार : स्वरूप एवं विकास;* 2. *देवालयों पर मिथुन मूर्तियाँ क्यों?* तथा 3. *लोहे की कमरपेटियाँ।* तीनों ही पुस्तकें नर तथा नारी के सम्बन्धों को व्यक्त करनेवाली हैं। परिवार के विभिन्न रूपों का परिचय इन पुस्तकों में हैं। नर तथा नारी का सामाजिक स्वरूप भी पारिवारिक परिचय के माध्यम से उजागर हुआ है।

3

बर्ट्रेण्ड रसेल ने 'विवाह और नैतिकता' (Marriage and Morals) पुस्तक लिखी है। उसमें एक स्थान पर वे लिखते हैं–

> "किसी विचार का अत्यधिक प्रचलन ही इस बात का प्रमाण नहीं कि वह सर्वथा बेतुका नहीं था। बल्कि सच तो यह है कि मानवता में बहुमत मूर्खों का है और इसलिए अधिक प्रचलित विचार के मूर्खतापूर्ण होने की आशा अधिक होती है और बुद्धिमत्तापूर्ण होने की कम।"[1]

बर्ट्रेण्ड रसेल ने विचारों के प्रचलित रूपों पर विस्तार से लिखा है। 'विवाह और नैतिकता' पुस्तक में रसेल ने जिन विषयों पर लिखा है, लगभग उसी प्रकार के विषय तापी धर्माराव की पुस्तकों के भी हैं। रसेल के लेखन में चिन्तन का स्तर ऊँचा है और वे प्रचलित रूपों पर विचार करते हुए उसकी नैतिक मीमांसा करते हैं। 'यौन नैतिकता' के सम्बन्ध में रसेल ने लिखा है–

> "समुदाय की यौन नैतिकता में कई परतें हैं। वे सबसे पहले तो वे अप्रत्यक्ष प्रथाएँ हैं जिनकी व्यवस्था कानून में हैं, जैसे कुछ देशों में एक विवाह और कुछ में बहुविवाह! दूसरी परत वह है जहाँ कानून का हस्तक्षेप नहीं, परन्तु वहाँ जनमत का प्रभाव होता है। तीसरी परत वह है जहाँ पर सारी बात–सिद्धान्त रूप में नहीं तो व्यवहार रूप में– व्यक्ति के विवेक पर छोड़ दी जाती है।... ... ...यह निश्चय करना बड़ी जटिल समस्या है कि सामान्य सुख के दृष्टिकोण से कौन-सी यौन नैतिकता सबसे अच्छी होगी। भिन्न परिस्थितियों में इस प्रश्न का उत्तर अलग-अलग होगा। औद्योगिक दृष्टि से उन्नत समुदाय में यौन नैतिकता आदिम कृषि-प्रधान तंत्र से भिन्न होगी। उस प्रदेश में जहाँ चिकित्सा विज्ञान और स्वास्थ्य-विज्ञान की उन्नति के कारण मरण दर कम हो यौन नैतिकता उस प्रदेश से बिलकुल भिन्न होगी जहाँ की जनसंख्या का बहुत-सा भाग संक्रामक और अन्य रोगों के कारण वयस्क होने से पहले ही मौत के मुँह में चला जाता है। जब हमारा ज्ञान कुछ अधिक हो जाएगा तो शायद हम यह कह सकेंगे कि एक विशेष जलवायु में जो यौन नैतिकता सर्वोत्तम है, वह दूसरी जलवायु से भिन्न होगी। और आहार के अनुसार भी उसमें भेद होंगे।
>
> यौन नैतिकता के प्रभाव भी अलग-अलग प्रकार के होते हैं– वैयक्तिक, दाम्पत्यिक, पारिवारिक, राष्ट्रिक और अन्तर्राष्ट्रिक। यह भी हो सकता है कि कुछ पहलुओं पर अच्छे प्रभाव हों और कुछ पर बुरे। इन सभी बातों पर विचार करने के बाद ही हम यह निर्णय दे सकते हैं

1. विवाह और नैतिकता बर्ट्रेण्ड रसेल (अनुवादक : धर्मपाल), राजकमल प्रकाशन, प्रा.लि., दरियागंज, नई दिल्ली-2, पृ. 30 (ईसाई नैतिकता अध्याय से)

कि किसी प्रणाली के सम्बन्ध में हम क्या सोचें। सबसे पहले शुद्ध वैयक्तिक प्रभावों को ही लीजिए। ये प्रभाव मनोविश्लेषण द्वारा जाने जा सकते हैं। यहाँ हमें न केवल उस वयस्क व्यवहार पर विचार करना है जो किसी विशेष आचरण संहिता से उत्पन्न होता है बल्कि बचपन में दी गई शिक्षा का भी ध्यान रखना है जिसने इस संहिता का पालन करना सिखाया।... ... ...विषय के इस क्षेत्र में न केवल वैवाहिक बल्कि वैवाहिक क्षेत्र से बाहर के यौन सम्बन्धों का ध्यान रखना पड़ेगा क्योंकि विवाह पद्धति चाहे जैसी भी हो, वैवाहिक क्षेत्र से बाहर के यौन सम्बन्ध भी उसी के अनुरूप बदलेंगे।''[1]

विषय की प्रस्तावना के रूप में लिखी हुई ये पंक्तियाँ हैं। रसेल आधुनिक सभ्यता के सन्दर्भ में विषय को नए रूप में समझ बढ़ाने की दृष्टि से लिखते हैं। रसेल ने 'यौन नैतिकता' पर लिखते समय परिवार, विवाह-पद्धति, कानून तथा जनसंख्या पर भी विस्तार से विचार किया है। प्रस्तावना के अन्त में निष्कर्षात्मक पंक्तियों में अपने विश्वास को व्यक्त करते हुए रसेल लिखते हैं–

''मेरा अपना विश्वास है कि अधिकतर युगों और स्थानों में अस्पष्ट मनोवैज्ञानिक शक्तियों के प्रभाव में आकर मानव ने ऐसी प्रणालियाँ अपनाई हैं जिनमें बिलकुल अनावश्यक कठोरता निहित है और आजकल भी बहुत-सी सभ्य जातियों में ऐसा ही होता है। मेरा यह भी विश्वास है कि चिकित्सा और स्वास्थ्य विज्ञान में जो प्रगति हुई है, उसके कारण व्यक्तिगत और सार्वजनिक दोनों दृष्टिकोणों से 'यौन नैतिकता' में परिवर्तन होने चाहिए। और दूसरी ओर, जैसा कि पहले कहा जा चुका है, शिक्षा में राज्य के बढ़ते हुए अधिकार-क्षेत्र के कारण धीरे-धीरे पिता का उतना महत्त्व नहीं रह पाया है जितना कि अब तक के सम्पूर्ण इतिहासकाल में रहा है। इसलिए आज की नैतिकता की आलोचना करते समय हमें दो बातों का ध्यान रखना है। *एक तो हमें अन्धविश्वास के उन तत्त्वों को मिटाना है, जो बहुधा उपचेतन में होते हैं और दूसरे उन बिलकुल नए तत्त्वों को ध्यान में रखना है, जिनके कारण पुराने युगों की बुद्धिमत्ता आज के युग की बुद्धिमत्ता बनने के स्थान पर आज की मूर्खता बन गई है।*''[2]

---

1. विवाह और नैतिकता बर्ट्रेण्ड रसेल (अनुवादक : धर्मपाल), राजकमल प्रकाशन, प्रा.लि., दरियागंज, नई दिल्ली-2, पृ. 2 और 3 पर।
2. विवाह और नैतिकता बर्ट्रेण्ड रसेल (अनुवादक : धर्मपाल), राजकमल प्रकाशन, प्रा.लि., दरियागंज, नई दिल्ली-2, (प्रस्तावना से) पृ. 7

4

रसेल ने अपनी पुस्तक 'विवाह और नैतिकता' की प्रस्तावना में 'यौन नैतिकता' पर विस्तार से विचार किया है। उक्त पुस्तक की मुख्य समस्या 'यौन नैतिकता' पर विचार करना है। तापी धर्माराव की तीनों पुस्तकें, जिनका अनुवाद श्रीमती सी. वसन्ता ने किया है, 'यौन नैतिकता' से सम्बन्धित ही हैं। इस शीर्षक के अन्तर्गत तीनों ही पुस्तकों के विषयों का समाहार हो जाता है।

5

विवाह संस्कार : स्वरूप एवं विकास : इस विषय पर तापी धर्माराव ने अंग्रेज़ी में पुस्तकें पढ़ीं। किन्तु उन्हें भारतीय सभ्यता तथा रीति-रिवाज़ों पर लिखी हुई एक भी पुस्तक नहीं मिली। इस पुस्तक के आरम्भ में इस तथ्य को उजागर करते हुए वे लिखते हैं–

> ''मेधावी विदेशी शोधक दुरभिमान छोड़कर अलग-अलग सभ्यताओं के बारे में अनेक ग्रन्थ लिख चुके हैं। साधारणतया उनको भारतीय सभ्यता और रीति-रिवाजों के बारे में कुछ मालूम नहीं है। हमारे देश के कई शोधक दुरभिमान के कारण दूसरी सभ्यताओं को गिनती में नहीं लेते। विविध सभ्यताओं में जो विवाह संस्कार प्रचलित हैं, उन सबके पीछे एक अति पुरातन मूलसूत्र तो होगा ही। उस मूल सूत्र को खोजने का प्रयत्न मैं इस रचना द्वारा कर रहा हूँ।'' (पुस्तक की भूमिका–'छोटी-सी बात' से)

और अपनी रचना की प्रामाणिकता के सम्बन्ध में लेखक का कहना है–

> ''इस रचना में सम्मिलित विभिन्न जातियों से सम्बन्धित सारे विषय न काल्पनिक हैं न अतिशयोक्तिपूर्ण। कुछ सुप्रसिद्ध शोधकों ने प्रमाणों के साथ इन विषयों के बारे में लिखा है। सत्य पाठकों के सामने रखना मेरी इच्छा रही है। *मैंने पाठकों को धोखे में रखने के लिए कदापि यह रचना नहीं की है। आपसे मेरी यही प्रार्थना है कि मैंने जो कहा है, उस पर विश्वास रखें।''* (पुस्तक की भूमिका 'छोटी-सी बात' से)

श्रीमती वसन्ता ने अनुवाद करते समय कुछ कठिनाइयों का अनुभव किया। इस पुस्तक के बहुत से शीर्षक 'तेलुगु' में ही यथावत् रखे गए हैं। केवल लिपि का परिवर्तन है। इन शीर्षकों का स्पष्टीकरण पादटिप्पणियों में किया है। प्रधान रूप से आन्ध्र प्रदेश से सम्बन्धित इस विषय की जानकारी पुस्तक में अधिक है। 'विवाह संस्कार' के साथ जुड़े नैतिक प्रश्न अपने-आप बिना बतलाए गोचर हो जाते हैं और इनमें 'यौन नैतिकता' से सम्बन्धित तथ्यात्मक जानकारी सर्वेक्षण के रूप में प्रस्तुत हुई है।

देवालयों पर मिथुन मूर्तियाँ क्यों : यह दूसरी पुस्तक है। यह पुस्तक सर्वप्रथम 1936 ई. में प्रकाशित हुई। दूसरा संस्करण 1962 ई. में प्रकाशित हुआ और तीसरा संस्करण तापी धर्माराव के निधन से दो वर्ष पूर्व 1971 ई. में हुआ है। तीनों संस्करणों की भूमिकाएँ अलग-अलग हैं। अलग-अलग संस्करणों की भूमिकाओं को पढ़ जाएँ तो लगता है कि पुस्तक लिख लेने पर और प्रकाशित होने के बाद भी उक्त विषय पर नई सामग्री की ओर लेखक की दृष्टि रही है। जहाँ-जहाँ खुदाई हुई और प्राचीन अवशेषों का अध्ययन हुआ, उससे कुछ नई जानकारी मिली है। इस जानकारी का उपयोग लेखक ने अपनी भूमिकाओं में किया है। तीसरे संस्करण की भूमिका में लिखा है–

> ''पन्द्रह दिन पहले पूना के नज़दीक कुछ अवशेष मिले हैं जो लगभग 5000, 6000 साल पुराने हैं। इन पुरातन अवशेषों का अध्ययन करके शोधकर्ता स्पष्ट करते हैं कि ये किस समय के हैं, किस जाति तथा संस्कृति से सम्बन्धित हैं...इन प्राचीन संस्कृतियों में मातृसत्तात्मक व्यवस्था प्रचलित थी। इन संस्कृतियों के अध्ययन से यह पता चलता है कि सनातनों के लिए सम्भोग पवित्र कार्य था। उनके लिए सम्भोग देवताराधना था। इसलिए वे देवालयों में यह पवित्र कार्य करते थे। वे देवालयों को क्रीड़ा-स्थल के रूप में उपयोग करते थे। इसके पीछे दैवशक्ति ही एकमात्र कारण था। उनमें यह विश्वास था कि जो यह कार्य नहीं करते हैं, उन्हें पाप लगता है। इन महापापियों की मुक्ति नहीं होती। तीन-चार हजार वर्ष मानव जाति पर इन विचारों का प्रभाव था। उनकी जीवनचर्या इनसे निबद्ध थी। इस सत्य को स्वीकार करते हुए हमें लज्जा क्यों? सन्तानोत्पत्ति के लिए सम्भोग अनिवार्य है। फूल-फल आने के लिए प्रकृति में भी तो यही कार्य चलता है। इसमें गलती क्या है?'' (तीसरा संस्करण, प्राक्कथन से)

और अन्त में लिखा–

> ''देवालय के गोपुरों पर, रथों पर, मन्दिर-गर्भ में, देवालयों की दीवारों पर मिथुन-मूर्तियों हम नित्य देखते हैं। क्या इन सबको पूर्ण रूप से नष्ट कर सकते हैं। अगर इन सबको समूल नष्ट कर सकेंगे तो मैंने जो सत्य कहा, उसे स्वीकार मत करो। किन्तु सब देवालयों को नष्ट करना असाध्य है। पुराना होने पर भी सत्य तो सत्य ही रहेगा। अगर इस सत्य को स्वीकार करने में दुरभिमान बीच में आ रहा है तो पुराने सत्यों को एक स्वप्न समझकर भूल जाओ। पुस्तक की शैली प्रश्नों को प्रस्तुत करने की है। प्रश्न तो मन में उपजते ही रहते हैं किन्तु स्थिरता से उन

पर चिन्तन होता नहीं। लेखक ने इन प्रश्नों को प्रस्तुत करने में और उनके सम्बन्ध में तथ्यों को उजागर करने का प्रयत्न किया है। मन में जो प्रश्न उपजे; उसका समाधान होना चाहिए। स्वयं पुस्तक का शीर्षक भी प्रश्न रूप में है–'देवालयों पर मिथुन मूर्तियाँ क्यों ?' पुस्तक में ऐसे कई प्रश्न हैं और उनका उत्तर जिज्ञासाओं की पूर्ति के रूप में दिया गया है।

7

लोहे की कमरपेटियाँ : तेलुगु पुस्तक का शीर्षक है 'इनपकच्चडालु' श्रीमती सी. वसन्ता ने 'लोहे की कमरपेटियाँ' हिन्दी अनुवाद किया है। ये एक प्रकार से पवित्र बन्धन है। इसके पीछे सामाजिक अवधारणा यही है। अनुवाद में–'लोहे की कमरपेटियाँ'–शब्द में पवित्रतावाला भाव नहीं आ सका है। तेलुगु शब्द 'इनपकच्चडालु' में पवित्र-बन्धन भाव भी निहित है। शब्द के साथ संस्कार जुड़ते हैं और उनका जुड़ना सम्बन्धित संस्कारों के प्रचलित रहने पर ही सम्भव है। पुस्तक में तापी धर्माराव ने विषय का सामाजिक तथा सांस्कृतिक परिचय ऐतिहासिक परिप्रेक्ष्य में दिया है। यह परिचय विषय के गुण-दोषों को उजागर करते हैं। इससे नर तथा नारी के चिरन्तन और न टूटनेवाले सम्बन्धों की जानकारी मिलती है। समाज-मनोविज्ञान से सम्बद्ध यह पुस्तक है।

8

तापी धर्माराव के लेखन में सृजनात्मक गुण हैं। वे तथ्यों को उघाड़कर रखना जानते हैं। इस तरह उघाड़ने में व्यंजना है। व्यंजना चोट पहुँचानेवाली हैं और समाज को जाग्रत करनेवाली भी। समर्थन और विरोध को संतुलित रूप में लिखा गया है। पुस्तकों में (कहिए लेखन में) समाज-कल्याण की भावना है। देश-विदेश की सामग्री पुस्तकों में है। पुस्तकों का स्वरूप सार्वभौमिक है। नर तथा नारी के चिरन्तन आकर्षण के सामाजिक स्वरूप का विवेचन भी किया गया है।

तापी धर्माराव की ये तीनों ही पुस्तकें समाज-मनोविज्ञान की हैं। नर तथा नारी के सम्बन्धों का समाज पर जो प्रभाव रहता है और उस प्रभाव के कारण बहुत-सी प्रथाएँ समाज में प्रचलित हो जाती हैं, उन सबको ठीक से समझने की अवश्यकता है। नर हो या नारी–दोनों ही सामाजिक प्रभावों से मुक्त नहीं हैं। एक प्रकार से व्यक्ति को नैतिक बल समाज से ही प्राप्त होता है। इस नाते व्यक्ति सामाजिक प्रथाओं को ठीक से समझ न पाने पर भी, उन प्रथाओं को यथावत् परम्परा रूप में स्वीकार करता

चला आया है। इन कुप्रथाओं को यदि समाज के सम्मुख उजागर करें तो नैतिक स्वरूप में परिवर्तन सम्भव है। समस्याओं को यथावत्–उन्हें पहचानकर–प्रस्तुत कर दें तो उनसे अपने आप नैतिक स्वरूप में अन्तर आता है। ऐसा प्रयास तापी धर्माराव ने अपनी पुस्तकों में किया है।

9

बर्ट्रेण्ड रसेल के लेखन में और तापी धर्माराव के लेखन में काफी अन्तर है। दोनों की तुलना करना प्रयोजन नहीं है। रसेल एवं अन्य लेखकों की पुस्तकें तापी धर्माराव ने पढ़ी हैं और उनके लेखन से प्रेरणा प्राप्त की है। तापी धर्माराव ने अंग्रेज़ी भाषा में जिस प्रकार की पुस्तकें 'यौन नैतिकता' पर पढ़ीं, वैसी पुस्तक तेलुगु में लिखना चाहा। तदर्थ उन्होंने सामग्री प्रत्यक्ष अनुभव के आधार पर एकत्रित की। भारतीय भाषाओं में–विशेषकर तेलुगु में–उन्हें ऐसी पुस्तकें देखने को नहीं मिली। अतः उन्होंने प्रेरणा तो अंग्रेज़ी पुस्तकों से ली किन्तु लेखन की सामग्री स्वयं जुटाई। अपने में साहस बटोरकर गुण-दोषों की चिन्ता किए बिना, आलोचनाओं की आशंका होने पर भी सहज भावना से सहज शैली में पुस्तकें लिखीं। 'यौन नैतिकता' का सामाजिक स्वरूप उन्होंने उजागर किया है। रसेल तो तथ्यों की बौद्धिक मीमांसा करते हैं और अपनी ओर से समस्या का स्वरूप उजागर करते हुए उनके नैतिक पक्ष को भी स्पष्ट करते हैं। रसेल जिस तरह लिखते हैं, उस तरह का लेखन तापी धर्माराव का नहीं है। उनके लेखन की विशेषता दूसरे प्रकार की है। वे जो कुछ देखते हैं, उन्हें यथावत् प्रस्तुत कर–प्रश्नचिह्न के रूप में उजागर करते हैं। परम्पराओं को पहचानने का प्रयत्न उन्होंने किया है। समाज में प्रचलित कुप्रथाओं को समझने-समझाने का प्रयत्न उन्होंने किया। वे इन सबकी बौद्धिक-मीमांसा रसेल की तरह नहीं करते। वे तो जिज्ञासाओं को प्रस्तुत कर उनके कारणों को पहचानने का प्रयत्न करते हैं। जो है, वह क्यों ?–इसका समाधान प्रस्तुत करने के बाद वे चुप हो जाते हैं। और यह सब कुछ भारतीय परिप्रेक्ष्य में है। सदाचार-दुराचार की बात नहीं करते। इसी तरह क्या ठीक है और क्या ठीक नहीं है, यह भी नहीं बतलाते। वे केवल इतना कहते हैं कि ऐसा है और ऐसा क्यों है? इसका ऐतिहासिक तथा पारम्परिक स्वरूप पहचानें तो हमें कारणों का या प्रश्नों का उत्तर मिल जाएगा। इस रूप में देखने पर तापी धर्माराव के लेखन में 'यौन नैतिकता'–सामाजिक प्रश्नचिह्नों के रूप में हैं और उनकी धारणा है कि यदि इन कारणों को स्पष्ट कर दिया जाता है तो मानसिक ग्रन्थियों का निदान हो जाता है और इस तरह 'यौन नैतिकता' की पहचान स्पष्ट हो जाती है। डॉ. एटुकुरु प्रसादराव ने तेलुगु में 'तापी धर्माराव :

व्यक्तित्व और कृतित्व' पुस्तक लिखी है। उक्त पुस्तक के माध्यम से तापी धर्माराव की रचनाओं का अध्ययन शोध-प्रबन्ध के रूप में प्रस्तुत हो गया है।

10

श्रीमती सी. वसन्ता ने तापी धर्माराव की तीनों पुस्तकों का अनुवाद किया है। अनुवाद करने में उन्हें कठिनाइयों का अनुभव हुआ है। तदर्थ उन्होंने आवश्यकतानुसार शब्दों के अर्थों की मीमांसा स्थान-स्थान पर की हैं। लोकोक्तियों और मुहावरों को भी अनुवाद में स्थान मिला है। अनुवाद की भाषा में मूल लेखक के सृजनात्मक गुणों के दर्शन हो जाते हैं। श्रीमती सी. वसन्ता के कार्य की सराहना करता हूँ। चाहता हूँ कि इस प्रकार का कार्य वे आगे भी करते रहें।

11

श्री अशोक महेश्वरी ने इस पुस्तक को प्रकाशित करने में व्यक्तिगत रुचि ली है। प्रकाशक का काम श्रम को प्रकाश में लाना है। इस नाते मैं प्रकाशक बन्धु का आभारी हूँ। इति शुभम्।

–राजमल बोरा

निवेदन

सारस्वत भीष्माचार्य तेलुगु के प्रसिद्ध लेखक स्व. तापी धर्माराव जी (1887-1973) के विचार में आदिम समाज के विचारों, भावनाओं, प्रथाओं, धारणाओं आदि को अपने पूर्वजों के दृष्टिकोण से ही देखना चाहिए न कि आधुनिक दृष्टिकोण से। अगर हम प्राचीन संस्कृति पर आधुनिक दृष्टिकोण से प्रकाश डालेंगे तो उनकी वैचारिक धरातल, भावनाएँ, धारणाएँ अवैज्ञानिक तथा अश्लील लगेंगी। पूर्वजों की वैचारिक भूमि तथा काव्य-जगत को उनकी ही दृष्टि से हम देखेंगे तो कई सत्य सामने आते हैं। उन्होंने गहराई से शोध करके इन सत्यों को समाज के सामने रखा है। वे किसी धर्मवालों की भावनाओं को न किसी आधुनिक चिन्तकों के विचारों को कदापि महत्त्वहीन नहीं बनाना चाहते थे न हेय दृष्टि से देखते थे। वे स्वस्थ तथा हेतुवादी दृष्टिकोणों से हर विषय को, भारत तथा अन्य देशों की संस्कृति को देखना चाहते थे। आज देवालय आध्यात्मिक धरातल से जुड़े हुए हैं, किन्तु आदिकाल में इनका रूप अलग था। धर्माराव ने आज आध्यात्मिक तृष्णा को शान्त करनेवाले देवालय तथा देवी-देवताओं के बारे में पूर्वजों के दिलो-दिमाग में निहित भावना तथा विचारों को सर्वथा एक नए दृष्टिकोण से देखा है। यह दृष्टिकोण मानव समाज की विकास-यात्रा, संस्कृति, तात्त्विक चिन्तन, मनोविज्ञान, विज्ञान, रीति-रिवाज, इतिहास आदि को समझने के लिए महत्त्वपूर्ण जानकारी देता है तथा उपयोगी सिद्ध होता है।

प्रमुख तेलुगु मार्क्सवादी आलोचक स्व. एटुकूरू बलराममूर्ति जी का कहना है कि–"अति प्राचीनकाल में सन्तानोत्पत्ति एक प्रधान समस्या थी। इस समय मानव के विचारों को प्रभावित करनेवाले मुख्यांशों में सौभाग्य तंत्र एक है। समय चक्र के साथ-साथ अन्य भावनाएँ, जरूरतें, मूल्य आदि भी जुड़ते गए। इस कारण से संस्कृति प्रवाह ही बदल गया था। इस संस्कृति प्रवाह के कारण मानव ने पहले की सीढ़ी तथा दशा को पूर्ण रूप से विस्मरित किया है।

एक ही अन्धविश्वास पर आधारित भ्रम हैं–तंत्र, यंत्र, मंत्र। हजारों सालों के इतिहास की विकास-यात्रा में अलग-अलग वर्ग-वर्ण की विचारधाराएँ सम्मिलित हो

जाने के कारण ये सब समूल परिवर्तित हो चुके। एक ओर हेय तांत्रिक वामाचार पद्धति का जन्म हुआ तो दूसरी ओर देवालय निर्माण देवी-देवताओं की पूजा-विधियों से जुड़ गया है एक मध्य मार्ग के रूप में। ज्ञान मार्ग जो सात्त्विकता प्रधान है, तीसरा मार्ग बन गया। उस समय के ऐतिहासिक सत्य को पूर्ण रूप से समझकर आज के दृष्टिकोण से विश्लेषण करना कठिन कार्य है। इस विषय में और बहुत कुछ विश्लेषण की जरूरत है। महत्त्वपूर्ण जानकारी की भी जरूरत है। धर्माराव का यह शोध एक पहली सीढ़ी मात्र है।"

स्व. धर्माराव जी की तीन रचनाएँ पेल्लिदानि पुट्टुपूर्वोत्तरालु, सन् 1960 (विवाह संस्कार : स्वरूप एवं विकास), देवालयालमीद बूतु बोम्मलु ऐंदुकु, सन् 1936, (देवालयों पर मिथुन-मूर्तियाँ क्यों?) तथा इनपकच्चडालु, सन् 1940 (लोहे की कमरपेटियाँ) तेलुगु-जगत में प्रसिद्ध हैं। इन रचनाओं में प्रस्तुत किए गए विषयों में बीते युगों की सच्चाइयाँ हैं। इतिहास में इन सच्चाइयों का महत्त्व कम नहीं है। तीनों रचनाओं के विषय यौन-नैतिकता से सम्बन्धित हैं। इन रचनाओं में समाजमनोविज्ञान का विश्लेषण हुआ है।

लेखक ने इन पुस्तकों के द्वारा अतीत के एक महत्त्वपूर्ण चित्र को हमारे सामने रखने का प्रयत्न किया है। एक समय में देवालयों में मिथुन-पूजा की जाती थी, कहने का मतलब यह कदापि नहीं कि आज भी देवालयों को उसी रूप में देखें। लेखक का उद्देश्य था देवालय के उस आरम्भिक रूप तथा एक ऐतिहासिक सत्य की जानकारी देना है। आधुनिक देवालय दैवी-भक्ति तथा आध्यात्मिक चिन्तन के साथ जुड़े हुए हैं। आज देवालय जिस रूप में हैं, उसी रूप में रहें। आज हमें आध्यात्मिक चिन्तन की सख्त जरूरत है। इस वैज्ञानिक युग में मानवीय मूल्य गिर चुके हैं, एक जमाने में जो धरती रत्नगर्भा थी वही धरती आज रक्तगर्भा बनती जा रही है। आज मनुष्य भीड़ में दौड़ रहा है, मन की शान्ति खो रहा है। मन की शान्ति के लिए दैवी-भक्ति जरूरी है। आज नैसर्गिक वातावरण ही नहीं, मानव का भावगत वातावरण भी कलुषित हो रहा है। इस संकट की परिस्थिति में हमें ईश्वर-भक्ति ही बचा सकती है। आधुनिक देवालयों का आध्यात्मिक वातावरण मानव के काम, क्रोध, मद, लोभ, मात्सर्य पर अंकुश लगाता है, इससे मानव-जाति को कई लाभ हैं। आदिमानव समाज में यौन-स्वतंत्रता थी, यह कहने का अर्थ यह कदापि नहीं कि आधुनिक समाज में भी नर-नारी विशृंखलता से रहें, सामाजिक बन्धन बिलकुल न हों। नैतिक बन्धन, सामाजिक बन्धन रहने चाहिए किन्तु ये बन्धन स्त्री-पुरुषों के लिए अभिशाप के रूप में नहीं, वरदान के रूप में रहने चाहिए। स्त्री-पुरुष को स्वस्थ यौन-जीवन बिताना चाहिए। एक ही विषय के प्रति तरह-तरह के दृष्टिकोण हो सकते हैं। इन सभी का स्वागत करना चाहिए। अतीत की बुनियाद को दृष्टि

में रखकर वर्तमान की सीढ़ी पर खड़े रहकर हमें भविष्य के एक सुन्दर भवन का निर्माण करना चाहिए।

'यौन-नैतिकता' ने आदिम समाज से लेकर पूर्ण विकसित चरण पर पहुँचे हुए आधुनिक समाज तक, स्त्री-पुरुषों के हृदयों पर एक महत्त्वपूर्ण छाप डाली है। सेक्स स्त्री-पुरुषों की एक अनिवार्य भूख है। मन यौन पर बन्धन नहीं चाहता है। किन्तु बुद्धि एक स्वस्थ समाज के लिए नैतिक बन्धन अनिवार्य समझती है। इसलिए समाजशास्त्रज्ञों ने 'यौन-नैतिकता' को महत्त्वपूर्ण स्थान दिया है। नैतिक मूल्य एक ही ठौर कभी नहीं रुके। समाज-विकास के साथ-साथ ये मूल्य भी बदलते रहे। आदिम समाज में यौन-स्वतंत्रता थी किन्तु धीरे-धीरे चौखट बनाई गई और स्त्री-पुरुष-सम्बन्धों को इस चौखट में बन्द किया गया। ये सामाजिक बन्धन मानव के लिए कभी वरदान बने, तो कभी अभिशाप। विवाह संस्कार यौन-नैतिकता से जुड़े हुए हैं। दुनिया के सभी देशों में, सभी जातियों में, विवाह संस्कार को एक महत्त्वपूर्ण स्थान प्राप्त है। स्त्री-पुरुषों के जीवन में विवाह का इतना महत्त्व है कि, हमारी परम्परा तथा धर्म के अनुसार विवाह के बिना स्त्री-पुरुषों की आत्मा की मुक्ति नहीं होती। विवाह संस्कार धर्म के साथ भी जुड़े हुए हैं। आज भी कुछ देशों की कुछ जातियों में यौन-स्वतंत्रता पाई जाती है। उन देशों में, उन जातियों में, जहाँ यौन-स्वतंत्रता पाई जाती है, उनके विचार में सेक्स केवल एक शारीरिक भूख है। किन्तु कुछ देशों में, मुख्यतः हमारे भारत देश में, सेक्स को चरित्र से जोड़ा गया है। मानव जीवन में चरित्र का महत्त्वपूर्ण स्थान है। विवाह संस्कार का सम्बन्ध चरित्र से भी है। स्व. धर्माराव जी ने अपनी पुस्तक 'विवाह संस्कार : स्वरूप एवं विकास' में विवाह के मूलरूप को पहचानने का प्रयत्न किया है। उनका कहना है कि आजकल के विवाह संस्कार की कुछ प्रथाओं में भी आदिमानव-समाज का प्रतिबिम्ब मिलता है। आदिमानव की मनोभावनाएँ ही रूप बदलकर आजकल के रीति-रिवाज बन चुके हैं। विवाह संस्कार को इतना महत्त्व क्यों दिया जाता है? आधुनिक विवाह संस्कार का पहला रूप क्या था? सपिंड विवाह क्यों करते हैं? विवाह के कितने प्रकार हैं! युगल-बन्धन का महत्त्व क्या है? आदिमानव के समय में यौन-स्वतंत्रता क्यों थी? विवाह के बाद बन्धन क्यों? कन्यत्व तथा शहबला का महत्त्व क्या है? विवाह संस्कार में पंडित का इतना महत्त्व क्यों? आदि विषयों का विश्लेषण 'विवाह संस्कार : स्वरूप एवं विकास' में मिलता है।

'देवालयों पर मिथुन-मूर्तियाँ क्यों?' शीर्षक पुस्तक साधारण पाठक हों या विज्ञ पाठक, दोनों पर समान प्रभाव डालती है। जिज्ञासु पाठक इस प्रश्नचिह्न का उत्तर ढूँढ़ने का प्रयास भी करते हैं। इस रचना में सारी दुनिया की सभ्यताओं की

यौन-नैतिकता का चित्रण हमें मिलता है। देवालय तथा प्रजनन-तंत्रों के बीच घनिष्ठ सम्बन्ध है। जब यह सम्बन्ध टूट जाएगा तब देवालयों का महत्त्व कम हो जाएगा। देवालय केवल प्राचीन अवशेषों के रूप में रह जाएँगे। प्रजनन-तंत्रों के साथ दैवी भावना जुड़ी हुई है। देवालयों में मिथुन-मूर्तियाँ रखने के पीछे मिथुन-पूजा की भावना झलकती है। लेखक ने ऐसे कई उदाहरण देकर यह सिद्ध करने का प्रयत्न किया है कि पूजा के कई उपकरण स्त्री-पुरुष गुप्तांगों के ही प्रतीक हैं। देवालयों का निर्माण क्यों हुआ? इनमें मिथुन-मूर्तियाँ क्यों रखी जाती हैं? लिंग-पूजा का महत्त्व क्या है? पुरुष तथा स्त्री देवदासियों की आवश्यकता क्यों पड़ी? वीर्य-शक्ति का अर्पण कैसे होता है? फिनीशिया, बेबीलोनिया, अस्सीरिया, अमेरिका, न्यूगिनी आदि देशों की कई प्रथाओं में मिथुन-पूजा की भावना क्यों झलक पड़ती है? पंडा शब्द का अर्थ क्या है? पंडाओं का देवालयों के साथ किस प्रकार का सम्बन्ध है? आन्ध्र के कुछ त्योहारों में तथा श्राद्ध में बनाए जानेवाले कुछ व्यंजनों के आकारों के पीछे की भावना क्या है? कुछ उत्सवों में लोग स्त्री-पुरुष गुप्तांगों से सम्बन्धित अश्लील गालियाँ क्यों देते हैं? मंत्रपूत सम्भोग क्या है? क्यों किया जाता है? अश्वमेध यज्ञ, काम-दहन, चोली-त्योहार आदि क्यों मनाए जाते हैं? समाज-शास्त्र की दृष्टि से तथा स्त्री-पुरुषों के मनोविज्ञान की दृष्टि से इनका महत्त्व क्या है? आदि विषयों का प्रमाण सहित विश्लेषण यहाँ किया गया है और इन प्रश्नों का समाधान सामाजिक मनोविज्ञान की दृष्टि से प्रस्तुत किया गया है। जिज्ञासु पाठकों के लिए 'देवालयों पर मिथुन-मूर्तियाँ क्यों?' एक महत्त्वपूर्ण जानकारी देनेवाली रचना है।

'लोहे की कमरपेटियाँ' पुस्तक यौन-नैतिकता की दृष्टि से, ऐतिहासिक दृष्टि से, नर-नारी सम्बन्धों की दृष्टि से तथा सामाजिक मनोविज्ञान की दृष्टि से महत्त्वपूर्ण है। पवित्रता से जुड़ी रहने के बावजूद कमरपेटी में क्रूरता की भावना दिखाई पड़ती है। लोहे की कमरपेटी मानव-स्वभाव की पशुता का प्रतिबिम्ब है। दहेज-प्रथा, सती-प्रथा, कन्या-शुल्क, विधवा-विवाह, बहुपत्नी-विवाह आदि की तरह ही कमरपेटी-प्रथा भी एक कुप्रथा है। एक वस्तु बनाने के पीछे कई कारण होते हैं। कमरपेटी का नाम सुनते ही यह क्या है? क्यों बनाई गई? किसलिए और कैसे बनाई जाती है? इसका निर्माण विधान कैसा होता है? कहाँ उपलब्ध होती है? क्या स्त्री और पुरुष दोनों ही इसका उपयोग करते हैं? क्या ऐसी चीज़ बनानेवाले कारखाने होते हैं? आदि-आदि कई प्रश्न पाठकों के हृदयों में उठना स्वाभाविक है। तेलुगु पुस्तक 'इनपकच्चडालु' इन प्रश्नों का समाधान है। इनपकच्चडालु तेलुगु शब्द है। हिन्दी में इसे लोहे की कमरपेटी कहते हैं। अंग्रेजी में Chastity Belt कहते हैं। स्व. धर्माराव ने इतिहास के पृष्ठ पलटकर, कुछ प्रदर्शनों में जाकर,

देखकर, इन कमरपेटियों के बारे में कुछ तथ्य ढूँढ़े। सन् 1940 में उन्होंने कमरपेटियों पर 'कागड़ा' नामक तेलुगु पत्रिका में लेख लिखे थे। बाद में ये लेख पुस्तक के रूप में प्रकाशित हुए। स्व. श्री अमृतलाल नागर जी ने अपनी रचना 'ये कोठेवालियाँ' में कमरपेटियों का जिक्र किया था। ''वर्षों पूर्व 'वुमन' नामक तीन विशाल खंडोंवाला एक अमेरिकन ग्रन्थ मेंरे देखने में आया था। उसके एक या दो भागों में विश्वनारी का इतिहास था। बाकी अंश एलोपैथी की डाक्टरी से सम्बन्धित था। इसमें मैंने पुराने जमाने की उन धातु की कमरपेटियों के फोटोग्राफ देखे थे जो यूरोपीय सामन्त घर से बाहर जाने पर अपनी पत्नियों को पहनाकर उन पर ताला या मुहर जड़ जाते थे।'' (ये कोठेवालियाँ–पृ. 72, लोकभारती प्रकाशन)। लोहे की कमरपेटियों का निर्माण क्यों हुआ, इसे समझने के लिए समाज के स्त्री-पुरुषों के सम्बन्धों के बारे में जानना होगा। इस रचना में इन सम्बन्धों पर रोशनी डाली गई है। हमारी वर्तमान प्रथाओं पर आदि समाज के विचारों का प्रभाव गहरा है। इस रचना को पढ़ने के बाद हमें पुराने समाज के रीति-रिवाज और मानव-स्वभाव की जानकारी प्राप्त होती है। कमरपेटी का जन्म पूरब में हुआ। धीरे-धीरे सारी दुनिया में कमरपेटियाँ पहुँच गईं। 'कमरपेटी' एक प्रथा बन गई। इस कुप्रथा ने स्त्रियों पर कई अन्याय किए। इसने स्त्री के आत्मगौरव को छीन लिया। कमरपेटियों से सम्बन्धित जानकारी अंग्रेजी पुस्तकों से भी प्राप्त होती है। इस तरह की रचनाएँ हिन्दी में प्रायः उपलब्ध नहीं हैं। तेलुगु की 'इनपकच्चडालु' ही एक ऐसी पुस्तक है जिसमें समाज के स्त्री-पुरुष सम्बन्ध, उनके स्वभाव, कमरपेटियों के निर्माण-विधान, इनसे सम्बन्धित प्रसिद्ध कहानियाँ, बड़े-बड़े कारखानों से दिए जानेवाले विज्ञापन, कमरपेटियों के चित्र, इनसे सम्बन्धित ग्रन्थों का विवरण, तेलुगु साहित्य में कवियों के द्वारा इनका प्रस्ताव आदि विषयों पर रोशनी डाली गई है। अन्य भारतीय भाषाओं में प्रायः इस प्रकार की रचनाएँ उपलब्ध नहीं हैं।

इस पुस्तक में स्व. धर्माराव जी की तीन पुस्तकों के हिन्दी-अनुवाद के साथ-साथ डॉ. एटुकूरू प्रसादराव जी के शोध प्रबन्ध 'तापी धर्माराव जीवितमु रचनलु' (धर्माराव व्यक्तित्व एवं कृतित्व, उस्मानिया विश्वविद्यालय से स्वीकृत शोध प्रबन्ध, जो प्रकाशित हो चुका है) में से कुछ तेलुगु अंश का हिन्दी-अनुवाद भी प्रस्तुत किया गया है। स्व. धर्माराव जी की तीन रचनाएँ 'विवाह संस्कार : स्वरूप एवं विकास', 'देवालयों पर मिथुन-मूर्तियाँ क्यों?', 'लोहे की कमरपेटियाँ' का विश्लेषण करते हुए श्री प्रसादराव ने कई अन्य नए विषयों को पाठकों के सामने प्रस्तुत किया है। एक प्रकार से यह अंश इन तीन पुस्तकों के नेपथ्य जैसा है। यह अंश इन तीन पुस्तकों के विषयों को और अधिक स्पष्ट करता है। इन

तीन रचनाओं के विषयों को श्री प्रसादराव ने सूक्ष्म दृष्टि से देख-परखकर, अन्य अंग्रेजी तथा तेलुगु पुस्तकों से कुछ और नया ज्ञान प्राप्त करते हुए अपनी दृष्टि से विस्तृत विवेचन किया है। स्व. धर्माराव जी के समय में समाज-शास्त्र तथा इतिहास से सम्बन्धित पुस्तकें अधिक संख्या में उपलब्ध नहीं थीं। आज इन विषयों से सम्बन्धित कई पुस्तकें प्रकाशित हो चुकी हैं और ज्ञान की दुनिया भी विस्तृत हो चुकी है। श्री प्रसादराव विद्वान हैं। वे गीतकार भी हैं। इनकी कई रचनाएँ भी प्रकाशित हो चुकी है। यह सत्य सबको विदित है कि साधारण विद्यार्थी द्वारा लिखित शोध प्रबन्ध से एक ज्ञानी द्वारा लिखित शोध प्रबन्ध का महत्त्व सौ गुना अधिक होता है। इसलिए श्री प्रसादराव द्वारा लिखित यह अंश महत्त्वपूर्ण और पाठकों को नई जानकारी देनेवाला है। यह अंश समाज-शास्त्र तथा इतिहास की दृष्टि से बहुत ही महत्त्वपूर्ण है। समाज विकास सिद्धान्त के आधार पर समाज को कितनी निश्चित दशाओं में विभक्त कर सकते हैं? इन दशाओं में सामाजिक स्थिति कैसी थी? स्त्री-पुरुष सम्बन्ध कैसे थे? दैवी भावना तथा प्रजनन-तंत्रों का जन्म कब हुआ? कैसे हुआ? क्यों हुआ? वेद-संस्कृति में लोकायत दर्शन का प्रभाव किस प्रकार प्रतिबिम्बित होता है आदि का विस्तृत विवेचन इस रचना में हुआ है। वर्ग समाज की दृष्टि से देवालयों का स्वरूप एवं स्वभाव, भूसौभाग्यवर्धक क्रियाएँ क्या हैं? इनका महत्त्व क्या है? पशुपालन और कृषि-गणों की संस्कृतियों का प्रभाव समाज पर कहाँ तक है? लिंग और गौरीवट्टम् किसके प्रतीक हैं? इनकी पूजा क्यों की जाती है? देवालयों में होनेवाले मिथुन कर्मकांड, पुजारीवर्ग का जन्म, देवालयों में मनाए जानेवाले त्योहार और धार्मिक अनुष्ठानों के पीछे का तात्त्विक चिन्तन, पौष्टिक मंत्र और यज्ञ क्या है? टोटमवाद, रक्तपान-तंत्र के अवशेष, गणदेवताओं के युद्ध, अहल्या का एक नया अर्थ, चिता-भस्म में प्रजनन शक्ति की भावना किस प्रकार जुड़ी हुई है, सारी दुनिया के सौभाग्यवर्धक चिह्न और आराधनाएँ, स्त्री-पुरुष सम्बन्धों में आए हुए परिवर्तन, आजकल निभाए जानेवाले रीति-रिवाजों का आदि रूप कमरपेटियों का निर्माण आदि विषयों के बारे में हमें नई जानकारी इस अंश में मिलती है।

विवाह संस्कार का विस्तृत विश्लेषण भी श्री प्रसादराव ने किया है। वास्तव में अधिकतर व्रत, सीधे या परोक्ष रूप से कृषि की सफलता तथा धन-सम्पत्ति की कामना पर आधारित हैं। आज के आदिवासी जन हमारे हजारों साल पहले के पूर्वजों के आध्यात्मिक आचरण को प्रतिबिम्बित करते हैं। यदि हम अपने समय की धारणाओं और विचारों के अनुसार प्राचीन ग्रंथों की मान्यताओं की नए मापदंडों पर व्याख्या करते हैं तो उन्हें गलत ही पाएँगे। इन सभी को आज जीवित आदिवासियों के सम्बन्ध में उपलब्ध सामान्य जानकारी का उपयोग करते

हुए व्याख्यायित करें तो हम अतीत के चित्र का पुनर्निर्माण करने में सफल हो सकते हैं। पुरातन वास्तविकताओं को समझ सकते हैं। सामाजिक गणपद्धति प्रारम्भिक जनजातीय चरण की विशेषता थी, आज इस गणपद्धति का अध्ययन करना अधिक जरूरी है। इससे आधुनिक सभ्य समाज की कुछ वृत्तियों को दूर कर सकते हैं तथा वर्तमान समाज से लुप्त हुए मानवीय मूल्य और नैतिक मूल्यों को फिर एक बार प्रस्थापित कर सकते हैं। (लोकायत-अनुवाद)

अनुवाद करते समय मुझे कई कठिनाइयों का सामना करना पड़ा। तेलुगु के कुछ समानार्थी शब्द हिन्दी में नहीं मिलते हैं। तेलुगु शब्द इनपकच्चडालु में पवित्रता, क्रूरता तथा दासता की जो भावना व्यक्त होती है, लोहे की कमरपेटियाँ शब्द में नहीं होती है। इसी प्रकार तेलुगु शब्द 'बूतु' में जो भावना व्यक्त होती है वह हिन्दी के शब्द गाली, अश्लील आदि में नहीं होती है। ऐसे कई शब्द हैं। तेलुगु की कुछ लोकोक्तियाँ तथा मुहावरों के समानार्थी हिन्दी लोकोक्तियाँ तथा मुहावरे नहीं मिलते हैं। जैसे अक्कमगडे अंदरि की मगडु, मुसुगुलो मुच्चटलु, ईगवालनिरोट्टे आदि। तेलुगु रचनाओं में व्यंग्य अधिक है। हिन्दी अनुवाद में व्यंग्य अधिक नहीं आ सका। मूल लेखक ने कहीं-कहीं एक ही भावना या विचार को अलग-अलग वाक्यों के द्वारा दुहराया है। इस पुनरावृत्ति का उद्देश्य यही था कि पाठकों के मन में ये भावनाएँ, मस्तिष्क में ये विचार बार-बार गूँजने चाहिए। इसका महत्त्वपूर्ण प्रभाव पाठकों पर पड़ता है। अनुवाद में भी पुनरावृत्ति हुई है। हर भाषा की अपनी-अपनी विशेषताएँ होती हैं। एक भाषा की विशेषताओं को पूर्ण रूप से दूसरी भाषा में लाना कठिन कार्य है। मैंने जहाँ तक हो सका, मूल लेखक की भावनाओं तथा विचारों को अनुवाद में प्रतिबिम्बित करने का प्रयत्न किया है। तेलुगु पाठकों की तरह हिन्दी पाठक भी इन रचनाओं को पूर्ण रूप से समझ सकें, पढ़ते समय इनका आनन्द उठा सकें, इन विषयों के बारे में गहराई से सोच सकें इसके लिए मैंने पूर्ण रूप से प्रयत्न किया है।

स्व. धर्माराव जी से परिचय का सौभाग्य मुझे बचपन में प्राप्त हुआ। तब वे वयोवृद्ध थे। उस वट-वृक्ष के सामने मैं छोटा-सा पौधा मात्र थी। यह मेरा सौभाग्य है कि मुझे उनके जैसे महान तेलुगु लेखक की रचनाओं का हिन्दी में अनुवाद करने का अवसर मिला है। डॉ. एटुकूरू प्रसादराव के शोध प्रबन्ध के कुछ अंश का अनुवाद करना मैं अपना सौभाग्य समझती हूँ। पाठकों के लिए यह अंश नया विषय है तथा महत्त्वपूर्ण जानकारी देनेवाला भी। स्व. धर्माराव जी के पुत्र आदरणीय श्री मोहनरावजी को मैं धन्यवाद देती हूँ जिन्होंने मुझे अनुवाद करने की अनुमति देकर प्रोत्साहित किया है। डॉ. प्रसादराव जी ने अनुवाद करने की अनुमति दी है, उनके प्रति मैं चिरकृतज्ञ हूँ। विद्वान डॉ. राजमलबोरा जी (रीडर मराठवाड़ा विद्यापीठ) ने

प्रस्तावना लिखकर इस रचना को और महत्त्वपूर्ण बनाया है, उनकी भी मैं आभारी हूँ। अनुवाद करना एक यज्ञ है। यह यज्ञ पूर्ण करने के लिए मुझे प्रमुख विद्वानों की सहायता, प्रोत्साहन तथा आशीर्वाद मिले हैं। मेरे ससुरजी डॉ. टी.वी. नारायण शास्त्री जी, मेरे बड़े जीजाजी डॉ. वै.बी.एस. प्रसादराव, मेरी बड़ी बहिन श्रीमती कुसुमा, मेरे पति श्री टी.के. सोमयाजी, श्रीमती तापी सरोजिनी देवी (स्व. धर्माराव जी की बहू), डॉ. भगवानदास वर्मा, डॉ. सुरेश अवस्थी, डॉ. नागेश्वर राव आदि को भी मैं धन्यवाद देती हूँ। श्री अशोक महेश्वरी जी, जिन्होंने इस पुस्तक को प्रकाशित करने में रुचि ली है, उनकी भी मैं आभारी हूँ।

–डॉ. सी. वसन्ता

तीसरे संस्करण का प्राक्कथन

अक्सर हम पत्रिकाओं में ऐसी खबरें देखते हैं कि अमुक स्थान पर खुदाई हुई है, कुछ खंडित शिल्प-शिलाएँ और शिलालेख प्राप्त हुए हैं। पिछले महीने रूस के मध्य भाग में खुदाई करते समय चन्द खंडित बौद्ध स्तूप तथा शिल्प के टुकड़े मिले थे।

पन्द्रह दिन पहले पूना के नजदीक भी कुछ अवशेष मिले जो लगभग पाँच-छह हजार साल पुराने हैं। इन अवशेषों का अध्ययन करके शोधकर्ता स्पष्ट करते हैं कि ये किस समय के हैं, किस जाति तथा संस्कृति से सम्बन्धित हैं। मोहनजोदड़ो, हड़प्पा आदि की शिलाएँ भी इसी तरह के शोध का परिणाम हैं।

पाश्चात्य शोधकर्ताओं ने अपनी मेधा तथा लगन के बल पर लगभग सौ-डेढ़ सौ वर्ष पहले ही पूर्वी देशों के पुराने अवशेषों का परीक्षण करके कई ग्रन्थ लिखे थे। उनके अविरल परिश्रम के कारण ही फिनीशिया, कीट, मय, मेसोपोटामिया, खाल्दिया, बेबिलोनिया आदि प्राचीन संस्कृतियों के बारे में हमने विस्तृत जानकारी प्राप्त की है।

इन प्राचीन संस्कृतियों में मातृसत्तात्मक व्यवस्था प्रचलित थी। इन संस्कृतियों के अध्ययन से यह पता चलता है कि सन्तान-प्राप्ति के लिए सम्भोग एक पवित्र-कार्य था–लगभग देव-आराधना जैसा कर्म। इसलिए यह पवित्र कार्य वे देवालयों में करते थे। देवालयों को वे काम-क्रीड़ा-स्थल के रूप में उपयोग करते थे। इसके पीछे दैव-भक्ति ही एकमात्र कारण था। उनमें यह विश्वास था कि जो यह कार्य नहीं करते हैं, उन्हें पाप लगता है, और उन महापापियों की मुक्ति नहीं होती। तीन-चार हजार वर्ष पूर्व मानव-जाति पर इन विचारों का प्रभाव था। उनकी जीवन-चर्या इनसे निबद्ध थी। इस सत्य को स्वीकार करते हुए हमें लज्जा क्यों? सन्तानोत्पत्ति के लिए सम्भोग अनिवार्य है। फूलों-फलों के लिए प्रकृति में भी तो यही कार्य चलता है। इसमें गलत क्या है?

इसी कारण स्त्री-पुरुष के गुप्तांग पूजनीय बन गए। लिंग-पूजा के पीछे यही रहस्य है। किन्तु इस तथ्य को आधुनिक पंडित छुपाना चाहते हैं। इस सन्दर्भ में 'हरविलासम' शीर्षक तेलुगु काव्य को पढ़ा जा सकता है। लिंग के महत्त्व के बारे में हमारे पूर्वजों ने खुल्लम-खुल्ला बताया था। इसे नकारने में ही आधुनिक सभ्य लोग अपना बड़प्पन समझने लगे हैं। हिमालय से लेकर कन्याकुमारी तक जललिंग, वायुलिंग, अग्निर्लिंग, ज्योतिर्लिंग के नाम पर भक्ति-भावना से लिंग-पूजा करनेवाले करोड़ों भारतीय निश्चित रूप से मूर्ख नहीं हैं।

गौरीवट्टम् को सीधे योनि का आकार दिया गया। सँकरे पत्थरों के मार्ग से (जिसे पवित्र योनि माना जाता है) जाने की भी प्रथा पाई जाती है। अलंपुरम् नामक क्षेत्र में योनि की पूजा की जाती है और इस कार्य को पवित्र माना जाता है। वहाँ कई जोड़े मिलकर पूजा करते हैं। क्या वे सब मूर्ख हैं?

लगभग पाँच हजार वर्ष पूर्व जो समाज यह कार्य करने में लज्जा का अनुभव नहीं करता था तो आज जब सामान्य जनता इसका आचरण करती है, तब सभ्य समाज को इस सत्य को मानने में आपत्ति क्यों? हम इसे अस्वीकार क्यों करते हैं? हमें क्या अधिकार है? इस सत्य को स्वीकार करने में क्या हानि है?

गुप्तांगों के संकेत-भर से लज्जा और जुगुप्सा की भावना हमारे मन में आ जाती है, जो ठीक नहीं है।

हमारे बृहदारण्यक उपनिषद में उपस्थ (योनि) को यज्ञवेदिका के रूप में मानने के लिए और वहाँ के बहिश्चर्म के रोमों को यज्ञ से संबंधित पवित्र वस्तुओं की तरह स्वीकार करने के लिए कहा गया है। सम्भोग-समय में इन सब विषयों को जो याद रखते हैं, उन्हें 'वाजपेय' यज्ञ करने का पुण्य मिलता है।

अश्वमेध जैसे पवित्र यज्ञ में भी खुल्लम-खुल्ला सहवास करने की क्रिया होती है। उस जमाने में यज्ञ करनेवाले की पत्नी से दूसरा पुरुष सहवास करता था। यह सब सत्य है। तब जो लज्जा और दुरभिमान नहीं थे, वे अब क्यों? देवालय के गोपुरों पर, रथों पर, मन्दिर-गर्भ में, देवालयों की दीवारों पर मिथुन-मूर्तियाँ हम नित्य देखते हैं। क्या इन सबको हम पूर्ण रूप से नष्ट कर सकते हैं? अगर इन सबको समूल नष्ट कर सकेंगे तो मैंने जो सत्य कहा, उसे स्वीकार मत करो। किन्तु सब देवालयों को नष्ट करना असाध्य है। पुराना होने पर भी सत्य तो सत्य ही रहेगा। अगर इस सत्य को स्वीकार करने में दुरभिमान बीच में आ रहा है तो पुराने इतिहास को एक स्वप्न समझकर भूल जाओ।

–तापी धर्माराव

हैदराबाद

31 मार्च, 1971

दूसरे संस्करण का प्राक्कथन

'युधिष्ठिर ने राजसूय यज्ञ में ब्राह्मणोत्तमों को हिरण और बछड़े के मांस आदि के साथ भोज दिया'–ऐसा कहेंगे तो उल्टी करनेवाले कई लोग हैं। 'पति के सामने ही पराया पुरुष उसकी पत्नी से पवित्र कार्य (सम्भोग) करने के लिए ले जाया करते थे, यह सत्य था'–ऐसा कहेंगे तो जाकर स्नान करनेवाले महाशय भी हैं। सभ्य समाज को पता है कि समय के अनुसार रीति-रिवाजों तथा आचारों-विचारों में परिवर्तन होता रहता है किन्तु वे इस तथ्य को अपने दुरभिमान के कारण स्वीकार नहीं करते। उन्हें इस बात को स्वीकार करने में लज्जा आती है कि हम इन्हीं की सन्तानें हैं।

ऐसे लोग हमारे देश में ही नहीं, सर्वत्र हैं। साधारण लोगों की बात छोड़िए, बुद्धिमान लोग भी स्वीकार करते हुए कतराते हैं। समाज-व्यवस्था की प्रारम्भिक अवस्थाओं में स्त्री-पुरुष सम्बन्धों की पद्धतियाँ या प्रणालियाँ भिन्न थीं। रिश्तों की कल्पना भी विकसित नहीं हुई थी। इसलिए स्त्री-पुरुष मिलन में कोई चीज आड़े नहीं आती थी। इसके लिए मात्र स्त्री-पुरुष होना काफी था। जैविक भेद ही एकमात्र भेद था। यह सत्य है। कई प्रमाण भी मिलते हैं। किन्तु सभ्य समाज इसे स्वीकार नहीं करता। कुछ शोधकर्ताओं ने इसके विरोध में अपने शोध-कार्य भी प्रस्तुत किए। असत्य होने पर भी सभ्य समाज इसी बात को स्वीकार करता है क्योंकि उसका दिमाग आजकल के नीति-सूत्रों के अनुसार चलता है। कुछ समय बाद कुछ अन्य शोधकर्ताओं को इस विषय सम्बन्धी और प्रमाण मिले। पुराणों में उस जमाने के स्त्री-पुरुष सम्बन्धों के बारे में लिखा गया। स्त्री-पुरुष स्वेच्छाविहारी थे। इस अवस्था से आरम्भ होकर रजिस्टर विवाह तक की कई सीढ़ियाँ बनीं। महाभारत काल में स्त्री-पुरुष को यौन-स्वतन्त्रता थी, वे स्वेच्छाविहारी थे। शल्य का मद्रराज्य इसका प्रमाण है।

शल्य कर्ण का रथ-सारथ्य करते समय कर्ण से कटु शब्द कहता है। कर्ण का मन दुखी हो जाता है। किन्तु कर्ण चुप नहीं बैठता है। शल्य के रहस्यमय जीवन को इंगित कर कहकर उसे लज्जित करता है। संस्कृत महाभारत में इन विषयों का

विस्तार से वर्णन किया गया है। तेलुगु के सुप्रसिद्ध प्राचीन कवि तिकन्ना ने इस प्रसंग का वर्णन किया है। कर्ण कहता है :

न रिश्ता न नाता देखते हैं
स्त्री-पुरुष निर्लज्ज होकर स्वेच्छा से सम्भोग करते हैं
क्या यह आपके लिए लज्जा की बात नहीं ?

आप दुरभिमान को छोड़कर सोचिए। इस काव्यांश को देखकर उस समय की स्थिति का अंदाजा लगाइए। इस प्रमाण को स्वीकार करना ही पड़ेगा। हम यह नहीं कह सकते कि तिकन्ना को भारतीय संस्कृति के प्रति हमसे कम गौरव महसूस होता था।

स्त्री का अधिकार

स्त्री-पुरुष की यौन-स्वतन्त्रता को स्वीकार करेंगे तो यह भी स्वीकार करना पड़ेगा कि समाज-व्यवस्था की प्रारम्भिक अवस्था में स्त्री का ही राज्य था। तब मातृसत्तात्मक व्यवस्था थी। पिता के नाम की जगह तब बच्चे को माँ का नाम दिया जाता था। कोई भी यह नहीं कह सकता कि स्त्री का अधिकार कभी नहीं था। हम आन्ध्र के लोग तो बिलकुल नहीं कह सकते। हमारे पूर्वज शातकर्णि–गौतमी पुत्र शातकर्ण और वसिष्ठी पुत्र शातकर्णि–के नामों से विख्यात थे। इनमें गौतमी और वसिष्ठी माताओं के नाम हैं। पुत्र को पिता का नाम नहीं दिया जाता था। सुप्रसिद्ध चक्रवर्ती सम्राट चन्द्रगुप्त कौन था? मौर्य वंशज था। मुरा नामक स्त्री की सन्तान था। इन प्रमाणों को दृष्टि में रखकर हम यह कह सकते हैं कि उन दिनों हमारे देश में स्त्री का आधिपत्य था। कुछ समय पहले शोधकर्ताओं द्वारा इकट्ठे किए गए कई प्रमाणों से इस सिद्धान्त की पुष्टि होती है।

देवालयों के बारे में

देवालयों के बारे में भी कुछ लोगों ने नया दृष्टिकोण रखा है। प्रमाणों को नजरंदाज नहीं किया जा सकता। आज देवालयों के निर्माण तथा रीति-रिवाजों के प्रति जो विचार हैं, उन पर निष्पक्ष रूप से सोचना पड़ेगा।

हमारा देश देवालयों के लिए बहुत प्रसिद्ध है। हमारी संस्कृति तथा सभ्यता के नैतिक उत्थान-पतन देवालयों से जुड़े हुए हैं। देवालयों के कारण ही हम सबमें सांस्कृतिक एकता है। इनके कारण जनसमुदाय में द्वेष पैदा होने के बावजूद इनका बहुत महत्त्व रहा है। इनमें छुपाए गए धन के लिए कई विदेशियों ने हमारे

देश पर हमला किया। बुरे दिनों में लोगों को सिर छुपाने के लिए इन्हीं के अन्दर जगह मिली। हमारी शिल्पकला, चित्रकला, नृत्य-संगीत आदि का जन्म-स्थान ये देवालय ही हैं। इस तरह देवालय भारतीय समाज तथा हमारे जीवन का एक अभिन्न अंग हैं। देवालय इतिहास के गवाह हैं। हमारे देवालयों की स्थापत्य-कला जगत्-प्रसिद्ध है।

देश में हजारों वर्ष पूर्व बनाए गए देवालय आज भी विद्यमान हैं। शास्त्र-सम्मत पद्धति के अनुसार आज भी कई देवालय बनाए जा रहे हैं। कोणार्क, भुवनेश्वर तथा पुरी (जगन्नाथ) के देवालयों में, दक्षिण में सिंहाचल क्षेत्र में, कंचि मधुरा, श्रीरंगम् आदि मन्दिरों में, अजन्ता, एलिफैंटा आदि गुफाओं में मिथुन-मूर्तियाँ मिलती हैं। इन प्रदेशों की शिल्पकला की परम्परा के अनुसार अलग-अलग नमूनों में मिथुन-मूर्तियाँ बनाई गईं। शिल्पकारों ने कई सौन्दर्यमय शिल्प तराशे हैं। इन देवालयों से सम्बन्धित रथों पर, वाहनों पर, कई कामोत्तेजक मूर्तियाँ मिलती हैं।

हम यह नहीं कह सकते कि किसी नटखट शिल्पी ने बुरे विचार से इन मूर्तियों को बनाया। यह काम किसी बदतमीज आदमी का नहीं है। दुनिया के सारे शिल्पियों ने एक ही प्रकार की मूर्तियाँ क्यों बनाईं? इसके पीछे कुछ-न-कुछ प्रबल कारण अवश्य रहा होगा। इन मूर्तियों को इसी प्रकार बनाना चाहिए–ऐसे कुछ नियम रहे होंगे। दुनिया-भर के देवालय कल-परसों के नहीं हैं, कई शताब्दियों पहले के हैं। काल-प्रवाह में अनेक रीति-रिवाज, विचार बदल गए, कई विलुप्त भी हुए। कुछ रीति-रिवाजों, इधर-उधर मिलनेवाले विचारों, और इकट्ठे किए गए प्रमाणों आदि को आधार बनाकर विवेकी शोधकों ने कुछ निर्णय लिए, कुछ सूत्र बनाए, आजकल मिलनेवाले कुछ प्रमाणों से उनका तालमेल करके देखा। कटु और अप्रिय होने पर भी इन सत्यों को स्वीकार करना ही पड़ेगा। नागार्जुन सागर (आन्ध्र प्रदेश में एक गाँव) में अश्वमेध यज्ञ से सम्बन्धित कई प्रमाण मिले। ये प्रमाण, आमतौर से अश्वमेध यज्ञ के प्रति जो धारणाएँ हैं, विचार हैं, उनके विरुद्ध हैं। आज की सभ्यता के चश्मे से देखें तो ये बहुत ही असभ्य और असत्य लगते हैं। किन्तु सत्य तो सत्य ही है। इस रचना में दिए गए मेरे लेखों को नया चश्मा लगाकर देखिएगा, मेरा निवेदन है।

इस संस्करण के बारे में

प्रथम संस्करण की सब प्रतियाँ बिक गईं। यह आन्ध्र पाठकों की कृपा है। इस विषय को मैंने पहले भी पत्रिकाओं में उठाया था। इसी बीच युद्ध आया, और उन्हीं

दिनों सुप्रसिद्ध शोधकर्ता जार्ज रैलेस्कार ने अपने ग्रन्थ को प्रकाशित किया। उसका दाम पैंतीस रुपए था। पुस्तक खरीदकर मैंने पढ़ी। पुस्तक में कई चित्र दिए गए हैं। प्रदर्शनियों में पाई जानेवाली कुछ वस्तुओं द्वारा लेखक ने इस सत्य को सिद्ध करने का प्रयास किया। इस पुस्तक में कई प्रमाण मिलते हैं। इस पुस्तक के सभी विषय मेरी पुस्तक के लेखों से मिलते-जुलते हैं। उस लेखक की तरह ही मैंने भी हमारे देश में पाए जानेवाले शिल्पों के चित्र देकर अपनी पुस्तक को छपवाना चाहा। कुछ काम भी पूरा हुआ।

इस बीच अन्य कामों में व्यस्त होने के कारण, तबीयत कुछ ठीक नहीं रहने के कारण, कुछ पारिवारिक जिम्मेदारियों के कारण लगभग पच्चीस वर्ष बीत गए। अब मैं 'विजयविलासम्' की व्याख्या तथा प्रकाशन के काम में व्यस्त हूँ।

कुछ बन्धु-मित्र इस पुस्तक के दूसरे संस्करण का इन्तजार कर रहे हैं। इसमें मैंने कुछ परिवर्तन किए हैं। मुझे विश्वास है कि सत्यप्रिय आन्ध्र पाठक इस संस्करण का भी हार्दिक स्वागत करेंगे।

इस पुस्तक में कुछ विषयों के लिए आधार नहीं दिए गए हैं, फिर भी एक भी विषय ऐसा नहीं है जिसके प्रमाण न हों। कल्पित विषय एक भी नहीं है। अगर परिस्थितियाँ मेरा साथ देंगी तो मैं अगली बार चित्रों के साथ पुस्तक आपके हाथों में रखूँगा।

—तापी धर्माराव

हैदराबाद
अक्टूबर, 1962

पहले संस्करण का प्राक्कथन

हर एक विषय पर प्रश्नचिह्न लगाना मेरा स्वभाव है। इसका अर्थ क्या है? यह ऐसा ही क्यों है? अगर इस प्रकार से रहा होता तो? यह रास्ता किसने बनाया? अगर इनसे अलग रास्ता किसी ने बनाया होता तो?—इस तरह के प्रश्न मेरे हृदय में उठते ही रहते हैं। इस तरह के प्रश्न साहित्य के बारे में भी उठते हैं, गणित के बारे में भी, राजनीतिशास्त्र के बारे में भी। मुझे गलत मत समझिएगा; न किसी को नीचा दिखाने के लिए, न शरारत करने के लिए, न और कुछ दिखाने की कामना से मैं ऐसे प्रश्न पूछता हूँ; मैं यह जानने के लिए प्रश्न पूछता हूँ कि फलाँ-फलाँ विषय में सत्य क्या है? यह स्वभाव मेरे लिए वरदान भी है और अभिशाप भी।

इसी तरह कई साल पहले मेरे मन में एक प्रश्न उठा। देवालयों पर ये मिथुन-मूर्तियाँ क्यों? कभी-कभी मुझे कोई उत्तर मिल भी जाता, कुछ मैं शोध करता था, बहुत-कुछ पढ़ता था, लोगों से पूछता भी था। इस तरह मुझे इस विषय पर रोशनी पड़ती दिखाई दी।

पन्द्रह वर्ष बीत गए। इसे शोध कहिए, प्रयत्न कहिए, कुछ भी कहिए, मुझे बहुत कुछ सामग्री मिली।

ये प्रश्न मैं कभी-कभी पत्रिकाओं के माध्यम से भी पूछता रहा। कुछ मित्रों से भी चर्चा की। इसके लिए मुझे गालियाँ भी सुननी पड़ीं और प्रशंसा भी। मुझे गालियाँ देनेवालों के मन में मेरे प्रति श्रद्धा थी, इस सच्चाई को मैं जानता हूँ। सचमुच इस विषय पर मुझे श्रद्धा और गर्व है। इसलिए आप मुझे अल्पबुद्धि मत समझिए।

मैं जो कुछ कह रहा हूँ, वह बहुत कड़ुवा है, सभ्य समाज इसे सहन नहीं कर सकता, यह सत्य मैं जानता हूँ। कुछ लोग दुखी भी होंगे, यह भी मैं जानता हूँ। इसीलिए कई आलोचकों और आचार्यों द्वारा इन विषयों पर लिखे जाने के लिए कहने पर भी मैं बहुत समय तक चुप रहा। ''आज अगर आप इस विषय के बारे में नहीं लिखेंगे तो भविष्य में कभी कोई तो लिखेगा, नाम उसको क्यों जाना चाहिए, आप ही लिखिए...''—यह कहते हुए बन्धु रचनाकारों व पंडितों ने मुझे इस विषय के बारे में लिखने के लिए प्रोत्साहित किया।

समय बीतता गया। पाँच साल, दस साल, बीत गए किन्तु किसी ने इस विषय पर लिखने का साहस नहीं किया। इस वर्ष अप्रैल में कुछ मित्रों से बातचीत हो रही थी, यह विषय भी उठा। इस विषय पर लिख डालने के लिए वे मेरे पीछे ही पड़ गए, कसम भी दिलाई, मैं मजबूर हो गया। हाथ में कलम ले ली और लिख दिया। किसी ने मुझे आकाश पर बिठाया, तो किसी ने पाताल में भेज दिया।

मैंने जिन विषयों के बारे में सोचा, वे इस प्रकार हैं–कई साल पहले कई राज्य थे जो सभ्य थे। वे सब नष्ट हो गए। आज उन सबको खोदकर बाहर लाया जा रहा है। उनके आधार पर इतिहास या और उनकी संस्कृति की कल्पना की जा रही है। मिश्र, फिनीशिया, बेबिलोनिया, क्रीट, अखडिया और कुछ हद तक ग्रीस, रोम, भारतवर्ष आदि की पुरानी व्यवस्थाओं के बारे में भी मैंने बहुत-कुछ पढ़ा। जो कुछ पढ़ा श्रद्धा से पढ़ा और उसमें समन्वय करने का प्रयत्न किया।

प्रश्न

पढ़ते समय कई प्रश्न मन में उठे। ये प्रश्न भारत देश तथा हमारे रीति-रिवाज आदि से सम्बन्धित रहे : भारतवर्ष क्या है? इसका यह नाम क्यों पड़ा? इस देश ने दूसरे देशों से क्या लिया? दूसरे देशों को इसने क्या दिया? अब यह वही इंडिया है या नहीं? फिर पारियाज जैसे पर्वत इसमें क्यों नहीं? विवाह, ऋतुधर्म, मृत्यु के सन्दर्भ में ये रीति-रिवाज क्यों? इनका सम्बन्ध दूसरे देशों से क्या है? सब देशों में सप्ताह के दिनों के नाम एक ही क्रम में क्यों हैं? इसी क्रम में रहने का क्या कारण है? हमारे अक्षरों के नाम ऐसे क्यों हैं? इनकी लिपि ऐसी ही क्यों है? कहाँ से यह लिपि आई है?

ऐसे ही अनेक प्रश्न मेरे मन में उठे। हमारे पास जो ग्रन्थ हैं, ये ही सबकुछ हैं–ऐसा हम समझते हैं; किन्तु ज्ञान पाने के लिए समुन्दर के ऊपर तैरने से कोई फायदा नहीं है। गोता लगाना चाहिए, गहराई तक जाना चाहिए। हमारे पौराणिक ग्रन्थ भी कुछ प्रश्नों के उत्तर नहीं दे पाते।

मुझे विश्वास है कि सब हिन्दुओं को दशावतार के बारे में मालूम है। किन्तु आठवें अवतार में हमें कुछ गड़बड़ी दिखाई पड़ती है। कृष्णावतार? बलरामावतार? क्या दोनों अवतार हैं। दो अवतार एक ही समय में एक ही शक्ति से क्यों लिए जाते हैं? इस तरह के प्रश्न उठते हैं। पुराने पंडित और आचार्य उलटी-पुलटी कल्पनाएँ करते हैं, जनता को कुछ-न-कुछ उत्तर तो उन्हें देना ही पड़ेगा। किन्तु इससे क्या लाभ होता है! असली सत्य तो हमें मालूम होना चाहिए।

बलराम नीलवस्त्र ही क्यों पहनता था? उसका अस्त्र हल ही क्यों था? झंडे पर ताड़ के पेड़ का ही चिह्न क्यों? ताड़ की शराब पीने का रिवाज क्यों? ऐसे प्रश्नों के उत्तर चाहिए।

इन सभी प्रश्नों के न सही, कुछ प्रश्नों के उत्तर जरूर होंगे। वे उत्तर काल्पनिक नहीं, सत्य पर आधारित होंगे। इन सब प्रश्नों के उत्तर देने के लिए मैं एक-एक प्रश्न पर एक-एक ग्रन्थ लिख सकता हूँ। अभी तो एक प्रश्न के उत्तर के रूप में इस पुस्तक को आपके हाथों में दे रहा हूँ। इसमें भी विषय से सम्बन्धित सभी तथ्य नहीं आ सके। कुछ और बाकी हैं। फिर भी यह पुस्तक आपको सौंपते हुए मुझे बेहद खुशी हो रही है।

सम्मान

पत्रिकाओं में जब ये लेख प्रकाशित हुए तो पाठकों ने उत्साह के साथ इन्हें पढ़ा। इससे मुझे सम्मान भी प्राप्त हुआ। उन सबके प्रति मैं धन्यवाद प्रकट कर रहा हूँ। मुख्यतः श्री गूडवल्लि रामब्रह्ममजी को। बी.एन. प्रेस के लोगों को मेरा हार्दिक धन्यवाद।

आलोचनाएँ

अब मैं जरा इन लेखों पर मुझे प्राप्त आलोचनाओं के बारे में बात करना चाहता हूँ। वर्षा की तरह आलोचनाएँ मुझ पर बरस पड़ीं। आलोचकों ने कई प्रश्न किए; कभी मैंने भी अपने-आपसे ऐसे प्रश्न पूछे थे, किन्तु दोनों में अन्तर है। इन आलोचनाओं में क्रोध है। विषय तथा उत्तर के बारे में आलोचना कीजिए, स्वीकार्य है; किन्तु वे मुझे गालियाँ देने लगे। यह कहाँ का न्याय है! वे रूढ़िवादी हैं। इन सत्यों को स्वीकार करने के लिए सहृदयता तथा साहस चाहिए।

ये लेख केवल भारत देश से ही नहीं, पूरे संसार से सम्बन्धित हैं। इसलिए सहृदय बुद्धिजीवी बनकर पीछे मुड़कर देखिए। इतिहास के पन्नों को नई दृष्टि से देखिए।

इन लेखों में मैंने तथ्यों में निहित सत्य के बारे में बताने का प्रयत्न किया। कुछ मुख्य तथ्यों के प्रमाण भी दिए। सत्य दिखाने के लिए मैंने लेख में जो शैली अपनाई, जो तरीका अपनाया, शायद त्रुटिपूर्ण हो, किन्तु तथ्यों में सोलह आने सच्चाई है। इसमें मैंने अनेक देशों के शोधकर्ताओं के शोधों की सामग्री का उपयोग किया है। अपने देश से सम्बन्धित रीति-रिवाजों का इनसे तालमेल बैठाने का प्रयत्न किया है। इसमें न कोई कल्पना है, न अतिशयोक्ति। इसलिए संशय-बुद्धि से इन लेखों को न देखें।

देशों का सम्पर्क

दूसरे देशों में वैसा हो सकता है, किन्तु हमारे देश में भी ऐसा ही है, यह आप कैसे कह सकते हैं?—ऐसा प्रश्न आप पूछ सकते हैं।

इतिहास के पन्ने पलटने से यह पता चलता है कि अनादिकाल से आज तक विभिन्न देशों के बीच सम्पर्क रहा है। एक वस्तु के गुण दूसरी वस्तु के गुणों से प्रभावित होते हैं। इससे वस्तु के स्वरूप पर प्रभाव पड़ना, उसमें थोड़ा-बहुत परिवर्तन आना सहज है। यह प्रकृति का नियम है। जब वस्तु के विषय में ऐसा है, तब मनुष्य की बात क्या कहें? आपस में लेन-देन तो होता ही रहेगा और एक-दूसरे पर प्रभाव भी पड़ेगा ही।

जैसा अंग्रेजों का प्रभाव हम पर है, वैसा ही हमारे देश का प्रभाव अन्य देशों पर है। अंग्रेजी साहबों का पतलून (pant) हम नहीं पहन रहे हैं? हमारा रसम (दक्षिण भारत का एक व्यंजन) उन्होंने नहीं लिया? रहन-सहन, खान-पान, रीति-रिवाज सभी में लेन-देन हो सकता है। अब एक प्रश्न यह रह गया है हमारे पास से बेबिलोनिया, ईजिप्ट आदि देश लेकर ही गए हैं या हम भी उनके पास से कुछ लेकर आए हैं? इस विषय में मेरी कुछ धारणाएँ हैं। 'भारतवर्ष क्या है?' इसमें मैं इसके बारे में लिखनेवाला हूँ। कोई कुछ भी कहे, देशों के बीच में सम्बन्ध तो रहेंगे ही। पहले भी थे, आज भी हैं। किसी भी देश में हो या खंड में, मानव-सभ्यता का विकास एक सीढ़ी के अनुसार ही होता है। उस सीढ़ी का क्रम बदलना कठिन कार्य है। देर से हो या जल्दी, कभी-न-कभी उस सीढ़ी पर चढ़ना तो पड़ेगा। इस सत्य को मन में रखिएगा। मेरी यह प्रार्थना है।

—तापी धर्माराव

मद्रास
1936

अनुक्रम

देवालयों पर मिथुन मूर्तियाँ क्यों?

देवालय माने क्या?

'देवालय' शब्द सुनते ही मन में भावनाओं की लहरें उठती हैं। तीव्र इच्छा जाग्रत होती है। जाने-अनजाने में...कहूँगा तो सब मुझे गालियाँ देंगे। कहेंगे बकवास बन्द करो। नास्तिक कहकर मुझे मार डालेंगे। तरह-तरह के नाम देंगे, मुझे पागल कहेंगे। महोदय! क्रोध में मत आइए। मैं जो कुछ कह रहा हूँ, सुनिएगा।

मालूम नहीं!

मन्दिर क्या है? इसके बारे में शायद आपको मालूम नहीं है। तो फिर यह जोश क्यों? कभी सोचा है, भगवान के ये सहस्त्र नाम किसलिए? ये साष्टांग प्रणाम क्यों? ये मन्नतें क्यों? आप बिना जाने, ये सब क्यों कर रहे हैं?

क्या आप जानते हैं?

अगर आप यह कहेंगे कि 'देवालय' के बारे में हम जानते हैं, तो मैं प्रश्न-दर-प्रश्न पूछता जाऊँगा–

देवालय का अर्थ क्या है?
इसका निर्माण इसी प्रकार क्यों होना चाहिए?
इसके अन्दर और बाहर ये मिथुन-मूर्तियाँ क्यों?
यह सिर मुँडवाने की प्रथा क्यों?
देवताओं की मूर्तियों का रूप छोटा ही क्यों है?
ये देवदासियाँ क्यों?
कामदहन क्या है?
इन पुजारियों के रीति-रिवाज क्या हैं? ये रीति-रिवाज किसके प्रतिबिम्ब हैं?
ये नाम क्यों और कैसे आए?
इन सहस्त्र नामों का अर्थ क्या है?

इनके उत्तर दे सकते हैं?

इन सब प्रश्नों के न सही कुछ प्रश्नों के उत्तर दे सकेंगे? महान् पंडित उत्तर दे सकेंगे? हमारे जैसे साधारण लोग उत्तर न दे सकें तो कोई बात नहीं, किन्तु इन धर्म के ठेकेदारों,

देवालय के पुजारियों, आचार्यों, पंडितों, शिल्पियों आदि को उत्तर देना चाहिए। प्रश्न पूछते ही तुरन्त उत्तर देने के लिए उनसे मत कहिए। यह अन्याय होगा क्योंकि उनके मस्तिष्क मशीन तो नहीं ही हैं। सबकुछ तैयार मिलना मुश्किल है। इसलिए पंडितों को, आचार्यों को समय दो। पुराने ग्रन्थों को गहराई से पढ़ने के लिए कहो। हाँ, अगर उनके पास पुस्तकें नहीं हैं तो लाकर दो। समय दो। पढ़ने दो। तब उत्तर देने के लिए कहो। तब सच्चाई मालूम होगी कि पंडितों के दिमाग में कितना ज्ञान है।

पूछा गया है इसलिए बेसिर-पैर के उत्तर मत दीजिए। हाँ, अगर आप ऐसा कहना चाहेंगे तो प्रश्नों की वर्षा तूफ़ान में बदल जाएगी। जो उत्तर देंगे, उन पर आपको विश्वास करना चाहिए और दूसरों को विश्वास दिलाना चाहिए।

पंडितजी ने कहा

मिथुन-मूर्तियाँ देवालयों में क्यों रखी जाती हैं? पूछने पर पंडितजी ने कहा–

"देवभक्ति के लिए मन प्रधान होता है। मन लगाकर प्रार्थना करना जरूरी है। मटके में रखे दीपक की तरह मन रहना चाहिए। इधर-उधर भटकना नहीं चाहिए। मन पर काबू है या नहीं यह परीक्षा करने के लिए ये मूर्तियाँ रखी गईं। अगर इन मूर्तियों पर दृष्टि गई तो समझो आपको भगवान पर भक्ति नहीं है। मूर्तियों पर दृष्टि नहीं गई तो आप परीक्षा में उत्तीर्ण हो जाएँगे।"

यह उत्तर ठीक नहीं है। यह उत्तर रूई से भी हल्का है। इसमें कोई वजन नहीं है। सच पूछा जाए तो यह परीक्षा ही क्यों? क्या मन और कहीं नहीं जा सकता? ईश्वर के मुकुट पर जो नक्काशी है, उस पर दृष्टि गई तो...तब क्या वह परीक्षा में उत्तीर्ण हो जाएगा?

रीति-रिवाज रह जाते हैं किन्तु अर्थ खो बैठते हैं

किसी एक उद्देश्य के लिए एक रिवाज बनता है। वह रिवाज चलता रहता है, चलता रहेगा। उसके उद्देश्य या औचित्य को हम भूल जाते हैं। किसी एक प्रथा के पीछे रहनेवाले कारणों को हम भूल जाते हैं। कभी किसी को इन प्रथाओं के बारे में लिखना पड़ा तो उसे अनवरत श्रम करना पड़ेगा।

सत्य को देखना है

अन्धविश्वासों को छोड़कर सत्य के बारे में जानना चाहिए। हमें अच्छा लगे या न लगे, उसे स्वीकार करना पड़ेगा। मैं जो कुछ कहने जा रहा हूँ, उसका आप सहृदयता से स्वागत करेंगे, इसी विश्वास के साथ मैं कलम लेकर आगे बढ़ रहा हूँ।

विचार बदलते हैं

आज मानव-जाति का जैसा स्वरूप है, वैसा पहले नहीं था। अपने दादा-परदादाओं जैसे हम नहीं हैं। हमारे दादा-परदादा अपने दादा-परदादाओं की तरह नहीं थे। इस सत्य को हमें नहीं भूलना चाहिए। ऐसा समझना ठीक नहीं है कि आज हमें जो विषय असभ्य और अश्लील लग रहे हैं, वे विभिन्न प्राचीन समाजों या सभ्यताओं में भी असभ्य और अश्लील ही थे। पाप-पुण्य के अर्थ भी बदल रहे हैं। जिसे आज हम पाप समझ रहे हैं; वही कभी पुण्य था। नीति-सूत्रों में स्त्री-पुरुष सम्बन्धों में काफी परिवर्तन आया। इसी तरह ईश्वर का अर्थ भी बदलता रहा है।

परिवर्तन सार्वभौम सत्य है

यह सर्वविदित है कि धारणाएँ बदल जाती हैं, दृष्टिकोण बदल जाते हैं। अगर हम इस सत्य को भूल जाएँगे तो मुसीबत होगी। पाँच पतियों से ब्याही गई पांचाली बेहया के रूप में दिखाई पड़ेगी। पतिव्रताओं की सूची में जितनी भी पतिव्रताएँ आती हैं; वे सब पापिन बन जाएँगी। कई वंशों के मूल पुरुष, धृतराष्ट्र जैसे व्यक्ति अवैध सन्तान माने जाएँगे। महाऋषि अछूत बन जाएँगे। इसलिए आज के मापदंडों से प्राचीन तथ्यों और विषयों का विश्लेषण करना ठीक नहीं। दुनिया बहुत बदल गई है। विचार बदल गए हैं। ऐसे भी दिन थे जब माँ बेटे से विवाह करती थी। एक जमाने में बहन से विवाह करने का नियम था। इतिहास में कई ऐसे राजा थे, जिन्होंने सिंहासन के लिए अपनी बहनों से विवाह किए थे। अपनी पत्नी को पर-पुरुषों को सौंपनेवाले पति भी थे। पराए पुरुष से अपनी पत्नी को सहवास कराके उनसे सन्तान प्राप्त करनेवाले महाशय भी थे। बेटियों से विवाह करनेवाले बाप थे। भाभी से विवाह करनेवाले देवर थे। पुरानी व्यवस्थाओं में न यह सब गलत था, न ही असभ्यता का सूचक। ये शास्त्र-सम्मत तथा न्यायसंगत थे। आज भी व्यवस्थाओं के इन रूपों के अवशेषों को कुछ त्योहारों में हम देख सकते हैं। नीति-सूत्रों की दृष्टि से इन्हें मत देखिएगा। यह भी मत भूलिए कि हम उन्हीं की सन्तानें हैं। आज की प्रथाएँ अतीत के विचारों की उपज हैं। फिर भी हमने अपने पूर्वजों को महापुरुष कहा, उन्हें दैवत्व से जोड़ा, विचित्र कथाएँ गढ़ीं। सच को झूठ से ढाँप दिया। देवालयों और देवताओं के प्रति हमने ऐसा ही किया।

देवालय–मैथुनपूजा

यदि कहेंगे कि एक जमाने में देवालय सम्भोग-स्थान थे तो सामनेवाला व्यक्ति थप्पड़ मारेगा ही। राम...राम...कहकर कान बन्द कर लेगा। इस तरह की असभ्य बातें कोई कहेगा या लिखेगा तो उसे अगर रौरव नरक है, तो उसी में धकेला जाएगा।

किन्तु जनाब यह सच है। स्त्री-पुरुष स्वेच्छा से सम्भोग कर सकें, इसलिए देवालयों का निर्माण हुआ। आज हम काम को जुगुप्सा की दृष्टि से देख रहे हैं। किन्तु उस समय यह एक महान कार्य था। प्रजा-सेवा थी, महाभक्ति थी, एक पवित्र आराधना थी। उस समय काम को हीन दृष्टि से नहीं देखा जाता था। पाप की दृष्टि से नहीं देखा जाता था। बल्कि उसे पुण्य समझा जाता था। स्त्री-पुरुषों के लिए देवालयों में कामक्रीड़ाएँ करना एक अनिवार्य कार्य था। नहीं करने पर उन्हें पापी, परम्परा-विरोधी आदि कहा जाता था।

सम्भोग-कार्य कहीं और नहीं, देवालयों में भगवान के सामने ही होता था। गुप्त रूप से नहीं सबके सामने होता था। यह कार्य करने के लिए लज्जित होने की आवश्यकता नहीं थी। मैं जो कह रहा हूँ, वह सत्य है। यह क्या बकवास है! इस बीसवीं सदी के कानों को क्या हुआ है! लिखनेवाले पागल तो नहीं, पढ़नेवाला स्वप्न तो नहीं देख रहा है! आपको ऐसा ही लग रहा है न! हाँ, लगेगा ही, निस्सन्देह। हाँ, आज भी ऐसा हो सकता है, देवालयों में ऐसे कार्य आज भी हो रहे होंगे। आज भी शहरों में, इधर-उधर ऐसी घटनाओं के बारे में सुनते हैं। इस विषय से सम्बन्धित कहानियाँ हम आज भी पढ़ते हैं। हाँ, आज ऐसे कार्य हो रहे हैं, किन्तु ये कार्य शास्त्र-सम्मत नहीं हैं, इन्हें प्रजा की सम्मति प्राप्त नहीं। ऐसे कार्य आज गुप्त कार्यों के अन्तर्गत आते हैं। यह बात गुप्त रखी जाती है।

किन्तु उस जमाने में ऐसा नहीं था। तब यह कार्य शास्त्र-सम्मत था। स्त्रियाँ देवालयों में सम्भोग-कार्य में हिस्सा लेकर धन कमाती थीं और यह धन देवालय को अर्पित करती थीं। 'मैंने इस देवालय में व्यभिचार करके जो धन पाया, उसे देव की दीपाराधना में समर्पित कर रही हूँ।' इस प्रकार के लिखित शिलालेख आज भी देखे जा सकते हैं।

लीडिया देश में संगमरमर से बनाया एक स्तम्भ

लीडिया देश में ट्रालेन नामक स्थान पर खुदाई के दौरान भूगर्भशास्त्रियों को एक शहर के अवशेष मिले। उननें संगमरमर का एक स्तम्भ भी था। यह एक शिलालेख था। फ्रेंच तथा रालिन्सन जैसे कुछ अंग्रेज लोगों को उस शिलालेख पर लिखी भाषा आती थी। उन्होंने शिलालेख पढ़ा।

अरेलिया इसीलिया नामक लड़की ने इस प्रकार लिखा था : 'देवालय में व्यभिचार करके मैंने जो धन पाया, उसे देवालय को ही दान दे रही हूँ।' स्त्री व्यभिचार करके कमाती थी और इस कमाई को देवालय को अर्पित करती थी। उस जमाने में इसी में स्त्री की प्रतिष्ठा थी। राम्से जी ने 'अनआईडेंटिड इंस्क्रिपशन्स ऑफ एशिया माइनर' में इस विषय पर लिखा था।

बेबीलोनिया की देवी मिलितादेवी को भी कई स्त्रियों ने इस प्रकार के शिलालेख अर्पित किए थे। उन दिनों कच्ची मिट्टी की खपरैल पर लिखकर आँच पर तपाकर उसे पक्का बनाते थे। पुरानी लिपियाँ पढ़नेवाले विद्वान आज भी हैं। इतिहासकारों में हिरोडोटम को प्रपितामह कहा जाता है। उनके ग्रन्थों में लिखा है : "विवाह पूर्व सभी स्त्रियों को प्रथा के अनुसार, देवताओं के समक्ष पर-पुरुषों से व्यभिचार करना चाहिए।"

बाइबिल में भी इस तरह के वर्णन मिलते हैं।

इस विषय का विश्लेषण करते हुए सर फ्रेजर ने कहा था : "ऐसी परिस्थितियाँ पूरे एशिया में पाई जाती हैं। विचार अलग-अलग हो सकते हैं, किन्तु यह केवल कामतृप्ति के लिए किया गया कार्य नहीं है। दैवी सान्निध्य में होनेवाला एक पवित्र कार्य है। इसमें कहीं भी पाप नहीं है।"

जस्टिस नामक इतिहासकार ने कहा था कि लीडिया कैप्रस में स्त्रियाँ व्यभिचार करके धन कमाती थीं और इस कमाई का कुछ हिस्सा देवालय को दान करती थीं।

गाँव में जितनी भी लड़कियाँ रहती थीं, उन सबके लिए यह कार्य अनिवार्य था। इस पवित्र कार्य में वे पूरा जीवन व्यतीत करती थीं। अगर विवाह करने की इच्छा हुई तो विवाह करती थीं, नहीं तो इसी कार्य में पूरा जीवन बिताती थीं। दो हजार वर्ष पूर्व इस प्रथा को कुछ लोगों ने आँखों से देखा और इसके बारे में लिखा। इस रिवाज को बदलने के लिए कई राजाओं ने प्रयत्न किए। रोमन चक्रवर्ती कानस्टेन टैन के बारे में यूसिनस नामक इतिहासकार ने अपने ग्रन्थ में लिखा है। यह एक प्रामाणिक ग्रन्थ है।

देवदासियाँ

कुछ स्त्रियाँ अपना पूरा जीवन इस पुण्यकार्य के लिए अर्पित कर दिया करती थीं। वे विवाह नहीं करती थीं। ईश्वर की सेवा के लिए देवदासियों द्वारा समर्पण किया

जाता था। जिसमें एक गौरव था। व्यभिचार में कमाए गए धन को ये स्त्रियाँ देवताओं को समर्पित करती थीं; इसलिए ये 'देवदासियाँ' नाम से पुकारी जाती थीं। देवदासी को तमिल में देव अड़िया (देवाड़िया) कहते हैं।

बाइबिल के आधार पर हम यह कह सकते हैं कि ईसा काल में भी कई देशों में देवदासी प्रथा थी, उस समय स्त्री-देवदासियाँ ही नहीं, पुरुष-देवदास भी हुआ करते थे। ये सृष्टि-कार्य में अपना पूरा जीवन व्यतीत करते थे। सृजन-शक्ति की अभिवृद्धि करना इनके जीवन का एकमात्र लक्ष्य था। पुरुष-देवदास व्यभिचार के सिवा और कोई दूसरा काम नहीं करते थे। ललित कला, संगीत, नृत्य पर केवल इनका ही अधिकार था। समय में परिवर्तन आया। देवदासियाँ देवालय की दहलीज पार करके समाज में आ गईं और वेश्याएँ बन गईं। इसका स्पष्ट अर्थ यही हुआ कि वेश्यावृत्ति की शुरुआती रूप देवदासी प्रथा है। जिस तरह आज नास्तिक को हीन-दृष्टि से देखा जाता है, उसी तरह उस समय रीति-रिवाजों का जो पालन नहीं करता था उसे तिरस्कृत दृष्टि से देखा जाता था। हँसिए मत। क्रोध में मत आइए। महाशय, सत्य को देखिए।

आराधना क्या है?

आराधना, भक्ति अर्चना–ये सब मानव के साथ जुड़ी हुई हैं। किन्तु ये भी समय के अनुसार बदलते हुए दृष्टिकोण के अनुसार बदलती गई। आराधना, भक्ति, अर्चना आदि के रूप हमारे विचारों के अनुरूप बदलते रहते हैं। अगर इस प्रकार के विचार हमारे मन में होंगे कि ईश्वर भयंकर राक्षस की तरह होता है, मानव को निगलता है, क्रोध में आए तो सब ध्वंस कर देता है, उस भगवान को रक्त, मांस, भेड़िये, मानव आदि का नैवेद्य देकर हम आराधना करते हैं। अगर इस प्रकार सोचेंगे कि ईश्वर निर्विकार, निर्गुण है तो हम उसकी मन से आराधना करते हैं। अगर इस प्रकार सोचेंगे कि ईश्वर सर्वोन्तर्यामी है, प्रकृति का स्वरूप है तो सेवा और विश्व-भ्रातृत्व के भाव से आराधना करते हैं। अगर इस प्रकार सोचेंगे कि ईश्वर लीला-मानुष है, अलंकार-प्रिय है, श्रृंगार-प्रिय है तो मानव के वस्त्र पहनाकर अपनी पत्नी की ही तरह उसे अन्दर रखकर कमरे के दरवाजे बन्द करेंगे। हमारा ईश्वर शिकारी है तो शिकार करना ही पूजा है। ईश्वर को मदिरा-पान प्रिय है तो मदिरा-पान पूजा है। ईश्वर सन्तान को जन्म देनेवाला परमपिता है तो सन्तान को उत्पन्न करना ही आराधना है। उसी काम में पूजा है, उसी में पुण्य है।

आश्चर्य क्यों? इनमें से किसी बात पर अचरज करने की आवश्यकता नहीं। ये सब बदलाव मानव के जीवन में समय के साथ-साथ हुए हैं। यही सत्य है। ये सब क्रम-पद्धति में हुए हैं। मानव के इतिहास में अनिवार्य भी हैं। शक्ति-पूजा को देखिएगा। ऐसे भी दिन थे जब 'नेति-नेति' कहा जाता था। 'तत्त्वमसि' कहनेवाली

स्थिति को देखो। फिर 'अहं ब्रह्मास्मि' कहने की स्थिति आई। मानव के विचार कभी एक बिन्दु पर नहीं थे और न ही रहेंगे।

मानव के विचार

जब मानव-जाति सभ्यता की आरम्भिक अवस्था में थी, तब ऐसे कई विषय थे जो उसे समझ में नहीं आए थे। वे सब उसके लिए अद्भुत विषय थे। अग्नि को देखकर उन्हें आश्चर्य होता था। इसी तरह सूरज और चाँद का निकलना, उजाला तथा अँधेरा छा जाना उन्हें अद्भुत जान पड़ता था। पल-पल परिवर्तित होनेवाली प्रकृति को देखकर वे आश्चर्यचकित होते थे। ऐसा लगता था कि कुछ माया है, रहस्यमय है जिसके बारे में हमें मालूम नहीं है। हमारे पूर्वजों के मन में इनके प्रति श्रद्धा उत्पन्न हुई। तब ये सब उनके लिए देवता बन गए। जंगल को समूल नष्ट करनेवाली आँधी, पूरे जंगल को भस्म करने वाली अग्नि, आँखों के सामने चमकनेवाली बिजली आदि उनके लिए महत्त्व के विषय बन गए। इन सबने मानव के मन में भय की सृष्टि की। इस भय के कारण ही मानव इनके प्रति आकर्षित हुआ। मानव सोचने लगा कि इन सबको हमेशा शान्त रखना चाहिए वरना ये सब मानव को नष्ट कर देंगे और आराधना द्वारा देवताओं को शान्त किया जा सकता है। यह विचार मन में आते ही वे आराधना करने लगे। ये सब विषय-वर्णन हमें वेदों में मिलता है।

फसल की देवी

जो पेड़ वसन्त आने से हरे-भरे होते हैं, वे ही पेड़ शिशिर आने से सूख जाते हैं, हरे-भरे पौधों, रंगीन फूल, स्वादिष्ट फल अचानक नीचे गिर जाते हैं। प्रकृति में होनेवाले ये परिर्वतन देखकर मानव को आश्चर्य हुआ है और उसे लगा कि फल-फूल देनेवाली कोई तो शक्ति है। उसी शक्ति को आदिमानव ईश्वर मानने लगा।

सृष्टि के लिए दो विषय अनिवार्य हैं

आदिमानव सोचने लगा कि सृष्टि के लिए दो विषय अनिवार्य हैं। मानव तथा जानवर के सन्दर्भ में उसे यही सत्य नजर आया। मानव के भी बच्चे पैदा हो रहे हैं और जानवर के भी। सृष्टि के लिए स्त्री तथा पुरुष अनिवार्य हैं। इन दोनों के संगम से ही सन्तान की सृष्टि हो रही है। आदिमानव पृथ्वी को स्त्री के जननांग के रूप में देखने लगा। उसे पृथ्वी में एक शक्ति दिखाई पड़ी यही स्त्रीत्व है। इसी से फल-फूल, फसल आदि की सृष्टि हो रही है।

पुरुष कौन है? ईश्वर, सूर्य आकाश, आदि पुरुष हैं। इनके कारण ही शक्ति (पृथ्वी) में सन्तान उत्पन्न होती है। ये विचार हमारे दादा-परदादा के थे। सारी दुनिया स्त्री तथा पुरुष के कारण ही चलती है। यही उनका विश्वास था। ईश्वर का काम सृष्टि-निर्माण के सिवा और कुछ नहीं। स्त्री तथा पुरुष का संगम पवित्र है। यह पवित्र कार्य करना मानव का कर्तव्य है।

फल हमेशा क्यों नहीं दिखते?

सभी कालों, सभी अवस्थाओं में होनेवाले इस महान कार्य से कभी-कभी फल-फसलें क्यों नहीं पैदा होतीं? एक पेड़ चार दिन फल देगा, बाद में नहीं देगा! फिर महासंगम का नतीजा क्या हुआ? इस तरह आदिमानव सोचने लगा।

कमजोरी

दिन-भर प्रचंड रूप से जलनेवाला सूर्य शाम होते ही कान्तिविहीन क्यों हो जाता है? सूर्य भी मानव की तरह घूम-घूमकर थक जाता है। चाँद भी प्रातःकाल तक कान्तिहीन हो जाता है। ऐसा लगता है कि शायद वह भी थक जाता है। इसलिए ईश्वर हो या शैतान, थक जाने के बाद कमजोर हो जाते हैं। यह प्रकृति का नियम है। यह मानव का नित्य अनुभव है। आदिमानव को ये दो सत्य मालूम थे कि स्त्री-पुरुष रतिक्रीड़ा के बाद थक जाते हैं। स्त्री सन्तान पैदा करने के बाद थक जाती है। आदिमानव यह भी सोचने लगा कि दैवी शक्तियों को कमजोरी आ जाती है। हमारे दादा-परदादाओं को पक्का विश्वास हो गया है कि स्त्री और पुरुष के जननांग थक जाते हैं, इसीलिए यह महासंगम कमजोर पड़ जाता है।

थका हुआ ईश्वर अधिक देर काम नहीं कर सकता। काम नहीं कर सकेगा तो सृष्टि-कार्य धीमा पड़ जाएगा। फूल और फल पैदा नहीं होंगे। अगर हुए तो भी उनमें शक्ति नहीं रहेगी। इससे मानवजाति को नुकसान पहुँचेगा। यह सृष्टि के लिए अन्याय होगा। फिर क्या करना चाहिए ? करना क्या है, जो थक गया उसे कुछ खिलाना पड़ेगा, उसे फिर शक्तिशाली बनाना पड़ेगा।

कमजोर को बल देना चाहिए

जो कमजोर हो गया, उसे बल देना चाहिए। जिसकी कमर टूट गई, उसे ठीक तो करवाना ही होगा। आदिमानव ने इसके बारे में सोचा और उपाय ढूँढ़ निकाला। अर्चना करना ही इसका एकमात्र उपाय है। अर्चना करना पूजा है, वही आराधना है।

वही पवित्र कार्य है। वही भगवान की भक्ति है। आज भी सभ्य मानव के हृदय में ये विचार कुछ हद तक जिन्दा हैं। आज भी हम इन्हीं विचारों को कार्यरूप दे रहे हैं : किन्तु नए रूप में।

सन्ध्यावन्दन

सूर्य जो काम कर रहा है, वह बहुत ही कष्टदायक है। कदम-कदम पर उसके रास्ते में रुकावटें ही रुकावटें हैं। मन्देह नामक राक्षस सूर्य के कार्य में रुकावटें डालता है। सात घोड़े रहने पर भी सूर्य को तकलीफ उठानी ही पड़ती है। राक्षसों को काटते हुए, मारते हुए, सूर्य अपनी यात्रा करता रहता है। इस काम में वह थक जाता है, कमजोर पड़ जाता है। अगर इसी तरह सूर्य को छोड़ दिया जाए तो वह मूर्छित हो जाएगा। फिर दुनिया कैसे चलेगी? तीन लोकों में होनेवाले पुण्य कार्यों का क्या होगा? इसलिए सूर्य को शक्तिशाली बनाना चाहिए। उसकी मदद करनी चाहिए। मनीषियों ने प्रातःकाल मध्याह्न, सायंकाल-तीन बार सन्ध्या करने की विधि बनाई। उनके विचार में सन्ध्यावन्दन करने में कुछ शक्ति है। सन्ध्यावन्दन के बाद पानी के छींटे (यह पानी पवित्र तथा शक्तिशाली है) फेंके जाते हैं। यह पानी महातीक्ष्ण होकर तीर बनकर उन मन्देह राक्षसों को मार डालेगा और तब सूर्य बिना रुकावट अपनी महान यात्रा पर चल पड़ेगा।

उलटा-पुलटा

सब यही सोचते हैं कि ईश्वर मानव की मदद करता है, किन्तु मानव ईश्वर को उससे अधिक मदद देता है। यह बात सुनकर चौंकिए मत। गहराई से सोचेंगे तो सब उलटा-पुलटा दिखाई पड़ता है। ग्रन्थों में लिखा गया है कि ईश्वर ने मानव की सृष्टि की, पशु-पक्षी, फल-फूल, आकाश-पाताल सबकी सृष्टि की। पूरी सृष्टि में मानव ही उत्तम प्राणी है। पंडितों का विचार यही था, किन्तु बुद्धिजीवी इससे सहमत नहीं हैं। मानव ने कई विषयों की सृष्टि की। इस मानव सृष्टि में ईश्वर भी एक विषय है और यह मानव की सबसे उत्तम सृष्टि है। यह सब सुनने में उलटा लग सकता है। किन्तु यह सच है।

ईश्वर : एक मानवसृष्टि

हमारे पूर्वजों को जो दुनिया दिखाई पड़ी, उस दुनिया में पत्थर भी हैं, जंगल भी हैं, पानी भी है, सब कुछ है। मानव इन सबको नित्य जीवन में देखता रहता है। इन सबको महसूस भी करता है; किन्तु ईश्वर को नहीं, ईश्वर को उसने नहीं देखा। इस

स्थिति में मानव ने ईश्वर की कल्पना की। जिसका नाम नहीं था, उसे नाम दिया। जिसका रूप नहीं, उसे रूप दिया। उसे कई शक्तियाँ दीं। इस तरह उसने ईश्वर की सृष्टि की है। एक कवि जिस तरह काल्पनिक नायक की सृष्टि करता है, उसी तरह मानव ने भी ईश्वर की सृष्टि की। ईश्वर को प्रतिष्ठा दी। उसे सिंहासन पर बिठाया। मानव ने इस कल्पित पात्र को शक्तिशाली बनाया। यही सत्य है। इस सत्य को स्वीकार करना ही पड़ेगा।

ईश्वर को दी जानेवाली सहायता

ईश्वर को सहायता देना मानव का एक काम बन गया है। यह मदद कई रूपों में होती थी। आदिमानव ईश्वर का काम खुद करके, उसे दान देकर ईश्वर की सहायता करता था। यही आराधना है। इसमें अनुकरण भी है।

अनुकरण

आज भी हमारे गाँवों में वर्षा न होने पर कुछ टोटके किए जाते हैं। ये टोटके एक प्रकार से अनुकरण ही हैं। एक मेढक पर पानी फेरते हुए ग्रामवासी घूमते हैं। बिजली जिस तरह कड़कती है, उसी तरह कुछ लोग मिलकर आवाजें निकालते हैं, चिल्लाते हैं। यह अनुकरण ही है; किन्तु आज लोग इसे अन्धविश्वास कहकर नकार देते हैं।

कामक्रीड़ा देवतार्पण है

अनुकरण धीरे-धीरे एक प्रथा के रूप में बदल गया। सृष्टि करनेवाला ईश्वर कमजोर पड़ गया, तो सृष्टि करने का काम सबने मिलकर करना शुरू किया, यही आराधना है। यह काम जितना अधिक होता है, उतनी ही ईश्वर में शक्ति आती है। जन्म की सार्थकता इसी में है। इससे अधिक पुण्य का कार्य दूसरा कोई नहीं। आराधना देवालयों में की जाती है। इसीलिए कामक्रीड़ाएँ देवालयों में ही की जानी चाहिए। आज हम जिस तरह कृष्णार्पण करते हैं, उसी तरह उस समय इस काम को देवतार्पण कहते थे। यह कार्य महासंगम को बल देनेवाली शक्ति है। पुरुषांग को इन कामक्रीड़ाओं से शक्ति मिलती है।

लिंग की पूजा

उस समय ईश्वर पुरुष के रूप में देखा जाता था। ईश्वर पुरुष-भाग है। वह पुरुष-भाग ही लिंग है और इस लिंग को देवताओं के नाम से जोड़ा गया। स्त्री-भाग गौरीवट्टम्

है। ध्यान से देखेंगे तो लिंग तथा गौरीवट्टम् की आकृति में स्त्री-पुरुष के गुप्तांगों का प्रतिबिम्ब मिलता है। निस्संदेह हम यह कह सकते हैं कि लिंग और गौरीवट्टम् पुरुष और स्त्री अंग हैं।

पुरुष माने क्या?

ईश्वर को पुरुष, महापुरुष आदि नाम से पुकारते हैं। इस पुरुष शब्द का अर्थ क्या है? हमें तार्किक ढंग से सोचना चाहिए। सत्य को छिपानेवाले शब्दकोशों को छोड़ देना चाहिए। पुरुष शब्द की व्युत्पत्ति देखें तो अर्थ निकलता है–अन्दर जानेवाला। इस अर्थ में यह पुरुष नाम ईश्वर को मिला। पुरुष का वर्णन करनेवाले सभी विवरण यही अर्थ देते हैं। पंडित इस सत्य को वेदान्त की पोशाक पहनाकर कुछ और अर्थ देने का प्रयत्न करते हैं।

कुछ देशों में अब भी यही अर्थ लेते हैं

लिंग-पूजा की प्रथा हमारे देश में ही नहीं, कई देशों में है। हमारे देश में इस रिवाज पर परदा डालने का प्रयत्न किया गया है। अन्य देशों में यह रिवाज सार्थक नहीं रहने पर छोड़ दिया गया, उसके नए अर्थों की कल्पना नहीं की गई। भारतीयों ने पूजा को नहीं छोड़ा, किन्तु उसका अर्थ बदल दिया।

लिंग का अभिषेक

सन् 1584 तक फ्रांस के एक शहर में एक महालिंग था। वे उस लिंग को ईश्वर से नहीं, फौटिन नामक एक महान व्यक्ति से जोड़ते थे। वे दाम्पत्य सुख और सन्तान के लिए इस लिंग का अभिषेक करते थे। उस पर अंगूर का रस चढ़ाते थे। ऊपर का भाग लाल रंग का होता था। वहाँ के लोगों ने उसका नया अर्थ नहीं खोजा।

कुछ प्रदेशों में लिंग को चूमने का भी रिवाज था। कुछ लोग ऐसी भी क्रियाएँ करते थे जो हमारी दृष्टि में आज अश्लील हैं। ईश्वर महालिंग है। गौरीवट्टम स्त्री की योनि है। यह पद्धति लिंग-योनि की आराधना है। ऊपर मैंने जो कुछ कहा, उसी उद्देश्य के लिए आराधना का आरम्भ हुआ। देवालय इस महाकार्य के लिए मूल स्थान बन गए। काम-क्रीड़ा पुण्य कार्य बन गई, भगवद्-भक्ति बन गई।

लिंग-पूजा की प्रथा कई देशों में पाई जाती है। उनके विचार में लिंग पुरुषांग है। कुछ देशों में यह लिंग पुरुष-मूर्तियों को लगाया जाता है। हमारे देश में यह लिंग

पत्थर की आकृति में होता है। हमारे पंडितों के विचार के अनुसार इस चिह्न का वेदांतार्थ अलग है।

चिह्न माने क्या?

श्रीकृष्ण देवराय (आन्ध्र के विजयनगरम् नामक नगर का राजा) के दरबार में अष्टदिग्गज कवि थे। इन अष्टदिग्गजों में धूर्जटि एक महान कवि था। वह शिव-भक्त था। 'श्रीकालहस्ति महत्यम्,' 'श्रीकालहस्तीश्वर शतकम्' नामक ग्रन्थों की रचना उसी ने की थी। इस शतक में एक पद्य है जिसका अर्थ इस प्रकार है : 'हे शिव, तुम्हारी पूजा मैं किसी रूप में करूँ–घुटने, चुचुक, तूलिका...इनमें से किसमें तुम्हारा ईश्वर-रूप देखूँ।' इन अंगों पर कवि की दृष्टि जाने के कुछ कारण हैं। शैव-ग्रन्थों में कुछ कहानियाँ हैं। उन कहानियों में पात्र किसी एक अंग को लिंग मानकर पूजा करते हैं। इन पूजाओं के कारण उन्हें ईश्वर की दया प्राप्त हुई। इन अंगों में किसको शिव का रूप मानना चाहिए–यह धूर्जटि का प्रश्न था। ईश्वर के लिए किसी-न-किसी चिह्न का उपयोग तो करना ही चाहिए। किन्तु हम जिसकी पूजा कर रहे हैं, वह लिंग इस प्रकार का नहीं है।

सत्य को आड़ क्यों?

शिवलिंग क्या है? वह किसके लिए पूजनीय है? इस प्रश्नों के उत्तर हमारे पुराणों में दिए गए हैं। श्रीनाथ महाकवि (तेलुगु के प्राचीन कवि) ने इन विषयों का वर्णन अपने ग्रन्थ 'हरविलास' में भक्ति तथा श्रद्धा के साथ किया था। किन्तु बीच के पंडितों ने इस सत्य पर परदा डाल दिया। सत्य को आड़ क्यों? अगर आप पंचांग को छुपाएँगे तो क्या नक्षत्र गायब हो जाएँगे?

असली कथा क्या है?

विवाह के बाद शिव हिमवंत के घर में अपनी पत्नी के साथ कामक्रीड़ा में मग्न थे। उन्हें अपने कर्तव्य का होश नहीं था। उधर उनके अनुचर अनैतिक तथा हिंसक कार्यों में तल्लीन हो गए। हिमवंत सोच रहा था कि किस तरह से इसे रोका जाए? हिमवंत की मंशा जानकर शिव किसी को बताए बिना दारुवन चले जाते हैं। उस वन में महर्षिगण अपनी पत्नियों के साथ आनन्दपूर्वक जीवन बीता रहे थे। उनकी पत्नियों को देखने के बाद शिव में कामोत्तेजना जाग्रत हुई। ऋषि-पत्नियों के पातिव्रत भंग होने लगे। ऋषियों को गुस्सा आया। वे प्रतिशोध लेने के लिए तैयार हो गए। शिव ने अपने

पुरुषांग का आकार बहुत बढ़ा दिया। श्रीनाथ ने इस संदर्भ का विस्तारपूर्वक वर्णन किया है। एक अंश प्रस्तुत है :

'जय-जय शिवलिंग, ज्योतिर्लिंग, लिंगोद्भव, श्री महालिंग, वेदत्रयीलिंग, निरलिंग...सारंगलिंगात्मक, भूलिंग, अयलिंग, ईसलिंग, ओमलिंग दिव्यात्म नाना निरूपाक्षलिंग नमस्ते...नमस्ते...नमः...' कहते हुए ऋषि, ब्रह्मा, देवता, किन्नर आदि उनके लिंग की पूजा करने लगे।

इस तरह पूजा करने के बाद शिव ने कहा–सब सुनो! आज से यह महालिंग पूजनीय होगा; इस अनुपम दिव्यलिंग का अभिषेक करो। शिव ने अपने लिंग (पुरुषांग) को स्तंभित रख दिया। तब से आश्रम के ऋषि और गृहस्थ अपने ईर्ष्या-द्वेषों को त्यागकर शिवलिंग की भक्ति के साथ पूजा करने लगे।

प्रमाण

फिनीशिया, बेबीलोनिया, असीरिया, ग्रीस, पर्शिया, जावा, चीन, अमेरिका, न्यूगिनी आदि देशों में यह प्रथा (देवालयों में रति-क्रीड़ा) दिखाई पड़ती है। इन देशों में और हमारे देश में देवालयों का निर्माण एक जैसा लगता है।

न्यूगिनी का देवालय

यह एक बड़ा घर है। इसकी स्त्री तथा पुरुष-मूर्तियों के गुप्तांग बड़े-बड़े आकार में हैं। बरामदे में स्त्री-पुरुष की लकड़ी की मूर्तियाँ दरवाजे के दोनों तरफ हैं। ये मूर्तियाँ कामक्रीड़ा की भंगिमाओं में तराशी गईं। कामशास्त्र के अनुसार ही इन मूर्तियों का निर्माण हुआ। अनब्याहे स्त्री-पुरुषों के लिए यह देवालय भी है और सम्भोग-स्थान भी। उनके विचारों में इस तरह हमेशा सृष्टि कार्य चलते रहने से ईश्वर कमजोर नहीं होता। देशवासी सुख से रहते हैं। धर्म ठीक तरह से चलता रहता है।

पाफस में की जानेवाली आराधना

पाफस का देवालय भी इसी तरह का है। यह कैप्रस नामक द्वीप में रहा। आजकल की धार्मिक भावनाओं तथा नैतिक मूल्यों की दृष्टि से देखा जाए तो ऐसा लगता है कि इन देवालयों में गाली-गलौज हो रहा है। जहाँ देखो वहाँ अश्लीलता। देवालय में कई उत्तेजक मूर्तियाँ हैं। यहाँ कामशास्त्र की अनेक पद्धतियाँ दिखाई गई हैं, किन्तु किसी भी युगल के मन में पाप नहीं। स्त्री-पुरुष सहज तथा भक्ति एवं श्रद्धा के साथ सम्भोग करते हैं।

रति-विलास मदिरा

यहाँ के ईश्वर का नाम लेम्बा है। यहाँ पर ईश्वर की कई पत्नियाँ रहती हैं। भक्त भी रहते हैं। सब मिलकर देवाराधना करते हैं। महासंगम को निभाते हैं। भक्त थक

जाते हैं। थकावट दूर करने के लिए वे मदिरा पीते हैं। उनके लिए यह एक प्रकार की औषधि है।

यहाँ नित्य सुहागरात मनाई जाती है

सम्भोग करना सत्कर्म है। स्त्री-पुरुषों के अंगों की पूजा ही आराधना है। यहाँ पर निष्ठावान व्यक्तियों में भी कामोत्तेजना जगाई जाती है। यहाँ की मान्यताओं के अनुसार 'काम' महान है। काम के बिना यह सृष्टि नहीं है। व्यभिचार करना अनिवार्य है। योनि-लिंग की पूजा को यहाँ महान माना जाता है। लेकिन सनातनी तथा दुरभिमानी इस सत्य को स्वीकार नहीं करते।

असली सनातन कौन है?

असली सनातन हमारे पूर्वज हैं। वे ही सभ्यता के मूल पुरुष हैं। योनि और लिंग की पूजा के पुजारी हैं। महासंगम कार्य के लिए उन्होंने दीक्षा ली। मानवजाति के विकास के लिए इन्होंने नींव डाली। ये पुण्य पुरुष हैं। हाँ, ये ही सनातन हैं। बाकी कोई असली सनातन नहीं है।

सनातन धर्म या संकट धर्म

आज अपने-आपको सनातन कहलानेवाले ये सब शास्त्री-पंडित लोग खुद के लिए सनातन शब्द का प्रयोग नहीं कर सकते। क्योंकि इनको कल, आज और कल के बारे में कुछ मालूम नहीं, इन्होंने अपने स्वार्थ के लिए कुछ नियम बनाए। इनसे पूछिए कि यह विवाह-व्यवस्था कैसे बनी ? विवाह में किए जानेवाले रीति-रिवाजों के बारे में पूछिए? मेनरिकम (मामा के साथ विवाह करना, बुआ के लड़के के साथ विवाह करना—यह प्रथा आन्ध्र प्रदेश में बहुत प्रचलित है) के बारे में पूछिए। अस्पृश्यता क्या है? लड़की के रजस्वला होने के बाद चिम्मिलि (गुड़ और तिल मिलाकर कूटा जाता है) क्यों बनाई जाती है ? सन्तान प्राप्ति के लिए पीपल के पेड़ का आलिंगन क्यों करते हैं? ये रीति-रिवाज किसके लिए हैं? इन सबका अर्थ क्या है? कहाँ से हम ये प्रथाएँ लाए? अपने पूर्वजों के रीति-रिवाजों को, धर्म को हम कौन-सा नाम देंगे? इन प्रश्नों के उत्तर क्या सनातन दे सकते हैं? इन सनातनों पर नानागोत्रेभ्यः सूत्र लागू होता है।

रतिक्रीड़ा की पूजा सारी दुनिया में होती है

हमारे पूर्वजों के लिए रति-क्रीड़ा ही पूजा थी। इस तरह की पूजा करने की प्रथा किसी एक कोने में नहीं, एक जाति में नहीं, पूरी दुनिया में है।

अनाहित की पूजा

अनाहित पर्शिया देश की देवी है। ऐरेज में इस देवी की मूर्ति है। यह देवी सन्तान देवी है। दूर-दूर के देशों से बड़े-बड़े घरों की बेटियाँ इस देवालय में आकर व्यभिचार करती थीं, बाद में इच्छा हुई तो विवाह भी कर लेती थीं।

स्तम्भों की पूजा

मस्सेभा, अष्षेरा नामक स्तम्भों की पूजा की जाती है। ये स्तम्भ बहुत लम्बे हैं अर्थात् लिंग-रूप हैं। इस पूजा में देवताओं के नाम इस प्रकार बोले जाते हैं—लम्बा है, बलवान है, उत्तान है, अकड़कर खड़ा रहता है आदि। इस तरह के नाम हमारे नामों में भी हैं।

मिलिता देवी

बेबीलोनिया में मिलिता नामक देवी की पूजा की जाती है। स्त्रियाँ कई दिनों तक पुरुषों से व्यभिचार करती रहती हैं। जो धन पाती हैं; उसे देवता को अर्पित कर देती हैं। हमेशा न सही, साल में एक बार तो करना ही चाहिए। यह एक नियम है। उनके विचार में अगर एक बार भी व्यभिचार नहीं किया तो महापाप है। बाद में नियमों को थोड़ा ढीला कर दिया गया और जीवन में एक बार व्यभिचार करना अनिवार्य हो गया है। इस कार्य को गलत या अनैतिक मानकर नियम बदला नहीं गया, बल्कि इसलिए बदला गया कि यह पुण्य का कार्य है। यह एक प्रथा है, इसे निभाना चाहिए। इस देवालय में स्त्रियों की भीड़ रहती है। बरामदे में संगम-कार्य चलता रहता है।

लीडिया में

उस जमाने में लीडिया एक प्रसिद्ध देश था। यहाँ की सभ्यता चरमावस्था में थी। यहाँ पर कन्याएँ व्यभिचार-पूजा करती थीं और धन कमाती थीं। बाद में विवाह भी करती थीं। कुछ स्त्रियाँ वहीं पर सारा जीवन व्यतीत करती थीं।

हेलियोपालिसु में

सीरिया (सुरों का देश) में हेलियोपालिसु (हेलिपुरम्-सूर्यनगर) नामक गाँव में हर स्त्री के लिए व्यभिचार-पूजा करना अनिवार्य था। कई माताएँ, कन्याएँ अपनी भक्ति-भावना को इस तरह लिखकर व्यक्त करती थीं–'हमने भक्ति श्रद्धा के साथ व्यभिचार-पूजाएँ की थीं।'

फिनीशिया के देवालयों में

फिनीशिया के देवालयों में भी व्यभिचार-पूजा पवित्र भावना से की जाती थी। इन देवालयों में आरेलिया इसीलिया नामक स्त्री ने शिलालेख पर इस तरह लिखा–'मैं, मेरी माँ, मेरी नानी पीढ़ी-दर-पीढ़ी यह पूजा करती आ रही हैं, इस तरह हमने भक्ति-भावना व्यक्त की है।' इस तरह लिखना या लिखवाना वहाँ के लिए अच्छा माना जाता था।

अष्टारटु एष्टरिट नामक देवियों की पूजा भी इसी तरह की जाती थी।

ग्रीस में

डयोनिससु उत्सव ग्रीस (यूनान) में मनाया जाता था। आधुनिक दृष्टिकोण से यह बहुत ही गलत लगता है। लेकिन वहाँ पर इसे पवित्र भावना से मनाया जाता था।

एलीषियनुनु मिस्टरीसु नामक प्रथा इसी पूजा से सम्बन्धित है।

मा देवी

हमारे सहस्र देवी-नामों में 'मा' एक नाम है। इस नाम का अर्थ है लक्ष्मी। इस 'माँ' के नाम पर हमारे देश में कहीं भी देवालय नहीं है। पुराने जमाने में ऐसी कोई देवी थी, इसका प्रमाण भी नहीं है। किन्तु कोश में यह नाम है। कापडोषिया नामक देश में कामना या कोमन नामक गाँव में 'मा' नामक देवी की पूजा की जाती है। कामना की प्रजा 'माँ' देवी की सन्तान है। इस 'माँ' देवी की पूजा भी कामक्रीड़ा-पूजा ही है। भारत देश की धार्मिक मान्यताओं के अनुसार 'काम' 'माँ' का पुत्र है।

महामाता की पूजा

महामाता के नाम से कई देवियाँ हैं। ये सब देवियाँ महासंगम कार्य की मूल हैं। इनकी पूजाएँ भी काम-क्रीड़ा से सम्बन्धित हैं। सर्वकाल, सर्व अवस्थाओं में ये पूजाएँ की

जाती हैं। कुछ जगहों पर स्त्रियाँ कतार लगाकर बैठती हैं। पुरुष अपनी इच्छा के अनुसार इनमें से किसी एक को ले जाते हैं। स्त्रियाँ पहली नजर में जो नया पुरुष मिलता है, उसी के साथ चली जाती हैं। कुछ प्रदेशों में स्त्रियाँ धन भी लेती हैं और देवाराधना भी करती हैं। कुछ प्रदेशों में 'कामशास्त्र' पर भाषण दिए जाते हैं। अमीर-गरीब कोई भी हो, यह कार्य करना पुण्य समझते हैं। कुछ जगहों पर स्त्रियाँ अपनी स्त्री शक्ति देवता को अर्पित करती हैं। कुछ जगहों पर पुरुष अपनी पुरुष-शक्ति देवता को अर्पण करते हैं और हमेशा के लिए देवालयों में रह जाते हैं। अपनी शक्तियाँ देकर वे धन्य हो जाते हैं।

पुरुष-शक्ति का अर्पण

नित्य रति-क्रीड़ाएँ करते हुए भक्त अपनी भक्ति को दिखाते हैं। ये साधारण भक्त हैं। साधारण भक्त से महाभक्त अधिक भक्ति दिखाना चाहते हैं। सवाल उठता है कि वे किस तरह अपनी महाभक्ति दिखाएँ? साधारण भक्तों की तरह पूजा करने में इन्हें पूर्णतृप्ति नहीं मिलती। अपनी सारी शक्तियों को समर्पित करें, तब इन्हें तृप्ति मिलेगी, शान्ति मिलेगी। इसलिए देवालयों में ये भक्त सबके सामने अपनी पुरुष-शक्ति का अर्पण करते हैं। ये अर्पण कई तरह के होते हैं। इनमें 'अवयव समर्पण' समर्पण की एक पद्धति है।

युसिबियन नामक इतिहासकार ने पेट्रोलिया ग्रीषिया नामक ग्रन्थ में लिखा है कि 'मेन हू कास्ट्रेट इन ऑनर ऑफ द गॉड्स।' अर्थात् देवता के लिए ये महाभक्त निर्वीर्य बन गए हैं। मिग्निस ने भी कहा है कि एक जमाने में यह प्रथा थी। वेस्टमार्क ने ऐसे कई विषयों पर लिखा है। जो पुरोहित बनना चाहते हैं, वे नपुंसकत्व से तृप्ति नहीं पाते, वे स्त्री की तरह रहना चाहते हैं। वे दूसरे पुरुषों के साथ स्त्री बनकर रहते हैं। अगर इस तरह नहीं करेंगे तो उनमें धर्मग्रन्थ पढ़ने की शक्ति नहीं आती।

युगल पुरुषों की रति-क्रीड़ाएँ

काननैट ने लिखा है कि पुरुष स्त्री बनकर दूसरे पुरुष के साथ रहता है और पवित्र बन जाता है। फिर वह जीवन-भर इसी तरह रह जाता है।

पुरुष-व्यभिचारी

पुरुष-व्यभिचारी कई देशों में रहते हैं।

बल-समर्पण क्या है?

पुरुष-शक्ति के समर्पण के अनेक प्रकार हैं। नशीले पदार्थ खाकर वे स्त्री से बार-बार सम्भोग करके निर्वीर्य हो जाते हैं। पुरुष एक दिन में कई बार सम्भोग करता है। ऐसा करते-करते वह धीरे-धीरे नपुंसक बन जाता है। स्त्री के बिना पुरुष अवयवपीड़न करके नपुंसक बन जाता है। यह दूसरा प्रकार है। एक दिन में लगभग चालीस बार अवयवपीड़न द्वारा सर्वशक्तियों को अर्पण करनेवाले महाभक्त भी थे, इस तरह जो वीर्य-शक्ति का अर्पण करता था वह पूरे देश के महात्माओं का महात्मा बन जाता था। ये नपुंसकजन गुरु माने जाते थे।

वे ही पंडित बन गए

'वे ही पंडित बन गए' बस इस वाक्य के पढ़ते ही सब पंडित मुझे कोसेंगे। मैं भी अपने आपको पंडित समझता था; इसलिए ऐसा लिखना मुझे भी अच्छा नहीं लगा। इस अर्थ को मेरा पंडित मन स्वीकार नहीं कर सका। इसलिए यह अर्थ (नपुंसक ही पंडित थे) गलत है, इसे प्रमाणित करने के लिए मैंने लाखों प्रयत्न किए, अनेक देशों के इतिहास के पन्ने पलटाए, किन्तु मेरा प्रयत्न असफल रहा।

आइए देखें

'नपुंसक' के लिए कौन से शब्दों का प्रयोग किया गया है। देखिए :

तृतीय प्रकृति स्मंडः तीसरा क्लीबः चौथा षंडः। षंडः के और तीन रूप मिलते हैं–संडः षंडः पंडः–इन तीनों शब्दों में केवल पहले अक्षर में ही परिवर्तन है। पंडा शब्द नपुंसक के लिए प्रयोग किया जाता है। इस तथ्य को हम कोशों में देख सकते हैं। इसमें कोई सन्देह नहीं कि यह शब्द एक जमाने में प्रचलन में था। संडः व षंडः शब्दों के सन्दर्भ में भी इसी सत्य को हम देख सकते हैं। कुछ समय बीतने के बाद इन शब्दों के व्युत्पत्तिपरक अर्थ लिखने का प्रयत्न हमारे बुद्धिजीवियों ने किया। आपने मनमाने अर्थ दे दिए। अब व्युत्पत्ति अर्थ देखें :

श्यामति प्रजा विछेदन शंडः

इसका अर्थ है कि 'प्रजा विच्छेदन से ठंडा हुआ।' प्रजा सन्तान उसे (यानी सन्तान देनेवाले लिंग को) काटने के बाद ही शान्त होनेवाला शंड है। यह अर्थ असली अर्थ के निकट है। शंडः शब्द का अर्थ है–महादान करनेवाला महादानी। पुरुष शक्ति का अर्पण करनेवाला महादानी होता है; किन्तु असली अर्थ हम भूल गए। लिखा गया है :

पनोति स्वस्याप ख्याति विवाणार्थ इति षंडः

माने अपनी कुख्याति को दूर करने के लिए महादान करनेवाला। इस तरह बीचवाले पंडितों ने कोरी कल्पना की है।

अब पंडः शब्द को देखें–

पंडते लज्जया प्रदेशास्तरं गच्छतिपंडः

लज्जा के कारण देश से बाहर जानेवाले व्यक्ति को पंडा कहा गया है। ये तीन शब्द नपुंसक के लिए प्रयोग किए गए हैं। हमारे देश के देवालयों में पंडाओं का मुख्य स्थान है।

फिर पंडित माने क्या है?

पंडा तथा पंडित शब्दों में कोई सम्बन्ध नहीं है–ऐसा कहना साहस होगा। ये नपुंसक पंडे देवालयों में रहते थे। इन्हें कुछ काम नहीं रहता था, इसलिए रीति-रिवाजों के बारे में अपने साथियों से चर्चा करते रहते थे। धीरे-धीरे वे ज्ञान का भंडार बन गए और उन्होंने समाज में उच्च स्थान प्राप्त किया। इंग्लैंड में भी क्लर्जी (पुजारी) को अग्र स्थान प्राप्त हुआ था। वे ज्ञानी थे। शब्दकोश का अर्थ देखिए :

प्राज्ञस्संख्यावन् पंडितः कविः

विद्वान (विद्वत्ता) के साथ पंडितः शब्द जुड़ा हुआ है।

पंडते जानानि पंडितः पडिगतौ

पंडा ज्ञानी है, वही पंडित है; किन्तु यह अर्थ उन्हें अच्छा नहीं लगा।

पंडा धीरस्य संजाताव पंडितः

पंडा माने बुद्धि। जिसमें वह है, वही पंडित है। किन्तु पंडा माने बुद्धि क्यों होता है, इसके बारे में नहीं लिखा गया। पंडित तथा पंडा शब्दों में सम्बन्ध है इतना स्पष्ट है। हमारे देश में ही नहीं, अन्य देशों में भी पंडा शब्द को नपुंसक के अर्थ में प्रयोग किया जाता है। पांडित्य के लिए नपुंसकत्व एक शर्त है; किन्तु यह अर्थ ओझल हो गया। पंडा को पंडित के रूप में देखने का रिवाज चला। किन्तु इन पंडाओं के मूल-पुरुष ज्ञान-भक्ति के साथ पुरुष-शक्ति का अर्पण करनेवाले नपुंसक थे, यह सत्य है।

पूजा-पाठ पंडे करते थे

उस समय कई देशों में पंडे ही पूजा-पाठ करते थे। लेकिन कुछ समय के बाद ऐसे निष्ठावान पंडे मिलना मुश्किल हो गया। इस प्रकार के भक्त कम होते गए। लोगों

के विचारों में भी परिवर्तन आया। अब पंडों को वीर्यदान करने की जरूरत नहीं थी, नपुंसक बनने की जरूरत नहीं थी। इसके पहले नपुंसक पंडों द्वारा ही पूजा होती थी। वे इस प्रथा को छोड़ने के लिए तैयार नहीं थे। उन्होंने सोचा कि पुरुष स्त्री के वस्त्र (साड़ी) पहनकर पूजा करे तो ठीक रहेगा। पूजा करते समय वह पुरुष नहीं दिखेगा। उस पुजारी को साड़ी पहने हुए देखने से ऐसा लगता है कि उसमें पुरुषत्व नहीं है। धीरे-धीरे यह एक रिवाज बन गया कि पुरुष को साड़ी पहनकर पूजा करनी चाहिए। अपने देश में आज भी यह प्रथा है। कुछ स्थानों पर पुजारी जितने दिन भी पूजा करता है, उतने दिन उसके ब्रह्मचारी बनकर रहने की प्रथा भी है।

कुछ स्थानों में सभी तरह की पूजाएँ स्त्रियों को ही करनी पड़ती हैं। देवियों की पूजा स्त्री ही करती है। पुरुष-पुजारी पद्धति में पूजा करते समय पुरुष को स्त्री-वेश धारण करके नपुंसक दिखने की क्या जरूरत है? यह स्त्री-पुजारिन पद्धति का अनुकरण कदापि नहीं है। यह नपुंसक पंडा की प्रथा का ही अनुकरण है।

इस तरह यह प्रथा चलती रही किन्तु महादान, पुरुष-शक्ति समर्पण आदि की प्रथाएँ समाप्त हो गई। इस बीच कुछ बुद्धिजीवियों ने इस रिवाज के बारे में सोचा और आपस में चर्चा की। चर्चा के विषय थे–यह मैथुन पूजा हमेशा क्यों की जाए? जिस तरह फसल वर्ष में एक ही बार पैदा होती है, उसी तरह पूजा भी एक ही बार की जाए तो क्या बुरा है? जिसे पसन्द है, वह नित्य पूजा करे, जिसे पसन्द नहीं, वह साल में एक ही बार पूजा करे, तब कैसा रहे?

देवता साल में एक बार कमजोर होते हैं, इसलिए वर्ष-भर में एक बार यह पर्शिया मैथुन-पूजा की जाए, यही काफी है। इस तरह वे एक निर्णय पर आ गए कि साल में एक बार ही मैथुन-पूजा की जानी चाहिए। कुछ समय बाद यही प्रथा बन गई।

साल में एक बार

यह विचार सनातनों की दृष्टि में अनाचार और पाप था। पहले जो रिवाज चल रहा था, उसके विरुद्ध यह विचार क्रान्तिकारी था। उस जमाने में जो सनातन माने जाते थे, वे सब इसके विरुद्ध थे। साल में एक बारवाला विचार सनातन पुजारियों को अच्छा नहीं लगा। किन्तु समय किसी के हाथ में नहीं रहता। परिवर्तन का क्रम ही धर्म है। परिवर्तन नहीं है तो समय भी समय नहीं रहेगा। इसीलिए आचार्यों और पंडों द्वारा गालियाँ देने, विरोध करने, शाप देने पर भी प्रथा में परिवर्तन हुआ। इनके विचार परिवर्तन को स्वीकार नहीं करेंगे, किन्तु परिवर्तन तो होते ही हैं। हमारे देश में कई

परिवर्तन को जल्दी स्वीकार नहीं करेंगे। स्त्री के जीवन में परिवर्तन आना (विधवा-विवाह, स्त्री शिक्षा) इन्हें पसन्द नहीं था। बदलाव ये सहन नहीं कर सकते; किन्तु कुछ नहीं रुका। समय परिवर्तन के साथ बहने लगा। पंडितों के सूत्र, नियम इसमें बह गए। किन्तु परिवर्तन जब होता है, तब धरती तो हिलेगी ही और पेड़-पौधे गिरेंगे ही।

अतिथि पूजा

मारकोपोलो नामक इटैलियन यात्री ने हमारे देश भारत और पड़ोसी देश चीन के कुछ रीति-रिवाजों के बारे में लिखा है। चीन में कोई भी अतिथि आया हो तो उसे पूर्ण रूप से सन्तुष्ट करना हर गृहस्थ का कर्तव्य होता था। अतिथि के लिए सभी काम करने चाहिए। उसे भगवान की तरह देखना चाहिए। मानव की जरूरतों में आहार, निद्रा, मैथुन मुख्य हैं। इसलिए अतिथि की इन तीनों जरूरतों को पूरा किया जाए, तभी अतिथि पूजा पूर्ण हो पाती है। इसलिए घर का मालिक स्वादिष्ट भोजन कराकर, खूबसूरत शय्या तैयार करके अपनी पत्नी को कमरे में भेज देता था। यह एक प्रथा थी। अगर वह यह प्रथा नहीं निभाता तो वह पापी होगा। चीन के लोग पापी बनने के डर से अतिथि-पूजा अनिवार्य रूप से करते थे।

संकट आया

एक चक्रवर्ती को यह रिवाज पसन्द नहीं आया। उसने आज्ञा दे दी कि पत्नी-समर्पण का रिवाज बन्द किया जाए, जो इस आज्ञा का पालन नहीं करेगा, उसे कठिन दंड मिलेगा। अब पंडित, आचार्य तथा प्रजा क्या कर सकते थे? आज्ञा का पालन उन्हें करना ही पड़ा।

इस तरह तीन वर्ष बीत गए। अतिथि-पूजा का रिवाज बन्द हो गया। किन्तु इसी बीच देश में अकाल पड़ गया। अकाल बहुत-से लोगों को निगल गया। अब आचार्य, पंडित चुप नहीं बैठे। उन्होंने कहा कि चक्रवर्ती की आज्ञा की वजह से यह सब हुआ। अतिथि-पूजा करने का रिवाज बन्द हो गया, इसलिए देवताओं को क्रोध आया। इस आज्ञा को रद्द करना पड़ेगा नहीं तो पूरा देश नष्ट हो जाएगा। प्रजा भयभीत हो गई। चक्रवर्ती के विरुद्ध भड़क उठी। अब चक्रवर्ती क्या कर सकता था? उसने अपनी आज्ञा को रद्द किया। फिर पुरानी आज्ञा दी गई कि अतिथि पूजा के लिए पत्नियों को भेज दिया जाए। रीति-रिवाजों में इतना बल है। इसी प्रकार जब नित्य मैथुन-पूजा न करने के लिए कहा गया, तब देश में कितनी उथल-पुथल हुई होगी, कल्पना कीजिए।

फसल की पूजा

फिर भी परिवर्तन आया। फसल के देवताओं के लिए साल में एक बार महाराधना करने का रिवाज आया। उस दिन सबको मैथुन-पूजा में डूब जाना चाहिए था, नहीं तो पाप लगता। धीरे-धीरे यह एक उत्सव बन गया। ऐसी पूजाएँ तीस दिन तक चलती थीं। कहीं-कहीं पर 'महाभारत का उत्सव' के नाम से पूजा की जाती थी। ये मैथुन-पूजाएँ 'उप्पुलेरू,' 'उप्पुनूसा' नाम से प्रसिद्ध थीं। इस तरह कई प्रदेशों में कई तरह की मैथुन-पूजाएँ की जाती थीं। पूजा करने का उद्देश्य एक ही था कि साल-भर फसल देकर देवता कमजोर हो गए, इसलिए उन्हें शक्ति चाहिए। सम्भोग शक्ति का अर्पण चाहिए। गाँव की भलाई के लिए यह कार्य करना अनिवार्य है।

आज भी कुछ देशों में और हमारे देश में भी इस प्रकार का रिवाज दिखाई पड़ता है। हम रिवाज निभाते हैं, किन्तु उसका मूल अर्थ हम भूल गए हैं। लेकिन दूसरे देशवासी नहीं भूले। दूसरे देशवासी सत्य को स्वीकार करते हैं। हमारे देशवासी असली सत्य को छुपाते हैं, वे अधिक बुद्धिशाली हैं।

घर-घर जाकर यही काम करते हैं

कुछ उत्सव विचित्र होते हैं। ग्रीस देश में हर स्त्री-पुरुष यहाँ प्रचलित एक उत्सव में सम्भोग करते हैं। इससे उन्हें तृप्ति नहीं मिली तो वे सोचने लगे कि हर घर में मंगल होना चाहिए, घर-घर में लक्ष्मी आनी चाहिए। घर के सामने घास की शय्या तैयार की जाती है। भक्त रंगीन वस्त्र पहनकर निकलते हैं। स्त्री-पुरुष घर आते हैं। घास की शय्या पर काम-क्रीड़ाएँ करते हैं। कामशास्त्र में अपना कौशल दिखाते हैं। लोग देखते रहते हैं, उन भक्तों को धन्यवाद देते रहते हैं। बाद में स्त्री-पुरुष दूसरे घर जाते हैं। वहाँ पर भी काम-क्रीड़ाएँ करते हैं। उनके विचार में काम-क्रीड़ाएँ भक्ति को दिखाने की एक पद्धति है। भक्त अपनी भक्ति दिखाकर पूजा करते हैं। इस पूजा से घर-घर में लक्ष्मी आती है।

काम-क्रीड़ाओं के साथ गालियाँ

काम-क्रीड़ाओं से शरीर थक जाते हैं। स्त्री-पुरुष को लगेगा कि पूजा जितनी होनी चाहिए, उतनी नहीं हुई है। फिर पूर्ण भक्ति किस प्रकार दिखाएँ? चूँकि जीभ को थकान नहीं होती है, इसलिए अश्लील गालियाँ बकना शुरू कर देते हैं। गधे और घोड़ों को उनके पात्र बनाते हैं और काम-क्रीड़ाओं का वर्णन करते हैं। प्राचीनकाल में स्त्री-पुरुष गुप्तांगों से सम्बन्धित शब्दों का उपयोग करना भी भक्ति-भावना दिखाने

की एक पद्धति थी। इसलिए गालियाँ बककर अपनी भक्ति दिखाते हैं और धन्य हो जाते हैं।

गुप्तांगों की आकृति में पकवान

स्त्री-पुरुष के गुप्तांगों की आकृति में पकवान बनाए जाते हैं। ये पकवान आपस में बाँट लिए जाते हैं। देवताओं को अर्पित किए जाते हैं। लोगों का विश्वास है कि ये पकवान सबको देने से, देवताओं को समर्पित करने से, स्त्री के अंगों में जो दोष होते हैं, वे सब दूर हो जाते हैं। आज भी हमारे घरों में लड़की के रजस्वला होने के बाद स्त्री के गुप्तांगों की आकृति में चिम्मिलि बनाकर देते हैं। आन्ध्र में आज भी यह प्रथा है। 'अवयव दोष परिहारार्थ' इन्हें बाँटा जाता है। उनके विचार में ऐसा करने से गुप्तांगों का रोग नहीं होता और वे स्वस्थ-यौवन-जीवन बिता सकते हैं।

और कुछ उदाहरण

और कुछ उदाहरण दूँगा। हमारे तीज-त्योहारों में, उत्सवों में कुछ खास पकवान बनाए जाते हैं। बूरेलु, गारेलु, सुगियलु, पालकायलु (ये सब आन्ध्र में बनाए जानेवाले पकवान हैं) आदि को उन्हीं आकृतियों में बनाया जाता है। क्यों? बूरेलु में गुड़पाक में चावल का आटा डाला जाता है और गोल-गोल आकार बनाकर घी में तलते हैं। गारेलु उड़द की दाल से बनाए जानेवाले बड़े हैं। ये गोल-गोल रहते हैं, बीच में रन्ध्र किया जाता है। सुगियलु अन्दर चूर्ण रखकर बनाया जाता है। पालकायलु चावल के आटे से बनाया जाता है। ये पुरुषांग की आकृति में रहते हैं।

पकवान ही नहीं, देवता की पूजा में उपयोगी सामग्री भी स्त्री-पुरुष के गुप्तांगों के आकार में बनाई जाती है। मिट्टी या पीतल के आकार में बनाए जानेवाले दीये (समई) इसी आकार के होते हैं। दीये के स्तम्भ लम्बे होते हैं। पुरुषांग की आकृति में होते हैं। ये स्तम्भ योनि आकार में रहनेवाली आकृति के साथ लगे हुए रहते हैं। शिल्पी इसे बनाने में अपना कौशल दिखाकर अपनी भक्ति को प्रकट करता है। देवतार्चन के लिए उपयोग किए जानेवाले पंचपात्र आदि गुप्तांगों की आकृति के ही हैं। दवात भी इन्हीं आकृतियों में से एक थी। पश्चिमी देशों में आज भी प्रदर्शनियों में ऐसी चीजों को देखा जा सकता है। हाथ में या कटि प्रदेश में गुप्तांगों की आकृति में बनाई गई चीजें बाँधी जाती हैं। इस तरह बाँधने से भूत-बाधा नहीं होती है। दूसरे महायुद्ध में मुसोलिनी इसी प्रकार का एक रक्षक बिल्ला हाथ में पहनता था। उस समय गुप्तांगों की आकृतियों में बिल्ले बनाए जाते थे।

मंगलसूत्र भी वही चिह्न है

मंगलसूत्र की आकृति को देखिए। पहले इसे पीपल के पत्ते की आकृति में बनाया जाता था। इसके बीच में एक उभरा हुआ भाग रहता था। ये स्त्री-पुरुष गुप्तांगों के युग्म की तरह दिखाई पड़ते थे। बाद में इस रूप में परिवर्तन आया। लोग मंगलसूत्र को गोलाकार बनाने लगे किन्तु बीच में जो उभरा हुआ भाग होता था, उसमें परिवर्तन नहीं आया। आज भी मंगलसूत्र इसी आकृति में बनाए जाते हैं। यह कामक्रीड़ा का चिह्न है। यह लिंग तथा गौरीवट्टम का प्रतीक है। इसमें दैवीभक्ति की भावना है। मंगलसूत्र ही उनके लिए देवता था। आज भी इस भावना को देख सकते हैं। सुहागिनें सुबह उठने के बाद और शाम को दीया जलाने के बाद इस मंगलसूत्र को आँखों से लगाती हैं। यह प्रथा आज भी दिखाई पड़ती है। इससे यह स्पष्ट होता है कि मैथुन-पूजा तथा गुप्तांगों की आराधना की भावना मानव के हृदय से कोई निकाल नहीं सकता। यह रिवाज उसके रक्त में घुल-मिल गया है। आज भी हम यह रिवाज निभा रहे हैं; किन्तु उसके मूल अर्थ को भूल गए हैं।

गालियाँ

हमारे कुछ उत्सवों में गालियाँ बकने की परम्परा है। ग्राम-देवताओं के उत्सवों में गालियाँ बकना एक प्रथा है। वे नट का वेश धारण करके अभिनय करते हैं। वेश-भूषा के पीछे भी कामक्रीड़ा की भावना दिखाई पड़ती है। वेशधारी उखली को कमर में बाँधकर मूसल से कूटते रहते हैं। इस कार्य के पीछे, गालियाँ बकने के पीछे मूल भावना वही है। सम्भोग करते समय भी स्त्री-पुरुष दोहे में गालियाँ बकते हैं। ये रिवाज आदि काल से चले आ रहे हैं। आज हमारी दृष्टि में यह सब अनाचार है। इसमें दोष है तो बन्द क्यों नहीं करते? प्रथा में एक शक्ति है, उस पर कोई उँगली नहीं उठा सकता। ये रीति-रिवाज हमारे दादा-परदादा के जमाने से आ रहे हैं।

जगन्नाथ में

जगन्नाथ में रथ चलता रहता है। लोग कहीं एक जगह पर उसे रोक देते हैं और गालियाँ बकना शुरू कर देते हैं। उस समय जो गाली नहीं बकता, वह पापी हो जाता है। गालियाँ बकने का रिवाज क्यों? उस समय गालियाँ बकना भी एक तरह की पूजा थी। मान्यता है कि इस तरह की पूजा से धरती-आकाश पवित्र हो जाते हैं।

हमारे देश में

मैं आरम्भ से यही कहता आ रहा हूँ कि काम-क्रीड़ा एक आराधना है, एक पूजा है। यह काम-क्रीड़ा खुल्लम-खुल्ला होती थी। अगर ऐसा कहूँगा तो हमारा सभ्य समाज 'श्री हरि' कहकर कान बन्द कर लेगा। हमारे मूल पुरुष जो करते थे, आज भी हम वही काम कर रहे हैं। फिर हमारे मूल पुरुषों ने जो सत्य स्वीकार किया, उसे आज हम स्वीकार क्यों नहीं कर सकते ? आज के दृष्टिकोण से उस जमाने के विचारों को नहीं देखना चाहिए। अंग्रेज लोग, हमारे मन में गो-मूत्र के प्रति जो श्रद्धा की भावना है, उसे देखकर हँसते थे। वे व्यंग्य से कहा करते थे :

गोबर आप लीपते हैं
गो-मूत्र आप पीते हैं
गाय के सामने मानव कुछ भी नहीं
वाह रे वाह, क्या मजहब है!

आपको गुस्सा आ रहा है न? आज के पैमानों से बीते जमानों के विषयों को नहीं नापना चाहिए। जो था उसे उसी रूप में स्वीकार करना पड़ेगा।

देवताओं का विवाह

उपलेरो नामक देवता से उपनूसा नामक देवी का विवाह करने का रिवाज है। ये दोनों सूर्य और पृथ्वी के प्रतीक हैं। जब नई फसल आती है, तब यह विवाह किया जाता है। यह उत्सव एक महीने तक चलता रहता है। पीपल के पेड़ जैसा नूनू नाम का एक पेड़ होता है, उसके नीचे यह उत्सव होता है। स्त्री-पुरुष हँसते-खेलते स्वेच्छा से फिरते हैं। उसमें ऊँच-नीच का, अमीर-गरीब का भेदभाव नहीं रहता।

खेत की पूजा

जावा द्वीप में जब फसल आती है, तब एक त्योहार मनाया जाता है। खेत का मालिक अपनी पत्नी के साथ दिगम्बर रूप में खेत जोतता है। भक्ति-श्रद्धा से वे खेत की

परिक्रमा करते हैं। कुछ पति-पत्नी इस त्योहार में पहले तीन दिन तक उपवास रखते हैं। परिक्रमा करके खेत के बीच पति-पत्नी रतिक्रीड़ा करते हैं। उनके विचार में ऐसा करने से फसल अच्छी होती है।

पेड़ से संगम करने की क्रिया

मध्य अमेरिका में इसी तरह निष्ठा से उपवास रखकर खेत का मालिक या तो अपनी पत्नी के साथ सम्भोग करता है या वहाँ के पेड़ों का आलिंगन करता है।

हमारे देश में सन्तानविहीन माताएँ पीपल के वृक्ष की परिक्रमा करती हैं और उसका आलिंगन करती हैं। आज भी यह प्रथा है। अश्वस्थ प्रदक्षिणा का अर्थ क्या है? लोगों में विश्वास है कि पेड़ में अश्वस्थनारायण रहता है, उसे आलिंगन करने से वह सन्तान देता है। हमारे देश में पेड़ को पुरुष के रूप में देखा जाता है। जबकि अमरीका में स्त्री के रूप में। मध्य अमरीकावासियों की निन्दा मत कीजिए। हम सब एक ही माँ की सन्तानें हैं।

महालिंग ध्वज का उत्सव

बरबर द्वीपों का ये खेत-उत्सव बहुत ही विचित्र है। पूरे गाँव के स्त्री-पुरुष एक मैदान में जमा हो जाते हैं। वहाँ पर एक बड़े झंडे को उड़ाते हैं। उस झंडे का कपड़ा लगभग पाँच मीटर लम्बा रहता है। उस झंडे पर एक मूर्ति को रखते हैं। उस मूर्ति को एक कृत्रिम पुरुषांग (यह बहुत बड़ा रहता है) लगाते हैं। सब स्त्री-पुरुष उस झंडे को महालिंग मानकर पूजा करते हैं। जितनी जोर से झंडा उड़ता रहता है, शगुन उतना ही अच्छा माना जाता है। फिर झंडे के नीचे स्त्री-पुरुष काम-क्रीड़ा में लीन हो जाते हैं। भक्ति-श्रद्धा से खुद को ईश्वर को अर्पण करते हैं। यहाँ ऊँच-नीच का, अमीर-गरीब का भेदभाव नहीं रहता। प्रचलित विश्वास के अनुसार इस पूजा से खेत को शक्ति मिलती है। फसल अच्छी होती है।

सिंडिमानु उत्सव

आज भी हमारे देश में 'सिंडिमानु' नाम से एक पूजा की जाती है। इसके लिए पन्द्रह-बीस फीट का एक पेड़ लेते हैं। यह पेड़ लम्बा तथा सीधा होता है। उसे दो लकड़ियों के बीच में रखकर गाड़ी पर चढ़ाते हैं। लकड़ी को घुमाने-फिराने का इन्तजाम करते हैं। यही महालिंग है। प्रजा इसकी पूजा करती है। स्त्री-पुरुष गालियाँ

बकते हैं। इस लिंग को बलि देने की भी प्रथा थी। आज हम उसकी मूल भावना को भूल गए हैं, किन्तु रिवाज अभी है।

उत्तर अमरीका की विचित्र प्रथा

उत्तर अमरीका में कुछ जातियों में एक विचित्र प्रथा पाई जाती है। पुराना देवता कमजोर हो जाता है, इसलिए उसका काम दूसरा नया देवता लेता है। पुण्यात्मा और सनातन गृहस्थ पुरुष अपने जैसे एक और पवित्र सनातनी गृहस्थ पुरुष को चुन लेता है। पहला गृहस्थ पुरुष दूसरे को घर ले आता है। पहले पुरुष की पत्नी बाजे-गाजे के साथ आती है। सारे लोग उसे आशीर्वाद देते हैं। दूसरा पुरुष निष्ठा के साथ उसका स्वागत करता है। पत्नी अपने कपड़े धीरे-धीरे उतारती है और दूसरे पुरुष के साथ रतिक्रीड़ा करती है। पुरोहित कहता है कि 'पवित्र काम हो गया है,' प्रजा धन्यवाद देती है। वह पुरुष सोमयाजी (वाजपेयी) की तरह गौरव पाता है। माना जाता था कि इससे ईश्वर को शक्ति मिल जाती है और फसल अच्छी होती है।

पुंडरीक यज्ञ क्या है?

हमारे देश में कई तरह के यज्ञों की परम्परा रही है। यज्ञ पवित्र होते हैं। एक विश्वास है कि पुण्डरीक यज्ञ करनेवाले सीधे कैलाश को जाते हैं। ऐसा भी कहा जाता है कि जो पुरुष यह यज्ञ करेगा उसे स्वर्ग में रम्भा-सम्भोग मिलेगा। वह पुरुष देवता बन जाएगा। पुण्डरीक यज्ञ करनेवाला बहुत पुण्यात्मा होता है। यह यज्ञ दीक्षा और निष्ठा के साथ किया जाता है। यहाँ वेद के ज्ञाता पंडित बैठते हैं। वातावरण पवित्र रहता है। एक वितान डाला जाता है। श्रेष्ठ ब्राह्मण होम करते हैं। मंत्र-ध्वनि गूँज उठती है। वेदघोष सुनाई पड़ता है। यज्ञ करनेवाला पुरुष और उसकी पत्नी वितान पर चढ़ते हैं। वितान प्रथा के अनुसार बाँधते हैं। यह बहुत मजबूत होता है। ऊपर छत पर एक रन्ध्र किया जाता है। होम होता रहता है, पति-पत्नी मुहूर्त का इन्तजार करते हैं। मुहूर्त का समय आता है। सारी दुनिया देखती रहती है। पति-पत्नी श्रद्धा-भक्ति के साथ काम-क्रीड़ा करते रहते हैं। इस बात का ध्यान रखा जाता है कि पुरुष का वीर्य नीचे अग्नि में गिरे। तभी यह यज्ञ पूर्ण होता है। यह एक तरह की नरबलि ही है। वीर्य के रूप में नरबलि होती है।

बदले में

समय बदल गया है। यज्ञ करनेवाले पुरुष और स्त्री को संकोच होने लगा है। लेकिन इसे छोड़ भी नहीं सकते क्योंकि यह एक प्रथा है। इसलिए उन्होंने एक उपाय सोचा। यज्ञ करनेवाले स्त्री-पुरुष के बदले दूसरे स्त्री-पुरुष वितान पर चढ़ते हैं और काम-क्रीड़ा करते हैं। उनको मालिक धन देता है। इसका फल यज्ञ करनेवाले को ही मिलता है। आन्ध्र में रसिक व्यक्ति का 'वह पक्का पुण्डरीक है' कहकर मजाक किया जाता है। इसका मतलब यह होता है कि इस व्यक्ति को न लज्जा है, न शर्म है, कोई भी काम खुल्लम-खुल्ला कर गुजरता है। देखिए पुण्डरीक यज्ञ का अर्थ धीरे-धीरे किस प्रकार बदल गया।

हमारे यज्ञों में ऐसे कई काम किए जाते थे जो आज सभ्य समाज को अनैतिक तथा लज्जित करनेवाले लग सकते हैं। किन्तु उस समय ये सब कार्य पवित्र थे। अश्वमेध यज्ञ का नाम आपने सुना ही होगा। यह यज्ञ कैसे किया जाता है, अगर आप यह जानेंगे तो आश्चर्यचकित हो जाएँगे।

अश्वमेध यज्ञ

अश्वमेध यज्ञ साधारण लोग नहीं कर सकते। राजा, महाराजा और धनपति ही यह यज्ञ कर सकते हैं क्योंकि इसमें बहुत धन खर्च करना पड़ता है। बड़ी संख्या में ब्राह्मणों को बुलाना पड़ता है। होम तथा संतर्पण (भोज) करना पड़ता है। साधारण आदमी तो इस यज्ञ के बारे में सोच भी नहीं सकता। इस यज्ञ को करनेवाले को स्वर्ग में स्थान मिलता है। शिलालेखों में उसका नाम लिखा जाता है। उसे कीर्ति मिलती है। पीढ़ी-दर-पीढ़ी उसका नाम आदर के साथ लिया जाता है। इन्हीं आधारों पर कहा जाता है कि भरत ने एक सौ तैंतीस अश्वमेध यज्ञ किए थे। अश्वमेध यज्ञ करने से जन्म सार्थक हो जाता है। आज का सभ्य समाज इस यज्ञ के बारे में जानकर छिः छिः कर रहा है। इसका असली रूप जानने के बाद, भारतीय सभ्यता पर गर्व करनेवाले शोधकों ने इस यज्ञ को अनाचार कहा। दयानन्द सरस्वती, मैक्समूलर, जोन्स, कोनियार आदि ने इस यज्ञ की कड़ी आलोचना की। उस जमाने का परम पवित्र कार्य आज घृणास्पद बन गया है।

श्रीराम, धर्मराज और जनमेजय ने निष्ठा से अश्वमेध यज्ञ किया, किन्तु आज वही यज्ञ सभ्य समाज के लिए घृणास्पद और अनाचार बन गया; किन्तु यह सत्य याद रखना चाहिए कि समय बदलता रहता है और तदनुसार विचार भी बदलते रहते हैं।

यह पवित्र कार्य मैथुन-पूजा के सिवा और क्या है

मैं ऐसा कहूँ तो आप सबको बुरा लगेगा। यह 'बूतु' (तेलुगु शब्द 'बूते अश्लीलता, गालियों, स्त्री-पुरुष जननांगों से सम्बन्धित नामों, काम-क्रीड़ाओं आदि सभी अर्थों को व्यक्त करने की क्षमता रखता है। इसका समानार्थी हिन्दी शब्द मिलना कठिन है, इसलिए इस शब्द का उपयोग यहाँ किया जा रहा है।) मैथुन-पूजा के सिवा और कुछ नहीं है। किन्तु उस समय वही बूतु परम पवित्र था। लोगों को इसे रहस्य बनाकर रखने की चिन्ता नहीं थी। कोई काम करना गलत है, ऐसा सोचेंगे तभी तो उसे रहस्य बनाकर रखना पड़ता है। कोई काम पवित्र हो, तब रहस्य क्यों रखना? मद्यपान अगर

सदाचार होता तो कोई चोरी-छिपे पीता? जब रति-क्रीड़ा पवित्र कार्य था तब छुपाने की क्या जरूरत थी?

अश्वमेध यज्ञ कैसे किया जाता है?

यहाँ अश्वमेध यज्ञ का पूरा विवरण मैं नहीं दे रहा हूँ, उसमें जो मुख्य बात है, उसी के बारे में लिख रहा हूँ। श्रीनाथ महाकवि (तेलुगु के प्रसिद्ध प्राचीन कवि) ने इस प्रकार कहा :

यजमान प्रमादा विकस्वर भग
न्यस्ताश्व दीर्घ स्मर
ध्वजदण्डम्बुगु नश्वमेध मखतम्
त्रंबुन् निरीक्षचुभुन्

अर्थ इस प्रकार है : यजमान–अश्वमेध यज्ञ करनेवाले की प्रमादा–पत्नी के, विकस्वर भग–विकसित भाग, योनि में न्यस्त–रखा गया, अश्व–घोड़े का, दीर्घ–लम्बा, स्मरध्वज दंडम्बुगु–मन्मथ की लकड़ी का झंडा (पुरुष अंग), अश्वमेध नाम का मख–यज्ञ में होनेवाला, तंत्रबुलु–कार्यक्रम को, निरीक्षिंचुमुन–देखते हुए।

इस अश्वमेध यज्ञ में क्या करते हैं? घोड़े के अंग-लिंग को यज्ञ करनेवाले की पत्नी अपनी योनि में रख लेती है। इसी काम के लिए मंत्र पढ़ते हैं। घोड़े के अंग के लिए 'दीर्घ' शब्द का प्रयोग करके, यज्ञ करनेवाले की पत्नी की योनि के लिए 'विकस्वर' शब्द का प्रयोग करके श्रीनाथ कवि ने अपने कौशल को दिखाया और संस्कृत मूल सूत्र को चमकाया।

श्री पेन्डूयाल सुब्रह्मण्यम शास्त्री का महाभारत इतिहास

श्री शास्त्री ने महाभारत का इतिहास (तेलुगु में) लिखा था। वे विद्वान और समीक्षक थे। उन्होंने जो लिखा उसका सारांश इस प्रकार है–"भारत देश में यह नियम नहीं था कि स्त्री एक ही पुरुष के साथ रहे। अग्रीध्र, नेष्ठाधु आदि कर्मों से यही विदित होता है कि स्त्री के एक पुरुष के साथ रहने का नियम नहीं था। यह कर्म पातिव्रत नियम को कलंकित करता है। विवाह के मंत्रों से इस प्रकार अर्थ निकलता है–पहले सोमदेव, गन्धर्व, अग्नि नामक देवताओं को स्त्री समर्पित की जाती है। बाद में पुरुष (वर) उसे स्वीकार करता है। सारे यज्ञ-कर्मों में अश्वमेध यज्ञ सबसे घृणास्पद है। यज्ञ करनेवाले महाराज की पटरानी अम्बे अम्बाल्यांबिके नामक मंत्र पढ़ते हुए मृत घोड़े के पास आकर 'गणानात्वां उस्यकयोगुदं देहि' कहती हुई मृत घोड़े के अंग को अपनी

योनि में रख लेती है। तब 'अध्वर्य' (यज्ञ में यजुर्वेदी तंत्र का प्रवर्तक) 'सुभगे कंपिलवासिनी' मंत्र पढ़ते हुए रेशमी वस्त्र को पटरानी तथा घोड़े पर डाल देता है और 'अग्रीध्रवृषांगम रेतोदधा' मंत्र जपता रहता है। उस दिन बाकी ऋत्विक महाराज को नहीं सोने देते।

यज्ञ करनेवाला राजा ऋषियों को अपनी पत्नियों का दान करता है। पट्टमहिषी को ब्रह्म नामक ऋत्विक को, दूसरी पत्नी को होति नामक ऋत्विक को, भोग कन्या को उद्गात नामक ऋत्विक को, सेविका को अध्वरन्य नामक ऋत्विक को दान करता है। उन स्त्रियों को ऋत्विक पत्नी के रूप में स्वीकार करते हैं। बाद में फिर राजा धन देकर अपनी पत्नियों को खरीदता है। अपस्तंभ आश्वाय सूत्रों में यह सब विवरण मिलता है।

जनमेजय ने अश्वमेध यज्ञ किया था। उसकी पत्नी घोड़े के पास सो गई थी, घोड़ा हिल गया। इस प्रकार हिलना अशुभ माना जाता था। यह कार्य जनमेजय सहन नहीं कर सका। उसने इस घृणास्पद अश्वमेध यज्ञ को बन्द करने की आज्ञा जारी की थी। उस समय समाज में उथल-पुथल मच गई। बाद में कलियुग में स्मृतिकर्ताओं ने इस अश्वमेध यज्ञ को बन्द करवाया।

विवाह नियम-श्वेतकेतु

जनमेजय के समय में श्वेतकेतु नामक ऋषि था। इसे ऋणेय और औद्धालक नामों से भी पुकारा जाता था। बहुत कम समय में उसने सारी विधाएँ सीख लीं। एक दिन श्वेतकेतु की माँ कुशिकुसता को एक ब्राह्मण हाथ पकड़कर ले जा रहा था। तब वह (मासिक धर्म के बाद) नहाई हुई थी। जब ब्राह्मण कुशिकुसता को ले जा रहा था तब बाप-बेटा दोनों वहीं पर थे। श्वेतकेतु को क्रोध आया और उसने माँ को छोड़ने के लिए ब्राह्मण से कहा। तब औद्धालक ने कहा, 'बेटा क्रोध में मत आओ। यह एक सनातन धर्म है। गायों की तरह स्त्री भी किसी एक पुरुष के वश में नहीं रहती।'

श्वेतकेतु ने इस धर्म को स्वीकार नहीं किया। स्त्री के एक ही पुरुष के वश में रहने का नया धर्म उसने शुरू किया। तब से आज तक यह रिवाज चलता आ रहा है।

कृदम् तंतु पिता दृष्वा श्वेतकेतु मुवाचह
मातात कोपम् कषार्णी स्वयमेष धर्म स्सनातनः
अनावृताहि सर्वेषाम् वर्णाना मंगना भुवि
यथागावः स्थिता स्तात स्वे-स्वे वर्णे तथा प्रजाः

ऋषि पुत्रोध तम्धर्मम् श्वेतकेतु स्न यक्षने
चकार चैव मर्यादा मियाम् स्त्री पुंसये रूभवि
तदा प्रशृति मर्यादा स्थितेय मिलनः श्रृथं
व्युच्चय रंत्याः पतिंनार्य अधप्रभृति पातकम्
भार्या तधा व्युच्चरंतः कौमार ब्रह्मचारिणीम्
इतितेन पुराभिरू मर्यादा सापिताबलात्

(आदिपर्व 122 अध्याय)

बहिरंग मैथुन-पूजा

एक जमाने में बहिरंग मैथुन-पूजा का रिवाज था! पढ़ते ही आप आश्चर्यचकित मत हों। बहिरंग मैथुन-पूजा के बारे में उस जमाने में कितनी पवित्र भावना थी, इसके बारे में मैं बता चुका हूँ। यज्ञों में किए जानेवाले कुछ कर्म जो आज सभ्य समाज को बुरे लगते हैं, उनका भी विवरण मैंने प्रमाण के साथ प्रस्तुत किया है। आज भी सभ्य मानव और आदिमानव की मूल भावनाएँ एक ही हैं। आदिमानव जो काम करते थे, आज भी हम वही कर रहे हैं। किन्तु इन कामों पर एक परदा हमने डाल दिया है। अगर हम यह परदा हटाकर देखें तो आदिमानव और सभ्य मानव में कोई मूलभूत अन्तर दिखाई नहीं पड़ता। वे स्वेच्छा से, पवित्र मन से वह काम करते थे जिसे हम आज लुक-छिपकर कर रहे हैं। मैथुन-क्रिया सृष्टि का मूल सूत्र है।

साल में एक बार

निस्सन्देह हम यह कह सकते हैं कि सम्भोग-पूजा एक पवित्र कार्य है। साल में एक बार तो व्यभिचार करना ही चाहिए। यह नियम क्या भारतवर्ष में था? हाँ था। आज सभ्यता की आड़ में यह कार्य सभ्य समाज भी कर रहा है।

उस समय पानमहम् नामक एक त्योहार होता था। पानम् का अर्थ होता है, पीना। महम् माने त्योहार। उस दिन सबको मदिरा पीनी होती थी। स्वेच्छा से सब नियम तोड़कर स्त्री-पुरुष आनन्द में डूब जाते थे।

उस दिन रिश्ते-नातों का बन्धन भी नहीं रहता था। सबको अपना स्वेच्छचारी स्वभाव दिखाने का अवसर मिलता है। होली का त्योहार नहीं पुराने रिवाजों का एक अवशेष है।

होली का त्योहार

होली के दिन कामदहन् करते हैं। यहाँ पर काम का अर्थ मन्मथ नहीं है। यह ईश्वर के अर्थ में प्रयोग किया जाता है। वही फसल का ईश्वर है। पुराना ईश्वर कमजोर

हो जाता है। उसमें जितनी शक्ति बाकी है, उसे नए ईश्वर को देना चाहिए। इसलिए पुराने ईश्वर को जला देते हैं। प्रारम्भ में इस काम के लिए मानव को ही जलाते थे, किन्तु समय के साथ परिवर्तन आया। अब केवल गुड़िया या पुतले को ही जलाते हैं। इस तरह साल में एक बार कामदेव को जलाते हैं।

कामदहन माने क्या है?

कामदेव का चिह्न इस प्रकार था। 1|1 बीच में बड़ी लकीर और इधर-उधर छोटी लकीरें। यह पुरुष-अंग का ही चिह्न है। कामदेव के इस चिह्न को संस्कृत के 'क' रूप में देख सकते हैं। नई फसल जब आती है, तब यह त्योहार मनाया जाता है। फसल के उत्सव के बारे में पहले ही बता चुका हूँ। होली का त्योहार इस प्रकार का उत्सव है। इसलिए पुरुषांग की पूजा करने का रिवाज आया।

दिन बदल गए

अब दिन बदल गए, किन्तु मूल भावनाएँ नहीं बदलीं। त्योहार के दिन व्यभिचार की परम्परा बन्द हो गई। 'स्वेच्छा' मानव-स्वभाव का मूल तत्त्व है। आदिमानव स्वेच्छाविहारी थे। आधुनिक मानव में भी अभी यह मूल तत्त्व मरा नहीं। इसलिए वह कभी-कभी सामाजिक बन्धन तोड़ना चाहता है। होली के दिन गुलाल या रंगीन पानी स्त्री-पुरुष एक दूसरे पर डालते हैं। उस दिन रिश्ते-नाते का बन्धन नहीं रहता। हास्य-विनोद के लिए अपनी इच्छाओं को व्यक्त करने के लिए यह एक अच्छा अवसर है। ये सब पूर्वकाल की व्यभिचारी प्रकृति के बदले हुए रूप हैं, इसके सिवा और कुछ नहीं।

कंचुकोत्सव

साल में एक बार कंचुकोत्सव मनाया जाता है। दक्षिण भारत में यह एक प्रथा है। इस उत्सव के समय न कोई नियम रहता है, न कोई बन्धन, न कोई रिश्ता-नाता। यह उत्सव कैसे मनाया जाता है, यह बताने के पहले मैं एक और बात बताना चाहता हूँ। वह यह कि स्वेच्छाचार में एक परेशानी है।

स्वेच्छाचार की परेशानी

साल-भर में एक बार व्यभिचार करने का नियम रखा जाए तो आफत आएगी ही। उत्सव के दिन दो पुरुष एक ही स्त्री को चाहते हों तो मुसीबत हो जाएगी। एक स्त्री

के साथ एक पुरुष रह सकता है। तब दूसरे पुरुष को उस पर क्रोध आना स्वाभाविक है। यह क्रोध रुक नहीं पाएगा। झगड़े हो जाएँगे। इतिहास में ऐसे कई उदाहरण हमें मिलते हैं। इसलिए इस परेशानी से बचने के लिए लाटरी की तरह की एक पद्धति रखी गई। लाटरी में धन मिल गया तो हम खुश हो जाते हैं, नहीं मिला तो अपना भाग्य समझकर चुप हो जाते हैं। यह लाटरी ही कंचुकोत्सव है।

लाटरी की पद्धति क्या है?

उत्सव के लिए सब स्त्रियाँ देवालय में आती हैं। पूजा होने के बाद सभी स्त्रियाँ अपनी-अपनी कंचुकियों को उतारकर नीचे फेंक देती हैं। कंचुकियों का ढेर बन जाता है। बाद में पुरुष देवालय में आते हैं और एक-एक कंचुकी निकालते हैं। नियम यह है कि उत्सव के दिन जिस स्त्री की कंचुकी को जो पुरुष हाथ में लेता है, उस स्त्री को उसी पुरुष के पास जाना पड़ता है। न इसमें कुछ गलत है, न यह बुरा काम है। वह स्त्री उस पराए पुरुष के साथ ही रात बिताती है और दूसरे दिन अपने पति के पास वापस आ जाती है। उसके पातिव्रत धर्म पर कोई दाग नहीं लगता। बल्कि इस कार्य से उन्हें पुण्य मिलता है। यह त्योहार 'साल में एक बार' सूत्र का ही प्रतिबिम्ब है।

पारसी लोगों का रिवाज

पारसी लोगों में भी यह रिवाज पाया जाता है, किन्तु थोड़े परिवर्तन के साथ। देवालय में सब पुरुष इकट्ठे हो जाते हैं। वे अपनी चड्डियाँ उतारकर एक जगह डाल देते हैं। दीया बुझाया जाता है। स्त्रियाँ जाकर एक-एक चड्डी हाथ में ले लेती हैं। दीया जलाने के बाद जिस पुरुष की चड्डी जिस स्त्री के हाथ में होती है, वह उसी दिन उस पुरुष की बन जाती है।

राममेला

उत्तर हिन्दुस्तान में राममेला नामक उत्सव साल में एक बार होता है। उस त्योहार के दिन स्त्री-पुरुष नदी के किनारे जमा हो जाते हैं। सारी स्त्रियाँ किनारे के ऊपर रहती हैं, पुरुष नीचे। मुहूर्त देखकर स्नान शुरू करते हैं। स्त्रियाँ नहाते समय अपनी कंचुकियों को पानी में छोड़ देती हैं। कंचुकियाँ पानी के साथ बहती हुई नीचे आती हैं। जिसकी कंचुकी जिस पुरुष के हाथ में आती है, उस पुरुष के साथ वही स्त्री रात बिताती है। उस स्त्री के लिए वह पुरुष साक्षात कामदेव हो जाता है। इससे उसका पातिव्रत धर्म भंग नहीं होता। यह एक पुण्य कार्य है। समय के साथ यह प्रथा भी लुप्त होती जा रही है।

पंडगनाडु पात मोगुडेना

'पंडगनाडु पात मोगुडेना' तेलुगु की एक लोकोक्ति है। यह एक लोकोक्ति है। पत्नी पूछती है कि त्योहार के दिन भी वही पुराना पति! आज भी आन्ध्र में इस लोकोक्ति का प्रयोग साधारण जनता अकसर करती है।

एक बार इस उत्सव में एक विचित्र घटना घटी। एक स्त्री ने अपनी कंचुकी को एक जगह रख दिया। पास ही बैठ वह पुरुष की राह देखने लगी। थोड़ी देर में एक पुरुष ने आकर पूछा कि यह किसकी कंचुकी है? उसके हाथ में कंचुकी थी। यह मेरी है, कहते हुए स्त्री उस पुरुष के नजदीक गई लेकिन उस पुरुष को देख वह निराश हो गई क्योंकि सामने उसका पति था। उसी ने कहा था पंडगनाडु पात मोगुडेना?

इतिहास तथा शिलालेख इसके प्रमाण हैं

निस्सन्देह हम यह कह सकते हैं कि हर एक प्रथा के पीछे आदि काल की मूल भावनाएँ ही हैं। इतिहास तथा शिलालेख इसके प्रमाण हैं। समय के परिवर्तन के साथ मानव के विचार बदले, इसलिए इन सब रिवाजों को बन्द करने के लिए वह प्रयत्न करने लगा।

छोड़ने का प्रयत्न

धीरे-धीरे सभ्यता का अर्थ बदल गया। कुछ स्त्री-पुरुषों को लगा कि यह लज्जाविहीन प्रथा अब बन्द होनी चाहिए। पुरुषों को अपनी पत्नियों को पराए पुरुष के पास भेजना अच्छा नहीं लगा। यद्यपि दूसरे पुरुषों की पत्नियों के पास जाने में उन्हें कोई आपत्ति नहीं थी। यह पुरुषों का एक विचित्र स्वभाव है। संगम करने से ही अच्छी फसल होती है, धीरे-धीरे इस विचार में भी थोड़ा परिवर्तन आया।

चक्रवर्ती की आज्ञा

किसी भी रिवाज को बन्द कराना कठिन कार्य है। साधारण आदमी बोलेगा तो कोई नहीं सुनेगा। इसे बन्द करने की शक्ति सर्वशक्ति-सम्पन्न चक्रवर्ती में होती है। उसने इसे बन्द करने के लिए आज्ञा दी। किन्तु वह भी इसे एकदम बन्द नहीं करवा सका। किन्तु जो लोग व्यभिचार नहीं करना चाहते उन्होंने उसे रास्ता दिखाया।

बाल देने की प्रथा

चक्रवर्ती ने आज्ञा दे दी किन्तु प्रजा इस प्रथा को छोड़ने को तैयार नहीं थी। उसके मन में शक था कि अगर यह रिवाज नहीं निभाया गया तो देश का कुछ-न-कुछ

अनिष्ट हो जाएगा। इसलिए चक्रवर्ती ने एक उपाया सोचा। जो व्यभिचार नहीं करना चाहते हैं, वे ईश्वर को बाल समर्पण (मुंडन करने की पद्धति) करेंगे तो धर्म भ्रष्ट नहीं होगा। धीरे-धीरे प्रजा इसे स्वीकार करने लगी। तब से ईश्वर को बाल देने का रिवाज आया। धीरे-धीरे व्यभिचार की पद्धति के बदले में बाल-समर्पण करने की प्रथा शुरू हो गई। आज भी बालाजी श्री वेंकटेश्वर को कई लोग बाल देते हैं। स्त्री-पुरुष आज भी यह प्रथा निष्ठा से निभाते हैं। हम यह भूल गए कि व्यभिचार करने के बदले में ही बाल-समर्पण कर रहे हैं। बाल-समर्पण में किसी को कोई आपत्ति नहीं है।

मिथुन-प्रतिमाओं का अर्पण

जो स्त्रियाँ देवालयों में काम-क्रीड़ाएँ नहीं करना चाहतीं, वे कुछ मूर्तियाँ बनवाती हैं। ये प्रतिमाएँ काम-क्रीड़ा में लीन स्त्री-पुरुष से सादृश्य रखती हैं। स्त्रियाँ देवालय में इन मूर्तियों को लाती थीं, और भक्ति-श्रद्धा से इन्हें ईश्वर को समर्पित करती थीं।

मुर्गियों से काम-क्रीड़ाएँ करवाने की प्रथा

कुछ प्रदेशों में मुर्गियों से काम-क्रीड़ाएँ करवाने का रिवाज था। उत्सवों में मुर्गियों से यह काम करवाकर उन्हें मारकर ईश्वर को अर्पण करके उन्हें खुद खाया जाता था। आज भी यह प्रथा है। बंगाल में एक पहाड़ी जाति है। वे 'खद्दी' नामक एक उत्सव मनाते हैं। इस उत्सव में सूर्य भगवान का विवाह भूदेवी से करवाते हैं। यह भी एक फसल का उत्सव है।

इस उत्सव में लोग दो मुर्गियों (मुर्गा-मुर्गी) को लेते हैं। उसमें मुर्गा सूर्य भगवान का प्रतीक होता है, मुर्गी भूदेवी की। दोनों को हल्दी-कुमकुम लगाते हैं और फूलों से सजाते हैं। ये दोनों काम-क्रीड़ाएँ करते हैं और सब लोग देखते हैं। बाद में उन्हें मारकर खाया जाता है। इनकी क्रीड़ाओं के आधार पर अन्दाजा लगाया जाता है कि अगले साल की फसल कैसी होगी।

इस तरह मानव कई रूपों में मैथुन-भक्ति को दिखाते आ रहे हैं। सभ्यताएँ जितनी विकसित होती गईं, व्यभिचार द्वारा भक्ति-प्रदर्शन के रूप भी बदलते गए।

सँकरे पत्थर

हमारे देश में कुछ पुण्य क्षेत्रों में सँकरे पत्थर हैं। पहाड़ के पत्थर दोनों किनारे रहते हैं। रास्ता बहुत तंग रहता है। इसमें से मानव सुविधापूर्वक नहीं निकल सकता। इस तरह की जगह को गोगर्भ कहते हैं। इसे पापनाशन भी कहा जाता है। 'मैं पापी हूँ' कहते हुए उस सँकरे रास्ते से गुजरना एक प्रथा होती थी। अगर यात्री ऐसा करते हुए नहीं जाएगा तो दोनों पत्थरों के बीच में वह दब जाएगा और मर जाएगा, ऐसा समाज में एक विश्वास था। यहाँ पर पुजारी, 'ऐसा न कहने से फलाँ मर गया' कहकर यात्रियों को डराते थे, मंत्र पढ़कर पैसे लेते थे। इंग्लैंड, कार्नवाल् और आयरलैंड में इस तरह के सँकरे रास्तों को लोग पवित्र दृष्टि से देखते हैं। यहाँ की गुफाओं को देवी के गुप्तांग कहा जाता है, और लोगों का यह विश्वास है कि इनमें से जो चलता हुआ जाएगा उसके सारे पाप धुल जाते हैं, उसे पुनर्जन्म मिलता है। स्त्री सन्तान के लिए तथा पुरुष वीर्यवृद्धि के लिए ऐसा करते हैं। इन सँकरे पत्थरों के बीच में से जाएँ तो पुराने रोग दूर हो जाते हैं। कुछ लोग यह मानने के लिए तैयार नहीं हैं कि यह सँकरा रास्ता देवी की योनि का प्रतीक है। किन्तु कई प्रमाण ऐसे मिलते हैं कि सँकरे पत्थरों के रास्ते योनि ही माने जाते थे।

योनि की पूजा

जिस तरह लिंग की पूजा करने की प्रथा है, उसी तरह स्त्री के गुप्तांगों की पूजा करने की प्रथा भी है। आन्ध्र प्रदेश के कर्नूल जिले में अलंपुरम् नामक एक पुण्यक्षेत्र है। भक्त यहाँ की देवी की योनि की पूजा करते हैं। आज भी यह प्रथा है। यहाँ पर पत्थरों से देवी-मूर्ति बनाई गई है। शिल्पी ने जाँघों के बीच में योनि को स्पष्ट रूप से दिखाने का प्रयत्न किया है। इस योनि की पूजा करने से अष्टफल मिलते हैं। इस देवी के शिल्प के छायाचित्र भी मिलते हैं। इसी तरह स्त्री-पुरुष के गुप्तांगों की आराधना करने से मानव अपना जन्म सार्थक समझता है। इन अंगों का इतना महत्त्व होने के कारण ही मानव को हमेशा यह चिन्ता रहती है कि उन्हें नजर न लगे।

बिजूका

खेत तथा घरों में गुड़ियाएँ लटकाई जाती हैं। इसका कारण यह है कि खेतों को तथा घरों को नजर न लगे। खेत में लगनेवाली गुड़ियाओं के भयानक होने के कारण पक्षी भाग जाते हैं। ये गुड़ियाएँ अक्सर पुरुषाकार में होती हैं। इनके गुप्तांग बड़े-बड़े रखे जाते हैं। यह प्रथा भारत देश में आज भी है। स्त्री आकार में गुड़ियाएँ रखने की प्रथा कम दिखाई पड़ती है। नाव चलाते समय नदी के बीच में आँधी-तूफान आया तो नाविक की पत्नी हवा के रुख की तरफ मुँह करके खड़ी हो जाती है और अपनी साड़ी खोल देती है। इनका विश्वास है कि नग्नावस्था की इस देवमूर्ति को देखने के बाद तूफान थम जाएगा।

पाश्चात्य देशों में

पाश्चात्य देशों में घर बनाते समय स्त्री के गुप्तांगों की आकृतियों को घर में कहीं-न-कहीं अवश्य बनाते हैं ताकि घर को नजर न लगे। गिरजाघरों के मुख्य द्वारों पर भी ऐसी प्रतिमाएँ रहती हैं स्त्री अपनी योनि को विकसित करके दिखा रही हो, ऐसी प्रतिमाएँ बनाई जाती हैं। आज भी इंग्लैंड और आयरलैंड के संग्रहालयों में ऐसी मूर्तियाँ देखी जा सकती हैं।

सँकरीले पत्थर कई देशों में पाए जाते हैं

सँकारीले पत्थर हमारे देश में ही नहीं कई अन्य देशों में भी हैं। वहाँ पर भी भक्त ऐसी गुफाओं में जाते हैं। किन्तु उनके मन में यह भावना नहीं रहती कि वे पापी हैं या पत्थर उन्हें निगल लेंगे। इसके कुछ दूसरे कारण हैं। स्त्री, सन्तान प्राप्ति के लिए, पुरुष वीर्य-वृद्धि के लिए यह काम करते हैं।

'रा' नामक एक देवी की बड़ी-सी मूर्ति है। यहाँ पर भी यही रिवाज माना जाता है।

सर फ्रेजर ने अपनी पुस्तक–'अट्टिमू आसिरिश् अशेनिन्' में इन सँकरीले पत्थरों के बारे में और इनसे सम्बन्धित विचारों के बारे में लिखा है। उसने कई देशों के रिवाजों के बारे में भी लिखा। होगार्त नामक लेखक ने भी इस विषय से सम्बन्धित विवरण दिया है।

इंग्लैंड में अबेरशीन और लो दी नामक नदी है। उसके किनारे पर ऐसे ही सँकरीले पत्थर हैं। सन्तान-प्राप्ति के लिए स्त्रियाँ इन पत्थरों के बीच में से निकलती हैं। यह प्रथा आज भी है।

वेस्टरमारकू ने लिखा है कि इस्लाम और ईसाई देशों में ऐसे रिवाज दिखाई पड़ते हैं।

लोगों को यह विश्वास था कि देवालयों में रहनेवाले देवी-देवताओं का तथा रतिक्रीड़ा का जो महत्त्व है, वही महत्त्व स्त्री-पुरुष के गुप्तांगों का भी है। एक विचित्र विषय यह है कि लिंग-पूजा में स्त्रियाँ अधिक श्रद्धा और उत्साह दिखाती हैं।

प्रयप्रस लिंगपूजा

ग्रीस में फसल का देवता प्रयप्रस है। यह एक बड़ी मानवाकृति में होता है। इसको लम्बा पुरूषांग लगाया जाता है। स्त्रियाँ इस पूजा में अधिक उत्साह दिखाती हैं। पुरुषों को यह अच्छा नहीं लगा और इन्होंने इस पूजा को बन्द करने का प्रयत्न किया। लपसाकस नामक गाँव में यह पूजा बन्द करवाई गई। ऐसी मूर्तियों को उन्होंने निकाल फेंका, किन्तु इसका फल भी उन्हें भोगना पड़ा। गाँव के सभी पुरुषों को लिंग रोग (गुप्त रोग) हो गया। वे भयभीत हो गए। फिर प्रयप्रस देवता की प्रतिष्ठा की तो वे स्वस्थ हो गए।

शपथ लेना

शपथ लेना पुरानी प्रथा है। यह दुनिया के सभी देशों में है। इसका अर्थ यही होता है कि शपथ लेनेवाला जो भी कहता है, वह सत्य है और इस वचन के विरुद्ध वह कोई काम नहीं करेगा। भगवान और प्रिय वस्तुओं पर कसम खाने का रिवाज आम है। पहले देवता की मूर्ति पकड़कर शपथ लेने का रिवाज था। बाइबिल और कुरान ग्रन्थों पर भी कसम लेने की प्रथा है। कुछ लोग प्रसाद को हाथ में लेकर कसम लेते हैं।

इसका अर्थ है अगर मैंने यह वचन नहीं निभाया तो मैं देवता के प्रति अपराधी हूँ और इस देवता के क्रोध का पात्र बनूँगा और मुझे सजा मिलेगी। प्रियजनों पर, प्रिय वस्तुओं पर शपथ लेगा तो वे उससे दूर हो जाएँगी (अगर शपथ झूठी ली है तो) देवता की मूर्ति के सामने शपथ लेने की प्रथा पाई जाती है। अगर मूर्ति सामने नहीं है, तब लोग ऐसे स्त्री-पुरुषों के गुप्तांगो को पकड़कर शपथ लेते थे जो महनीय और पूजनीय होते थे। ईसा पूर्व कई देशों में यह प्रथा थी। उस जमाने के कुछ चित्रों में इस तरह का चित्रण मिलता है कि लोग स्त्री-पुरुषों के गुप्तांगों को पकड़कर शपथ ले रहे हैं। आज भी ऐसे चित्र कुछ संग्रहालयों में, पुरानी पुस्तकों में देखे जा सकते हैं।

धीरे-धीरे समाज में परिवर्तन आया। सभ्य समाज को न्यायालय में, चार लोगों में ऐसा करना अच्छा नहीं लगा। इसके बदले में और एक रिवाज आया। अब लोग

जंघाओं के नीचे हाथ रखकर शपथ लेने लगे। इसका अर्थ यही होता है कि गुप्तांगों को पकड़कर ही वे शपथ ले रहे हैं। यानी देवता की मूर्ति को पकड़कर शपथ ले रहे हैं। बाइबिल में व अन्य देशों के दो हजार वर्ष पूर्व के ग्रन्थों में इस रिवाज के बारे में विवरण मिलता है। इसका अभिप्राय यह है कि गुप्तांग दैवत्व को प्राप्त कर चुके हैं। इसलिए गुप्तांगों को पकड़कर शपथ लेना न्याय ही है।

सभ्य समाज में विचार बदल गए। इसलिए शपथ का रूप भी बदल गया। लोग माँ की कसम, बहिन की कसम लेने लगे। इनमें भी मूल भावना (गुप्तांगों के प्रति पवित्र भावना) ही व्यक्त होती है। शपथ लेने का रिवाज आज भी है। किन्तु इसके पीछे की मूल भावना को हम भूल गए।

फिर भी यह प्रथा क्यों?

आज भी न्यायालय में अपराधियों को शपथ दिलाने की प्रथा है। जो सच बोलता है, उससे भी और जो झूठ बोलता है, उससे भी। इसका मतलब यही होता है कि शपथ पर गौरव की भावना लुप्त हो गई। फिर शपथ लेने का क्या लाभ? ईश्वर को न्यायालय में क्यों घसीटना? यह बताने के लिए कि शपथ का कोई महत्त्व नहीं जो अपराधी है उसे शिक्षा देने के लिए दूसरे उपाय सोचना अच्छा होगा। दिन बदल गए। वह रिवाज, जिसका महत्त्व आज है ही नहीं, क्यों मानना? उसे छोड़ने के लिए इतना आगे-पीछे क्यों करना? इससे यह सत्य व्यक्त होता है कि मानव पर रीति-रिवाजों का प्रभाव अधिक है।

उपसंहार

निष्कर्ष यही निकलता है कि उस समय ईश्वर के प्रति आदिमानव के विचार आज के सभ्य समाज के विचारों से अलग थे। उनकी दृष्टि में काम-क्रीड़ाएँ पवित्र कार्य थीं। इन पवित्र कार्यों के लिए देवालय मूल-स्थान थे। स्त्री-पुरुषों को उत्तेजित करने के लिए तथा यह भावना पैदा करने के लिए कि मैथुन पूजा की तरह ही एक पवित्र कार्य है, देवालयों में मैथुन-मूर्तियाँ रखी जाती थीं। मूर्तियाँ ही नहीं, मैथुन से सम्बन्धित सभी विषयों को देवालयों में प्रधान स्थान दिया गया। निस्संदेह यह कहा जा सकता है कि उस जमाने में देवालय रति-क्रीड़ाओं के कलामन्दिर थे। यही सत्य है। रथ देवालयों की आकृति में बनाया जाता था। इसमें भी कामोत्तेजक मूतियाँ रखी जाती थीं। यह शास्त्र-सम्मत है। आज भी हम इस रिवाज को देख सकते हैं। पुरुषांग तथा योनि ने शिवलिंग तथा गौरीवट्टम् का रूप धारण कर लिया। गुप्तांग ईश्वर के प्रतीक बन गए। धीरे-धीरे समय बदलता गया और विचार भी बदलते गए, काम-क्रीड़ाओं के बदले में ईश्वर को केश-समर्पण करने की प्रथा आई।

इन रीति-रिवाजों के बारे में विस्तार से कहने के लिए बड़ा ग्रन्थ लिखना पड़ेगा। मैंने संक्षेप में बता दिया है। देवताराधना किन-किन परिवर्तनों के बाद आज की इस स्थिति में आई, मैंने इसे स्पष्ट करने का प्रयत्न किया। प्रमाण देने के लिए मुझे कुछ असभ्य (आज असभ्य हैं, पहले नहीं थे) विषयों के बारे में लिखना पड़ा। मैं समझता हूँ कि विश्लेषण करने के लिए, वाद-विवाद के सन्दर्भ में जो लिखा जाता है, उसे पाठकों को सहृदयता के साथ स्वीकार करना पड़ेगा। अप्रिय लगने पर भी सत्य को स्वीकार करना गलत नहीं है।

हमारे देश में निर्गुण ब्रह्मोपासना से गणेशोपासना (सगुणोपासना) तक उपासना की कई पद्धतियाँ हैं। नरबलि से लेकर आत्म-बलि तक की कई सीढ़ियाँ हैं। नजर उतारना, सन्तान के लिए तीन दिन तक देवालय में सोना आदि प्रथाएँ आज भी हैं। वल्लभाचार्य के भोगविलास मठ, वामाचार्यों के मठ, लिंगनसवि समाज, गरुड़नसवि समाज आज भी हैं। लिंगपूजा, योनिपूजा, सिडिमातृ उत्सव, कंचुकोत्सव, आदि रिवाज सभ्यता के साथ आए हुए परिवर्तन हैं।

इन सभी विषयों को ऐतिहासिक दृष्टि से देखना चाहिए, तब हमें यह सत्य मालूम होता है कि अलग-अलग रीति-रिवाजों में कई साम्य हैं। दुनिया के हर समाज की अपनी अलग संस्कृति है। फिर भी एकसूत्र में बाँधनेवाली भावनाएँ हर मनुष्य के हृदय में विद्यमान हैं। हाँ, हो सकता है कि हर समाज एक ही समय में इन सीढ़ियों पर चढ़कर विकसित नहीं हुआ होगा। कोई एक समाज पहली सीढ़ी पर है तो दूसरा समाज दूसरी सीढ़ी पर रहा होगा। सब जातियों ने कभी-न-कभी इन सीढ़ियों पर पाँव रखा होगा, वे बिना इन पर पाँव रखे आगे नहीं जा सकतीं। इसलिए एक-दूसरे के प्रति घृणा की भावना दिखाने की कोई जरूरत नहीं है। सब एक ही सागर की लहरें हैं। सभी एक ही भवन की सीढ़ियाँ हैं। आदिमानव के स्वभाव के बारे में जानने के लिए, हमारी संस्कृति जिन सीढ़ियों से गुजरी, आज भी वे ही मूल भावनाएँ हमारे हृदयों में किस रूप में विद्यमान हैं, आदिमानव के विचार बदले हुए रूप में आज भी हमारे रीति-रिवाजों में किस प्रकार विद्यमान हैं, आदि के बारे में बताने का मैंने प्रयत्न किया है। मैंने कुछ ऐसे विषयों के बारे में बताने का साहस किया है जो पूरी तरह आजकल के मापदण्डों के विरुद्ध हैं।

समन्वय

विचार बदल गए; रीति-रिवाजों में परिवर्तन आया; किन्तु हमारे शास्त्र वैसे के वैसे ही हैं। आज भी देवालयों का निर्माण करते समय किसी-न-किसी कोने में मिथुन-मूर्तियाँ रखने का रिवाज है। आज भी देवी-देवताओं की मूर्तियाँ पुराने रूपाकार और पैमानों के अनुसार ही बनाई जाती हैं। शिल्पकार देवियों के शारीरिक अंगों में सौन्दर्य दिखाने का प्रयत्न करते हैं। स्तन बड़े आकार में बनाए जाते हैं। अब विचार बदल गए, मापदंड बदल गए, फिर भी हम मूलसूत्रों को क्यों नहीं बदलते? वही नियम क्यों बने रहने चाहिए? सूत्रों और जीवन के बीच में बड़े-बड़े पर्वत खड़े हो रहे हैं। समुद्र बीच में आ रहे हैं। यही अनर्थ है और सुखमय जीवन के रास्ते में एक रुकावट है। इस सत्य को किसी एक विषय में नहीं, हर विधा में, हमारी जीवन-पद्धति में, हमारे भोज़न में, हमारे विवाहों में, हमारी मृत्यु में, सामाजिक जीवन में देखा जा सकता है। पुराने सूत्र और नई जीवन-पद्धति में टकराव होता ही है। इसलिए सूत्रों को जीवन से मिलाना चाहिए। जब तक यह काम नहीं होगा, हम सब भेड़-बकरियों की तरह रहते जाएँगे। समन्वय हो गया तो सब ठीक हो जाएगा।

सत्य को सत्य के रूप में स्वीकार करने से आज न सही आगे तो यह समन्वय सम्भव होगा। इसीलिए मैंने ये लेख लिखे हैं। आप मुझे गलत न समझिएगा।

विवाह संस्कार : स्वरूप एवं विकास

दो शब्द

इस पुस्तक के पूर्व-संस्करण की सभी प्रतियाँ खत्म हो चुकी हैं। कई पाठकों ने फिर छपवाने की प्रार्थना की थी। किन्तु यह काम तुरन्त नहीं हो सका। इस विलम्ब के लिए क्षमा कीजिएगा। अब यह संस्करण आपके हाथों में सौंप रहा हूँ। उम्मीद है, आप इसे भी पहले की तरह प्रेम से स्वीकार करेंगे।

मैंने सोचा था कि इस संस्करण में कुछ नए विषय जोड़ूँगा। किन्तु लता को छूने पर सारा कुंज हिल जाएगा, इसलिए लगा कि इन विषयों को पुस्तक में इधर-उधर लिखना ठीक नहीं है। अतः मैंने इनका समावेश परिशिष्ट में किया है।

विवाह संस्कार का पूर्ण रूप से अध्ययन करने के बाद हम इस सत्य को जान सकते हैं कि हमने विवाह संस्कार को बढ़ा-चढ़ाकर एक बड़ा भूत बना दिया है। कुछ देश-काल-परिस्थितियों के कारण, अड़ोस-पड़ोस की अन्य जातियों के रीति-रिवाजों का अनुकरण करने के कारण, कुछ रिवाजों को हमने पुराने जमाने में निभाया—आज भी निभा रहे हैं। अब परिस्थितियाँ बदल गईं। उन जातियों के विचारों को जाने बिना ही हम इन रिवाजों को अपने आचरण में रख रहे हैं। सचमुच अर्थहीन काम कर रहे हैं। लोग विवाह में व्यर्थ धन खर्च कर रहे हैं। कर्ज के जाल में फँस रहे हैं। अब भी कुछ नहीं बिगड़ा। कर्ज के चक्र में फँसे बिना और फिजूल खर्च किए बिना सादगी से विवाह करने में ही सबकी भलाई है।

> काम-काज में मेरी सहायता करने के लिए, सन्तान की उत्पत्ति करने के लिए तुम अपनी बेटी को मुझे दो...इस तरह वर या उसके प्रतिनिधि से पूछने में बाल-विवाह के लिए कहाँ स्थान है?[1]

मान्य सिद्धान्तों तथा विवाह-मंत्रों के अर्थों के अनुसार अग्निदेव गन्धर्व-विवाह करने के बाद ही वर वधू से ब्याह कर सकता है। इसलिए हम यह नहीं कह सकते हैं कि वधू अपना कौमार्य खोने के बाद विवाह के लायक नहीं रह जाती। अतः स्त्री के पुनर्विवाह में कोई आपत्ति नहीं रहनी चाहिए।

---

1. ये वाक्य मेरे गुरु स्वर्गीय श्री बंकुपल्ले मल्लय्या शास्त्री द्वारा लिखित पुस्तक 'विवाह तत्वामु' के पृ. 19 से लिये गए हैं।

विवाह और सुहागरात के संस्कारों में कुछ रहस्यमय विषय सामने आते हैं। उन्हें तुरन्त छोड़ देना चाहिए। सुहागरात के दिन वधू कहती है, "हे प्रियतम तुम मुझमें उत्पन्न हो जाओ।" उत्तर में वर कहता है, "पुत्रों को चाहनेवाली मेरी प्रियतमा, मैं तुममें पुत्र के रूप में जन्म लूँगा।" यह एक प्रथा है। किन्तु आज ऐसे शब्द बोलते और सुनते हुए अच्छा नहीं लगता है। विवाह में ठाट-बाट के लिए लोग व्यर्थ धन खर्च करते हैं। आज (1971 में) भी हम इन सबके पीछे भाग रहे हैं। यह सचमुच कितनी लज्जाजनक बात है। मुख्यतः युवा वर्ग को कुछ नए कदम उठाने चाहिए। उन्हें विजय मिलेगी। इसमें कोई सन्देह नहीं।

—तापी धर्माराव

20 फरवरी, 1971
हैदराबाद

छोटी-सी बात

इस सृष्टि में मानव का जन्म कल या परसों नहीं हुआ है। कई लाख वर्ष पहले से वह इस पृथ्वी पर विद्यमान है। कोई भी यह नहीं कह सकता कि आदि से आज तक मानव एक जैसा ही रहा। वह काफी बदल चुका है। उसकी जीवन-पद्धति बदल गई है। उसके भाव-जगत् और ज्ञान में परिवर्तन आया है। यह परिवर्तन आज भी जारी है और भविष्य में भी रहेगा। सभी को यह सिद्धान्त स्वीकार करना ही पड़ेगा।

एक छोटा-सा उदाहरण मैं आपको बता देता हूँ। मानव के पहनावे के विषय में सोचकर देखिए। आज पाश्चात्य देशवासी जूता, पैंट, बनियान, कुरता, वेस्टकोट, कोट, नेकटाई, टोपी आदि पहने बगैर घर से बाहर कदम नहीं रखते। इसका प्रभाव दूसरे देशों के लोगों पर भी पड़ा। यह तौर-तरीका एक दिन में तो नहीं आया। आदिमानव प्रकृति की सन्तान के रूप में बाइबिल के आदम और हव्वा की तरह दिगम्बर ही थे। पहले वे केवल पत्तों से अपने शरीर को छिपाया करते थे, बाद में लँगोटी पहनने लगे। इस तरह कई चरणों से गुजरते हुए इस रूप में पहुँचे और आधुनिक मानव बन गए। आदिमानव और आधुनिक मानव में बहुत अन्तर है। परिवर्तन कई चरणों से गुजरता है। दुनिया के विविध देशों की वेशभूषा का विधान इसका सबूत है। विचार तथा भावनाओं के विषय में भी परिवर्तन आया है।

विवाह के सन्दर्भ में भी कई परिवर्तन आए। ऐसा कहना हास्यास्पद होगा कि आदिम युग में भी आज की तरह पुरोहितों के मंत्रों से अग्नि को साक्षी बनाकर 'नातिचरामि' कहते हुए विवाह होते थे। विवाह संस्कार से सम्बन्धित विचार, रिवाज आदि में कई परिवर्तन आए। ये किसी मंजिल पर नहीं रुके। जरूरतों और परिस्थितियों के अनुसार ये परिवर्तित होते गए। अगर किसी देश में ये परिवर्तन तीसरी मंजिल पर रुक गए तो दूसरे देशों में और चार मंजिलों तक पहुँच गए।

शोधक विविध देशों में होनेवाले इन परिवर्तनों को देखते हैं और उनके मूल में छिपे कारणों को खोजने की कोशिश करते हैं। यह जानने का प्रयत्न करते हैं कि आज जो रीति-रिवाज प्रचलित हैं, उनका पहला रूप क्या हो सकता है? वह

तार्किक दृष्टि से सोचता है, इन परिवर्तनों का एक तर्कसंगत क्रम बनाने का प्रयत्न करते हैं। आज शोधक इस निर्णय पर पहुँच चुके हैं कि विवाह की रीति कुछ मंजिलों से गुजरते हुए कई परिवर्तनों के बाद आज की स्थिति में पहुँची है। इस तरह के निर्णय ही हमारी रचनाओं का आधार रहे हैं। हाँ, हो सकता है कि इस विषय में शोधकों के विचार अलग-अलग हों। किन्तु कोई यह नहीं कह सकता है कि ऐसा हुआ ही नहीं।

इन परिवर्तित रूपों के अध्ययन से एक तथ्य सामने आता है। वह यह है कि कई बार परिवर्तन होने के बाद भी इन रीति-रिवाजों के भीतर के कुछ मूल लक्षण तथा उद्देश्य बिना बदले ही चले आते हैं। कई परिवर्तनों के कारण तथ्य और मूल उद्देश्य इस हद तक रीति-रिवाजों के पीछे छिप जाते हैं कि किसी को इनका ज्ञान तक नहीं होता। बस कुछ अर्थहीन प्रथाएँ प्रचलन में रह जाती हैं। ऐसे कई प्रकार के रीति-रिवाज आज के विवाह संस्कारों में हैं। वस्तुतः केवल विवाह में ही नहीं, मानव जीवन से सम्बन्धित कई विषयों और शुभ-अशुभ कार्यों में ये अर्थविहीन रिवाज दिखाई पड़ते हैं। शोध करने से कुछ रिवाजों के अर्थ और मूल उद्देश्य थोड़े-बहुत हमें स्पष्ट दिख जाएँगे।

मेधावी विदेशी शोधक दुरभिमान छोड़कर अलग-अलग सभ्यताओं के बारे में अनेक ग्रन्थ लिख चुके हैं। साधारणतया उन्हें भारतीय सभ्यता तथा रीति-रिवाजों के बारे में कुछ मालूम नहीं रहता। हमारे देश के कई शोधक दुरभिमान के कारण दूसरी सभ्यताओं को गिनती में नहीं लेते। विविध सभ्यताओं में जो विवाह संस्कार आज प्रचलित हैं, उन सबके पीछे एक अति पुरातन मूल सूत्र तो होगा ही। उस मूलसूत्र को खोजने का प्रयत्न मैं इस रचना के माध्यम से कर रहा हूँ।

इस रचना में सम्मिलित विभिन्न जातियों से सम्बन्धित सारे विषय न काल्पनिक हैं, न ही अतिशयोक्तिपूर्ण। कुछ सुप्रसिद्ध शोधकों ने प्रमाणों के साथ इन विषयों के बारे में लिखा है। सत्य पाठकों के सामने रखना मेरी इच्छा रही है। मैंने पाठकों को धोखे में रखने के लिए कदापि यह रचना नहीं लिखी है। आपको मेरी यही सलाह है कि मैंने जो कहा है, उस पर विश्वास करें।

यह एक प्रकार से प्रवाह के प्रतिकूल तैरना है क्योंकि कुछ रीति-रिवाज हमारी संस्कृति में इस हद तक घुल-मिल गए हैं कि उनके बारे में सन्देह करना तो दूर रहा, हम उनके बारे में सोचते तक नहीं। कई रिवाजों के पीछे जो मूल कारण हैं उन्हें अगर सामने लाया जाए तो वे आज असंगत तथा अश्लील लगेंगे और उन्हें मानना तो क्या, हम सुनने तक से इनकार कर देंगे। यहाँ मैं जिन तथ्यों को आपके सामने रखने का प्रयत्न कर रहा हूँ, वे इसी प्रकार के हैं। कुछ विषयों को मैंने दोहराया है, ताकि यह परिणाम-क्रम टूट न जाए और पाठकों को आसानी से समझ में आ सके।

मैंने जिन ग्रन्थों का आधार लिया है, उनमें ये ग्रन्थ मुख्य हैं–

1. वेस्टर मार्क : हिस्ट्री ऑफ ह्यूमन मैरिज
2. हेवलॉक एलिस : सायकोलॉजी ऑफ सेक्स
3. ब्रीफाल्ट : मदर्स
4. फ्रेजर : गोल्डेन बो वाल्यूम्स
5. मालानोव्स्की : वर्क्स ऑफ रिसर्च
6. थर्स्टन : कास्ट्स एंड टेल्स ऑफ सदर्न इंडिया
7. क्रॉले : मिस्टिक रोज
8. हार्स्टिंग्स : इनसायक्लोपीडिया ऑफ रिलीजन एंड एथिक्स
9. समर : साइंस ऑफ सोसायटी

–तापी धर्माराव

विवाह : प्रश्नों का सिलसिला

विवाह माने भीड़-भाड़, कुछ सन्तोष, वर-वधू, एक विलास कार्य, कुछ लेन-देन, कुछ रस्मो-रिवाज, कुछ असन्तोष आदि है। विवाह के बारे में कौन नहीं जानता? फिर भी विवाह का वास्तविक अर्थ तथा विवाह संस्कार के पीछे की मूल भावनाओं को पूर्णरूप से जाननेवाले बहुत कम ही होंगे। मानव जीवन के आरम्भ से लेकर आज तक कितने विवाह हुए होंगे! देवी-देवताओं के विवाह भी हुए हैं, होते हैं, होते रहेंगे (उदाहरण–तिरुपति बालाजी का विवाह, सीता-राम का विवाह–आदि आज भी किए जाते हैं)। आज भी सारी दुनिया में रोज हजारों विवाह हो रहे हैं। विवाह करके दम्पती जी रहे हैं, कुछ विवाहित स्त्री-पुरुष पुनर्विवाह कर रहे हैं, अविवाहित स्त्री-पुरुष विवाह करने के लिए तरस रहे हैं, कुछ लोग गुड्डे-गुड़ियों की शादियाँ करके आनन्द पा रहे हैं, विवाह-परिणाम को जानकर कुछ सबक सीख रहे हैं। ऐसा लगता है कि सारी दुनिया विवाह के लिए जी रही है। इस स्थिति को देखने के बाद यह कहना कि विवाह के बारे में जाननेवाले बहुत कम हैं, दुस्साहसपूर्ण होगा, है न!

लेकिन साहस कर प्रश्न पूछा जाए तभी तो असली सत्य सामने आ पाएगा। पहले यह मान्यता थी कि पूछना ही अज्ञान है किन्तु अब वे दिन नहीं रहे। भरे हुए मटके की तरह इधर-उधर न छलकनेवाले को महाज्ञानी कहना आज मूर्खता है। प्रश्न पूछनेवाला ही आज ज्ञानी है। इन प्रश्नों के उत्तर जो दे सकता है वही महान है।

जब प्रश्न पूछने बैठते हैं तो आरम्भ हो जाता है प्रश्नों का सिलसिला। विवाह माने क्या है? विवाह क्यों करना चाहिए? विवाह में ये ठाट-बाट क्यों? ये रीति-रिवाज क्यों? विवाह संस्कार का जन्म कब हुआ? क्यों हुआ? कैसे हुआ? इस तरह के कई प्रश्न उठेंगे। इनमें से कुछ प्रश्नों के उत्तर अनुभव के आधार पर दिए जाते हैं, तो कुछ के सोच-विचारकर और कुछ के शास्त्र व इतिहास के पन्ने पलटकर। यह एक प्रश्नों का जाल है, इसमें एक बार फँस जाएँगे तो फँसते ही जाएँगे। किसी-किसी प्रश्न का तो उत्तर पाना भी असम्भव सा लगता है। विवाह, परिणय आदि शब्दों के बारे में शास्त्रज्ञ कुछ-न-कुछ बताएँगे, चाहे उसमें कोई अर्थ

हो या न हो कि इसका विवाह नाम क्यों पड़ा? विवाह माने क्या है? यानी पढ़े-लिखे लोगों की भाषा में कहा जाए तो विवाह की परिभाषा देनी चाहिए। किन्तु परिभाषा देना कठिन कार्य है।

एक बार एक राजा के दरबार में मानव की परिभाषा के बारे में प्रश्न उठा। मानव की परिभाषा बताने के लिए बड़े-बड़े पंडितों ने बहुत प्रयत्न किए। अगर कोई एक महाज्ञानी मानव की परिभाषा बताता था तो तुरन्त दूसरा महापंडित उसका खंडन कर देता था। अगर दूसरा और कोई महापंडित परिभाषा देता था तो तीसरा महाज्ञानी उसकी अवहेलना करने लगता था। रात-दिन पंडितों ने इसके बारे में विचार किया था। समीक्षा के सामने जो टिक सके, ऐसी परिभाषा कोई भी नहीं दे सका। इस पर राजा निराश हो गया तो सभा में एक पंडित उठा और उसने कहा कि महाराज! सृष्टि में जिस जानवर के बाल नहीं हैं और दो टाँगें हैं, वही मानव है और यही मानव की परिभाषा है।

दूसरे दिन एक अन्य नटखट विद्वान पूरे बाल उखाड़कर एक बन्दर को ले आया और भरी सभा में कहने लगा कि महाराज! देखिए यही मानव है जिसकी परिभाषा हमारे महापंडित दे चुके हैं। इस पर सभी लोग हँस पड़े और शोर मचाने लगे।

विवाह की परिभाषा मिलना कठिन है। विवाह माने क्या है? फ्रांस, जर्मनी व अन्य देशों के पंडित, महापंडित और विद्वान इस सवाल का उत्तर देने के लिए कई प्रयत्न कर चुके हैं, और आज भी कर रहे हैं। किन्तु इतने प्रयत्न करने पर भी अब तक दिए गए उत्तर निशाने से थोड़ी दूर ही लगे हैं, क्योंकि इस विशाल दुनिया में विवाह का न कोई एक शास्त्र है, न कोई एक मंजिल।

एक राजकुमार था। उसका विवाह ठाट-बाट से हो रहा था। वह दूल्हा बनकर हाथी के हौदे पर बैठकर बैंड बाजे के साथ जा रहा था। उसके वैभव के बारे में क्या कहने! बारात में लोग पटाखे चला रहे थे। माहौल रंगीन था। एक गली से वह गुजर रहा था। वहाँ पर एक झोंपड़ी के पास दो मशालें जल रही थीं। वहाँ ढोलक बज रहा था। चार लोग वहाँ जमा थे। कुछ हलचल हो रही थी। राजकुमार ने यह सब देखते ही अपने सेवक से पूछा कि यह क्या है? उत्तर मिला कि 'होगी किसी धोंड़िए की शादी'। राजकुमार जोर से हँसा और कहने लगा–"क्या यह भी कोई शादी है?"

बेचारा राजकुमार! हम उसे दोषी नहीं ठहरा सकते क्योंकि विवाह के प्रति उसके विचार अलग हैं, उसका अनुभव अलग है। उसने जो देखा वह अलग है, उसने जो सुना वह अलग है। धोंड़िए का विवाह तो वैसा नहीं था। इसलिए उसे वह विवाह कैसे मानता? अंग्रेजों का विवाह हमारे पंडितों की दृष्टि से शादी ही नहीं

है। रूस देश की विवाह-पद्धति अंग्रेज स्त्री की दृष्टि में विवाह नहीं है। वहीं हमारे विवाह देखकर कई दूसरे देशों के लोग हँस-हँसकर लोट-पोट हो जाते हैं।

ये सब बातें हमारे सभ्य समाज की हैं। न जाने और कितनी जातियाँ, कितनी टोलियाँ, कितने देश होंगे, जो अब भी असभ्य समझे जाते हैं। वे भी विवाह करते हैं। उनके विवाह देखने के बाद आप क्या कहेंगे? सुनने के बाद आपके होशो-हवास उड़ जाएँगे।

इतना ही क्यों? उन पंडितों को, जिन्होंने श्रीराम के समय, श्रीकृष्ण के समय में विवाह कराए थे, बुलाकर अगर हमारे आज के विवाह संस्कार को दिखाएँ तो या तो वे हँस-हँसकर लोट-पोट हो जाएँगे या आँखें मूँदकर, कान बन्द करके वापस चले जाएँगे। उनके हृदयों में भी बात गूँजती रहेगी कि क्या यह भी विवाह है?

विवाह-पद्धतियों में इतने भेद होने और विवाह के परिणाम अलग-अलग होने के कारण, कोई भी विवाह की सही परिभाषा नहीं दे सकता। हम भी तो नहीं दे सकते। जो विवाहित लोग सुखी दिखाई पड़ रहे हैं (सत्य तो यह नहीं है) उन्हीं से पूछिए कि विवाह क्या है? अलग-अलग व्यक्ति अलग-अलग परिभाषाएँ देंगे क्योंकि हर व्यक्ति के विचार और अनुभव अलग-अलग होते हैं।

कोई कहेगा कि विवाह एक पत्थर को गले में बाँधना है। दूसरा कहेगा कि यह एक प्रकार से ठेका लेना है ताकि दूसरा कोई अपनी चीज का उपयोग न कर सके। तीसरे का विचार होगा कि पसन्द हो या नापसन्द, किसी तरह घर चलाना ही विवाह है। आगे कोई कहेगा कि 'दिन भर काम, रात में झगड़े' यही विवाह है। किसी की राय होगी कि 'वंशक्रम जारी रखने के लिए यह एक साधन है। किसी के लिए विवाह स्वर्ग जाने का एक रास्ता है। किसी के विचार में यह एक परम्परा है, किसी अन्य के विचार में एक हलचल।'

प्रश्न तो बहुत कठिन है। सचमुच ऐसा प्रश्न पूछना भी उचित नहीं है। फिर भी हम पूछते जाएँगे। यह दुनिया विशाल है। परिवर्तनशील है। समय का न आदि है न अन्त। जगह-जगह पर अलग-अलग परम्पराएँ कायम रहती हैं। अलग-अलग विचार होते हैं। कल जो था, आज नहीं है; आज जो है कल नहीं रहेगा। अगर हम सत्य जानना चाहेंगे तो पूर्वग्रहों और दुरभिमान को छोड़ना होगा। निर्मल मन से सभी विषयों को स्वीकार करना चाहिए। फिर तर्क-वितर्क करना चाहिए और निष्पक्ष समीक्षा करनी चाहिए।

वही मानव इस दुनिया में नीतिवान है
जो सबकी सुनता है, क्रोध में न आकर
सत्य जानने का प्रयत्न करता है।

स्त्री-पुरुष जातियाँ

विवाह क्यों करना चाहिए? यह एक बड़ा प्रश्न है। हजारों वर्ष पहले भी यह बड़ा प्रश्न था, आज भी है। हजार वर्षों के बाद भी यह एक बड़ा प्रश्न ही रहेगा। इस प्रश्न का उत्तर नहीं मिलेगा क्योंकि इसका उत्तर इस दुनिया में नहीं है। कोई उत्तर देगा कि माँ बूढ़ी हो गई, घर सँभालनेवाला कोई नहीं है, इसलिए विवाह करना पड़ता है। कोई कहेगा यौन तृप्ति के लिए, दूसरा कहेगा प्रेम के लिए, तीसरा कहेगा बच्चे पैदा करने के लिए और चौथा कहेगा पहली पत्नी की औलाद का पालन-पोषण करने के लिए...इस तरह कई कारण बतलाए जाएँगे। एक बड़ा कारण यह बताएँगे कि हमारे दादा-परदादा और उनके भी परदादा, सभी ने विवाह किए, इसलिए हमें भी विवाह करना चाहिए।

इस प्रथा के कारण विवाह जीवन की एक अत्यावश्यक घटना बन गई। जिस तरह दसवाँ साल गुजरने के बाद ग्यारहवाँ साल आता है, उसी तरह एक वय पर विवाह होना अनिवार्य है। जिस तरह लड़की रजस्वला होती है, ठीक उसी तरह विवाह होना जिन्दगी में एक अनिवार्य कार्यक्रम है। बाल्यावस्था बीतने के बाद यौवन, यौवन के बाद बुढ़ापा आना स्वाभाविक है, नैसर्गिक है। उसी तरह विवाह। बाल्यावस्था के बाद विवाह, विवाह के बाद बाल-बच्चे होना स्वाभाविक ही नहीं, अनिवार्य भी है। इस प्रथा में इतना बल है कि कोई इसके विरुद्ध बोलने का साहस तक नहीं कर सकता।

इसलिए आजकल यह पूछना मूर्खता होगी कि विवाह क्यों करना चाहिए? हमें इस विषय में थोड़ा-बहुत सावधान रहना चाहिए। हमें यह नहीं भूलना चाहिए कि हम किस सत्य को जानने का प्रयत्न कर रहे हैं! यह विवाह का रिवाज क्यों आया? इसको इतना महत्त्व क्यों दिया जाता है? हम यहाँ पर इसका परिशीलन कर रहे हैं।

'रिवाज ही ऐसा है,' 'यह पुरानी प्रथा है'—कहना इसका कोई उत्तर नहीं होगा। 'चोरी क्यों की?' इस प्रश्न का उत्तर, 'हाँ! मैंने चोरी की है,' तो नहीं हो सकता।

इसी तरह जब इन प्रश्नों का हम विश्लेषण करेंगे तब इन रीति-रिवाजों की बात नहीं उठानी चाहिए। यह एक तथ्य आपको हमेशा याद रखना पड़ेगा। रीति-रिवाजों को परे रखकर, पीछे पलटकर देखें और दृष्टि को बीते हुए समय पर डालें, तभी असली सत्य को आप जान सकेंगे।

असल में विवाह का झंझट उत्पन्न होने का पहला कारण प्रकृति ही है। प्रकृति में स्त्री-पुरुष नामक दो जातियाँ हैं। 'अमीबा' जैसे जन्तुओं की तरह एक जाति रहती तो यह विवाह का झंझट नहीं पैदा होता। अगर दो जातियों के बदले मानव समाज में तीन-चार जातियाँ होतीं, तो कैसा होता ? कहा जाता है कि कुछ कीड़ों में तीन जातियाँ होती हैं।

यदि स्त्री-पुरुष जातियाँ बहुत दूर-दूर रहतीं तो अच्छा होता, किन्तु ऐसा नहीं हुआ। स्त्री और पुरुष दोनों जातियों को मिलकर रहना पड़ा। इससे सम्बन्ध तथा सम्पर्क अनिवार्य हो गया।

इतना ही नहीं, प्रकृति में एक रहस्य है। प्रकृति यही चाहती है कि प्राणी, झाड़, मृग, मानव आदि जातियाँ कभी लुप्त नहीं होनी चाहिए, कभी नष्ट नहीं होनी चाहिए। इन सब जातियों में निरन्तर परम्परागत अभिवृद्धि होनी चाहिए। इसे ही प्रकृति का आत्मसंरक्षण या जाति संरक्षण कहा जाता है। आज जितने शेर हैं, वे सब मरने के बाद नए शेर पैदा होने चाहिए। आम का पेड़ कभी लुप्त नहीं होना चाहिए। यानी नया आम का पेड़ पैदा होना चाहिए।

सृष्टि या प्रकृति के लिए यह जाति संरक्षण ही प्रधान कार्य है। इसके लिए जीना है। खाना, सोना आदि काम भी इसी के लिए तो हैं। ये सभी साधन हैं। पौधे का बड़ा होना और फूल लगना आदि फल के लिए ही तो है। फिर वही बीज बनता है, पौधे को जन्म देने के लिए। यह एक प्रकार से प्रकृति का नियम है। हमेशा प्रकृति जाति संरक्षण के प्रति सचेत रहती है। यह काम प्रकृति मोह-माया छोड़कर करती ही रहती है और अधिक मात्रा में करती ही रहेगी। एक वाक्य में कह सकते हैं कि जन्म देना ही प्रकृति का काम है।

यह काम निर्विघ्न चलाने के लिए प्रकृति सदैव जागरूक रहती है। इधर-उधर न हिल सकनेवाले पेड़-पौधों के बार-बार जन्म लेने का इन्तजाम प्रकृति ने किया है। जीव-जन्तुओं के जन्म लेते रहने के लिए भी एक उपाय उसने निकाला है। स्त्री-पुरुष जोड़ी बनाना भी उपाय है। जोड़ी बनाना एक प्राकृतिक सत्य है। इसमें ही प्राकृतिक सौन्दर्य है।

खाना हजम होने के बाद भूख लगती है। थक जाएँ तो नींद आती है। उसी तरह एक समय पर जब तृष्णा या कामवासना जाग्रत होती है तब जोड़ी बनाने की बुद्धि अपने आप ही पैदा होती है। यह भूख नैसर्गिक है, अनिवार्य है। प्राणी को जोड़ी बनानी ही पड़ती है। यह एक उद्वेग है। इस उद्वेग को कोई भी प्राणी रोकने का प्रयत्न नहीं करता। कोई भी अक्लमन्द ऐसा करने के लिए कहेगा ही नहीं। प्रकृति के विरुद्ध चलना गलत है।

'क्यों खाया?' पूछेंगे तो उत्तर यही मिलेगा कि भूख लगी थी इसलिए। 'क्यों सोया?' पूछेंगे तो यही उत्तर मिलेगा कि नींद आई थी इसलिए। इसी तरह, 'क्यों जोड़ी बनाई' पूछेंगे तो यही उत्तर मिलेगा कि मुझसे रहा नहीं गया।

प्राकृतिक सूत्रों के अनुसार जीना ही मानव का काम है। इसलिए जोड़ी बनाना अनिवार्य है। पसन्द और नापसन्द का कोई प्रश्न ही नहीं उठता। वय से कोई सम्बन्ध नहीं है। रूप, गुण आदि की इस विषय में कोई प्रधानता नहीं है। यह केवल एक प्राकृतिक कार्य है। इसलिए यह काम करना सबके लिए अनिवार्य है।

कुछ लोगों का कहना है कि ये गुण प्रकृति में निहित होने के कारण ही विवाह संस्कार मानव के लिए अनिवार्य बन गया। किन्तु इसमें एक उलझन है, यह जोड़ी बनाने की भावना क्षणिकोद्वेग है, यह बुद्धि कभी-कभी ही पैदा होती है। यह उद्वेग अधिक देर तक नहीं रहता। फिर इसके लिए शाश्वत विवाह बन्धन की क्या जरूरत है। किसके लिए? जानवरों में भी यह जोड़ी बनाने का कार्य चलता रहता है। फिर जानवर विवाह क्यों नहीं करते? जोड़ी बनाने के बाद पक्षी हो या जानवर, थोड़े दिन मिलकर रहते हैं, बाद में दोनों के रास्ते अलग-अलग हो जाते हैं।

आरम्भ में मानव के विषय में भी यही होता था। असल में जोड़ी बनाने और सन्तान के बीच कुछ सम्बन्ध है, इस विषय में भी वे प्रायः नहीं जानते थे। आगे चलकर मैं इसके बारे में विश्लेषण करूँगा। अभी केवल सन्तान का विषय लेते हैं। यह काम केवल स्त्री का है। बच्चे को दूध देना, संरक्षण करना स्त्री का काम है। इसलिए बच्चे के बड़े होने तक माँ उसके साथ रहनी चाहिए। किन्तु पुरुष किसके लिए इस विवाह की जोड़ी में वह कैसे आ गया?

कुछ पक्षियों की जातियों में, कुछ जानवरों में सन्तान के बड़े होने तक नर और मादा मिलकर रहते हैं। यह भी बहुत कम दिखाई पड़ता है। लाख जातियों में से एक-दो जातियों में ऐसा हो सकता है। उनमें भी इस तरह मिलकर रहना सन्तान के बड़े होने तक ही दिखाई पड़ता है। बाद में दोनों के रास्ते अलग-अलग हो जाते हैं। फिर नई जोड़ी बनाते हैं। फिर नई सन्तान। सब कुछ नया! विवाह जैसा संस्कार कहाँ है?

हाँ, आज हम यही कहते हैं कि स्त्री-पुरुष के बीच एक आत्मिक मिलन होता है, इसलिए विवाह किया जाता है। किन्तु सत्य यही है कि यह एक नाटक है। यह आजकल की बात है। पुराने जमाने में इस तरह का शब्द भी नहीं था। पैसे देकर खरीदते समय (कन्या शुल्क), जबर्दस्ती उठाकर ले आते समय, पूरे घर के पुरुषों के लिए एक पत्नी लाते समय, माँ-बाप वर-वधू को ढूँढ़कर विवाह करके देते समय, वर दक्षिणा लेते समय (ये सब पहले भी हुआ था, आज भी हो रहा है) यह बात कहाँ तक लागू हो सकती है?

मन, प्रेम, आत्मिक मिलन आदि शब्दों का उपयोग करना कल-परसों से ही शुरू हुआ है। मानव-इतिहास की शुरुआत में इनके लिए कोई स्थान नहीं था। मातृप्रेम के विषय में भी देखें। मातृप्रेम एक प्रकृति-नियम है। यह नियम जाति-संरक्षण के लिए बनाया गया है। जाति-संरक्षण तक ही यह मातृप्रेम लागू होता है। उसके बाद न यह भावना दिखाई पड़ती है और न ही इसके बारे में नर-मादा सोचते हैं।

अंडे या शिशु का संरक्षण करने के लिए मादा शत्रु पर झपट पड़ती है। प्राण जब तक हैं, तब तक लड़ती है। यह सत्य है। किन्तु यह क्या है? बड़े-बड़े नाम न दिए जाएँ तो इतना ही कहा जा सकता है कि यह एक प्रकृति-नियम है। इसे जाति-संरक्षण के लिए एक अनिवार्यता के रूप में देखना चाहिए। यह पशु-पक्षियों में पाया जानेवाला महागुण कदापि नहीं है। इसको ही सभ्य समाज ने प्रेम, मन आदि बड़े-बड़े नाम दिए हैं। पेड़ों में भी जाति-संरक्षण का यह गुण पाया जाता है। फूलों को धक्का नहीं पहुँचना चाहिए, इसलिए कली के ऊपर वृन्तदल रहते हैं। कच्चे फल में रहनेवाले बीजों को धक्का नहीं पहुँचना चाहिए इसलिए उन पर एक सख्त परत रहती है। यह भी सन्तान-प्रेम ही तो है। इस लिहाज से सबसे अधिक सन्तान-प्रेम नारियल के पेड़ को है। दो-दो परतें नारियल के बीच में बनी रहती हैं। इसी तरह यह कहा जा सकता है कि लताकरंज की झाड़ी को जितना सन्तान-प्रेम है, उतना और किसी पौधे को नहीं।

इस तरह अगर कहते जाएँ तो कुछ कड़वाहट प्रतीत हो सकती है। किन्तु इतिहास देखें तो यह सत्य सामने आता है कि मैंने जो कुछ कहा है, वह काल्पनिक नहीं है। कई जातियों में ऐसी माताएँ थीं जो लड़की पैदा होते ही उसे मार डालती थीं। बच्चों का गला घोंटनेवाली माताएँ कई जातियों में हैं। उन दिनों समाज को जब भी लड़कों की जरूरत पड़ती थी, लड़कियों को मार दिया जाता था। इसी तरह जब भी लड़कियों की जरूरत पड़ती थी तब लड़कों को पैदा होते ही मार डाला जाता था। इस कार्य के पीछे स्त्री का ही हाथ रहता था। यह ऐतिहासिक सत्य है। पैदा होते ही बच्चों को मारकर खानेवाले जानवर भी हैं। ऐसे कई जानवर हैं जिन्हें यह भी मालूम नहीं कि बच्चे क्या होते हैं?

आजकल हम बहुत सभ्य बन गए हैं हमने प्रेम नामक भावना को बड़ा स्थान दे दिया है। प्रेम है, ऐसा महसूस करते हुए जीना एक प्रथा बन गई है। यह भावना अगर नहीं दिखाएँ तो हम दोषी बन जाते हैं। यह एक महापाप है। इसी प्रथा के कारण आज हम एक-दूसरे पर नकली प्रेमवर्षा कर रहे हैं। किन्तु उस जमाने में ऐसा बिलकुल नहीं था। उस जमाने में अगर किसी माँ से पूछा जाता था कि तुम अपनी सन्तान से प्यार करती हो, तो वह अवाक् रह जाती थी। असल में सन्तान प्रेम क्या है, उसे मालूम ही नहीं था।

इसी तरह उन दिनों किसी विवाहित पुरुष अथवा स्त्री से प्रेम के विषय में पूछा जाता है तो यह क्या बला है, न मालूम होने के कारण वे उलझन में पड़ जाते थे। इस तरह के बेबुनियाद तथा असंगत सवाल पूछने के कारण वे हमारे हाथ-पैर भी तोड़ सकते थे। प्रेम नामक शब्द को विवाह से नहीं जोड़ा जा सकता है।

जोड़ी बनाना विवाह संस्कार कदापि नहीं हो सकता। सन्तान भी केवल स्त्री को बाँध सकती है किन्तु पुरुष को साथ नहीं घसीट सकती।

स्त्री-पुरुष सम्बन्ध

स्त्री-पुरुष एक जगह मिलकर रहते हैं। हर प्राणी में जोड़ी बनाने की प्रबल इच्छा विद्यमान होती है। प्रकृति में जितने भी जानवर हैं, पक्षी हैं, कीड़े हैं, फूल हैं, सबके लिए जोड़ी बनाना अनिवार्य है। यह प्रकृति का नियम है। मानव भी यही कार्य करते हैं। यह काम करना जाति-संरक्षण के लिए अनिवार्य भी है। यह अपनी इच्छा पर आधारित नहीं है। यह एक प्राकृतिक सूत्र है। जाति को जिन्दा रखने का एक उपाय है। इसमें कभी कोई रुकावट नहीं आएगी।

जोड़ी बनाने के कार्य में मौजूदा काल में कई नियम जोड़े गए। इच्छा-अनिच्छा, सौन्दर्य, प्रथा, गौरव आदि कई विषय के बारे में आज हम सब सोचते हैं। किन्तु आदिमानव के समय में मानव का बर्ताव जानवर जैसा था। जानवरों में जिस तरह साथी चुनने की पद्धति नहीं है, उसी तरह मानव में भी यह पद्धति नहीं थी। स्वेच्छा से, जब कामवासना जाग्रत होती तब जोड़ी बनाई जाती थी। रिश्ते-नाते, निषेध, सम्बन्ध आदि का इस स्थिति में कोई महत्त्व नहीं होता था।

सृष्टि की आरम्भिक अवस्था में मानव-जाति के लिए न कोई नियम थे, न कोई निषेध, ऐसा हम कहेंगे तो महापंडित क्रोधित हो जाएँगे। ये शुद्ध वस्त्रवाले इस सत्य को सुन नहीं सकेंगे। 'इतना अनाचार तोबा-तोबा,' कहते हुए वे आँखें मूँद लेंगे। उनके विचार में यह सब गलत है।

इसी उद्देश्य से बेचारे! अपनी सारी अक्लमन्दी दिखाई। उन्होंने यह साबित करने का प्रयत्न किया है कि मानव इतना स्वेच्छाचारी कभी नहीं था। सिद्धान्त भी बनाया। किन्तु विश्वास कौन करेगा? आदिमानव समाज में यौन स्वतंत्रता थी, इसके चिह्न आज भी दिखाई पड़ रहे हैं। प्रथाएँ धीरे-धीरे कैसे परिवर्तित होती हैं, इस सत्य को जाननेवाले सब शास्त्रज्ञ आदिमानव की यौन स्वतंत्रता को स्वीकार कर लेते हैं। किन्तु ये 'शुद्ध वस्त्र' क्यों बात को स्वीकार नहीं करते?

इस बुद्धि की जड़ें उनमें इतनी मजबूत हो गईं कि अब वे उन्हें निकालकर फेंकना चाहें तो भी फेंक नहीं सकते। उनका कहना है कि अनादिकाल से विवाह संस्कार आज के जैसा ही रहा है। वे यही बहस करते हैं कि राम और सीता का विवाह भी

आजकल के हमारे विवाहों की तरह हुआ था। ये महाशय प्रबन्धों में पद्य भी लिखते हैं। आजकल इस प्रकार के विवाह संस्कार से बहुत कुछ नुकसान हो रहा है ऐसा कहा जाए तो वे कभी स्वीकार नहीं करेंगे। श्लोक और प्रमाण दिखाएँगे। और कहेंगे कि यह विवाह-पद्धति ही अच्छी है। व्यभिचार बढ़ता ही जा रहा है, पातिव्रत धर्म नष्ट हो रहा है। इस कुमकुम-बिन्दी की आड़ में क्या-क्या अनैतिक काम नहीं हो रहे हैं! अनैतिक सम्बन्धों के कारण पैदा होने से पहले ही बच्चों का गला घोंटा जा रहा है। इसे सबके लिए प्रमाण भी दिखाएँगे तो भी हमारे 'शुद्ध वस्त्र' नहीं मानेंगे। इनकी धर्म-रेखा के बाहर हम एक भी कदम रखेंगे तो वे आगबबूले हो जाएँगे, चिल्लाएँगे। वे कदापि इस सत्य को स्वीकार करने के लिए तैयार नहीं होंगे कि आदिमानव विशृंखल था।

ये पंडित चाहे कुछ भी कहें, किन्तु यह शोध चलता ही रहेगा। आरम्भिक काल में मानव विशृंखल घूमते थे। आज भी अफ्रीका के कई इलाकों और आदमियों में स्त्री-पुरुष स्वेच्छा से घूमते हैं। बाँधने (विवाह) के मायने उनको मालूम नहीं हैं। अफ्रीका की एक जाति में पुरुष किसी भी स्त्री के साथ जा सकते हैं। तिब्बत, मध्य भारत, नीलगिरि की कुछ जातियाँ विवाह, बाँधना, हमेशा साथ रहने, शाश्वत बन्धन आदि तथ्यों के बारे में जानती ही नहीं। बोरनियो में विवाह नामक संस्कार बिलकुल नहीं है। वहाँ केवल विशृंखलता ही दिखाई पड़ती है।

मलाका में एक जाति है। इस जाति में हर स्त्री को टोली के हर पुरुष के साथ रहना पड़ता है। इसमें कुछ गलत नहीं है। यह कोई अनैतिक नहीं है।

रूस में बहुत प्राचीनकाल में हर पुरुष को किसी भी स्त्री के साथ जोड़ी बनाने का अवसर मिलता था। वहाँ पर स्त्री के लिए एक ही पति का नियम नहीं था।

मध्यधरा समुद्र प्रान्त की कई जातियों में जोड़ी बनाने का कार्य केवल स्वेच्छा पर ही आधारित होता था। इस बारे में कोई नियम नहीं थे।

इस विषय से सम्बन्धित कई प्रमाण उपलब्ध हैं। इसलिए इस सत्य को स्वीकार करना पड़ेगा कि जोड़ी बनाने के लिए कोई नियम प्रभावी नहीं थे। अगर आप इसे अस्वीकार करते हुए बहस करेंगे तो कई प्रमाण, कई दृष्टान्तों की वर्षा होगी। आखिर इस सत्य को स्वीकार करना ही पड़ेगा और पंडितों को अपना 'शुद्ध वस्त्र' छोड़ना ही पड़ेगा।

सृष्टि आदिकाल से आज तक एक जैसी ही है, ऐसा सोचना एकदम गलत है। ऐसा सोचना शोधकार्यों में भी एक रुकावट है। उन दिनों अगर कोई स्त्री समाज से दूर रहकर किसी पुरुष के पास नहीं जाती थी तो उसे हेय दृष्टि से देखा जाता था। एक उदाहरण देखें—गोमूत्र-पान करना पवित्र काम है, यह कहनेवाले लोग आज भी हैं। जबकि सभ्य पढ़े-लिखे लोग आज इस प्रथा को कितनी हीन दृष्टि से देखते हैं।

पूर्वजों की दृष्टि में गोमूत्र सारे पापों को धो डालनेवाली पवित्र वस्तु है। मौजूदा काल की दृष्टि से देखा जाए तो यह मान्यता हास्यास्पद लगती है।

स्त्री-पुरुष का सम्बन्ध प्रकृति का एक सत्य है। केवल विवाह के कारण ही इस सम्बन्ध का जन्म नहीं हुआ है। विवाह संस्कार न होने पर भी यह स्त्री-पुरुष सम्बन्ध रहेगा और सृष्टि इसी तरह चलती रहेगी। स्त्री-पुरुष के यौन जीवन के लिए विवाह संस्कार एक अप्रधान अंग है। जाति-संरक्षण के लिए विवाह संस्कार रहे या न रहे, इसका कोई फर्क नहीं पड़ता। विवाह न रहने पर सृष्टि के लिए कोई भी नुकसान नहीं है।

इसका क्या अर्थ है? सृष्टि में, ईश्वर की दृष्टि में विवाह के लिए कोई स्थान नहीं है। विवाह संस्कार की रचना के पीछे किसी का हाथ है। सच देखा जाए तो विवाह संस्कार स्त्री-पुरुष सम्बन्ध को एक चौखट में बाँध देनेवाला है। जो स्त्री सबके लिए होती थी (इसमें स्त्री-स्वतंत्रता भी निहित है), उसे किसी पुरुष या किसी एक टोली के लिए सीमित करना ही विवाह है। सबके उपभोग के लिए जो पुरुष होता था, उसे किसी एक स्त्री या किसी एक टोली की स्त्रियों के लिए सीमित करना ही विवाह है। यानी स्त्री-पुरुष सम्बन्धों को एक नियम में बाँधकर इन सम्बन्धों को संकुचित करनेवाला ही विवाह संस्कार है।

कई जातियों में यह प्रथा पाई जाती है कि विवाह से पूर्व लड़कियाँ स्वेच्छा से किसी भी लड़के के साथ खुल्लम-खुल्ला घूम सकती हैं। विवाह होते ही इस स्वेच्छाचारिता पर बेड़ियाँ डाल दी जाती हैं। कुछ जातियों में स्त्री किसी एक पुरुष से विवाह करने से पूर्व सभी पुरुषों की होती है। अगर पति की मृत्यु हो जाए तो वही विधवा पुनर्विवाह होने तक किसी भी पुरुष के साथ रह सकती है।

इस तरह का बन्धन दूसरों को दुःख पहुँचाता है। शायद इसीलिए कुछ जातियों में एक नियम बनाया गया। इस रिवाज के अनुसार किसी स्त्री को विवाह करने से पहले सभी पुरुषों के पास जाना पड़ता था। यह एक सनातन रिवाज बन गया। इसी तरह दूल्हा भी विवाह के पहले और विवाह के दिन भी दूसरी स्त्रियों के साथ रह सकता है। बस विवाह के दिन स्त्री-पुरुष स्वेच्छा से घूमने का हक खो देते हैं। विवाह पूर्व स्वेच्छाचारिता को मौजूदा दौर में सारी दुनिया की सम्मति मिल चुकी है। इस स्वेच्छाचारिता के समय अगर स्त्री की कुछ कमाई होती है तो उस धन को वह या तो विवाह होने के बाद दम्पतीयों के खर्च में या देवालयों को दान देने के लिए उपयोग में लाती थी। देवालयों को दान देकर वे शिलालेखों पर अपना नाम लिखवाती थीं।[1]

स्त्रियाँ केवल धन ही नहीं कमा सकती थीं, अपितु विवाह पूर्व सन्तानवती भी हो सकती थीं। यानी समाज अनब्याही माँ को स्वीकार करता था। ऐसी सन्तान को

1. मेरी पुस्तक 'देवालयों पर मिथुन मूर्तियाँ क्यों?' में मैंने इस विषय के बारे में लिखा है।

कानीनु, कहते हैं–कर्ण आदि को उदाहरण के रूप में ले सकते हैं। ऐसी सन्तानों के विषय में भी कुछ नियम हैं। अनब्याही माँ से विवाह करने के लिए पुरुष तैयार हो सकता है किन्तु उसकी सन्तान का क्या हो? माँ के साथ-साथ उसे भी स्वीकारें या नहीं? इस सन्दर्भ में धर्मशास्त्रज्ञों ने कुछ शास्त्र बनाए थे। विज्ञानेश्वरीयम् में निम्म प्रकार का एक धर्मसूत्र है–

कन्या से उत्पन्न सन्तान को कानीनु कहा जाता है।
वह मातामह के लिए सन्तान समान है।
उसकी माँ के किसी और की पत्नी बनने पर
उसकी पति को सन्तान के रूप में कानीनु को
स्वीकार करना ही पड़ता है।

इस धर्मसूत्र से यही विदित होता है कि अनब्याही माँ की सन्तान को धर्मशास्त्रज्ञों ने स्वीकार किया है।

स्त्री-पुरुष सम्बन्ध प्रकृति सिद्ध है। स्वेच्छा प्रकृति की देन है। विवाह इसकी बेड़ी है। खुद मानव ने ही विवाह संस्कार बनाया है। इसमें प्रकृति का हाथ नहीं है।

क्या विवाह सन्तान के लिए है?

साधारणतया सबकी मान्यता यही है कि सन्तान के लिए हमें बन्धन में रहना पड़ता है। यह सच है कि इस तरह का बन्धन जानवरों और पक्षियों में भी पाया जाता है। किन्तु यहाँ पर थोड़ा-बहुत अन्तर है। पक्षियों में यह कायदा केवल मादा के लिए है। वह भी बच्चे पैदा होने तक ही होता है। उसके बाद नहीं रहता है, किन्तु नर को इस कायदे में क्यों आना चाहिए? किसके लिए? इतने दीर्घ समय तक उसे बन्धन में क्यों रहना चाहिए?

इन प्रश्नों का बच्चों से कोई सम्बन्ध नहीं है। बन्दर की कुछ प्रजातियों और पक्षियों की प्रजातियों में नर भी कायदे में रहते हैं। किन्तु हमारे विवाह का कायदा अलग है। हाँ, एक-दो जातियों में मादा को कुछ हद तक सुख-सुविधा मिलने तक नर इस बन्धन में रहता है। बाद में सन्तान का विषय मादा को ही देखना पड़ता है। किन्तु यह बन्धन सन्तान के थोड़ा बड़े होने तक ही रहता है। यदि आप कहेंगे कि यह हमारे विवाह जैसा ही है, तब तो इस दलील पर हँसना ही पड़ेगा।

सन्तान से उत्पन्न पारिवारिक जीवन में स्त्री का आना प्राकृतिक स्वभाव है। लेकिन इसमें नर को खींचकर लाने की शक्ति प्रकृति में नहीं है। यानी विवाह प्रकृति का कायदा नहीं है, मानव निर्मित है। यह विवाह संस्कार क्यों बनाया गया है? इसके पीछे क्या कारण हैं? यह किस रूप में प्रविष्ट हुआ? आज हमें यह भूत की तरह (विवाह के कारण कई समस्याएँ हैं) किस प्रकार सता रहा है, आगे मैं आपको सभझाऊँगा।

किन्तु हमारे रूढ़िवादी पंडित चुप बैठेंगे क्या? नहीं...नहीं...इस तरह गलत प्रश्न पूछ बैठेंगे तो उन्हें गुस्सा नहीं आएगा ? वे आगबबूले हो जाएँगे। कल-परसों लिखे गए शास्त्रार्थ आपको दिखाएँगे। उन विषयों के बारे में उन्हें कितना मालूम है और कितना नहीं, वे खुद जानते हैं। ज्ञान थोड़ा सा है, तो अज्ञान उसका दस गुना।

पुत्र क्या केवल माता का ही होता है, पिता का नहीं ? पंडित का कहना है कि पुत्र पिता का भी होता है। इस सत्य को कोई अस्वीकार नहीं कर सकता कि पुत्र माता व पिता, दोनों का होता है। पंडितों का कहना है कि पुत नामक एक नरक

है। पुत्र पिता को इस महानरक में जाने से रोकता है। उसकी रक्षा करता है। इसलिए उसे पुत्र कहा जाता है। और इसीलिए पिता को भी पुत्र चाहिए।

यहाँ पर एक छोटा सा विषय आपको बताना पड़ेगा। पुत्र की व्युत्पत्ति का अर्थ पंडित यही बताते हैं कि पुत नामक नरक से रक्षा करनेवाला ही पुत्र है। उन्होंने 21 नरकों के नाम गिनाए हैं, मानो उन्होंने हर नरक को स्वयं देखा हो। फिर भी इस सूची को दस बार नीचे ऊपर देखने पर भी पुत (पुन्नाम) नामक नरक तो दिखाई ही नहीं पड़ता।

ऐसा भी हो सकता है कि इन महाशास्त्रज्ञों के समय में शायद 21 नरक रहे होंगे बाद में हमारे पंडितों को 22वां नरक पुत के रूप में दिखाई पड़ा होगा। अगर सब पुरुष पिता (पुत्री का नहीं पुत्र का) बन जाएँगे तो इन नरक के द्वारों को बन्द कर दिया जाएगा क्या?

इस विषय में पंडितों के पास बोलने के लिए कुछ नहीं है। असल में नरक का उद्भव कब हुआ? शायद रूढ़िवादी पंडितों का जन्म हुआ, तभी से मानव को नरक प्राप्त हुआ होगा। इन्हें तभी से नरक के प्रकार भी दिखने लगे होंगे। इसके पहले आदिमानव को नरक क्या होता है, इसके बारे में बिल्कुल पता नहीं था, क्योंकि तब सभी लोग भोले-भाले थे, अच्छे थे। मानव और प्रकृति का सम्बन्ध सृष्टि के प्रारम्भ से ही है। प्रकृति के नियम के अनुसार वह चलेगा तो नरक की क्या जरूरत है?

हाँ, हमारे पंडित एक और उत्तर देते हैं। वे एक अन्य कारण बताते हैं कि पुत्राभिवृद्धि के लिए, वंशक्रम चलाने के लिए विवाह करना पड़ता है। यानी विवाह करेंगे तो बच्चे पैदा होंगे। बच्चे पैदा होंगे तो वंश चार दिन टिकेगा। इसलिए पंडितजी कहते हैं कि विवाह करना अनिवार्य है।

सचमुच यह पढ़े-लिखे लोगों की मूर्खता है। आप पूछेंगे, क्यों ? इसका उत्तर यही है कि उन दिनों में पूरी टोली एक ही वंश की होती थी। सभी लोग एक ही परिवार के थे। इस परिवार में बच्चा किसी का भी क्यों न हो, परिवार की अभिवृद्धि होती ही थी। इसके लिए किसी एक को दूसरे के साथ बाँधने की क्या जरूरत है?

इसमें एक और रहस्य है। मैं एक सत्य आपको बताता हूँ, इस पर हँसिएगा नहीं। इसे परिहास मत समझिए। उस जमाने में किसी से पूछा जाता कि क्या सन्तान के लिए सहवास की जरूरत होती है, तो लोग हँस पड़ते थे। यह विषय उन्हें बिल्कुल मालूम नहीं था कि पुरुष-स्त्री के सहवास के बाद ही बच्चे पैदा होते हैं। उनकी दृष्टि में जोड़ी बनाना अलग था, बच्चे पैदा होना अलग। इस प्रकार के विचार रखनेवाले उस आदिमानव से पूछा जाता कि क्या आप बच्चों के लिए विवाह करते थे, तो उसे हास्यास्पद लगता ही।

आदिमानव को सन्तान के कारण का बोध नहीं था। जोड़ी किसी और वक्त बनती थी और सन्तान किसी और वक्त होती थी। दोनों के बीच समय का अन्तराल बहुत रहता था। यह मानव में ही नहीं, पशु-पक्षियों में भी पाया जाता है। इसलिए वह इस सत्य को ग्रहण नहीं कर सका कि सन्तान का कारण जोड़ी बनाना ही है। इस सत्य को जानने के लिए काफी अक्लमन्दी और विज्ञान का ज्ञान चाहिए था। यह विज्ञान और समझ तब के मानव में नहीं थी। उसकी दृष्टि में जोड़ी बनाना और सन्तान का उत्पन्न होना, अलग-अलग कार्य थे। एक-दूसरे से उनका कोई सम्बन्ध नहीं था। जैसे खाते थे, पीते थे, उसी तरह तब के मानव जोड़ी भी बनाते थे। उससे उनकी भूख मिट जाती थी। तुरन्त वे इस कार्य को भूल जाते थे। सन्तान की उत्पत्ति के साथ इस कार्य का सम्बन्ध वे नहीं जोड़ते थे।

आज भी कई असभ्य जातियों में यह अज्ञान पाया जाता है। उनमें कोई कहेगा कि हवा के कारण बच्चे पैदा होते हैं और कोई कहेगा कि स्नान करते समय मछली काटे तो सन्तान होती है। कोई अन्य कहेगा कि किसी कच्चे फल को भूल-चूक में खाने के कारण ऐसा होता है। अन्य कुछ लोगों को यह विश्वास है कि एक प्रकार की घास खाने से सन्तान होती है।

आप हँसिए मत! हमारे लव-कुश में कुश के जन्म के बारे में विचार कीजिए। स्त्री-पुरुष सहवास के बिना ही तो कुश पैदा हुआ था। अयोनिजा के बारे में पुराणों में भी दृष्टांत मिलता है। पक्षियों से पैदा हुए बच्चे भी थे। रजस्वला हुए बिना ही लड़कियों को सन्तान हुई थी। ईसा मसीह, कर्ण आदि को उदाहरण के रूप में देख सकते हैं। ऐसे कई बालक हैं। खीर देकर सन्तान को उत्पन्न करनेवाले महाऋषि भी थे। इन सब विषयों को सभ्य मानव ने बिना विरोध किए स्वीकार किया है।

इतिहास में आम के दो टुकड़ों से पैदा हुए जरासन्ध भी मिलते हैं। सूर्य के उपासना-मंत्र से कुन्ती ने बच्चे को जन्म दिया। ह्रीं....क्लीं...बोलते हुए 1008 बार मंत्र का जप करके सन्तान पानेवाली नारियाँ भी थीं। द्राक्षाराम भीमेश्वर की प्रार्थना करने से भीमकवि का जन्म हुआ। कवि की माँ शायद विधवा और पतिव्रता थी। इन सब कहानियों पर हमने विश्वास किया है और करते आ रहे हैं।

इतना ही नहीं, कान से जन्म लिए बच्चे भी थे। पानी पीने से मत्स्यवल्लभ का जन्म हुआ। क्या इन सभी पर हमने विश्वास नहीं किया ? दरअसल, ऐसा कौन सा विषय है जिस पर हमने विश्वास न किया हो! हमने क्यों विश्वास किया? क्योंकि ये सब हमें असम्भव नहीं लगे। आदिमानव को यह मालूम नहीं था कि सन्तान की उत्पत्ति कैसे होती है। इसलिए सन्तान के लिए ही विवाह करने की बात कहना सरासर गलत है, एक धोखा है।

आज भी ऐसी कई जातियाँ हैं जिनमें यह कहा जाता है कि सन्तान तथा जोड़ी बनाने के बीच कोई सम्बन्ध नहीं है। यही क्यों, आज भी कितने लोगों को यह सत्य मालूम है कि पेड़-पौधों को सन्तान के लिए सृजन कार्य की जरूरत होती? (पाठक ध्यान रखें कि लेखक ने 1936 में ये लेख लिखे थे–अनुवादिका) कितने लोगों को यह सत्य मालूम है कि सम्पर्क से ही फल उत्पन्न होते हैं। किसी से भी पूछा जाए कि फूलों से कच्चे फल कैसे होते हैं, तो कितने लोग जवाब दे पाएँगे? आदिमानव को यह मालूम नहीं था कि सन्तान के लिए सृजन कार्य की जरूरत है। आदिमानव प्रकृति का लाडला था। वह सन्तान के लिए कदापि विवाह नहीं करता था। अगर सभ्य मानव यह कहेगा कि आदिमानव जोड़ी बनाने के लिए ही विवाह करता था तो कौन विश्वास करेगा?

विवाह-पूर्व स्वच्छन्दता

किसी भी विषय को पूर्णरूप से जानने के लिए गहराई में उतरना ही पड़ेगा। इसके लिए दृष्टि को पीछे पलटना चाहिए। दुरभिमान तथा पूर्वग्रहों को छोड़ना चाहिए। केवल असली सत्य को ग्रहण करना चाहिए। नई दृष्टि से देखनेवाले शोधक भी कई हैं। वे मानव के इतिहास की बुनियाद तक पहुँच गए और उन्होंने इसका आद्यन्त परीक्षण किया है। इतिहासकार इस निर्णय पर पहुँचे हैं कि आरम्भिक काल में स्त्री और पुरुष जानवरों जैसा ही बर्ताव करते थे। उनका कहना है कि इच्छा होते ही कोई भी किसी के साथ रह लेता था। रिश्ते-नाते, क्या ठीक है और क्या ठीक नहीं, आदि नियम बाद में बनाए गए। इस स्वेच्छाचारिता को काबू में कर कायदे में रखना ही विवाह है।

सभी स्त्रियाँ सभी पुरुषों के साथ जोड़ा बनाने के लिए स्वतंत्र थीं। सभी स्त्रियाँ पत्नियाँ थीं, सब पुरुष पति थे। ऐसा कहना सचमुच सुनने में अच्छा नहीं लगता है। किन्तु हमारी भाषाओं के स्त्री-पुरुष शब्द पत्नी तथा पति के पर्यायवाची ही तो हैं। सती माने स्त्री, पत्नी, भार्या है आलु[1] माने स्त्री है, पत्नी है। वाइफ माने स्त्री है–पत्नी। स्त्री कहते ही पत्नी का बोध होता है। इसी तरह पुरुष माने मोगवाडु[2], मोगुडु[3]। सत्य यही है कि तेलुगु में 'मोगवाडु' (पुरुष) ही 'मोगुडु' बन गया। ये शब्द और इसके अर्थ किसी एक भाषा में नहीं, लगभग सभी भाषाओं में हैं। यही नहीं, कुछ जातियों के बाप और बेटे के लिए भी एक शब्द, और माँ और बेटी के लिए भी एक ही शब्द का उपयोग किया जाता है। कुछ जातियों में सारे पुरुषों को बेटे के नाम पर और सारी स्त्रियों को बेटियों के नाम पर पुकारते हैं। पुरातन रिवाजों का प्रतिबिम्ब इन शब्दों में मिलता है।

किन्तु पंडित इस सत्य को स्वीकार नहीं करते। कई पंडित, विद्वान्, समीक्षकों आदि ने शोध किया है। किन्तु इससे लाभ क्या है? उन्होंने दुरभिमान छोड़े बिना

1. तेलुगु शब्द है जिसका अर्थ है पत्नी।
2. तेलुगु शब्द है जिसका अर्थ है पुंसकत्वता।
3. तेलुगु शब्द है जिसका अर्थ है पति।

ही सत्य के अन्वेषण का प्रयास किया है। पूर्वग्रहों को उन्होंने त्यागा ही नहीं। पंडितों ने उस जमाने के स्त्री-पुरुषों को अपने 'शुद्ध वस्त्र' में लपेटने का प्रयत्न किया है। उन्होंने यह सिद्ध करने का प्रयत्न किया है कि उस जमाने में स्त्री-पुरुष स्वेच्छाचारी नहीं थे। इसके कारण गिनाने की कोशिश की है। इस स्वच्छन्दता पर वे परदा डालना चाहते थे। इसलिए उनका कहना है कि यह स्वच्छन्दता नहीं नियम-विहीनता थी। कुछ लोगों का कहना है कि आदिमानव कुछ नियमों का पालन करते हुए जोड़ी बनाते थे, मगर वे कभी उच्छृंखल नहीं थे।

स्वच्छन्दता कहने में उन्हें नीच भावना दिखाई पड़ी किन्तु नियम-विहीनता में नीच भावना नहीं दिखाई पड़ी। भावनाएँ समय के अनुसार बदलती रहती हैं। कुछ समय पहले तक कॉफी होटल (Coffee Hotel) जाना माने नीच काम था। किन्तु अब यह गौरव की बात बन गई है। इससे यह सत्य प्रमाणित होता है कि मान्यताएँ, भावनाएँ बदलती रहती हैं।

आज भी कई जनजातियों में स्त्री-पुरुष उन्मुक्तता से घूमते हैं। इसके प्रमाण भी मिलते हैं। कुछ जातियों में विवाह के समय अगर दुल्हन बच्चों की माता होती है तो उसे और गौरव मिलता है। एस्किमो में, ग्रीक लोगों में, भारत में, अमेरिका, ऑस्ट्रेलिया, अफ्रीका आदि सभी क्षेत्रों में स्वेच्छा से घूमने की प्रथा दिखाई पड़ती है। आरम्भिक अवस्था स्वच्छन्दता से घूमने की ही रही है। बाद में विवाह करना रिवाज बन गया। नीलगिरि पर्वतों में एक रिवाज है। विवाह पक्का करने के लिए जो बड़ा आदमी (आयु में बड़ा) आता है, उसके साथ एक रात वधू को एक ही चादर में सोना पड़ता है।

ऑस्ट्रिया की एक जाति में विवाह करने से पहले लड़की को उस जाति के सभी पुरुषों के साथ बारी-बारी से जोड़ी बनानी पड़ती है। अगर इस तरह का अवसर नहीं मिलता तो सुहागरात के दिन दूल्हा के बदले में उसके किसी एक दोस्त को दुल्हन के साथ रहना पड़ता है। इसे उनकी भाषा में 'नई चीजों का खाना' कहते हैं।

अफ्रीका में एक रिवाज है। वधू भागती रहती है। चार पुरुष (दूल्हे के दोस्त) ऐसा नाटक करते हैं मानो वे उसका पीछा कर रहे हों। थोड़ी देर बाद दुल्हन मिल जाती है। बाद में वे चार दोस्त उससे जोड़ी बनाते हैं। उसके उपरान्त दूल्हे की बारी आती है। यह रिवाज कई जातियों में है।

'सुहागरात' नामक एक प्रथा भी निभाई जाती है। जाति का नायक या पुरोहित या मुखिया पहली रात दुल्हन के साथ बिताता है। इसके लिए धर्म सम्बन्धी कारण बताए जाते हैं। किन्तु उन्मुक्त जीवन का यह एक प्रमाण माना जाता है।

उस जमाने में 'कौमार्य' शब्द का कोई गौरव नहीं था। यह कन्या है, किसी का मुख तक नहीं देखा है, यह अक्षतयोनि है, ऐसा कहना आज हमारे लिए महत्त्वपूर्ण और बड़प्पन की बात हो सकती है, किन्तु उन दिनों में इसका लेशमात्र भी महत्त्व

नहीं था। इस तरह कौमार्य को बचाकर रखनेवाली स्त्री को देखकर सभी मुख मोड़ लेते थे। ऐसी स्त्री के लिए पति मिलना बहुत कठिन होता था। कोई भी पुरुष ऐसी स्त्री से विवाह करने के लिए तैयार नहीं होता था। ऐसी स्त्री को इस दृष्टि से देखा जाता था मानो वह किसी काम की नहीं है।

इसका अर्थ यही है कि जोड़ी बनाना नित्य जीवन का एक हिस्सा है। इस काम में कोई रुकावट नहीं है। सृजन कार्य करने में प्रकृति हमेशा सतर्क रहती है। कामकाज के लिए किसी की जरूरत होती है। वंश की अभिवृद्धि करने के लिए किसी एक स्त्री की जरूरत होती है, इसीलिए विवाह किया जाता था। जब इसी उद्देश्य से लग्न किया जाता है तब स्त्री एक ही पुरुष के साथ रहती है, स्वेच्छा से फिरने के लिए उसे समय भी कहाँ मिलता है। वह बाहर फिरेगी तो घर का काम कौन करेगा। इसलिए विवाह के बाद कुछ नियम बनाए गए हैं।

फिर भी यह कहा नहीं जा सकता है कि अतीत में ब्याहता कभी पराए पुरुष से सम्बन्ध नहीं रखती थी। कभी-कभी कुछ सन्दर्भों में पति अपनी पत्नियों की अदला-बदली भी करते थे। अतिथि-सत्कार में और त्योहारों के अवसर पर दूसरों के साथ स्वच्छन्दता से रहने के लिए ऐसे कई मौके मिल जाते थे। पति घर पर नहीं रहता है तो अतिथि-सत्कार करना (अतिथि के साथ सोना भी) पत्नी का कर्तव्य है। कुछ देशों में ऐसा एक रिवाज पाया जाता है अगर कोई दम्पती अतिथि के रूप में आएगा तो ये मेहमान दम्पती और यजमान दम्पती अपनी जोड़ियाँ बदल लिया करते थे। मेहमान पुरुष घर की मालकिन के साथ और मेहमान स्त्री के साथ घर का मालिक रात बिताया करते थे।

कुछ जातियों में लड़कियाँ एक टोली बनाकर दूसरे गाँव घूमने जाती हैं। जाति की सम्मति से ही वे ऐसा करती हैं। इसे 'करऔसी' कहते हैं। वे जिस गाँव जाती हैं वहाँ के पुरुषों से मिलती हैं। स्वयंवर जैसा कार्यक्रम होता है। लड़कियाँ उस रात में वहाँ रहकर दूसरे दिन अपने गाँव वापस आती हैं।

पुरुष पशुओं को चराने के लिए जंगल जाते हैं। लड़कियाँ उन्हें खाना देने के लिए और दूध घर लाने के लिए वहाँ जाती है। वहाँ स्त्री-पुरुष स्वेच्छा से घूमते हैं और जोड़ी बनाते हैं।

आज भी कई देशों में विवाह-पूर्व स्वच्छन्दता से घूमने का रिवाज दिखाई पड़ता है। माँ-बाप को तथा विवाह के बाद पति को यह वास्तविकता मालूम होने के बाद भी वे विवाह-पूर्व लड़कियों की स्वेच्छाचारिता को अनैतिक नहीं समझते। विवाह-पूर्व स्वेच्छाचारिता के विषय में किसी को कोई आपत्ति नहीं रही है।

एक जाति में यह रिवाज है कि विवाह होने के बाद दुल्हन को उन सभी पुरुषों का नाम अपने पति को बताना होता था जिनके साथ वह विवाह से पूर्व घूमती थी।

तब दूल्हा हर एक पुरुष के पास जाता और या तो एक-एक भेड़ या एक-एक बकरी हर एक के पास से लेकर आता है। इसके पीछे यह विचार दिखाई पड़ता है कि वधू के पूर्व-प्रेमी उसे विवाह करने के लिए सम्मति दे रहे हैं। हमारे पंडित वर्ग ने यह सिद्ध करने के लिए कई प्रयत्न किए हैं कि स्त्री-पुरुष को कभी यौन-स्वतंत्रता हासिल नहीं थी। किन्तु ये सब प्रयत्न व्यर्थ रहे हैं।

यौन-स्वतंत्रता की भावना विवाह सम्बन्धी रीति-रिवाज में, पूजा-पाठ में, कुछ त्योहारों आदि में दिखाई पड़ती है। जोड़ी बनाना अति सहज रूप में नित्य होनेवाला एक साधारण कार्य था। इसलिए यौन अत्याचार नहीं होते थे। जो चीज सहज मिल जाती है, उनके लिए तड़पने की आवश्यकता नहीं होती। केवल यौनतृप्ति के लिए कोई विवाह नहीं करते थे। कामकाज में हाथ बँटाने के लिए होते थे। यह भी शाश्वत बन्धन नहीं था। एक-दो बच्चे होने के बाद ही यह विवाह पक्का होता था।

ईगवालनि रोट्टे[1]

मैं पिछले पृष्ठों में कह चुका हुँ कि आदिमानव के काल में यौन स्वतंत्रता थी। आदिमानव तथा आधुनिक मानव के बीच का जो समय है उसमें काफी परिवर्तन आया। मानव के विचार बदल गए, भावनाएँ बदल गई। समाज जब मातृप्रधान समाज से पितृप्रधान समाज में परिवर्तित हुआ तब से समाज में कई नियम बने, नैतिक मूल्य बदल गए। पुरुषों ने अपने स्वार्थ के लिए स्त्रियों पर कई बन्धन डाल दिए।

उस जमाने में कौमार्य का कोई महत्त्व नहीं था। तब के मानव को कौमार्य के बारे में बताकर अगर कहा जाता कि अक्षतयोनि से विवाह करना बहुत ही अच्छा है। वह क्या कहता, आप जानते हैं? वह यही कहता कि–"यह कैसी रोटी है जिस पर एक भी मक्खी नहीं बैठी। यह भी क्या रोटी है? छिः-छिः। वे कहेंगे, अगर रोटी अच्छी हो तो मक्खियाँ तो बैठनी चाहिए। मक्खियाँ नहीं बैठी तो वह अच्छी रोटी नहीं है, स्वादिष्ट रोटी नहीं है। क्या हम कह सकते हैं कि यह तर्क ठीक नहीं है? फिर भी कुछ पंडित कहते हैं कि यह तर्क ठीक नहीं है। उन दिनों में ऐसा कोई भी व्यक्ति नहीं था जो इस तर्क को ठीक न समझता हो। आज पुरुषों की स्वच्छन्दता का समर्थन करते हुए आधुनिक मानव कहता हैं कि–

कितने फूलों पर नहीं मँडराता है भँवर!
फिर भी क्या दोष उसे लगता है?

इसी तरह उन दिनों में भी अगर कोई कवि महाशय कहता था तो यही कहता था कि–

मक्खी एक भी नहीं बैठती छिः-छिः
छिः वह भी क्या रोटी है छिः-छिः

अगर कोई भी व्यक्ति अक्षतयोनि को चाहता था तो समाज उस पुरुष को नीच दृष्टि से देखता था। यह सत्य स्पष्ट है कि जोड़ी बनाने के उद्देश्य से या नथनी

---

1. यह एक तेलुगु मुहावरा है। इसका अर्थ होता है ऐसी रोटी जिस पर मक्खी तक नहीं बैठी है। पूर्वजों का विश्वास था कि जिस रोटी पर मक्खी नहीं बैठती हो, वह रोटी खाने योग्य नहीं रह जाती। उनकी दृष्टि में इसी तरह जिस स्त्री का कौमार्य नष्ट नहीं हुआ हो वह विवाह के लिए अयोग्य है।

उतारने (कौमार्य को भंग करना) के उद्‌देश्य से कोई भी विवाह नहीं करता था। विवाह में उपयोगिता की दृष्टि तथा व्यापार की दृष्टि दिखाई पड़ती है। केवल उपयोग की दृष्टि से कामकाज में हाथ बँटाने के लिए पुरुष स्त्री को अपने घर लाता था। जहाँ स्त्रीप्रधान समाज होता है वहाँ स्त्री पुरुष को अपने कामकाज में सहायता के लिए लाती है। विवाह के सन्दर्भ में यही देखा जाता था कि स्त्री हो या पुरुष, कामकाज करने की उसमें शक्ति है या नहीं ? वह योग्य है या नहीं? विवाह संस्कार में काम या प्रेम नहीं, केवल उपयोग की दृष्टि है। जिस तरह लिखने के लिए कलम लाई जाती है, जोतने के लिए बैल लाया जाता है, उसी तरह कामकाज में हाथ बँटाने के लिए आदमी को लाया जाता है। विवाह का अर्थ यही है। उपयोग की दृष्टि से दुल्हन चुनी जाती है। उनकी दृष्टि में बच्चों की माँ अधिक उपयोग में आती है। काम करने की शक्ति, सहनशीलता, शारीरिक बल आदि देखे जाते हैं, उन दिनों में स्त्री के लिए यही परीक्षा थी। उन दिनों में ये ही लक्षण (शारीरिक बल, कामकाज करने की शक्ति, परिश्रमी) स्त्री-सौन्दर्य माने जाते थे न कि शारीरिक आकर्षण अथवा रूप-रंग। जिसमें शारीरिक बल हो, सहनशीलता हो, वही सुन्दरी मानी जाती थी। ये गुण देखने के बाद ही रूप-रंग देखे जाते थे। किन्तु मुख्य परीक्षा रूप-रंग की नहीं थी।

हमारे कवियों ने, कला के उपासकों ने स्त्री-सौन्दर्य के बारे में क्या-क्या नहीं कहा–उनके सौन्दर्य के मापदंड अलग थे। वे सुन्दर आँखें, मुख, भृकुटि, कटि, बाल, वक्ष आदि का अधिक वर्णन करते थे। आज भी करते हैं। अगर ये लक्षण स्त्री में हों तो उसे सुन्दरी मान लिया जाता है। किन्तु पुराने जमाने में इस प्रकार की दृष्टि नहीं थी। हम आज जिसे सौन्दर्य कहते हैं, उनको वही सौन्दर्य कुरूप लगता था। उस जमाने की बात ही क्यों, आज भी कई देशवासियों के विचारों तथा हमारे विचारों में बहुत अन्तर है। मुखड़ा गोरा है तो हम कहेंगे चाँद के जैसा सुन्दर है किन्तु किसी के लिए अंडाकार मुख में ही सौन्दर्य दिखाई पड़ता है। हम काले बालों को तरसते हैं किन्तु कुछ लोग काले बालों को बिल्कुल महत्त्व नहीं देते।

जब इन दिनों में ही विचारों में इतने अन्तर हैं तब उन दिनों अन्तर रहने में आश्चर्य कि बात नहीं है। सच देखा जाए तो सन्देह होता है कि शरीर का भी कोई सौन्दर्य होता है। कुछ यात्रियों ने असभ्य जातियों से कई बार सौन्दर्य के बारे में पूछा। किन्तु कोई उत्तर नहीं पा सके। सौन्दर्य के प्रति उनके विचार ही अलग थे। कई देशों की भाषाओं में सौन्दर्य नामक अर्थ देनेवाले शब्द ही नहीं हैं। अगर हम यह मान भी लेते हैं कि सौन्दर्य नामक कोई चीज होती है, तब भी विवाह के लिए यह प्रधान विषय नहीं रहा। उपयोग ही प्रधान लक्षण रहा। इसी आधार पर वर-वधू चुने जाते हैं। अगर हमें एक फाउंटेन पेन की जरूरत पड़े तो हम क्या

करेंगे? हम ऐसी ही कलम को चुन लेते हैं, जो उतने पैसों में आती हो जितने हम दे सकते हैं, अधिक समय तक टिकती हो और हमारी इच्छा अनुसार बारीक या मोटा लिखती हो।

अगर तीन-चार कलमें ऐसी हों जिनमें ये सब लक्षण पाए जाते हैं तब उन तीन-चार कलमों में से अधिक समय तक टिक सकने वाली अच्छी कलम ही हम चुन लेते हैं। मगर केवल आँखों के लिए अच्छी लग रही है, या सुन्दर है, इसे दृष्टि में रखकर चार दिनों में खराब होनेवाली कलम को हम नहीं खरीदते। जो ज्यादा टिकती नहीं हो, अच्छी तरह से लिखती नहीं हो उसे हम कदापि नहीं खरीदते। इस चुनाव के पीछे उपयोग की दृष्टि निहित है। पहले केवल उपयोग ही देखा जाता है, बाद में सौन्दर्य। विवाह के लिए भी यही मापदंड है।

शहबाला

पुराने जमाने में कामवासना को तृप्त करने के लिए रिश्ते-नाते नहीं देखे जाते थे। केवल स्त्री-पुरुष होना पर्याप्त था। इतिहास के पन्नों को पलटें तो ऐसे कई उदाहरण मिलेंगे जिन्हें पढ़ने के बाद हम आश्चर्यचकित हो जाएँगे। माँ बेटे से विवाह करती थी। पिता भी पुत्री से विवाह करता था। ब्रह्मा के विषय में यही तो हुआ। बह्मा ने अपनी बेटी से विवाह किया। मिस्र में माँ-बेटे का विवाह एक शास्त्रसम्मत रिवाज था। उनके सभी प्राचीन ग्रन्थों में इस विषय में लिखा गया है। छि; कितनी लज्जाजनक बात है, कहकर आप कान बन्द कर रहे होंगे।

एक ही माँ की सन्तान जोड़ी बनाने का रिवाज तो हाल तक प्रचलन में था। भाई-भाई की सन्तानों में जोड़ी बनाने की प्रथा आज भी है। डेरयस हिस्टास्पस ने अपनी बहन से विवाह किया था। सिंहल के आविष्कर्ता ने अपनी बहन से विवाह किया था। यहाँ तक कि आदम और हव्वा भी आपस में भाई-बहन थे। सृष्टि में ऐसा होता आ रहा है। कुछ ग्रन्थों के आधार पर यहाँ तक सिद्ध करने की कोशिश की गई है कि सीता राम की बहन थी। धीरे-धीरे रिश्ते बदल गए, विचार बदल गए। आज ऐसा करना गलत है, निषिद्ध है।

माँ-बच्चों का विवाह कुछ समय के बाद अच्छा नहीं लगा। इसलिए इस तरह के सम्बन्ध का निषेध कर दिया गया। इसे इनसेस्ट कहा जाने लगा और इसके लिए कठिन दंड दिया जाता था। किन्तु यह निषेध आरम्भिक काल में नहीं था। 'सब सबके लिए' वाले सूत्र को थोड़ा-बहुत बदल दिया गया। इस तरह के सम्बन्ध को छोड़कर (माँ बच्चों का रिश्ता) कोई भी पुरुष किसी भी स्त्री के साथ जोड़ी बना सकता था। स्त्री अपनी इच्छा के अनुसार किसी के भी साथ रह सकती थी। स्त्री अगर विवाह कर लेती तो बाकी पुरुष अपना हक खो बैठते। अगर बाकी पुरुष अपने हक खोने के लिए राजी हों तो कोई बात नहीं, किन्तु राजी न हों तो झगड़े होना अनिवार्य हो जाता था। इसलिए विवाह के समय रिश्तेदारों-नातेदारों को प्रीतिभोज देकर उन्हें खुश करना पड़ता था। विवाहों में परिचित व्यक्तियों को खिलाना-पिलाना आदि इसी उद्देश्य से किया जाता था। यानी विवाह-भोज के पीछे यही कारण दिखाई

पड़ता है कि दुल्हन (दुल्हन के घरवाले) अपने विवाह के लिए अन्य पुरुषों से अनुमति माँग रही है। कालान्तर में यह एक अनिवार्य कार्य बन गया। यह करना जरूरी है। यह कार्यक्रम ही सबकी सम्मति को सूचित करता है। नहीं तो विवाह-विवाह ही नहीं माना जाता।

हक और सम्मति को अलग-अलग जातियाँ अलग-अगल रूप में व्यक्त करती थीं। कुछ जातियों में विवाह के दिन वधू पति के साथ नहीं सोती थी। समाज के किसी अन्य पुरुष से या चार-पाँच पुरुषों के साथ उसे रहना पड़ता था। बाद में ही वह पति के पास आ सकती थी। यही समाज और दुल्हन के लिए विदाई की निद्रा होती थी। आज भी पाश्चात्य देशों में विवाह के समय बेस्टमैन (Best Man) नामक एक पुरुष द्वारा दुल्हन को दूल्हे के हाथों में सौंपने की प्रथा पाई जाती है। बेस्टमैन का अर्थ होता है उत्तम पुरुष। अगर यही पुरुष उत्तम पुरुष है तो दुल्हन उससे विवाह क्यों करती है? जो उत्तम नहीं है उससे शादी क्यों नहीं करती? इसलिए बेस्टमैन का अर्थ उत्तम पुरुष नहीं हो सकता। वह समाज के सारे पुरुषों का प्रतिनिधि होता है। आज हम सभ्य बन गए इसलिए आधुनिक युग में बेस्टमैन दुल्हन को सौंपने में ही तृप्ति पा रहा है। प्राचीन युग में बेस्टमैन इस तरह सन्तुष्ट नहीं होता था। 'विदाई की नींद' नाम से दुल्हन के साथ एक रात बिताता था। अगर ऐसा नहीं होता है तो समझो विवाह रुक गया। अब 'विदाई की नींद' का कार्यक्रम नहीं है, किन्तु यह दिखावटी रिवाज रह गया।

इस प्रथा के लक्षण आज हमारे देश में भी दिखाई पड़ते हैं। आजकल के विवाहों में बिठाया जानेवाला 'शहबाला' इसी रिवाज का अवशेष है। आज भी यह रिवाज कई देशों में निभाया जाता है। तमिल में इसे 'मापिळेतोलन' व 'तोलिमापिले' कहते हैं। तेलुगु में 'तोडिपेल्लिकोडुकु' कहते हैं। सभी विवाहों में यह व्यक्ति मुख्य होता है। उसको असली दूल्हे से दस गुना अधिक प्रमुखता देनी ही पड़ती है। उसके बिना विवाह नहीं होता है। कहीं-कहीं यह शहबाला असली दूल्हा का स्थान ले लेता है। शहबाला को ही भोजन की कतार में सबसे पहले बिठाया जाता है। असली दूल्हे को जो भी भेंट देना चाहते हैं। पहले इस शहबाला को देनी पड़ती है। कपड़े, भेंट की चीजें आदि सब कुछ इसे ही देना पड़ता है। आजकल जो रिवाज चल रहा है वह पहले भी था। उन दिनों में असली नियमों के अनुसार विवाह की पहली रात शहबाला ही दुल्हन के साथ सो जाता था। एक बार यह कार्यक्रम हो जाता तो बाद में शहबाला की अहमियत कुछ भी नहीं रहती। यह रस्म होने के बाद असली दूल्हे को ही अधिकार मिल जाता था।

दिन बदल गए। समाज के विचारों में बदलाव आया। विवाह की रात पराए पुरुष के साथ सोने की प्रथा धीरे-धीरे समाज ने छोड़ दी। फिर भी 'शहबाला' की प्रथा के

रूप में उन दिनों के विचारों को जिन्दा रखा गया। शहबाला धीरे-धीरे एक विदूषक बन गया। आजकल युवक को शहबाला नहीं बनाया जाता। छोटे से लड़के को बनाते हैं। विचारों में बदलाव आने के कारण दुल्हन पराए पुरुष के पास जाना नहीं चाहती। आज यह नियम है कि स्त्री केवल अपने पति के साथ ही सो सकती है। इसलिए किसी बड़े लड़के को शहबाला बनाने के बदले में छोटे लड़के को बनाने की प्रथा आई। अपने से छोटे लड़के के साथ कोई भी दुल्हन सोना नहीं चाहती। आज भी विवाह में शहबाला बनाने की प्रथा है। शहबाला छोटा लड़का हो तो भी नियम के अनुसार दूल्हे की जाति का ही होना चाहिए। दूल्हे के यहाँ का होना चाहिए। दुल्हन का रिश्ते में भाई नहीं लगना चाहिए। यानी यह पति के स्थान पर उपयुक्त होना चाहिए। पुरानी प्रथा के अनुसार कभी मौका पड़े तो शहबाला दुल्हन से विवाह करने लायक होना चाहिए।

मूल कारण न मालूम होने पर भी विवाह के सब रीति-रिवाज हम निभा रहे हैं। यह शहबाला क्या है? क्यों बिठाया जाता है? इन सबके बारे में क्या किसी ने सोचा है? शहबाला प्रथा में उस जमाने के समाज का प्रतिबिम्ब दिखाई पड़ता है। तब यौन स्वतंत्रता थी। तब एक स्त्री को एक ही पुरुष और एक पुरुष को एक ही स्त्रीवाला नियम नहीं था। स्त्री-पुरुष सारे समाज के थे।

मेनरिकालु[1]–हास-परिहास

स्वच्छन्दता से जोड़ी बनाने की पद्धति धीरे-धीरे लुप्त हो गई। कुछ नियमों की चौखटों में स्त्री-पुरुषों को रहना पड़ा। अब स्त्री किस व्यक्ति से जोड़ी बना सकती है, किस व्यक्ति से नहीं बना सकती, इस बारे में नियम लागू होने लगे। हालाँकि माँ-बेटी के साथ पुरुष द्वारा जोड़ी बनाने की पद्धति में पूर्ण रूप से बदलाव नहीं आया। यानी इस रिश्ते पर सख्त निषेध नहीं लगाया गया। बड़े-बड़े राजा-महाराजाओं के वंशों में यह रिश्ता चलता था क्योंकि रक्त एक ही होना महत्त्वपूर्ण माना जाता था। वंश की मर्यादा मानी जाती थी। कुछ समय बीतने के बाद यह नियम बना कि सब भाई-बहनों का रिश्ता चलता है, लेकिन एक ही माँ की सन्तानें आपस में विवाह नहीं कर सकतीं।

समाज के विचार और बदलते गए। धीरे-धीरे और कुछ निषेध लागू हो गए। एक नया विचार पैदा हुआ कि जोड़ी बनाने के लिए रक्त सम्बन्ध का होना अच्छा नहीं है। एक ही टोली में रहनेवाली स्त्री, पुरुषों के एक दूसरे से विवाह न करने का नियम लागू हो गया। जोड़ी बनाने के लिए दूसरी टोली के स्त्री-पुरुषों के पास जाना पड़ता। इसे 'एक्सागमी' कहते हैं। कुछ अन्य देशों में नियम इसके उलट हैं। उनके नियम के अनुसार एक टोलीवालों को आपस में एक-दूसरे से ही जोड़ी बनानी चाहिए। इसे 'एंडोगमी' कहते हैं। कुछ नियमों के कारण ऐसा भी होता था कि एक टोली के पुरुषों को दूसरी टोली की स्त्रियों को जबर्दस्ती लाना पड़ता था। कई विवाह ऐसे भी होते थे। किन्तु इनमें खतरा अधिक था। नित्य प्रति जीवन में यह खतरा उठाना कष्टदायक होता था।

एक ही जाति में अलग-अलग टोलियाँ भी रहती हैं। पहाड़ पर एक टोली, नीचे एक टोली और दूसरी तरफ अन्य टोली रह सकती है। इस प्रकार एक ही जाति की अलग-अलग टोलियों के स्त्री-पुरुष आपस में विवाह कर सकते हैं। इस तरह जोड़ी बनाने की पद्धति के अनुसार देखा जाएगा तो यह 'एक्सागमी' है। जाति की दृष्टि से देखा जाए तो 'एंडोगमी' है।

---

1. यह तेलुगु शब्द है। आन्ध्र में मामा के साथ भानजी का विवाह करने का रिवाज है। भाई अपनी लड़की का विवाह अपनी बहन के लड़के के साथ करता है। इन रिश्तों को मेनरिकालु कहते हैं। ये रिश्ते महत्त्वपूर्ण माने जाते हैं।

अपनी गोत्र-पद्धति इसी प्रकार की है। एक ही गोत्रवाले आपस में विवाह नहीं कर सकते। दूसरे गोत्रवालों से ही विवाह करना पड़ता है। यही एक्सागमी है। यह बाहर का सम्बन्ध है। किन्तु ये सब रिश्ते एक ही जाति में होने के कारण यही एंडोगमी है। यह आन्तरिक सम्बन्ध है।

बाहर हो या अन्दर का, जोड़ी बनाने का हक सबको रहता है। एक घर में कोई एक पुरुष विवाह करेगा तो उस घर के सभी सदस्य उस दुल्हन से जोड़ी बना सकते हैं। स्त्री किसी एक की पत्नी हो गई तो उस घर में जितने भाई रहते हैं, उन सबकी बन जाती है। एक स्त्री किसी पुरुष से विवाह करती है तो उसकी बहनें भी उस पुरुष के साथ जोड़ी बना सकती हैं। स्त्री जब किसी की पत्नी बनती है तो वह केवल उसकी ही पत्नी नहीं, घर के सभी सदस्यों की पत्नी बन जाती है। सारे घर की बहू बन जाती है। महाभारत में पांडवों ने जो विवाह किया इसी पद्धति का था। द्रौपदी घर के सारे सदस्यों की पत्नी थी। नायर जाति में इस प्रकार की पद्धति है। तिब्बत में भी यही रिवाज है। नीलगिरि की तोड़ा जाति में भी यह प्रथा पाई जाती है।

रामायण में राम के माया हिरण को पकड़ने के लिए जाने के बाद सीता को चीख सुनाई पड़ती है। उसे ऐसा लगता है कि किसी ने 'हा! लक्ष्मण' कहते हुए चीखा। तब सीता लक्ष्मण को वहाँ जाने के लिए कहती है। राम को दिया गया वादा निभाने के लिए लक्ष्मण वहाँ से हिलता नहीं। तब सीता निष्ठुर होकर कहती है कि–'तुम्हारे भाई के जाने के बाद मुझे पाने की इच्छा से तुम यहाँ से नहीं जा रहे हो।' सीता देवी अज्ञानी नहीं थी। इतनी नीच बात वह कह ही नहीं सकती थी। ये शब्द भी वाल्मीकि जैसे महान व्यक्ति ने लिखे–क्यों? तब के रिवाज के अनुसार बड़े भाई की पत्नी से छोटा भाई विवाह कर सकता था। करना ही पड़ता है। बालि-सुग्रीव के विषय में भी यही हुआ। तारा दोनों की पत्नी थी। ऐसे कई बृहस्पति हैं जिन्होंने अपने बड़े भाई की पत्नी से विवाह किया है।

हमारे ग्रन्थों में ऐसी भी कई कहानियाँ मिलती हैं जिनमें यह दिखाया गया है कि कई राजा-महाराजाओं ने अपनी बेटियों (एक-दो नहीं सौ तक) का विवाह एक ऋषि से करवाया था। सभी बेटियों का बारी-बारी में अलग-अलग विवाह नहीं कराया जाता था। केवल बड़ी बेटी का विवाह कराना काफी होता था। ऐसा मान लिया जाता था कि बाकी सब बेटियों का विवाह हो गया। इससे फायदा यही है कि सभी बेटियों के विवाह के लिए दौड़-धूप करने की कोई जरूरत नहीं रहती है।

जेठ-भाभी या देवर-भाभी, जीजा-साली, भाई-बहन की लड़की, लड़के आदि रिश्ते महत्त्वपूर्ण माने जाते हैं। यह प्रथा आज भी दिखाई पड़ती है। इसी तरह मामा-भानजी का रिश्ता भी एक महत्त्वपूर्ण रिश्ता है। इसे मेहन जोड़ी कहा जाता है। मेहन शब्द का अर्थ ही जोड़ी बनाना है। मामा-भानजी भी जीजा-साली की तरह हास-परिहास

करते हैं। यह हास-परिहास कुछ हद तक अश्लील होते हैं। लड़के द्वारा अपने मामा की लड़की से विवाह करने की प्रथा आज भी है। एक बार एक लड़का अपने मामा के यहाँ आया। उस घर में मामा की लड़की भी थी। स्नान करने के बाद लड़के ने अपनी धोती को आँगन में सुखाने के लिए फैलाकर बाँधा। मामा की लड़की ने भी अपनी साड़ी को सुखाने के लिए बाँधा। भोजन का कार्यक्रम सम्पन्न हुआ। पान का बीड़ा भी लिया गया। इसी बीच बारिश की छींटे आने लगीं तुरन्त मामा की लड़की यह कहती हुई भागी कि 'हाय मेरी साड़ी भीग जाएगी।' तब उस व्यक्ति ने कहा कि–'ऐ सालीजी अपनी साड़ी उतारते समय मेरी भी धोती उतार लेना–' लड़की ने अपनी बुआ के लड़के द्वारा कहे गए इन शब्दों के गूढ़ार्थ को समझ लिया। तुरन्त हँसते हुए कहती हुई भाग गई कि–'मेरी साड़ी उतारने तक तुम्हारी धोती भीगे बिना रह जाएगी क्या?'

ये शब्द सुनने के बाद माँ-बाप, रिश्तेदार आनन्द से झूम उठे। इनका हास-परिहास देखकर वे बहुत ही खुश हो गए। किसी ने लड़के-लड़की की तरफ गुस्से से नहीं देखा। इतनी अश्लीलता से बात करने पर भी आगबबूला नहीं हुए। इसीलिए कि यह एक महत्त्वपूर्ण रिश्ता है।

अक्क मगडे अन्दरिकी मगडु[1]

तेलुगु का मुहावरा 'अक्क मगडे अन्दरिकी मगडु' में एक सामाजिक रिवाज का प्रतिबिम्ब दिखाई पड़ता है। अक्का का अर्थ है बहन। मगडु का अर्थ है पति। अन्दरिकी का अर्थ सबका। साली-जीजा का रिश्ता एक महत्त्वपूर्ण और मिठास से भरा हुआ रिश्ता होता है। पूरे देश में इस रिश्ते को महत्त्वपूर्ण माना जाता है। इसी सन्दर्भ में उस जमाने में एक मुहावरा बन गया कि बहन का पति सबका पति होता है।

पुरुष ने किसी परिवार में बड़ी बेटी से विवाह कर लिया तो उसकी छोटी बहनें भी उसकी पत्नियाँ बन जाती हैं। सालियों से जीजा को अलग से विवाह करने की कोई जरूरत नहीं होती। स्वेच्छा से जीजा अपनी सालियों के साथ घूम सकता था। इसी तरह किसी स्त्री का एक परिवार के बड़े भाई से विवाह करना पर्याप्त था। अलग से उसके छोटे भाइयों से विवाह करने की जरूरत नहीं रहती। उनके साथ यह स्त्री जोड़ी बना सकती थी। भाइयों में कोई भी विवाह करके दूसरी स्त्री को लाता तो वह स्त्री सब भाइयों की पत्नी बन जाती थी।

यानी इसका अर्थ यही है कि एक स्त्री विवाह करके पति के घर आ गई तो वह स्त्री केवल उसकी (पति की) बहू (आरम्भ में बहू को पत्नी के अर्थ में लिया जाता था) ही नहीं, पूरे घर की बहू बन जाती थी। सभी भाइयों के लिए वह बहू थी। बहू शब्द का उपयोग आज हमारे समाज में बेटे की पत्नी के लिए ही किया जाता है। किन्तु कुछ जातियों में, आन्ध्र के कुछ लोगों में अब भी पत्नी को बहू और पति को मामा कहा जाता है। आज भी यह रिवाज दिखाई पड़ता है।

तेलुगु शब्द कोडलु (बहू) के कई रूपान्तर हैं। 'कोडाल' भी बोला जाता है, कूडाल भी बोला जाता है। कूडाले धीरे-धीरे कोडलु और कोडलि के रूप में परिवर्तित हो गया। कूडा[2] रहनेवाली आलि[3] बेटे की ही पत्नी होनी चाहिए। नहीं तो कूडालु रूप

---

1. यह तेलुगु मुहावरा है। इसका अर्थ यह है कि बड़ी बहन का पति (जीजा) सब (सालियों) का पति है।
2. यह तेलुगु शब्द है, इसका अर्थ होता है, साथ में।
3. यह तेलुगु शब्द है, इसका अर्थ होता है, पत्नी।

आता ही नहीं था। कुछ लोग कूडल शब्द से इस बहू का सम्बन्ध मिलाते हैं। बहू सारी टोली की हो जाती थी। यही विचार पहले सबके मन में था। इसलिए उसे आइंटिकोडलु[1] (आन्ध्र में ही नहीं अन्य प्रदेशों में भी 'उस घर की बहू' कहने की प्रथा पाई जाती है) कहा जाता है। कोई भी स्त्री बहू (बेटे की पत्नी) बन जाती तो एक व्यक्ति की या तीन-चार व्यक्तियों की बहू तो बन सकती है, किन्तु पूरे घर की बहू कैसे बन सकती है ? इसलिए इस सत्य को स्वीकार करना पड़ेगा कि इसके पीछे हमारा पुराना रिवाज प्रभावी है।

यह प्रथा (बहू सारी टोली की होती है) कई देशों में थी। सभ्य मानव ने धीरे-धीरे इस रिवाज को छोड़ने का प्रयत्न किया। उगांडा में आज भी एक रिवाज है। कोई भी व्यक्ति किसी परिवार की बेटियों में बड़ी बहन से विवाह करता है तो उस व्यक्ति को हर साली के विवाह में यह कहना होता है कि 'मैं तुमसे विवाह नहीं करूँगा।' यह सार्वजनिक असम्मति व्यक्त करने के बाद ही साली की शादी हो सकती है, नहीं तो उसका विवाह नहीं होता। समाज के सामने जीजा को यह सब कहना पड़ता है।

आस्ट्रेलिया में कुछ जगहों पर आज भी यह रिवाज है कि यदि किसी व्यक्ति का विवाह होने के बाद उसकी पत्नी मर जाती है तो उस व्यक्ति को साली से विवाह करना पड़ता है। अगर वह साली से विवाह नहीं करना चाहता है तो सही कारण समाज को बताना पड़ता है और उसका दंड भी भरना पड़ता है।

इंग्लैंड में यही प्रथा दिखाई पड़ती है किन्तु वहाँ पर कुछ परिवर्तन आए हैं। बहुपत्नियों का रिवाज धीरे-धीरे लुप्त होने लगा है। वहाँ पर एक कानून भी बनाया गया है कि अगर पत्नी जिन्दा है तो पुरुष को दूसरी स्त्री से विवाह नहीं करना चाहिए। पहले अगर पत्नी मर जाए तो साली से विवाह करने का रिवाज था। यह भी सभ्य मानव को अच्छा नहीं लगा। धीरे-धीरे साली से विवाह करना भी मना कर दिया गया। वैसे जीजा-साली में विवाह करने की प्रथा के कुछ उपयोग हैं। अगर पहली पत्नी को बच्चे हों तो सौतेली माँ बच्चों को बहुत सताएगी। किन्तु साली से विवाह करने से ऐसा नहीं होता।

भारत में तथा हीब्रू लोगों में एक प्रथा प्रचलित थी। कोई सन्तान हुए बिना भाई की मौत हो जाए तो छोटा भाई उसकी पत्नी से जोड़ी बनाकर भाई को सन्तान देगा। अगर ऐसा नहीं हुआ तो भाई को परलोक में बाधा पहुँचेगी। 'ओल्ड टेस्टामेंट' में इस रिवाज के बारे में बताया गया है। यही रिवाज भारत में भी था। कालान्तर में इस रिवाज को स्वीकार करने के बाद भी भाई की पत्नी से विवाह करना निषिद्ध कर दिया गया। भाभी को देवर माँ मान सकता है, किन्तु उससे विवाह नहीं कर

---

1. यह तेलुगु शब्द है, इसका अर्थ होता है, उस घर की बहू।

सकता। सचमुच कितनी अनोखी बात है। धीरे-धीरे बड़े भाई की पत्नी से विवाह न करना एक रिवाज बन गया। कुछ लोगों को भाभी-देवर के विवाह करने की प्रथा अच्छी लगी तो कुछ लोगों को यह पसन्द नहीं आया। जो इस सम्बन्ध को नहीं चाहते थे उन्होंने इसके विरुद्ध आन्दोलन चलाया। गिरजाघरों के फादर, पुरोहित आदि ने बिल्कुल सम्मति नहीं दी। इसी तरह साली-जीजा के बीच विवाह की प्रथा भी धीरे-धीरे लुप्त होने लगी। अगर साली जीजा से विवाह करती है तो उसके बच्चे सम्पत्ति के हक से वंचित हो जाते हैं। एक बार कामंस सभा ने इस प्रकार के विवाहों के प्रति सम्मति दी थी। किन्तु दूसरी सभा, जिसे 'हाउस ऑफ लार्ड्स' कहा जाता है, के सदस्यों ने असम्मति प्रकट की। सन् 1907 में यह कानून बनाया गया कि साली से विवाह करने के बाद पैदा हुए बच्चों को भी सम्पत्ति में हक मिलेगा। जो शाखा भाभी से देवर के विवाह में कोई आपत्ति नहीं उठाती थी उस शाखा ने इस विषय में आन्दोलन चलाया। पुरोहित वर्ग ने भी अपनी असम्मति प्रकट की। सन् 1920 में सभ्य देश इंग्लैंड में भी अनोखी प्रथा देखने को मिलती थी। पुरुष के लिए पत्नी के मरने के बाद साली से विवाह करना अनिवार्य था लेकिन पति के मरने के बाद स्त्री अपने देवर से विवाह नहीं कर सकती थी।

हम्मुरबी सूत्रों के अनुसार बेटे की पत्नी से बाप की जोड़ी बनाना मना था। अगर वह ऐसा करता तो उस बाप को पानी में डुबो-डुबोकर मारा जाता। इसी तरह बाप की पत्नी से बेटा जोड़ी बनाएगा तो उसे बाप की सम्पत्ति से वंचित कर दिया जाएगा।

निषेध ही निदर्शन हैं

भाई की मृत्यु के बाद भाभी का देवर से विवाह करना और पत्नी की मृत्यु के बाद जीजा का साली से विवाह करना कई देशों में रिवाज बन गया। इस प्रकार की विवाह पद्धतियाँ हमारे कई प्रदेशों में भी दिखाई पड़ती हैं। इस प्रकार की विवाह पद्धतियों को अलग-अलग नाम दिया गया। यह रिवाज इंग्लैंड में भी विद्यमान था।

भाभी से देवर का विवाह करना 'लेबिरेट' कहा जाता था। यह रिवाज न्यायसम्मत था। हमारे भारत में भी यह प्रथा पाई जाती थी। इन्द्र के गुरु बृहस्पति को यह रहस्य मालूम था। बाली और सुग्रीव इसी पद्धति के अनुसार चले थे। सीता का लक्ष्मण पर शक करना इसी भावना को व्यक्त करता था। हीब्रू लोगों में यह विशेष प्रथा बन गई।

बहन के पति से छोटी बहन (जीजा-साली) के विवाह करने की पद्धति को 'सोटारेट' कहा जाता है। यह पद्धति भी बहुप्रचलित थी। आज भी हमारे समाज में कई लोग इस पद्धति के अनुसार विवाह कर रहे हैं। उस जमाने में विवाह करने की पद्धति में स्वेच्छा अधिक थी। आज जो विवाह हमें घृणास्पद और अनैतिक दिखाई पड़ रहे हैं, वे ही विवाह तब गौरवमय और न्यायसम्मत थे।

आज भी कई जातियों में इस प्रकार की स्वच्छन्दता है। कुछ स्थानों पर आज भी भाई की बेटी से विवाह किया जाता है। हमारे समाज में मामा-भानजी के रिश्ते को जितना महत्त्व दिया जाता है, उतना ही महत्त्व इस रिश्ते को (भाई की बेटी से विवाह करने को भी) भी दिया जाता है।

अफ्रीका में पिता की मृत्यु के बाद उसकी पत्नियों से उसका बेटा विवाह कर सकता था। उन माताओं में अपनी असली माँ को छोड़कर बाकी सभी से वह विवाह कर सकता था। यानी सौतेली माँ से विवाह करना कोई गलत नहीं था। यह पद्धति कई देशों में पाई जाती थी। अमेरिका में करिट्सू नामक जाति में भी सौतेली माताएँ (अपने पति के बेटों से) ब्याह कर सकती थीं। क्या पिता के मरने के बाद पूरी सम्पत्ति बेटों को नहीं मिलती? बेशक मिलती है। फिर माताएँ भी (पिता की पत्नियाँ) पिता की सम्पत्ति ही थीं। पत्नियाँ भी गाय-भैंस की तरह सम्पत्ति बन जाती थीं। उस जमाने

में कई जातियों में इसी विचार से पिता दस-बारह स्त्रियों से विवाह करता था। इसी विचार से बेटा भी अपनी माता को छोड़कर सौतेली माताओं से विवाह करता था। कुछ राजवंशों में अपनी माता तक से भी विवाह करने की पद्धति थी। इसके पीछे भी कुछ कारण थे। मिस्र की देवी का पति तम्मज था। यह तम्मज उसका बेटा ही था।

माता का रिश्ता जिस तरह विवाह के लिए योग्य माना जाता था। उसी तरह कई देशों में बेटों का रिश्ता भी विवाह योग्य माना जाता था। पारसियों और मुसलमानों में बेटे से रिश्ता शास्त्रसम्मत है।

फ्रेंच गुयाना में एक विशेषता है। कोई विवाहिता जब दूसरा विवाह करती है, उसे अगर (पहले पति से) बेटी होती है तो साधारणतया दूसरा पति माँ और बेटी, दोनों के लिए दूल्हा बन जाता है। बेटी से सौतेला बाप कानूनी-तौर पर विवाह कर सकता है। इसमें कोई दोष नहीं।

रूस के महान लेखक टालस्टाय ने एक नाटक में इस प्रकार के रिश्ते को दिखाया था। टालस्टाय के समय में लोगों को इस प्रकार विवाह करने का रिवाज घृणास्पद लगा। किन्तु यही नाटक गुयाना निवासी देखते तो उन्हें घृणास्पद नहीं लगता और न ही अनुचित। हमारे यहाँ मामा-भानजी के रिश्ते को भी घृणास्पद दृष्टि से देखनेवाले कई लोग हैं, किन्तु आन्ध्र में तो आज भी यह प्रथा चल रही है और इसे महत्त्वपूर्ण भी माना गया है।

अब इसका निष्कर्ष क्या निकलता है? माँ का रिश्ता, बेटी का रिश्ता, ये सभी रिश्ते विवाह योग्य ही माने जाते थे। इस प्रकार विवाह करने की प्रथा प्रचलित थी। कुछ जातियों में किसी रिश्ते पर निषेध नहीं था। इसलिए सब रिश्ते उनके लिए विवाह योग्य बन गए।

उपरोक्त सभी विषयों पर एक दृष्टि डालने पर यही सत्य सामने आता है कि पहले स्त्री-पुरुष स्वच्छन्दता से घूमते थे। बाद में मानव सभ्य बनते गए। कुछ रिश्तों पर परिस्थितियों के अनुसार सामाजिक-वैचारिक धारा के दबाव में कुछ रिश्तों पर निषेध लगाया गया। किन्तु यह निषेध भी जोड़ी बनाने (यौन सम्बन्धों) के लिए नहीं केवल विवाह करने के लिए ही था।

अफ्रीका की बुहामान जाति में कोई भी किसी के साथ रह सकता है। इनमें कोई दोष नहीं है। विवाह होने के बाद भी स्त्री को स्वच्छन्दता मिलती है। तिब्बत की एक जाति (कवागुचि) में स्त्री-पुरुष उन्मुक्त घूमते हैं। मध्य भारत में केरया नामक एक जाति है। उनकी भाषा में विवाह के समानार्थक शब्द ही नहीं है।

इस प्रकार के कई प्रमाण देखकर कुछ शोधक इस निर्णय पर पहुँचे कि आरम्भ में जोड़ी बनाने के लिए कोई नियम नहीं थे। स्वच्छन्दता से स्त्री-पुरुष घूमते थे। किन्तु

पंडितों को यह तथ्य अच्छा नहीं लगा इसलिए उन्होंने कुछ बदलकर कहा कि प्रारम्भ में जोड़ी बनाने के लिए नियम कम थे।

स्त्री-पुरुष की यौन स्वच्छन्दता के बारे में जानने के लिए विविध प्रदेशों के तीज-त्योहारों को देखना चाहिए। उस जमाने के स्त्री-पुरुषों की यौन स्वच्छन्दता का प्रतिबिम्ब हमारी प्रथाओं में मिल जाता है। एक शोधक ने ऑस्ट्रेलिया के बारे में लिखा है कि कुछ तीज-त्योहारों पर जोड़ी बनाने के लिए रिश्ते-नाते भी नहीं देखे जाते। माँ-बेटी तक का भेदभाव नहीं रहता है। कुछ त्योहारों में जोड़ी बनाने के लिए निषेध किए गए नियम भी चलते हैं।

डियरी नामक एक जाति है। इस जाति में अगर किसी लड़की का विवाह हो रहा हो तो वह विवाह केवल उसका नहीं सारे गाँव का विवाह बन जाता है। विवाह धूमधाम से मनाया जाता है। विवाह के चार-पाँच दिनों में स्त्री-पुरुषों के लिए स्वच्छन्दता में कोई भी रुकावट नहीं रहती। जोड़ी बनाने के लिए कौन-सा रिश्ता ठीक है, कौन-सा नहीं ऐसा भी कोई नियम नहीं रखा जाता है।

वहाँ सभी स्त्री-पुरुषों के लिए इस प्रकार की स्वच्छन्दता का अनुभव लेना अनिवार्य है। अगर कोई भी इसके विरुद्ध बोले तो उसे सजा दी जाती है। स्त्री हो या पुरुष, उसका गला दबाकर मार दिया जाता है। रोम के साटरनेलिया उत्सव इसी प्रकार के हैं। भारत में होनेवाले गंगम्मा जातरा, कामदहन के त्योहार, कंचुकी के त्योहार आदि भी इसी श्रेणी में आते हैं।

जवानों की बूढ़ी जोड़ियाँ

अब तक मैंने जो भी कहा उसका सारांश यही है कि उन दिनों स्वच्छन्दता से जोड़ी बनाने के कई अवसर मिलते थे। इसलिए सेक्स के लिए तरसने की आवश्यकता नहीं होती थी। विवाह करना जोड़ी बनाने के लिए नहीं था।

बच्चों के लिए विवाह करने का विचार भी उनके मन में नहीं था। यह सत्य किसी को मालूम नहीं था कि सहवास करने से बच्चे होते हैं। उनका विश्वास था कि हवा से, घासफूस खाने से, कुछ सुनने से बच्चे हो जाते हैं।

अगर हम यह सोचें कि प्रेम के लिए वे विवाह करते थे तो हमारा विचार गलत है। आदिमानव में प्रेम की भावना का ज्ञान ही नहीं था। आज भी असभ्य जातियों में प्रेम का कोई महत्त्व नहीं है। माँ बच्चों का प्रेम भी उन दिनों में नहीं था। कुमारी किंगप्ले ने लिखा था कि अफ्रीका में माँ बच्चों का प्रेम और दोस्तों का प्रेम दिखाई पड़ता है किन्तु दम्पतीयों के बारे में वे जानते भी नहीं। पति या पत्नी के मरने के बाद जो दुख व्यक्त किया जाता है वह केवल रिवाज के अनुसार ही दिखाया जाता है।

मोलिओस्की नामक एक शोधक ने इतिहास का आद्यन्त अध्ययन किया है। उसने लिखा है कि पति-पत्नी का प्रेम कहीं पर बिलकुल नहीं दिखाई पड़ता है। पति के गुजर जाने के बाद चार दिनों में पत्नी फिर किसी के साथ भी जोड़ी बना सकती थी।

आरम्भ में मानव जीवन में प्रेम का कोई स्थान नहीं था। विवाहों में भी विवाह करनेवाले स्त्री-पुरुषों की भावनाओं को कोई प्रमुखता नहीं दी जाती थी। कन्याशुल्क के नाम पर पैसे देकर लड़की खरीदनेवाले विवाह में प्रेम भावना कहाँ होगी? शास्त्रों में आठ प्रकार की विवाह पद्धतियों का विवरण मिलता है। उनमें एक-दो विवाह-पद्धतियों को छोड़कर बाकी सभी का दूल्हा-दूल्हन के बीच प्रेम भावना से कोई सम्बन्ध नहीं है। गान्धर्व विवाह पद्धति में कुछ हद तक प्रेम भावना दिखाई पड़ने पर भी मूलतः कामवासना ही अधिक दिखाई पड़ती है। इस विवाह पद्धति को उत्तम भी नहीं माना गया है। विवाह का आधार प्रेम न उन दिनों में था, न आज है।

विवाह करने का एक ही कारण था–उपयोग। विवाह महज मदद के लिए, कामकाज में हाथ बँटाने के लिए किया गया एक इन्तजाम है। दम्पती में एक खेत पर काम करता है, तो दूसरा घर का काम। एक लकड़ियों के लिए जाता है, तो दूसरा पानी के लिए। जब मदद की आवश्यकता होती है, तभी विवाह के बारे में सोचते हैं।

आरम्भ में मानव दरअसल पशु ही थे। भूख लगी तो पास के झाड़ों के कच्चे या पके फल खाते थे। मेढ़क या मछलियों को मारकर खाते थे। पास की नदी से थोड़ा पानी पीते थे। नींद आई तो किसी पत्थर पर सो जाते थे। वासना जाग्रत हुई तो स्त्री-पुरुष एक हो जाते थे। अगर कभी डर लगा तो किसी भी गुफा के अन्दर घुस जाते थे। थोड़े दिन रहने के बाद वहाँ खाने-पीने के लिए कुछ नहीं मिला तो दूसरी ओर प्रस्थान कर जाते थे। यह थी अपने पूर्वजों की जीवन पद्धति।

धीरे-धीरे हरी घास, भेड़-बकरियाँ, खेती-बाड़ी आदिमानव से जुड़ते गए। जीवन पद्धति में बदलाव आने के कारण स्थिर निवास का इन्तजाम करना पड़ा। कामकाजों का एक क्रम बना। यह सब एक व्यक्ति से तो हो नहीं सकता था। इसीलिए किसी एक साथी की जरूरत के बारे में विचार किया गया। यहाँ से विवाह पद्धति का आरम्भ हुआ। विवाह पद्धति एक करार है। जिस प्रकार किसी भी व्यवहार में दो हिस्सेदार होते हैं उसी तरह विवाह संस्कार में भी दो हिस्सेदार होते हैं। इसमें सौन्दर्य का कोई महत्त्व नहीं होता। साथी काम करने लायक होना चाहिए। बैल की तरह, साँड़ की तरह काम करनेवाला होना चाहिए। नजाकत से, 'हाय! मुझसे यह काम नहीं होता' कहनेवाला साथी बिलकुल नहीं चाहिए। भेड़ें चराने का काम, खेती-बाड़ी का काम, घर का काम आदि में हाथ बँटानेवाले चाहिए। इसलिए कामकाज करनेवाले अनुभवियों के साथ ही विवाह होता है। सौन्दर्य का कोई महत्त्व नहीं है। वर यही चाहता है कि एक अनुभवी साथी उसे मिले, जो कामकाज अच्छी तरह से कर सके। बच्चों को पैदा कर सके। बच्चोंवाली माँ के साथ विवाह करने की प्रथा भी कई प्रदेशों में पाई जाती है। अफ्रीका, अमेरिका, यूरोप, ऑस्ट्रिया, ऑस्ट्रेलिया और कुछ अन्य देशों में यह विवाह पद्धति विद्यमान थी। आरम्भिक काल में वर की भी परीक्षाएँ होती थीं। उसे यह दिखाना पड़ता था कि घर चलाने में वह निपुण है। परीक्षाओं में कई प्रताड़नाएँ दी जाती थीं। उसे इन प्रताड़नाओं को सहना होता था। बल और सहनशक्ति दिखानी पड़ती थी। वह जिस घर से लड़की को ला रहा होता उस घर के परिवारवालों को भी कुछ-न-कुछ देने के लिए तैयार रहना होता था। यहाँ मैं फिर एक बार दोहराना चाहता हूँ कि विवाह में प्रेम और भावनाओं के लिए कोई स्थान नहीं होता। सौन्दर्य के लिए कोई महत्त्व नहीं होता।

हमारे समाज में माँ-बाप ही अपने लड़की-लड़कों के विवाह का निर्णय लेते हैं। इसमें वर-वधू के माँ-बाप का ही हाथ अधिक रहता है। विवाह के लिए वधू और वर की सम्मति का कोई महत्त्व नहीं रहता।

उजबेक जाति में छोटी उम्र की लड़कियों से कोई भी व्यक्ति विवाह नहीं करता। बड़ी उम्र की स्त्रियों से विवाह करने से कई लाभ हैं। गयाना इंडियाना में एक विचित्र पद्धति है। युवक विवाह करना चाहता है तो पहले एक बूढ़ी से उसका ब्याह किया जाता है। बूढ़ी के मरने के बाद फिर किसी युवती से विवाह कर सकता है। बड़ी उम्र की स्त्री विधवा हो गई तो वह एक युवक से विवाह करती है। इसके पीछे एक छोटा सा रहस्य है। विवाह के माने घर से है। घर चलाने के लिए कुछ अनुभव रहना अच्छा है, यानी जोड़ी में किसी एक को अनुभव रहना चाहिए। दो अनुभवविहीन छोटी उम्रवालों को घर चलाने के लिए कहेंगे तो क्या चला पाएँगे? गयाना के लोगों का कहना है कि अनुभवहीन, बुद्धिहीन व्यक्तियों को व्यापार चलाने के लिए कहेंगे तो क्या होगा? व्यापार में पूरा नुकसान ही होगा। बड़ी उम्रवाले अनुभवी होते हैं। इन अनुभवियों के नीचे कम उम्रवाले शिक्षण ले सकते हैं। बाद में वे नौजवानों से विवाह कर सकते हैं। इसलिए कम उम्रवालों का विवाह बूढ़ी औरतों से कराया जाता है। प्रशिक्षण पाने के बाद ही उस युवक को युवती मिलती है।

ग्रीक में सभ्यता जब चरम स्थिति में थी, तब भी वहाँ पर विवाह सौन्दर्य को देखकर नहीं किया जाता था। इटली और भारत में भी वैसा ही था। घर के कामकाज करने की शक्ति ही मुख्य थी। सौन्दर्य का कोई महत्त्व नहीं होता था।

बुलगारिया में एक लोकोक्ति प्रसिद्ध है। 'विवाह करना है तो तुम्हें गोद में उठाकर फिरानेवाली औरत से ही करना है।' विवाह करें तो स्त्री मिलती है। स्त्री मिलेगी तो घर बसाया जा सकता है। पत्नी तथा बच्चों के लिए द्रविड़ भाषा में पेण शब्द का उपयोग किया जाता है। पेण्णासयु, मण्णासयु, पोण्णत्ययु शब्द श्रीकालीश्वर महत्यम्[1] में मिलते हैं। पेण्णास—स्त्री की कामना करना, वह पेण्णाहल होता है। इल माने इल्लु[2] है। पेण्इल से पेंडिल (यह द्रविड़ भाषा सन्धि है) बनता है। पेंडिलि, पेंडिल, पेंलिल[3] आदि शब्द इसका विकसित रूप हैं। इस शब्द का अर्थ इतिहास तथा मानव और रीति-रिवाजों से जुड़ा हुआ है।

संस्कृत शब्द विवाहम्, उद्वा, परिणयम्, कल्याणम् आदि में यह पुरातन अर्थ नहीं मिलता है। तेलुगु शब्द पेल्लि जिस तरह विवाह की पहली मंजिल का बोध कराता

---

1. यह तेलुगु के काव्य का नाम है।
2. यह तेलुगु शब्द है। इसका अर्थ होता है घर।
3. यह तेलुगु शब्द है। इसका अर्थ होता है विवाह।

है, उसी तरह संस्कृत शब्द बोध नहीं कराते हैं। बाद की जो मंजिल है, उनका बेशक बोध कराते हैं। इसके बारे में आगे बतलाऊँगा।

सारांश यही है कि विवाह में केवल कामकाज करने की योग्यता देखी जाती है। लेन-देन भी इससे जुड़ा हुआ है। विवाह संस्कार में 'उपयोग' को ही अधिक महत्त्व दिया जाता है। अगर विवाह केवल प्रेम तथा सौन्दर्य से जुड़ा हुआ हो तो पुरुष किसी बीमार औरत (जो सुन्दरी भी है) से क्यों नहीं विवाह करता है? इसी तरह स्त्री भी एक अपाहिज पुरुष (जो एक सुन्दर पुरुष भी है) से विवाह क्यों नहीं करती? लड़की के मामूली होने के बावजूद उसमें कामकाज करने की, बच्चे पैदा करने की शक्ति हो तो उससे कोई भी व्यक्ति विवाह कर सकता है। सौन्दर्यवती होने पर भी अगर स्त्री में न काम-काज करने की शक्ति है, न बच्चे पैदा करने की क्षमता है, तो उससे कोई भी विवाह नहीं करेगा।

परिणय माने क्या है?

एक-दूसरे की सहायता करते हुए घर चलाने के लिए (पैसा, लेन-देन आदि इससे जुड़े हुए हैं) किया जानेवाला इन्तजाम विवाह है। दो स्त्रियाँ भी इस प्रकार का इन्तजाम कर सकती हैं। दो पुरुष भी इस प्रकार का इन्तजाम कर सकते हैं। किन्तु ऐसी जोड़ियों में विवाह नहीं होता है। एक पुरुष तथा एक स्त्री ही इस प्रकार के बन्धन में बँध सकते हैं। इसे ही विवाह कहा जाता है। तभी बच्चे, घर, कुटुम्ब आदि बनते हैं।

किस प्रकार बर्ताव करना चाहिए, औरत को कौन-सा काम करना चाहिए, पुरुष को कौन-सा काम करना चाहिए, बच्चों का पालन-पोषण किस प्रकार करना चाहिए–आदि नियम बाद में रखे गए। ये ही नियम धीरे-धीरे रिवाजों के रूप में परिवर्तित हो गए। परिस्थितियों के अनुसार बनाए गए ये नियम ही धीरे-धीरे मानव को बाँध देते हैं, नियम बेड़ियाँ बन जाते हैं।

विवाह संस्कार के पीछे का पहला कारण है जरूरत। जोड़ी बनाकर कामेच्छा को तृप्त करने के लिए विवाह की जरूरत नहीं होती है। मानव जीवन के आरम्भिक काल में समाज से जुड़ा हुआ विवाह संस्कार नहीं था। तब न तो कोई नियम थे, न ही समाज के बन्धन। ये सब सामाजिक विकास के बाद की दशाओं में बनाए गए। एक इंसान शिकार करके जानवर लाएगा तो उसे पकाकर खिलाने के लिए दूसरे व्यक्ति की जरूरत पड़ती है। एक खेत जोतता है तो बीज डालने के लिए दूसरे की जरूरत पड़ती है। इन सबके साथ भेड़ें चराना भी एक काम है। ये सब काम एक आदमी से तो नहीं हो सकते हैं इसलिए आदमी को अपने कामकाज में हाथ बँटाने के लिए एक और व्यक्ति की जरूरत महसूस होने लगी। अब यह प्रश्न पैदा होता है कि केवल कामकाज में हाथ बँटाने के लिए वह स्त्री को ही क्यों, पुरुष को भी तो ला सकता है ? वह स्त्री को इसलिए लाता है कि वह कामकाज में हाथ बँटाने के साथ-साथ बच्चों की माँ भी बन सकती है।

स्त्री को भी गर्भावस्था में किसी की जरूरत पड़ती है। गर्भधारण के पहले स्त्री जितना काम कर सकती है उतना काम गर्भधारण के बाद करना सम्भव नहीं होता।

जब जच्चा बनती है तब उसे किसी दूसरे व्यक्ति पर निर्भर रहना पड़ता है। यह भी एक जरूरत है।

अगर स्त्री को गर्भधारण या प्रसव के समय पर किसी की जरूरत नहीं होती तो उसकी स्थिति इतनी बुरी न होती, केवल इसी एक मजबूरी का फायदा उठाया है पुरुष ने। स्त्री के बिना सृष्टि नहीं है। असल में प्रकृति ने बच्चे पैदा करने का जो काम स्त्री को सौंपा है, उस पर समाज को गर्व करना चाहिए था, उसे गौरव देना चाहिए था। स्त्री को एक ऊँचा स्थान देना चाहिए था।

पुरुष ने स्त्री की मजबूरी का फायदा उठाकर उसके पास से सारे अधिकार छीन लिए। केवल उसे एक बैल, एक भैंस बना दिया। यह अन्याय करने और उसके अधिकार छीनने के पीछे इसके सिवाय और कोई कारण नजर नहीं आता। स्त्री बेहद कमजोर होती है, प्रकृति ने ही इसे एक कमजोर लिंग बनाया, उसमें अक्ल कम होती है, धैर्य नहीं होता आदि कहकर सभ्य पुरुष उसे नीच भावना से देखने लगे। ये भेदभाव आज स्पष्ट दिखाई पड़ रहे हैं। आरम्भिक काल में ऐसा बिलकुल नहीं था। आज पुरुष ने स्त्री को एक नाजुक पुतली बना रखा है। आज स्त्री का शरीर कुसुमकोमल बन चुका है। आरम्भिक काल में स्त्री कमजोर तथा नाजुक थी, यह कहना दुस्साहसपूर्ण होगा यह इतिहास के भी विरुद्ध होगा। सृष्टि की दृष्टि में स्त्री और पुरुष में कोई भेदभाव नहीं है। आज भी कुछ जनजातियों में चार औरतें तथा चार पुरुष लड़ेंगे तो पुरुषों के लिए घाव खाए बिना बच पाना कठिन होगा। आज भी स्त्री अबला नहीं, सबला ही है। किन्तु स्त्री को अवसर नहीं दिए जा रहे हैं। अबला के नाम पर, सौन्दर्य के नाम पर उसे एक कोने पर हमने बिठा दिया है इसलिए वह अबला ही बनकर रह गई है। पुरुष ने अगर कोई महान कार्य किया है तो यही एक महान कार्य है। वाह रे पुरुष, तुमने सचमुच कितना महान कार्य किया है।

सौन्दर्य, नजाकत आदि के नाम पर पुरुष ने स्त्री के प्रति बहुत अन्याय किया है। कुछ आदिवासी जातियों में स्त्री और पुरुष की मुखाकृति में भी इतना भेद नहीं दिखाई पड़ता है। कुछ जातियों में स्त्रियाँ बहुत शक्तिशाली होती हैं। दस लोगों को लात मारकर भगाने की शक्ति उनमें रहती है। सौ पुरुषों को थप्पड़ मारकर वह जवाब दे सकती हैं।

सौन्दर्य केवल स्त्री से ही नहीं जुड़ा हुआ है। सारी प्रकृति में यह सत्य दिखाई पड़ता है कि नर और मादा में नर ही अधिक सुन्दर होते हैं। सृष्टि में पुरुष जाति ही अधिक सुन्दर है। चिड़ियों में नर चिड़िया सुन्दर होते हैं। सिंहनी से सिंह ही अधिक सुन्दर होते हैं। हाथियों में नर हाथी सुन्दर होते हैं। मोरनी से मोर अधिक सुन्दर होता है। प्रकृति तत्त्व के अनुसार पुरुष जाति ही सुन्दर है। फिर मानव जाति में स्त्री को ही सुन्दर बनाने की जरूरत प्रकृति को क्यों पड़ी है? क्यों बनाना चाहिए था?

नही...नहीं...प्रकृति ने ऐसा नहीं किया है। हमने ही कई शताब्दियों से लगातार स्त्री को सौन्दर्य की एक प्रतिमा बनाने का प्रयत्न किया है, आज तो वह केवल कोमलता और सौन्दर्य का प्रतीक बनकर रह गई है। अबला कहकर, मेस्मरिज्म करते हुए इन रबर की गुड़ियों को हमने बनाया। उनके सब अधिकारों को छीन लिया है। हाँ, अगर आप कहेंगे कि यह एक अच्छा काम है, फिर इसका श्रेय हमारे पुरुष समाज को मिलना चाहिए न कि सृष्टि को। आप कहेंगे यह बुरा काम है तब तो यह महापाप पुरुष का ही है। औरत की मजबूरी का पुरुष ने इतना फायदा उठाया कि उसे विश्वासघाती कहें तो भी कोई गलती नहीं है। उसका यह कपट यहाँ तक ही नहीं रुका, उसने अपनी संतृप्ति के लिए स्त्री को लोहे की कमरपेटियों से बाँध दिया।

मैंने ऊपर जो बताया उसके अनुसार स्त्री और पुरुष दोनों को ही एक-दूसरे की जरूरत होती है। स्त्री को पुरुष की जरूरत गर्भधारण के समय या जन्म की अवस्था में होती है किन्तु पुरुष को स्त्री की जरूरत हमेशा होती है। स्त्री घर के लिए काफी उपयोगी व्यक्ति है। पिता, पति, बेटा सबको स्त्री की जरूरत होती है।

विवाहपूर्व स्त्री पिता के पास रहती है। वहाँ पर कामकाज करती है। स्वेच्छा से जोड़ी बनाती रहती है। सम्पत्ति भी कमाती है। बच्चे भी पैदा करती है। ये सब बच्चे नाना की सम्पत्ति बन जाते हैं। ये बच्चे भी कामकाज में हाथ बँटाते हैं। काम करनेवालों की संख्या अधिक होती है तो सम्पत्ति की भी वृद्धि होगी। ऐसे घर की स्त्री को पुरुष अपने घर लाना चाहता है। अर्थात् जो अपने पिता के लिए बहुत ही उपयोगी हो ऐसी स्त्री को पुरुष लेना चाहता है। इससे पिता का नुकसान होता है। सदस्यों की एक संख्या कम हो जाएगी। पूरे घर के लिए यह नुकसान है। इसलिए उन दिनों में वर को, विवाह करते समय वधू के पिता को तथा घर के सदस्यों को नष्ट परिहार देना पड़ता था। उन दिनों की जरूरतों और सामाजिक मूल्यों के अनुसार वधू के पिता के लिए चार भेंड़ें या तीन सूअर या तीन-चार भैंस आदि वर को देनी होती थी। उस जमाने में पशुओं को ही धन माना जाता था। यह धन देकर स्त्री को लाना पड़ता था। कभी-कभी वधू को घर के हर सदस्य को थोड़ा धन देना पड़ता था। तब जाकर पुरुष किसी स्त्री से विवाह कर पाता था। विवाह करने के बाद पत्नी के पहले के बच्चों को नाना के पास ही छोड़ना पड़ता था। अपनी पत्नी के ऐसे बच्चों को जो नाना (पत्नी के पिता) की सम्पत्ति माने जाते थे, अगर वर लेना चाहता तो उसे और धन देना पड़ता था। इस तरह एक प्रकार से वधू-शुल्क देकर वर को विवाह करना पड़ता था। उसके बाद स्त्री और उसके बच्चे पति की सम्पत्ति बन जाते। स्पष्ट है कि विवाह के विषय में प्रेम भावना का कोई महत्त्व नहीं था। सौन्दर्य का भी महत्त्व नहीं था। एक जाति के नायक से यह पूछा गया था कि सौन्दर्य के बारे में आप क्या सोचते हैं? उसका उत्तर था कि सब काम करने की शक्ति रहनी चाहिए, सौन्दर्य माने

यही तो होता है! बाकी विषयों में...एक जैसी ही होती है। इस उत्तर में गूढ़ार्थ छिपा है। वह चुनने में यही देखता है कि अपनी जरूरतों को पूरी करनेवाली स्त्री उसे चाहिए।

आज भी स्त्रियों को खरीदकर ले जाने की प्रथा है। आज जो दहेज का रिवाज है इसके पीछे खरीदने की भावना ही है। पुरुष स्त्री को अपने साथ घर ले आता है। विवाह का आशय इसी प्रकार ले जाने से है। इसलिए इसको परिणय भी कहा गया है। परिणय का अर्थ है चलाते हुए ले जाना। आधुनिक मानव परिणय से सप्तपदी को जोड़ता है। इसका असली अर्थ उसे नहीं मालूम। उसे तो इतिहास भी पूरा मालूम नहीं। खरीदने के बाद जिस प्रकार वस्तु हम घर लाते हैं, उसी प्रकार पुरुष स्त्री को अपने साथ घर लाता है। घर लाते समय 'देवता दर्शन' करने की प्रथा भी है। परिणय को अंग्रेजी में 'लीडिंग टु दि अलार' (लड़की को धर्मपीठ से होते हुए लेकर जाना) कहते हैं। यह चलाते हुए लेकर जाना ही परिणय है।

विचित्र विवाह

धन देकर लड़की को खरीदने का रिवाज लगभग सभी देशों की अधिकतर जातियों में रहा है। साधारणतया यह धन पशु सूअर, कुत्ते आदि के रूप में होता था। बिना धन दिए लड़की को ले आना बहुत ही अपयश की बात समझी जाती थी। पूरे वंश के लिए यह लज्जाजनक होता था। उन दिनों में लड़कीवाले अगर लड़केवालों से धन नहीं लेते थे तो समाज उन्हें हेय दृष्टि से देखता था। आज भी भेंट, कपड़े आदि लेने का रिवाज तो है ही। ये सब अतीत की उसी परम्परा से सम्बन्धित हैं।

एक विचित्र विवाह का उदाहरण देखते हैं—न्यूगिनी में दो परिवारों में विवाह तय होने के बाद सौदे के बारे में निर्णय कर लिया जाता है। सौदे में सूअर, कुत्ते आदि दिए जाते हैं। सौदे की बातचीत होने के बाद दोनों परिवार अपने-अपने घर चले जाते हैं। दो-तीन-दिनों के बाद लड़कीवाले एक समूह बनाकर लड़केवालों के घर पर हमला बोलते हैं और घर में जितने भी सूअर व कुत्ते होते हैं उन सबको अपने साथ ले जाते हैं। इसमें एक रोचक बात है। लड़केवालों को पहले ही यह पता होता है कि लड़कीवाले हमला करेंगे और सूअर, कुत्ते आदि ले जाएँगे। इसलिए सौदे में जितने सूअर व कुत्ते देने की बात तय होती केवल उतने ही सूअर और कुत्तों को घर में छोड़ते हैं। बाकी सभी को अन्यत्र कहीं छिपा देते हैं।

लड़कीवाले सौदे के अनुसार सूअर, कुत्ते आदि को स्वाधीन कर लेते हैं। बाहर के लोगों को ऐसा दिखाई पड़ता है कि लड़केवाले अपनी पूरी सम्पत्ति देकर लड़की को लेकर आए हैं। बाद में वर और वधू एक-दूसरे की पीठ मिलाते हुए पूरब की ओर मुख करके बैठते हैं। वधू ऐसा नाटक करती है कि उसे लड़का पसन्द नहीं है। वहाँ उपस्थित सभी लोग ऐसा नाटक करते हैं, मानो वे लड़की को समझा रहे हों। वधू उनकी बातें सुनकर एक पान का पत्ता पीछे देती है। पान के पत्ते के बजाय सिगार भी देने की प्रथा कहीं-कहीं पाई जाती है। वर पान के पत्ते को खा लेता है या सिगार पी लेता है। यह कार्यक्रम होते ही यह समझ लिया जाता है कि विवाह सम्पन्न हो गया है। जाति का मुखिया उठकर वर और वधू के नाम जोर से पुकारता है। इसके बाद वर-वधू पति-पत्नी बन जाते हैं। इस तरह विवाह महोत्सव समाप्त हो जाता है।

एक और विचित्र विवाह की चर्चा करते हैं—कुछ जगहों पर लड़के को युवक बनने के बाद यह साबित करना पड़ता है कि वह एक हट्टा-कट्टा नौजवान है। इसके लिए उसे कई परीक्षाओं में भी उत्तीर्ण होना पड़ता है। परीक्षा बहुत कठिन होती है। इन परीक्षाओं के सामने जो खड़ा रह पाता है उसको ही युवक कहा जाता है। मूँछ और दाढ़ी आने भर से कोई उसे नवयुवक नहीं कहता। पिता अपने बेटे के युवक बनते ही अपनी जाति के सभी लोगों को बुलाता है और कहता है कि वह अपने बेटे का विवाह करना चाहता है। विवाह के लिए लड़कीवालों को पैसे देने के लिए सब मिलकर धन इकट्ठा करते हैं। जाति का मुखिया वधू को ढूँढ़ता है। लड़की बच्चों की माँ हो तो भी कोई आपत्ति नहीं होती। लड़केवाले लड़की के पिता के पास धन लेकर जाते हैं। लड़की का बाप और धन माँगता है। लड़केवाले और थोड़ा धन देकर उसे सन्तुष्ट करते हैं।

लड़की का पिता सुपारी के गुच्छों में से, जो लड़के के पिता के हाथ में रहता है, एक कच्ची सुपारी निकालता है और दाँतों से उसका छिलका निकालकर सुपारी के दो टुकड़े करता है। दहेज में आए हुए धन पर इन टुकड़ों को तीन बार घुमाता है। एक टुकड़ा दूल्हे को और दूसरा टुकड़ा दुल्हन को दिया जाता है। दोनों सुपारी खाते हैं, विवाह महोत्सव समाप्त हो जाता है।

कभी-कभी ऐसा भी होता है कि ससुर की माँग को दामाद पूरा नहीं कर पाता है। माना कि दहेज में दस सूअर देने की बात हुई है। दामाद में एक ही बार में दस सूअर देने की ताकत नहीं है तो उनमें से आधा हिस्सा पहले दे सकता है और बाद में बाकी सूअर दे सकता है। बाकी पाँच सूअरों को वह छह महीने में एक-एक करके भी दे सकता है। यानी दहेज भी किस्तों में दिया जा सकता है। दहेज में आधा धन ससुर को देने के बाद वधू को अपने घर ला सकता है। पति-पत्नी एक जगह रह सकते हैं किन्तु यह माना जाता है कि वे पूर्ण रूप से पति-पत्नी नहीं बने हैं। अगर इन दोनों के बच्चे हुए तो भी वे बच्चे लड़की के पिता के ही होते हैं। यानी विवाह पूर्व और विवाह होने के बाद पैदा हुए बच्चे समान हो जाते हैं। यानी विवाह होने के बाद पैदा हुए बच्चे, अगर वर ने ससुर को दहेज का पूरा धन नहीं दिया है तो, पति-पत्नी के नहीं माने जाते हैं।

दहेज देकर विवाह करके लड़की को लाने के बाद अगर लड़की किसी अन्य के साथ चली जाए तो लड़की के पिता को दहेज लौटाना पड़ता है क्योंकि दहेज के कारण ही लड़की पत्नी बन पाती है। विवाह होने के बाद अगर पत्नी को पति पसन्द नहीं आया तो दहेज वापस करने का इन्तजाम करना पड़ता है। इससे विवाह सम्बन्ध टूट जाता है। लड़की का पिता अपनी बेटी को किसी दूसरे पुरुष को देकर विवाह करना चाहता है तब भी दामाद को दहेज वापस करना पड़ता है। यानी विवाह और तलाक दोनों ही आसान हैं।

इन विवाहों में एक विचित्र बात और है। पत्नी किसी दूसरे पुरुष से विवाह करना चाहती है अथवा दूसरा कोई पुरुष उस स्त्री से विवाह करना चाहता है तो दिया गया दहेज पूर्व पति वापस ले सकता है और पत्नी को छोड़ सकता है। उसके बाद उस स्त्री पर हक दूसरे पति का ही होता है। पहला पति पत्नी से यह भी कह सकता है कि तुम्हें दहेज लौटाने की जरूरत नहीं है तुम उसके साथ जा सकती हो, तुम्हारे बच्चों को मैं रखूँगा। अगर दहेज वापस न लिया तो दूसरे पति से पैदा हुए बच्चे भी पहले पति के ही होते हैं। इसका अर्थ यही होता है कि जब तक दहेज का धन वापस न किया जाए, तब तक विवाह सम्बन्ध टूटता नहीं। चाहे किसी के द्वारा पैदा किए गए हों, बच्चे पहले पति के ही होते हैं। यह प्रथा बहुत ही पुरानी है।

बच्चे सम्पत्ति होते हैं। कामकाज के लिए बच्चे चाहिए। ऐसी औरतों को अधीन में रखना बहुत ही लाभदायक होता था जो बच्चों को पैदा कर सकती है। इस विचार के कारण अफ्रीका में कुछ विचित्र विवाह होने लगे। वहाँ पर वृद्ध भी विवाह करते हैं। उनकी पत्नियाँ अपनी इच्छा के अनुसार जवान पुरुषों से जोड़ी बना लेती हैं। वे घर के कामकाज करती हैं। बच्चों को पैदा करती हैं। ये बच्चे वृद्ध पति की सम्पत्ति बन जाते हैं। पुरुषों में ऐसा रिवाज देखकर स्त्रियों ने भी वय होने के बाद जवान लड़कियों से विवाह करना शुरू किया। ये जवान लड़कियों दूसरे पुरुषों के साथ रहकर बच्चे पैदा करती हैं और अपने 'स्त्री-पति' को दे देती हैं। विवाह संस्कार उसी तरह का होता है जैसा स्त्री-पुरुषों का विवाह किया जाता है। जवान लड़कियों का बड़ी उम्र की स्त्री-पतियों से विवाह करना विचित्र नहीं तो और क्या है। इन स्त्री-पतियों को तीन-चार पत्नियाँ भी रहती थीं। इन पत्नियों से (ये पत्नियाँ दूसरे पुरुषों से जोड़ी बनाती थीं) पैदा हुए सभी बच्चे इन स्त्री-पतियों के बच्चे बन जाते हैं। एक अंग्रेजी शोधक ने बताया कि अफ्रीका में एक स्त्री-पति ने उन्नीस बार विवाह किया और बाल-बच्चों के साथ वैभव से अपना जीवन बिताया।

अफ्रीका में कई अन्य अनोखे विवाहों के बारे में जानकारी मिलती है। कालान्तर में अफ्रीकी लोग सोचने लगे कि बच्चे नहीं रहना बहुत बड़ा दोष है। इसके कारण भी ऐसे 'स्त्री-पतियों' की संख्या बढ़ने लगी। बाँझ स्त्रियाँ पैसे देकर किसी वधू को खरीद लेतीं और वे वधू का 'स्त्री-पति' बन जाती हैं।

स्त्री-पुरुषों के विवाह संस्कार की तरह ही इनका विवाह होता है। अगर इस स्त्री-पति (बाँझ) को कोई सौतेले बच्चे होते हैं तो उनमें से कोई लड़का उस नववधू से जोड़ी बना लेता है। इस जोड़ी से पैदा हुए बच्चे वधू और उस पुरुष के नहीं होते, 'स्त्री-पति' के हो जाते हैं। तब उस बाँझ का दोष (बच्चे नहीं होना) मिट जाता है। हालाँकि यह बात समझ से परे है कि नई वधू, उस स्त्री-पति का पति जब तक जिन्दा है, तब उससे जोड़ी क्यों नहीं बना सकती है। सम्पत्ति पर अधिकार की भावना इस प्रथा से जुड़ी हुई है।

धन देकर खरीदने के कारण पुरुष स्त्री पर कई अधिकार पा लेता है। पति को पत्नी पर पूर्ण हक होता है। पति अपनी पत्नी पर दूसरे पुरुषों की छाया तक नहीं पड़ने देता है। किन्तु कुछ सन्दर्भों में वह नियमोल्लंघन भी करता है। कुछ तीज-त्योहारों पर, अतिथि सत्कार के सन्दर्भ में, पति अपनी पत्नी को पराए पुरुष के पास भेज सकता है। कुछ सन्दर्भों में पति भी पराई स्त्री के साथ सम्बन्ध रख सकता है। विवाह होने के बाद व्यभिचार करना दोष है। किन्तु कुछ परिस्थितियों में ऐसा करना शास्त्रसम्मत माना जाता है।

नमूना विवाह

आज के जमाने में कोई भी पुरुष चाहे वह कितना भी कमजोर क्यों न हो, विवाह करने के लिए तैयार हो जाता है। उसे कितनी भी बीमारियाँ होती रहें, वह कितना भी दुर्बल हो फिर भी विवाह कर सकता है। उसे कोई नहीं रोक सकता। विवाह करना अब बहुत ही आसान है।

उस जमाने मे विवाह करना आसान नहीं था। विवाह करने का विचार आते ही पहले पुरुषों को अपनी योग्यता साबित करनी पड़ती थी। केवल बातों से नहीं, काम करके दिखाना पड़ता था। उसे यह साबित करना पड़ता था कि वह स्त्री का पालन-पोषण करने में सक्षम है। स्त्री को भी सबूत के साथ यह दिखाना पड़ता था कि वह किसी की पत्नी बनने लायक है। यानी वह कामकाज कर सकती है, बच्चे पैदा कर सकती है।

पुरुष की योग्यता का सम्बन्ध ताकत से होता है। स्त्री की योग्यता का सम्बन्ध केवल कामकाज से ही नहीं, बच्चों को पैदा करने की क्षमता से भी है। उस जमाने में लोगों का विचार यह था कि बच्चे पैदा करना केवल स्त्री के ही हाथ में है। वे सोचते थे कि जोड़ी बनाना और बच्चे पैदा करना दोनों के बीच में कोई सम्बन्ध नहीं है। उनके विचार में हवा से या कुछ खाने से ही बच्चे पैदा होते हैं। धीरे-धीरे समाज में परिवर्तन आया। विचार बदलते गए। किन्तु स्त्री के प्रति जो धारणाएँ बन चुकी थीं, उनमें कोई बदलाव नहीं आया। अगर बच्चे नहीं होते तो औरत को ही दोषी ठहराया जाता था। इसलिए स्त्री को इस विषय में भी अपनी योग्यता दिखानी पड़ती थी। विवाह पूर्व ही अगर बच्चे होते तो स्त्री के लिए एक महत्त्वपूर्ण विशेषता बन जाती थी। बच्चों की माँ को काफी धन तथा पशु देकर पुरुष खरीदते थे। अगर स्त्री को सन्तान नहीं होती तो उसके लिए भी रास्ता था। स्त्री बच्चों को पैदा कर सकती है या नहीं, जानने के लिए, नमूना देखने के लिए विवाह किया जाता था। इस प्रकार के नमूना विवाह भी होते थे, किन्तु यह स्थायी विवाह नहीं होता था। हालाँकि स्त्री-पुरुष, पति-पत्नी की तरह रह सकते थे। इस जोड़ी को बच्चे होने के बाद समझ लिया जाता था कि विवाह पक्का हो गया है। अगर बच्चे नहीं होते या यह पता चल

जाता कि भविष्य में इस स्त्री को बच्चे नहीं होंगे तो यह नमूने का विवाह रद्द हो जाता था।

इसलिए कई जातियों में विवाह के सब रीति-रिवाज पूरे होने के बाद भी अगर बच्चे न हों तो विवाह स्थायी नहीं माना जाता। बच्चे पैदा होने के बाद ही विवाह स्थायी बन पाता है।

बंगाल प्रान्त में आज भी पति अपनी पत्नी को नाम से नहीं पुकारता है। एक बच्चा होने के बाद ही पत्नी को नाम से पुकारने का हक उसे मिलता है। अगर मुकुन्द बच्चे का नाम है तो 'मुकुन्द की माँ' कहता है। बच्चे पैदा हो भी सकते हैं, नहीं भी। यह स्थिर विषय नहीं रहा। इसके कारण नमूना विवाह कभी-कभी झगड़े का कारण भी बन जाते। इसे देखकर कुछ लोगों ने और एक उपाय ढूँढ़ निकाला। पाँच-दस साल तक स्त्री-पुरुषों को पति-पत्नी के रूप में रहना पड़ता था। इस बीच बच्चे पैदा हो गए तो वह स्थिर विवाह बन जाता, नहीं तो टूट जाता। इस तरह कुछ समय की अवधि दी जाती थी। पूरे रीति-रिवाज के अनुसार विवाह कराया जाता था। इस अवधि के भीतर वर-वधू पति-पत्नी की तरह जीवन बिताते थे। उसमें बच्चे हो जाते तो विवाह स्थिर हो जाता। नहीं होते तो दोनों के रास्ते अलग-अलग बन जाते। पति दूसरी स्त्री के साथ फिर मियादी-विवाह कर सकता था। चाहे नमूना विवाह हो या मियादी-विवाह, बच्चे न होने से विवाह सम्बन्ध टूट जाता था तो दामाद ने जितना धन दिया (पैसे, पशु) था, उतना धन ससुर को वापस करना होता था। कन्या शुल्क वापस करने के बाद ही वधू कन्या के रूप में पिता के घर वापस आ पहुँचती थी।

कुछ जातियों में ससुर थोड़ी-बहुत उदारता दिखाता था। विवाह होने के बाद सम्बन्ध रहने तक अपनी लड़की का पालन-पोषण करने के लिए ससुर अपने दामाद को कुछ भेंट भी देता था।

उस जमाने में वर की परीक्षाएँ होती थीं। ये परीक्षाएँ बहुत कठिन होती थीं। पर परीक्षा किसलिए ? विवाह करते ही वह घर का मालिक बन जाता था। घर के सदस्यों का पालन-पोषण करने की शक्ति उसमें वांछनीय थी। आवारा की तरह घूमने पर उसका विवाह नहीं होता था। उसे घर की जिम्मेदारियाँ निभानी पड़ती थीं।

जब लड़के के परिवारवाले वधू को ढूँढ़ना शुरू करते थे तब जातिवाले एक सभा का इन्तजाम करते थे। उस सभा में वर को कई कठिन दंड दिए जाते थे। उसे मारा जाता, पीटा जाता, कुछ दिन भूखा रखा जाता। कठिन-से-कठिन कार्य करने के लिए कहा जाता। वर को सारे काम करने होते थे। इन कठिन परीक्षाओं से गुजरते समय उसे रोना नहीं चाहिए था। उसे यह भी नहीं कहना चाहिए था कि फलाँ काम मैं नहीं कर सकता। कभी-कभी इन परीक्षाओं के समय लड़का बेहोश भी हो जाता या मर भी जाता था। उनके विचार में जो वर परीक्षा के सामने नहीं खड़ा रह सकता था

उसके जीने से मर जाना ही अच्छा था। जब जातिवालों से दी गई यातनाओं को वर सहन नहीं कर पाता तो वह शत्रु से दी गई यातनाओं को कैसे सहन कर सकेगा? ऐसा दामाद किस काम का? इतने कमजोर वर को कोई भी अपना दामाद बनाने के लिए तैयार नहीं होता था।

लड़कीवाले वर की कई परीक्षाएँ लेते थे। विवाह-पूर्व वर को किसी शत्रु को मारकर उसकी मुंडी या किसी जानवर को मारकर उसके शव को लड़कीवालों के हाथ सौंपना पड़ता था। हालाँकि एक-दो जातियों के विचार इस बारे में अलग रहे। सोमाल जाति के एक व्यक्ति से पूछा गया था कि 'विवाह करने के लिए उसे किसी को क्यों मारना चाहिए? तब उसने उत्तर दिया था कि 'विवाह करने के बाद बच्ची को पैदा करेंगे तो उस बच्ची को रहने के लिए जगह कहाँ मिलेगी ? किसी को मारने से जगह खाली हो जाती है।'

मेडागास्कर में एक रोचक रिवाज पाया जाता है। चार-पाँच लड़कियाँ (जो लड़की की तरफ से होती हैं) दूर खड़ी रहकर बाण वर पर फेंकती हैं। वह हाथ से सारे बाणों को पकड़ता है। कभी-कभी ऐसा भी होता है कि बाण न पकड़ सकने के कारण वर मर जाता है। उसके मरने की किसी को चिन्ता नहीं होती क्योंकि यह मान लिया जाता है कि जो बाणों से अपनी खुद की रक्षा नहीं कर सकता वह जीवन में क्या कर सकेगा? उसे दामाद कौन बनाएगा? ऐसे अशक्त वर को दामाद बनाना अपयश की बात होगी।

अण्णर मिस्र में वर को पकड़कर लड़कीवाले चाबुक से मारते हैं। मार खाने के बाद भी वर को हँसते रहना होता है। अगर वह रोएगा तो उसे वधू नहीं मिलेगी। इसी तरह लड़कीवाले एक बैल या साँड़ के सींगों पर एक कपड़ा बाँधकर उसे छोड़ देते हैं। विवाह करने के लिए जो लड़का आता है, उसे वह कपड़ा लाना पड़ता है। कभी-कभी साँड़ से मुकाबले में हारकर लड़का मारा भी जाता है।

एक अन्य प्रथा के अनुसार यदि लड़की जिद करे कि एक साथ दो वर आकांक्षी आएँगे तो दोनों लड़के उस लड़की के अगल-बगल बैठते हैं। वधू हँसते हुए छूरी निकालती है। दोनों की जाँघों में छुरी भोंक देती है। दोनों को पीड़ा सहन करनी पड़ती है। आँखों में आँसू तक नहीं आने चाहिए। दोनों में जो व्यक्ति अधिक सहनशील साबित होता है, उसी से लड़की विवाह करती है।

एक जनजाति में एक विचित्र प्रथा पाई जाती है। लड़का और लड़की दोनों किसी एक झाड़ी के पीछे जाते हैं। वहाँ पर लड़की लकड़ियाँ जलाती है। जलते अंगारों को वह युवक की भुजा या सीने पर रख देती है। लड़का अगर पीड़ा के कारण 'आह' तक बोलेगा तो उससे वह विवाह नहीं करती है। कुछ जातियों में लड़कीवाले लड़के से घर बनवाते हैं। कुछ लोग लड़की के पिता के घर में थोड़े दिन रहकर कामकाज

करने के लिए कहते हैं। वह कितना भी धनवान हो, उसे यह कष्ट झेलना पड़ता है। परीक्षाओं में खरा उतरना पड़ता है नहीं तो उसका विवाह नहीं होता है।

हमारे देश में भी वर परीक्षाएँ होती थीं। धनुष तोड़ना, मत्स्य यंत्र पर निशाना साधना आदि इसी तरह की परीक्षाएँ थीं। पिता अपनी बेटी को निर्बल, कायर और निकम्मे युवक के हाथों में देना नहीं चाहता था। इन परीक्षाओं में उत्तीर्ण हो जाने पर युवक कुरूप भी हो तो उसका विवाह हो जाता था।

ऐसे विवाहों में प्रेम का स्थान नगण्य होता था। वर-वधू की पसन्द या नापसन्द से विवाह का कोई सम्बन्ध नहीं था। केवल उपयोग की दृष्टि से ही देखा जाता था। इन परीक्षाओं में उत्तीर्ण होनेवाले वर से लड़की को विवाह करना ही पड़ता था।

मानव के सभ्य बनने के बाद शारीरिक बल की परीक्षाओं को छोड़कर बुद्धि की परीक्षा होने लगी। मर्चेंट ऑफ वेनिस की तरह कोई एक जटिल प्रश्न पूछा जाता, वर उसका उत्तर देता तो ही उसका विवाह होता। अर्थात् शारीरिक बल के बदले में बुद्धि-बल को प्रधानता मिलने लगी।

आज हमें ये सब विचित्र कथाएँ लगती हैं। किन्तु मानव के इतिहास में इनका ऊँचा स्थान है। हम यह भूल जाते हैं कि विवाह संस्कार के विकास में एक मंजिल पर इन विषयों का विशेष महत्त्व है। हम इस सत्य को जान नहीं पाते हैं कि विचारों में परिवर्तन आने के बावजूद इन प्रथाओं के लक्षण आज भी हमारे नित्य जीवन में विद्यमान हैं।

आज भी हमारे घरों में परीक्षाएँ ली जाती हैं। बड़े लोगों की इजाजत के बिना जो विवाह होते हैं, उनमें भी कुछ योग्यताओं को प्रधानता दी जाती है। कभी-कभी कुछ रोचक बातें भी होती हैं। एक लड़की ने लड़के की कठिन परीक्षा ली। दो सिंह झगड़ रहे थे। लड़की ने अपना रूमाल धीरे से वहाँ छोड़ दिया और लड़के से रूमाल लाने के लिए कहा। लड़का मौका देखकर भागते हुए गया और रूमाल ले आया। लड़की को रूमाल देते हुए उसने कहा कि 'ये लो तुम्हारा रूमाल, मैं जा रहा हूँ।' बाद में लड़के ने लड़की का मुँह तक नहीं देखा।

आज भी वर-वधू परीक्षाएँ होती रहती हैं और आगे भी होती रहेंगी, भले ही हमारे पूर्वजों की तरह की इतनी क्रूर परीक्षाएँ नहीं होतीं, किन्तु आज भी लड़कियों की परीक्षाएँ ली जाती हैं। कामकाज सम्बन्धी प्रश्न पूछे जाते हैं। यहाँ तक कि चलकर दिखाने के लिए भी कहा जाता है।

मंगलसूत्र-चूड़ियाँ

असभ्य जातियों में युद्ध होना सामान्य परिघटना थी। आज भी सभ्य जातियों में लड़ाई-झगड़े होते ही रहते हैं। हम नित्य इस सत्य को देखते रहते हैं। उस जमाने में जब टोलियों में युद्ध होते थे तब विजेता टोलीवाले पराजित टोलीवालों की सारी सम्पत्ति पर कब्जा कर लेते थे। पशु, सम्पत्ति, धन-दौलत के साथ स्त्री-पुरुष भी विजेता टोली में आ जाते थे। पराजित टोली पर विजेता टोली का पूरा हक होता था। पराजित टोली की सारी स्त्रियाँ विजेता टोली के पुरुषों की दासियाँ बन जाती थीं। ये पुरुष इन स्त्रियों से अपनी कामेच्छा को पूरा करते थे। धीरे-धीरे नियम बदल गए। पराजित टोली की स्त्रियों पर विजेता टोली के सारे पुरुषों के बजाय जो व्यक्ति उन्हें लाता था, उसी का हक बनने लगा। उस व्यक्ति की अनुमति के बाद ही टोली के अन्य पुरुष उन स्त्रियों पर हक जमा सकते थे। कितनी भी स्त्रियों को उठाकर ले जाया जाता, उसमें कुछ गलत नहीं था। बल्कि वह एक गौरव की बात बन जाती थी। एक आस्ट्रेलियाई जनजाति के पुरुष के पास इस प्रकार उठाकर लाई गई 23 स्त्रियाँ थीं। कुछ शोधकों ने खुद इस 'वीर' व्यक्ति को देखा और इसके बारे में ग्रन्थों में लिखा।

उस जमाने में स्त्रियों को वीर की तरह उठाकर लाना गौरव और योग्यता का विषय बन गया था। पति के रूप में योग्यता साबित करने के लिए पुरुष को इस प्रकार की वीरता दिखानी पड़ती थी। इसलिए दो टोलीवालों के बीच में लड़ाई-झगड़े होना और पराजित टोली की स्त्रियों को उठाकर लाना एक साधारण-सी घटना बन गई थी। इसी रिवाज के लक्षण 'एक्सागमी' पद्धति में दिखाई पड़ते थे। विवाह करने की इच्छा रखनेवाला व्यक्ति अपनी टोली की स्त्रियों से विवाह नहीं कर सकता था। वह दूसरी टोली की स्त्रियों से ही विवाह कर सकता था। बाद में यह एक नियम के रूप में परिवर्तित हो गया। पहले उठाकर लाने की प्रथा थी, बाद में पैसे देकर खरीदकर विवाह करने की प्रथा आई। यह पद्धति अमेरिका, एशिया, ऑस्ट्रेलिया, यूरोप आदि सभी महाद्वीपों के इतिहास में पाई जाती है। इसके कई प्रमाण भी मिलते हैं।

शत्रुओं को पराजित करके पुरुष उनकी स्त्रियों को अपने अधीन रखते थे। इनके प्रत्यक्ष प्रमाण हमारे ग्रन्थों में मिलते हैं। कुछ समय पहले तक हुए युद्धों में भी पराजित

स्त्रियों के प्रति किए गए अपमानों के बारे में हमें पढ़ने को मिल जाता है। इसलिए राजपूत अपनी स्त्रियों को इस अपमान से बचाने के लिए युद्ध में जाते समय पहले उन्हें मारते थे और बाद में रणक्षेत्र में कूद पड़ते थे। नोढनलि[1] मल्लम्मादेवी[2] के मामले में यही तो हुआ था।

कृष्ण भी रुक्मिणी को उठाकर लाया और उससे विवाह किया। भीष्म भी अपने भाइयों के लिए इसी प्रकार स्त्रियों को उठाकर लाया। अर्जुन भी सुभद्रा को उठाकर लाया था। उठाकर ले जाने की प्रथा का प्रतिबिम्ब रामायण काल में भी मिलता है। रामायण की सीता, ट्रॉय युद्ध की हेलेन इसी के दायरे में आती हैं। विजेता का उठाकर लाई गई स्त्री पर पूरा हक था। अगर वह पकड़ा जाता था तो उसे टोलीवाले मार डालते थे। अफ्रीका में एक जातिवाले पकड़े गए व्यक्ति के टुकड़े-टुकड़े कर खा जाते हैं।

आस्ट्रेलिया में आज भी एक प्रथा प्रचलित है। किसी स्त्री को उठाकर ले जानेवाला व्यक्ति अगर पकड़ा जाता तो उसे दूर खड़ा किया जाता है और टोली के लोग उस पर भाला फेंकते हैं। अगर वह व्यक्ति इनसे अपने आपको बचा लेता तो बच जाता है, नहीं तो भाला लगने से वह मर जाता है।

आज भी व्यक्ति के इतना सभ्य बन जाने के बावजूद विवाहों में, उठाकर ले जाने के रिवाज के लक्षण मिलते हैं। कई जगह धन देकर विवाह करते समय भी ऐसा नाटक खेला जाता है, मानो दूल्हा युद्ध कर रहा हो और शत्रु को हराकर स्त्री को उठाकर ले जा रहा है। यह कार्यक्रम होने के बाद ही विवाह संस्कार सम्पन्न होता है। अगर यह कार्यक्रम नहीं हो तो धन देने के बाद भी समझा जाता है कि विवाह नहीं हुआ।

ग्रीक सभ्यता के समय में भी ये लक्षण दिखाई पड़ते थे। हीब्रुओं में ऐसी प्रथा है। बाइबल में भी इसके बारे में वर्णन मिलता है। अगर यह कार्यक्रम नहीं हुआ तो मानो विवाह ही नहीं हुआ। बोजेल ने कहा था कि 'लड़ाई-झगड़े बगैर विवाह नहीं होता।' यूनान में वर की जातिवाले विवाह करते समय वधू के सर के बालों में एक भाला घुसाते हैं। इस प्रथा से यह सत्य प्रमाणित होता है कि वर की तरफ से लोग वीरता दिखाकर स्त्री को जीतकर लाए हैं।

तातार नामक जाति में वधू के गले पर एक रूमाल बाँधकर सर में बाण रखा जाता है। इसका अर्थ यही होता है कि बाणों के सहारे लड़की की टोलीवालों को पराजित करके जिस तरह पशु के गले में कपड़ा या रस्सी डालकर लाया जाता है उसी तरह स्त्री को भी लाया गया है।

---

1. आन्ध्र में एक प्रान्त है।
2. आन्ध्र की एक वीर वनिता।

आरम्भिक काल में तातार लोगों में कपड़ा बाँधने की प्रथा थी। बाद में कपड़े के बदले रस्सी बाँधने की प्रथा आ गई। आजकल वधू के गले में धागा डालने की प्रथा पाई जाती है। यही गला सूत्र है। वधू के गले में डाला जानेवाला मंगलसूत्र इसी प्रथा (लड़की के गले में रस्सी या कपड़ा डालकर लाने की प्रथा, पहले भैंस, गायों आदि को भी इसी तरह लाया जाता था) का प्रतिबिम्ब है। पहले इस मंगलसूत्र के गोल आकार के बिल्ले में (0 0) उभरे हुए भाग को नहीं रखा जाता था। केवल रस्सी ही बाँधी जाती थी। इसमें हल्दी भी लगाई जाती थी। भारत और अन्य देशों में इस रस्सी का स्वरूप एक जैसा नहीं था। कई जातियों के लोगों को मंगलसूत्र में डालनेवाले गोलाकार बिल्ले के बारे में मालूम ही नहीं था।

न्यूगिनी में सम्मति तथा लेन-देन के आधार पर विवाह होने पर भी वर को रात में चोरी से वधू को लाना पड़ता है। यह प्रथा निभाने के बाद ही विवाह सम्पूर्ण माना जाता है।

न्यूहेब्रिडीस में वर का दोस्त (जो बेस्टमैन कहलाता है) पहली रात को वधू के पास सोने का हकदार बनता है। वह रात में चोरी से वधू के घर में घुसकर उसका हाथ पकड़ता है। इसके साथ ही पाणिग्रहण हो जाता है। लड़कीवाले उसे मारने का नाटक करते हैं। प्रथा निभाने के लिए ऐसा नाटक खेला जाता है।

वोगोगो जाति में एक विचित्र प्रथा आज भी है। वर का दोस्त वधू को अपनी बाँहों में उठाकर भागता है।

सोमाली लैंड में वर वधू को उठाकर ले जाता है। कोरयाक् जाति में वधू बिना झगड़े नहीं जाती। विवाह में झगड़ा होने पर एक-दूसरे के साथ मारपीट के बाद ही वह अपने पति के साथ जाती है।

मंगोलिया में विवाह के दिन वर और वधू के परिवारवाले ऐसा नाटक करते हैं, मानो झगड़ रहे हों। असम में वधू की विदाई के समय लड़कीवाले मौके की ताक में रहते हैं और लड़केवालों से युद्ध करते हैं।

दक्खन प्लेटो में एक असभ्य जाति में वर लड़की को पीठ पर बिठाकर लाता रहता है। लड़की रोती रहती है। उस लड़की के दोस्त पत्थर फेंकते हैं। घर आने के बाद लगभग चार किलो वजन की पीतल की चूड़ियाँ उसके हाथों में डाली जाती हैं। आरम्भिक काल में तीन दिन तक वधू के हाथों में बेड़ियाँ डाली जाती थी। धीरे-धीरे ये प्रथा चूड़ियाँ पहनाने के रिवाज में बदल गई। आज भी ओढ्रदेश में जितनी ज्यादा वजन की चूड़ियाँ डाली जाती हैं उतना ही बड़प्पन समझा जाता है। चूड़ियों के मूल्य के कारण यह बड़प्पन का भाव नहीं आता। इसके पीछे बेड़ियाँ डालने की भावना झलकती है। सवर जाति में उठाकर ले जाना एक पुरानी प्रथा है।

कोच्चिन चीन में वर रात के अँधेरे में वधू के घर में घुसकर अचानक उसे आलिंगन में ले लेता है। वह अपने वस्त्र (जो भुजा पर डाला जाता है) से लड़की को बाँधता है। यह सब नाटक ही होता है। बाद में सब मिलकर वर-वधू का विवाह करते हैं।

तिब्बत, भूटान, कोरिया आदि देशों में आज भी इस तरह लड़की को उठाकर ले जाने की प्रथा है। धर्मशास्त्रों में भी इस विवाह पद्धति का उल्लेख मिलता है। इस विवाह पद्धति को राक्षस विवाह कहा गया है। इसको निम्नस्तरीय विवाह समझा जाता है। साक्षात् महाविष्णु ने कृष्ण का अवतार लेकर इस प्रकार का विवाह किया जिसे हमारे शास्त्रज्ञों ने नीच विवाह की संज्ञा दी थी। बिना मंत्रोच्चारण के विवाह सम्पन्न होना हमारे पंडितों को अच्छा नहीं लगा। इसलिए रक्मिणी विवाह को उन्होंने नीच विवाह कहा। एक ओर ऐसा कहते हुए शास्त्रज्ञों ने इस विवाह को महत्त्व दिया। उसे शाश्वत सम्बन्ध के रूप में उन्होंने स्वीकार किया। इसका मतलब क्या हुआ ? यह नीच विवाह भी बाकी उत्तम विवाहों के समान बन गया था। राक्षस विवाह उत्तम बन गया, या अन्य विवाह नीच विवाह बन गए? सब अर्थहीन धर्मसूत्र हैं। अगर कृष्ण के बदले कोई दूसरा व्यक्ति रुक्मिणी को उठाकर ले जाता तब हमारे धर्मशास्त्र क्या कहते। क्या उस विवाह को भी ये धर्मशास्त्र स्वीकार करते?

लड़की उठाकर ले जाने की प्रथा कई देशों में पाई जाती है। कुछ जातियों में लड़के वधू को भुजाओं पर बलपूर्वक डालकर ले जाते हैं। कुछ जातियों में शहबाला वधू को उठाकर ले जाता है। कहीं-कहीं पर पति पर चढ़नेवाली स्त्री वधू बन जाती है। संस्कृत में वरारोह माने पत्नी है। 'वर पर अवरोह करनेवाली,' इसका अर्थ होता है कि पति पर सवारी करनेवाली। इसका कोई गूढ़ार्थ तो नहीं हो सकता। कुछ प्रथा भी उन दिनों ऐसी ही थी। किन्तु कुछ लोगों को यह अच्छा नहीं लगा। इसलिए इसका अर्थ इस प्रकार बताया जाने लगा कि वर माने श्रेष्ठ और आरोह माने वह स्त्री जिसके सुन्दर नितम्ब हों। श्रृंगार रस से इस शब्द (वरारोह) को जोड़ा गया है।

मुसुगुलो मुच्चटलु

'मुसुगुलो मुच्चटलु' एक तेलुगु मुहावरा है। इसका अर्थ है चादर की आड़ में प्रेमालाप। बहुसदस्यवाले छोटे घरों में जब दम्पती को (प्रेमी-प्रेमिका) एकान्त का अवसर नहीं मिलता तब वे चादर की आड़ में अपना एकान्त बना लेते हैं। इस मुहावरे में एक प्रथा का प्रतिबिम्ब मिलता है। इसे अंग्रेजी में बंडलिंग[1] कहते हैं। इसे टारीइंग भी कहते हैं। उस जमाने में स्त्री-पुरुषों को यौन स्वतंत्रता के लिए कई अवसर मिलते थे। बंडलिंग भी इसी प्रकार यौन स्वतंत्रता का एक अवसर है। आजकल की यूरोप की कोर्टिंग प्रथा को इसी रिवाज का अवशेष माना जा सकता है किन्तु उस जमाने की प्रथा तथा आज की कोर्टिंग में बहुत भेद है। इस जमाने की कोर्टिंग में स्त्री-पुरुष शारीरिक सम्बन्ध नहीं रख सकते। तब ऐसा नहीं था। जब स्त्री-पुरुष बंडलिंग के दौर से गुजरते थे तो उन्हें मालूम हो जाता था कि वे बच्चे पैदा कर सकते हैं अथवा नहीं। पुरुष को यह पक्का मालूम हो जाता था कि उसकी प्रेमिका या पत्नी बच्चे पैदा कर सकती है या नहीं। बंडलिंग में चार-पाँच साल या उससे भी अधिक अवधि तक रहने के बाद दम्पतीयों को मालूम हो जाता था कि वे बच्चे पैदा कर सकते हैं या नहीं। अगर प्रेमिका या पत्नी बाँझ के रूप में साबित हो जाती है तो पुरुष दूसरी औरत को ला सकता था।

इस तरह बंडलिंग या कोर्टिंग विवाह का एक नमूना है। प्रारम्भ में यह कार्यक्रम स्वेच्छा से होता था। किन्तु धीरे-धीरे खुल्लम-खुल्ला प्रेमालाप करने में दिक्कत होने लगी। जनसंख्या बढ़ने के कारण जगह कम होने लगी। गुफाओं में, कमरों में कई सदस्यों के साथ रहने के कारण भी दिक्कत होने लगी। सभी सदस्यों के सामने दम्पतीयों का मिलना अच्छा नहीं लगता। स्त्री-पुरुषों को एकान्त मिलना मुश्किल हो गया। वे घर छोड़कर जंगलों में, झाड़ों के पीछे जाने लगे। जिस जगह पर वे मिलना चाहते थे, वहाँ पर एक पेड़ काटकर डाल देते थे। उस तरफ जानेवाले समझ लेते कि यहाँ पर कोई स्त्री-पुरुष हैं। कोई भी उधर नहीं जाता। पेड़ काटकर डालना एक

1. Bundling-to lie in bed together fully clad. An old custom in Wales adn New England for sweet-hearts and others. Chamber's Twentieth Century Dictionary.

चिह्न बन गया। यह चिह्न देखते ही लोगों को यह मालूम हो जाता कि यहाँ पर एक नमूना विवाह चल रहा है। कामकाज के चलते समय न मिलने के कारण और बहिरंग प्रदेश होने के कारण इस सम्पर्क के लिए दोपहर का समय ठीक नहीं लगने लगा। ऐसा सोचा गया कि इस कार्यक्रम के लिए रात ही ठीक रहेगी। हालाँकि तब भी घर में तो कई सदस्य रहते थे। इसलिए नमूने-विवाह के दम्पती एक ही चद्दर में सो जाते थे। यह प्रथा आज भी नीलगिरि की तोड़ा जाति में पाई जाती है।

यह बंडलिंग पद्धति कई देशों में व्याप्त थी। चद्दर में प्रेमालाप करने का अवसर लड़के को आसानी से नहीं मिलता था। पहले लड़की की सम्मति लेनी होती थी, बाद में उसके माँ-बाप की। अँधेरा होने के बाद युवक युवती के घर आता। बाहर से गाना गाता। तब लड़की का पिता पूछता कि कौन है? युवक फिर अपना नाम बताता था। बाप को अगर युवक पसन्द आ जाता तो अपनी बेटी से कहता कि आग-फूँको। युवक अन्दर आता है। फिर युवती-युवक दोनों मिलकर एक चादर ओढ़ लेते। अगर पिता की अनुमति नहीं मिलती तो युवक घर के अन्दर नहीं आ सकता था। पिता की सम्मति मिलने के बाद बेटी की सम्मति भी जरूरी थी। अगर युवती चाहती है तो ही युवक दूसरे दिन भी आ सकता था। यह हक केवल स्त्री को ही था। अगर पहले युवक को वह नापसन्द कर देगी तो ही दूसरा युवक प्रयत्न कर सकता था। बंडलिंग की अवधि स्थायी नहीं होती थी। एक बच्चा पैदा होने के बाद स्थायी विवाह किया जाता था।

मलेशिया में भी यह रिवाज पाया जाता था। सभी युवतियाँ, जो विवाह करना चाहती थीं, रात में भोजन करने के बाद एक कमरे में आ जाती थीं। इस कमरे को उनकी भाषा में पोट्मा कहते हैं। एक प्रकार से यह कमरा प्रेमियों का केलिका गृह होता था। जो युवक विवाह करना चाहते थे (जो परीक्षाओं में उत्तीर्ण होकर विवाह के लिए योग्य बन जाते थे) इस पोट्मा के बाहर बैठ जाते! इनमें से कोई युवक अन्दर जाकर कहता कि फलाँ-फलाँ युवक आए हैं, आप सम्मति देंगे क्या? जिस युवती को जो नाम पसन्द आता वह उस नाम के व्यक्ति को बुलाकर अन्दर ले जाती थी। बचे हुए युवक घर लौट जाते थे। स्त्री-पुरुष उस रात कामक्रीड़ाओं का आनन्द लेते थे। युवती जिसके साथ रात-भर रहती, उस युवक से दूसरे दिन आने के लिए कहती, तभी युवक दूसरे दिन भी आ सकता था। अगर मना करने पर भी वह दूसरे दिन पोट्मा के पास आता तो भी युवती उसे स्वीकार नहीं करती। 'कल आओ' यह शब्द स्त्री के मुँह से ही आना होता था। पुरुष के मुँह यह बात कभी नहीं आनी चाहिए थी कि 'मैं कल आऊँगा'। ऐसा कहना अपयश और अपमान समझा जाता था। यह 'पोट्मा में रहने की पद्धति' कई महीनों तक चलती रहती थी। चार-पाँच महीनों के बाद अगर स्त्री को पसन्द नहीं आता तो पुरुष को दूसरा रास्ता देखना पड़ता था। हालाँकि स्त्री पोट्मा के पास आती रहती थी।

कुछ जातियों में नमूना विवाह के लिए युवक युवती के घर जाता। युवती को युवक पसन्द आता तो युवक के आते ही वह दीया बुझा देती। अपनी सहमति व्यक्त करने के लिए यह एक इशारा होता था। युवक घर के अन्दर आ जाता था। तब नमूना विवाह के लिए दम्पती चादर ओढ़ लेते। पापुवन नामक जाति में युवक एक सिगार युवती की माँ या रिश्तेदार के पास भेजता था। अगर युवती सिगार लेकर पीती तो समझ लिया जाता था कि उसे युवक पसन्द है। तब युवक युवती के पास आता। अगर युवती सिगार वापस कर देती तो युवक समझ लेता कि युवती को वह पसन्द नहीं।

शव विवाह

मानव जीवन में विवाह संस्कार का महत्त्वपूर्ण स्थान है। समाज में यह धारणा बन चुकी है कि बिना विवाह किए कोई स्त्री-पुरुष मर जाए तो पाप होगा। उसे मुक्ति नहीं मिलेगी। इसलिए एक वय आते ही विवाह करना एक प्रथा बन गई। एक वय होते ही परिवारवाले लड़की-लड़के का विवाह तय कर देते हैं। लड़की तथा लड़के के परिवारवाले 'ऐंगेजमेंट' नामक कार्यक्रम आयोजित करते हैं। यह कार्यक्रम होते ही रिश्ता पक्का हो जाता है। अविवाहित व्यक्ति का समाज में कोई महत्त्व नहीं है। पुरुष का विवाह नहीं हुआ हो तो उसे निकम्मा, अयोग्य, परीक्षा में अनुत्तीर्ण-असमर्थ व्यक्ति के रूप में समाज देखता है। इसलिए तो अविवाहित रहना शर्म की बात बन गई। लोग अविवाहित पुरुष को यह कहते हुए अपमानित करते हैं कि इसे मूँछ-दाढ़ी तो आ गई, मगर क्या फायदा? यह नपंसुक है, किसी लड़की को पटा नहीं सका। स्त्री के विषय में कहेंगे कि इसे कामकाज कुछ भी नहीं आता। यह एकदम बुद्धू है नहीं तो अब तक कोई पुरुष इससे विवाह कर लेता। इसलिए माँ-बाप अपनी सन्तानों का विवाह जितना जल्दी हो सके, उतनी जल्दी करने की कोशिश करते हैं।

पहले जमाने में कोई भी स्त्री-पुरुष अविवाहित नहीं रहते थे। सबको यह विश्वास हो गया था कि लड़का एक वय आते ही युवक बन जाता है, इसी तरह वय आते ही विवाह भी कर लेता है। लड़की एक वय आते ही जिस तरह रजस्वला बन जाती है उसी तरह एक वय आते ही विवाह भी कर लेती है। बाल्यावस्था, यौवन, वृद्धावस्था जिस तरह मानव के जीवन में मंजिल बनकर आते हैं उसी तरह विवाह भी एक मंजिल बन गया। आदतों तथा प्रथाओं में शक्ति बहुत होती है। कोई भी इन जड़ों को उखाड़कर फेंक नहीं पाता है।

किसी युवक को देखते ही हम यह पूछ बैठते हैं कि 'तुम्हारा विवाह हो गया?' किन्तु यह नहीं पूछते कि 'विवाह करेगा क्या?' क्यों नहीं पूछते ? हमें विश्वास हो चुका है कि हर कोई विवाह तो करेगा ही। नहीं करता तो क्या करेगा ? इस संस्कार को कैसे ठुकरा सकता है? इस मंजिल पर नहीं आएगा तो जीवन यात्रा पूरी कैसी होगी? भोजन की तरह विवाह करना भी अनिवार्य है। जिस तरह हम यह पूछते हैं

कि 'भोजन किया है क्या?' इसी तरह पूछते हैं कि 'विवाह हो गया है क्या?' भोजन जिस तरह एक नित्यक्रम बन गया है, उसी तरह विवाह करना भी जीवन का एक अनिवार्य कार्य बन गया है। एक ग्रन्थ रचयिता के अनुसार, मृत्यु की तरह विवाह भी एक अनिवार्य मंजिल है। इससे कोई बच नहीं पाता है।

मानव का जन्म, वृद्धि, मरण आदि सृष्टि के लिए अनिवार्य हैं। हमें पसन्द हो या न हो, ये कार्य चलते ही रहते हैं। प्रकृति यही चाहती है कि स्त्री-पुरुष सहवास करें, सन्तान उत्पन्न करें और सृजन कार्य में सहायक बनें। इसके लिए प्रकृति में कोई नियम नहीं, शास्त्र नहीं। बच्चे चाहे वेश्या को पैदा हों, चाहे पतिव्रता को, सृष्टि को कोई फर्क नहीं पड़ता है। सृष्टि की दृष्टि में समाज में नियमों का कोई महत्त्व नहीं है। उसके लिए विवाह एक अप्रधान विषय है। इसे मानव ने ही बनाया है।

सृष्टि की सृष्टि में इतना अप्रधान विषय होने पर भी इसकी व्यापकता को देखकर विवाह को एक प्रधान स्थान मिल चुका है। जन विवाह को एक पुण्य कार्य मान लिया गया तब विवाह न होना एक महापाप बन गया। कुछ जातियों में विचित्र प्रथाएँ पाई जाती हैं। अगर कोई बालिका मर जाए तो उस बालिका का विवाह उसके पहले ही मर चुके किसी बालक के साथ 'श्मशान विवाह' के रूप में करते हैं। इसी तरह अगर बालक मर जाए तो किसी मृत बालिका से 'श्मशान विवाह' किया जाता है।

अफ्रीकी लोगों के विचार में जो लड़का-लड़की बिना विवाह के ही मर जाते हैं, उन दोनों का 'श्मशान विवाह' करने से उनके सूक्ष्म शरीर विवाह करेंगे, तब महापाप का परिहार हो जाता है। तातार नामक देश में आज से 500 वर्ष पहले एक शव विवाह को मार्को पोलो नामक इटालियन ने खुद देखा था। उन्होंने लिखा था, मैं सामने घटित घटना का वर्णन कर रहा हूँ। एक लड़की तथा लड़का अविवाहित ही मर गए। दोनों के परिवारवालों ने यह निश्चय किया कि मृत लड़का और लड़की का विवाह संस्कार करना चाहिए। आह्वान पत्रिका छपवाकर सब लोगों को बुलाकर बड़ी धूमधाम से 'श्मशान विवाह' किया गया। विवाह में दोनों परिवारवालों ने काफी धन व्यय किया था। लग्न पत्रिका, दहेज पत्रिका लिखी गई। लड़कीवालों ने लड़केवालों की पत्रिकाएँ ले लीं, और लड़केवालों ने लड़कीवालों की। बाद में दोनों परिवारवालों ने मिलकर इन पत्रिकाओं को आग में डाल दिया। इसके पीछे कारण क्या हैं? आप जानना चाहेंगे? पूरा नाटक हो चुका अब इन पत्रिकाओं से क्या काम? यह समझकर उन्होंने आग में नहीं फेंका। उनका विश्वास है कि आग में डालने से उस 'शव दम्पती' को अग्निदेव पत्र दे देता है। वहाँ पुरुष शव पहचान लेगा कि फलाँ स्त्री-शव मेरी पत्नी बन गई है। स्त्री भी अपने पुरुष को पहचान लेती है। तब पाप परिहार हो जाता है। इस तरह दो जीवों को मुक्ति मिलती है।

लेकिन शव कल्याण होने के बाद कहानी खत्म नहीं होती है। लड़कीवाले और लड़केवाले दोनों के बीच में सम्बन्ध हमेशा के लिए बना रहता है। दोनों परिवारवाले असली समधियों की तरह ही रहते हैं। एक-दूसरे को तीज-त्योहार पर बुलाते रहते हैं और प्रीतिभोज देते रहते हैं। इनको इसकी कोई परवाह नहीं होती है कि वर-वधू इस दुनिया में नहीं हैं।

'नंग-नंग' फिजी निवासियों की देवी है। वहाँ एक मान्यता है कि बिना विवाह के जो मर जाते हैं, उनकी आत्माओं को देवी सताती रहती है। काफर में, अमेरिका में और भारतवर्ष के लोगों में एक विश्वास है कि बिना विवाह मर जाना महापाप है। एक-दूसरे के काम में हाथ बँटाने के लिए, बाल-बच्चे पैदा करके घर बसाने के लिए स्त्री-पुरुषों के बीच होनेवाला एग्रीमेंट विवाह, इस तरह मानव जीवन के लिए एक कट्टर नियम के रूप में परिवर्तित हो गया।

शव कल्याण करने की प्रक्रिया में कई पुरोहित भी रहते थे। चीन में इन पुरोहितों को मध्यवर्ती कहते हैं। मृत अविवाहितों के रिश्तों को ये तय करते हैं। पुरोहित दक्षिणा भी लेते हैं। पुरोहित और दोनों परिवारवाले खाने की चीजें, कपड़े आदि लेकर कब्रों के पास जाते हैं। वर-वधू की कब्रों के पास दो पाट डालते हैं। इनके पास दो झंडे खड़े किए जाते हैं। लाया गया पूरा सामान वहाँ रख दिया जाता है। मृत वर-वधू को विवाह के लिए आमंत्रण देते हैं। पाटे के पास जो झंडे होते हैं वे हिलते हैं। झंडे हिलते ही वर ने अपनी सम्मत प्रकट की है, कहकर वर के घरवाले तथा वधू के तरफवाले खुशी से झूम उठते हैं। बाद में पुरोहित जिस तरह जिन्दा वर-वधू का विवाह करते हैं उसी तरह इन मृत वर-वधू का भी शास्त्र के अनुसार विवाह कराते हैं। डीग्रू नामक शोधक ने लिखा था कि इस मृत वर-वधू के विवाह करते-करते कई पुरोहित धनवान बन गए। मृत बच्चों के विवाह से उन्हें पुण्य मिले न मिले, अविवाहित बच्चों का पाप परिहार हो न हो, किन्तु पुरोहितों के घर धन से भर जाते थे।

बाल विवाह

लोगों के मन में यह विश्वास बैठ चुका है कि विवाह एक अनिवार्य संस्कार है। बिना विवाह किए जो मर जाएँ उनके शवों का विवाह करना चाहिए। धीरे-धीरे एक नया विचार लोगों के मन में आया। बच्चे जब छोटे रहते हैं तभी अगर विवाह संस्कार सम्पन्न कर दिया जाए तो बाद में शव-कल्याण करने का झंझट नहीं रहेगा। विवाह संस्कार एक मन्नत की तरह बन गया। जितनी जल्दी यह काम किया जाए, उतना ही अच्छा होगा। इस झंझट से छुटकारा पा सकेंगे। इस तरह बाल विवाह करने की प्रथा शुरू हो गई।

लोग मासूम भोले-भाले बच्चों का विवाह करने लगे। किसी एक देश में नहीं, सारी दुनिया में यह रिवाज चलने लगा। बच्चों के पैदा होने के पहले ही निर्णय कर लिया जाता था कि किस लड़की का विवाह किस लड़के से किया जाएगा। कभी-कभी चार साल की लड़की का विवाह चालीस साल के पुरुष से कर दिया जाता था।

तब बाल विवाह लड़कियों के लिए अभिशाप नहीं थे। विवाह होने के बाद पति मर जाए तो भी बहू विधवा का जीवन व्यतीत करती हुई घुट-घुटकर नहीं मरती थी। वैधव्य दुख उसे नहीं था। अगर पहला पति मर जाए तो दूसरा पुरुष उस विधवा से विवाह कर लेता था। अगर दूसरे की भी मृत्यु हो जाए तो तीसरा पुरुष उससे विवाह कर लेता था। आजकल जैसा यह नियम नहीं था कि विधवा पुनर्विवाह नहीं कर सकती थी। बल्कि उस जमाने में विधवा विवाह करना अनिवार्य था। इसलिए उन दिनों में बाल विवाहों से न कोई नुकसान था, न कोई दुख।

धीरे-धीरे बाल विवाह एक महत्त्वपूर्ण रिवाज बन गया। अविवाहित बालिका को घर में रखना खानदान के लिए अपयश था। अड़ोस-पड़ोसवाले उस घरवालों को यह कहते हुए हीनदृष्टि से देखते थे कि ये घरवाले किसी काम के नहीं, बालिका का विवाह तक ये नहीं कर सके। कोई भी उस घर में नहीं जाता था और लोग पानी तक नहीं पीते थे।

हमारे पुराने ग्रन्थों में इस विषय से सम्बन्धित कई कहानियाँ मिलती हैं। एक साधु किसी के घर गया। घरवालों ने इसका हृदयपूर्वक स्वागत किया। जब भोजन

के लिए वह साधु बैठा तब उसे मालूम हुआ कि उस घर में अविवाहित बालिका है। बस तुरन्त वह सामने से पत्तल हटा देता है, हाथ धो लेता है। वह आगबबूला हो गया। छिः-छिः कहते हुए चला गया। अगर फसल अच्छी नहीं हुई या गाँववाले बीमार पड़ जाएँ तो किसी अविवाहित बालिका का उस गाँव में रहना ही इसका कारण माना जाता था। अविवाहित बालिका का घर में रहना अपमानजनक तथा गाँव के लिए अशुभ माना जाता था।

बाल विवाह क्यों किया जाए? इसके लिए हमारे बुजुर्ग कुछ कारण बताते हैं। कन्यादान से पुण्य मिलता है। कन्या माने आठ साल की बालिका होती है, कुछ पंडितों के विचार में कन्या माने दस साल की बालिका है। इसी वय में विवाह करना चाहिए। कुछ बुजुर्गों का कहना है कि बालिका के रजस्वला होते ही विवाह करने से उसका यौवन जंगल की चाँदनी नहीं बनेगा। कुछ बुजुर्ग इस प्रकार कहते हैं कि मुसलमान सुलतान सुन्दर बालिकाओं को देखते ही विवाह करने का प्रस्ताव रखते थे या उठाकर ले जाते थे। तब यह कहने से कि इस बालिका का विवाह हो चुका है। सुलतान अपना प्रयत्न छोड़ देता था। किन्तु ये सब कारण अर्थहीन मालूम होते हैं। क्या नवाब की वासना को विवाहित बालिका नहीं पूर्ण कर सकती थी?

पातिव्रत

विवाह संस्कार स्त्री तथा पुरुष दोनों के लिए एक सामाजिक बन्धन है। किन्तु यह मुख्यतः स्त्री के लिए बेड़ी बन गया। विवाह होते ही स्त्री का जीवन बहुत कुछ बदल जाता है। पुरुष ने ऐसे कई नियम बना लिए ताकि स्त्री अपने हक के लिए न लड़ सके। पुरुष किसी के साथ भी जा सकता है। इसमें कुछ गलत नहीं माना जाता। विवाहिता को पराए पुरुष को आँख तक उठाकर नहीं देखना चाहिए। पुरुष यह काम करे तो रसिक कहलाएगा। किन्तु स्त्री यह काम करे तो कुलटा कहलाएगी। पुरुष गाली दे तो भी, मारे-पीटे तो भी, कुछ भी किए जाए, विरोध में मुँह खोलने के लिए स्त्री को अनुमति नहीं दी गई।

स्त्री के इस दासत्व को पातिव्रत नाम दिया गया। पुरुष ने पातिव्रत की तारीफ की, इसे एक पवित्र धर्म माना, कहानियाँ गढ़ीं, पुराणों की कल्पना की। बेचारी नारी यही महाभाग्य समझकर चुप बैठ गई। कितनी भोली है वह। पातिव्रत कहलाने के लिए उसने अपना जीवन अर्पित कर दिया। वह जीवन-भर प्रयत्न करती रहती है कि पातिव्रत धर्म भंग न हो। किन्तु मैं आपको एक नग्न सत्य बताता हूँ। पातिव्रत धर्म पुरुष के लिए बिलकुल गौरव की बात नहीं। उसकी दृष्टि में वह इतना पवित्र भी नहीं। यह स्त्री को मुट्ठी में रखने के लिए फेंका गया एक जाल मात्र है। इस तरह कहने के पीछे कई कारण हैं। सचमुच अगर पातिव्रत धर्म इतना महान होता या वह महान है, ऐसा पुरुष ने सोचा तो भला अपनी पत्नी को पराए पुरुष के पास क्यों भेजता (अतिथि सत्कार के समय, पुत्र प्राप्ति के लिए, आजकल तो धन के लिए भी)? वह खुद पराए पुरुष की पत्नी का धर्म क्यों तोड़ता है?

अतिथि घर आए तो अपनी पत्नी को उसके पास भेजने की प्रथा चीन में, ग्रीस में, अमेरिका में व आस्ट्रेलिया में भी पाई जाती है। हमारे 'आन्ध्रनैषध्यकर्ता' श्रीनाथ[1] के समय में भी ऐसे ही अतिथि सत्कार किया जाता था।

---

1. तेलुगु के प्राचीन कवि।

कीडु तीयडं अंटे!

'कीडु तीयडं अंटे' तेलुगु का मुहावरा है। इसका अर्थ है, 'विपत्ति को टालना'। भूतों के प्रभाव से सयानी लड़की की रक्षा करने की क्रिया के सन्दर्भ में पहले पहल यह मुहावरा चल पड़ा। आरम्भिक काल में समाज में जो लड़की रजस्वला होती थी, उसके बारे में आज के जैसे नहीं बल्कि अलग ही विचार व्याप्त थे। जो लड़की रजस्वला हो जाती है उसे भूत के समान देखा जाता था। समाज में यह मान्यता प्रचलित थी कि सयानी लड़की भूत होती है और अन्य कई भूत-पिशाच लड़की के आश्रय में रहते हैं। लोगों को यह भी भय रहता था कि सयानी लड़की को स्पर्श करने से ये भूत उन्हें पकड़ लेंगे। उसके पाँव जमीन को छुएँगे तो वहाँ घास तक नहीं उगेगी, फसल नहीं होंगी। उसकी हवा तक लगने से पेड़ों पर फल नहीं होंगे। इसलिए रजस्वला होते ही ऐसी लड़की को पत्तों पर (आजकल चटाई) बिठाने की प्रथा बन गई। उसे पत्थर पर बिठाया जाता। उसे कोई स्पर्श नहीं करता। आज भी यह प्रथा कई जगहों पर दिखाई पड़ती है। लोगों में यह विश्वास था कि भूत-पिशाच लड़की के अंगों को नुकसान पहुँचाएँगे। इससे बचने के लिए वे कई उपाय ढूँढ़ने लगे। आन्ध्र में लड़की की रजस्वला होने के बाद चिम्मिलि[1] बाँटने का रिवाज है। भूत-पिशाचों को दूर भगाने के लिए उस लड़की से तरह-तरह के वेश धारण कराने की प्रथा आज भी तमिलनाडु में पाई जाती है। ये सब काम अक्सर वयोवृद्ध लोग ही करते हैं। छोटी उम्रवालों को रजस्वला स्त्री के पास नहीं जाने दिया जाता। वयोवृद्ध इसलिए नजदीक चले जाते हैं कि भूत-पिशाच उन्हें पकड़ भी लें तो भी कोई बात नहीं थी क्योंकि उनकी उम्र काफी हो चुकी है और वे मर जाएँ तो किसी का कुछ नुकसान नहीं। इतनी सावधानी बरतने पर भी ये भूत छोड़ देंगे क्या? अगर नहीं छोड़ेंगे तो उस लड़की से जो पहली बार सहवास करेगा उसका क्या होगा? भूत उसे नहीं मार डालेंगे? इसीलिए कोई भी

---

1. चिम्मिलि तेलुगु शब्द है। तिल तथा गुड़ को मिलाकर कूटा जाता है। इस मिश्रण को चिम्मिलि कहते हैं। जब लड़की पहली बार रजस्वला होती है तब उस लड़की को घर की बड़ी-बड़ी स्त्रियाँ दूर एक कोने में बिठा देती हैं। सुहागन औरतें ऊखल में गुड़ तथा तिल डालकर मूसल से कूटती हैं। गीत गाती हैं। यह प्रथा आज भी आन्ध्र मे विद्यमान है।

उसके साथ पहली बार सहवास करने के लिए तैयार नहीं होता है। उन्होंने इसका एक उपाय ढूँढ़ निकाला। रजस्वला के साथ पहली बार कोई वृद्ध जाकर सहवास करता है। अगर भूत पकड़ेंगे तो भी उस बूढ़े को ही पकड़ेंगे और मार डालेंगे। पहले से ही मरणासन्न वह वृद्ध मर भी गया तो भी किसी का कुछ नुकसान नहीं होनेवाला है। बाद में कोई भी युवक उसके साथ रह सकता है। दूसरी बार उसके कौमार्य को भंग कर सकता है। इस बारे में एक और रिवाज भी प्रचलित है। एक पेड़ को वर बनाया जाता है। जो लड़की पहली बार रजस्वला हुई हो उस लड़की की उस पेड़ के साथ सुहागरात मनाई जाती है। सुबह उठकर उस पेड़ को काटकर फेंक दिया जाता है। इसका अर्थ यही होता है कि 'पेड़-वर' को भूतों ने मार डाला। अब दूसरा कोई भी पुरुष उस स्त्री के साथ रहेगा तो उसे कुछ भी नुकसान नहीं होगा, न ही कोई अशुभ घटेगा।

आज भी हमारे समाज में भूतबाधा निकालने के लिए वर के रूप में केले के पेड़ के साथ विवाह करने की प्रथा है। कालान्तर में यह रिवाज प्रचलित हो गया कि राजा या आचार्य या पुरोहित ही लड़की से पहली बार सहवास कर सकता है। धीरे-धीरे यह एक कट्टर नियम के रूप में बदल गया। आरम्भिक रात में पहले सहवास के लिए जो भी जाया करता था, उसमें स्वार्थ की भावना नहीं होती थी। लड़की की भूत-बाधा निकालना ही उसका एकमात्र उद्देश्य होता था। धीरे-धीरे यह भावना लुप्त होती गई। केवल अपने स्वार्थ के लिए, अपनी खुशी के लिए, राजा, आचार्य, पुरोहित गाँव की लड़कियों से पहली बार सहवास करने के लिए तैयार रहने लगे।

छल्ले और अँगूठियाँ

आरम्भिक काल में स्त्री-सौन्दर्य का कोई महत्त्व नहीं होता था। आभूषण, जैसे कि मंगलसूत्र, छल्ले और अँगूठियाँ आदि पहनाने के पीछे भी कुछ कारण थे। पहले इनका रूप अलग था। पहनाने के पीछे भी अलग भावना थी। किन्तु आज रूप बदल चुका है। कुछ गाँववालों में यह भावना दिखाई पड़ती है कि विवाहित स्त्री को सज-धजकर नहीं रहना चाहिए। आज भी गाँवों में जो स्त्री सुन्दर दिखने के लिए सज-धजकर रहती है, लोग उसे निम्न दृष्टि से देखते हैं। किसी ने एक पत्नी से पूछा कि बाल नहीं सँवारे, आभूषण नहीं पहने, क्यों क्या हुआ ? तो उत्तर यह मिला कि रहने दो! अब कैसे भी रहूँ तो क्या होगा। कोई फर्क नँहीं पड़ता क्योंकि मैं विवाहिता हूँ, किसी की घरवाली हूँ। प्रायः वह यही समझती होगी कि पातिव्रत उसके अस्त-व्यस्त केश विन्यास पर चमक रहा है।

कुछ देशों में पराए पुरुषों के अपनी स्त्री के प्रति आकर्षित न होने के लिए, पुरुषों द्वारा स्त्रियों को कुरूप बनाने की प्रथा भी पाई जाती है। उनके नाक तथा कान काट दिए जाते हैं, दाँत निकाल दिए जाते हैं। सभ्य समाज में भी इस प्रकार की धारणाएँ व्याप्त हैं, हालाँकि कुछ परिवर्तन बेशक हुए हैं। पति पास रहे तो पत्नी के सज-धजकर रहने में कोई आपत्ति नहीं है। किन्तु पति परदेस गया हो, या पास नहीं हो तो पत्नी को न आभूषण पहनना चाहिए न अच्छे कपड़े। शास्त्रों में भी इसके बारे में कुछ नियम मिलते हैं। पति पास नहीं हो तो पत्नी को न मुँह धोना चाहिए, न बाल सँवारने चाहिए, न तिलक लगाना चाहिए, न स्वादिष्ट भोजन खाना चाहिए। तब और आज भी पुरुष के विचार में स्त्री उसकी सम्पत्ति के अलावा कुछ नहीं है। अपनी सम्पत्ति को कोई भी अनुभव करना वह कदापि सहन नहीं करता है।

इसलिए विवाहिता को देखते ही पहचानने की जरूरत महसूस हुई। पुरुष सबको यह जतला देना चाहता है कि उसने अमुक स्त्री से विवाह किया है, ताकि पराए पुरुषों की दृष्टि उस पर न पड़े। वह चाहे मारपीट, लड़ाई-झगड़ा करके उसे लेकर आया हो या कन्या-शुल्क देकर लाया हो, उसे सारे समाज को बतलाना पड़ता है कि किस स्त्री से उसने विवाह किया है। इसीलिए ढिंढोरा पीटने की पद्धति आई। विवाह के समय

बाजे के साथ ढिंढ़ोरा पीटा जाता है। कोई व्यक्ति किसी स्त्री से विवाह करे इसमें इतना हंगामा क्यों ? इसी तरह लड़की रजस्वला हो जाए तो भी बड़ा कार्यक्रम करने की प्रथा है। उस मौके पर भी बाजा बजता है, सबको प्रीति-भोज दिया जाता है इसके पीछे भी कुछ कारण हैं। परिवारवाले इस तरह का कार्यक्रम करके सबको यही बताना चाहते हैं कि उनकी लड़की सयानी हो गई है और विवाह करके बच्चे पैदा करने लायक बन गई है। यह पूरा हंगामा एक 'रजिस्ट्रेशन' की तरह होता है। किसी गजेट के विज्ञापन जैसा है।

विवाहिता के लिए कुछ चिह्न भी बनाए गए। गोदना ऐसा एक मुख्य चिह्न है। मंगलसूत्र, चूड़ियाँ, छल्ले आदि भी विवाहिता के चिह्न हैं। कौड़ियों से, मगरमच्छ की हड्डियों से भी चिह्न बनाए जाते हैं। आरम्भिक काल में जिस तरह रस्सी डालकर भैंस-बकरियों को अपने घर लाया जाता था, उसी तरह दूसरे घर की लड़की के गले में रस्सी डालकर अपने घर लाया जाता था। इसी रस्सी ने मंगलसूत्र का रूप धारण कर लिया। यानी इसमें दासत्व की भावना निहीत है। औरतों को उठाकर अपने घर लाने के बाद उनके हाथों में तथा पाँवों में बड़ी-बड़ी वजनदार बेड़ियाँ डाल दी जाती थीं। बाद में बेड़ियाँ डालना वधू-परीक्षा बन गई। इतनी वजनदार बेड़ियों को सहन करती हुई जो लड़की काम करती थी, वह विवाह योग्य समझी जाती थी। धीरे-धीरे इन बेड़ियों ने ही चूड़ियों तथा छल्ले का रूप धारण कर लिया। आज छल्ले तथा चूड़ियाँ स्त्रियों के लिए आभूषण बन चुके हैं। इसके पीछे भी दासत्व की भावना निहित है।

बसूरो नामक जाति में विवाह के दिन बैल को मारकर उसके जल कम्बल से दो टुकड़े निकाले जाते हैं। एक टुकड़े से वर के हाथ का कड़ा बनाया जाता है। दूसरे टुकड़े से वधू के हाथ का कड़ा बनाते हैं। गले की रस्सी को जब मंगलसूत्र कहा जाता है तो इसे क्या कहा जाएगा? मंगल कड़ा कहेंगे?

अँगूठियाँ बनाना भी एक पुराना रिवाज है। कुछ शोधकर्ताओं का कहना है कि अँगूठी तथा स्त्री-पुरुष की सहवास-क्रिया के बीच में कुछ सम्बन्ध था। अफ्रीका, अमेरिका व भारत में भी यह मान्यता रही है। वर-वधू की उँगली की माप लिए बिना ही अँगूठी बनवाई जाती थी। विवाह के दिन इसे दुल्हन को पहनाया जाता था। यह देखा जाता था कि कौन-सी उँगली में वह ठीक तरह से बैठ रही है। ढील तथा कसाव के अनुसार उनके वैवाहिक जीवन का अन्दाजा लगाया जाता। इन अँगूठियों पर कुछ अश्लील परिहास भी किया जाता था।

छल्ले भी अँगूठी तथा मंगलसूत्र की तरह विवाहिता के चिह्न हैं। इनके आधार पर वैवाहिक जीवन के बारे में अन्दाजा लगाया जाता है। पहले इन पर अश्लील हास-परिहास भी होता था। आज छल्ले पहनाए जाते हैं, किन्तु पहले की तरह

हास-परिहास नहीं होता क्योंकि इसके पीछे की भावना को हम भूल गए हैं। वर-वधू के बीच सहवास हो गया है, सबको यही बताने के लिए कुछ रस्में निभाई जाती थीं। हाथ मिलाते थे पाणिग्रहण के नाम से। अमेरिका में एक प्रथा थी कि वर द्वारा पिया गया सिगार वधू लेती और पीती थी। वर-वधू एक ही थाली में खाते भी थे। कहीं-कहीं यह भी रिवाज था कि एक ही कौर में से आधा दुल्हन खाती तो आधा दूल्हा खाता था। आज भी ईसाई लोग 'ब्राइडल केक' के नाम से इसी प्रथा को निभाते हैं। हमारे यहाँ बुव्वबंति[1] इसी प्रकार की एक रस्म है। कुछ प्रदेशों में एक भगोने में शराब डाली जाती है, वर-वधू उसमें से आधा-आधा पीते हैं। हमारे भारतीयों में 'वदनेत तांबूल दानम्' नाम से यह रिवाज निभाया जाता है। पहले वर ताम्बूल देता है। बाद में प्रतियाचितैः के नाम से दुल्हन के मुँह से दूल्हा ताम्बूल लेता है। आज भी विवाह संस्कार में हम कई प्रथाएँ निभाते तो हैं किन्तु उनके पीछे की मूल भावना हम भूल चुके हैं। अगर यह पूछा जाए कि विवाहित स्त्री के लिए ये चिह्न क्यों? इस पर उत्तर मिलेगा कि अगर कोई भी पुरुष विवाहिता के प्रति आकर्षित हो जाए और उसे यह मालूम न हो कि वह शादीशुदा है तो उसे दुख होगा। इसलिए यह सबको मालूम होना चाहिए कि फलाँ-फलाँ लड़की का विवाह हो चुका है। पराए पुरुष की दृष्टि उस पर नहीं पड़नी चाहिए।

1. आन्ध्र में वैवाहिक संस्कार की एक रस्म।

विवाह में पुरोहित

किसी भी विवाह-पद्धति को लिया जाए, तो सबमें एक ही सत्य व्यक्त होता है कि उसमें वर-वधू का और वर-वधू के परिवारवालों का महत्त्व अधिक है। किन्तु कालान्तर में विवाह संस्कार के साथ पुरोहित भी जुड़ गया। पुरोहित को इतना महत्त्व दिया गया है कि पुरोहित (पंडित) के बिना विवाह संस्कार पूर्ण नहीं हो सकता, वह अपूर्ण और अपवित्र रह जाता है। अब समाज में यही धारणा बन चुकी है कि विवाह संस्कार धर्म से जुड़ा हुआ है, इसलिए पुरोहित का रहना अनिवार्य है। वैसे तो विवाह दो पक्षों के बीच महज एक एग्रीमेंट है। अर्थ तथा उपयोग पर आधारित इस सामाजिक बन्धन को सभी देशों में धर्म के साथ जोड़ दिया गया है। इससे हुआ यह कि धर्म के ठेकेदार अपनी इच्छा के अनुसार बर्ताव करने लगे। दक्षिणा के नाम पर लूटने लगे। उन्होंने विवाह के अर्थ को ही बदल दिया। ऐसे मंत्र पढ़े जाते हैं जो आज के सन्दर्भ में असहज और अश्लील हैं तथा प्रचलित सामाजिक नियमों के विरुद्ध हैं। मूल अर्थ खो बैठे इन मंत्रों के बिना विवाह नहीं होगा, यह कहना हास्यास्पद लगता है। पिछले पृष्ठों में यह स्पष्ट कर दिया गया था कि किसी भी विवाह संस्कार में प्रेम तथा सौन्दर्य का महत्त्व नहीं है। कहा जाता है कि गान्धर्व विवाह प्रेम पर आधारित है। किन्तु इतिहास तथा पुराणों की कहानियों के अनुसार देखा जाए तो यह स्पष्ट हो जाता है कि इस पद्धति में काम को ही प्रधानता दी जाती थी। 'तस्या स्तनौ यदि घनो जघनम् च हरि...' वक्ष तथा जघनों को देखकर आकर्षित हो जाना प्रेम नहीं होता। इसे प्रेम का नाम नहीं दिया जा सकता। विवाह का मजहब, धर्म, पंडित से भी कोई सम्बन्ध नहीं। विवाह संस्कार अर्थ तथा उपयोग से ही अधिक जुड़ा हुआ है। यह घर का व्यवहार चलाने के लिए दो हिस्सेदारों का समावेश है। इसमें पुरोहित का भला क्या स्थान? उसकी जरूरत क्या है? किसी भी जाति के लोग विवाह करें तो यह पंडितों की जाति बीच में क्यों आती है? इन असन्दर्भ मंत्रों से क्या प्रयोजन है? ये सब अर्थहीन तथा मूल्यहीन हैं। आजकल निम्न जातिवाले जाग्रत हो चुके हैं। वे धीरे-धीरे पुरोहितों को बुलाने की पद्धति को छोड़ते जा रहे हैं।

हम जिन जातिवालों को निम्न जातिवाले कहते हैं वे जातिवाले ही आत्मगौरव के साथ जी रहे हैं। इनके विवाह संस्कारों में पुरोहितों का कोई स्थान नहीं रहा। उनके विवाह सनातन पद्धति से होते हैं। लेन-देन की बातें, सौदे की बातें होने के बाद सब खुशी से भोजन करते हैं, कुछ रस्म निभाते हैं। उनके विवाह संस्कार में मंत्र, माथा, सुवर्णपुष्पम् समर्पयामि आदि नहीं है। उनके विचारों में न दिखावा है न मिलावट है। किन्तु ऐसे सनातनों को ही हम 'नीच जातियोंवाले' के नाम से पुकारते हैं। क्यों? क्योंकि इन पंडितों को वे नहीं बुलाते। विद्या पंडितों के हाथों में है, वे हक चलाते हैं, इसलिए अग्रवर्ण बन गए। ऐतिहासिक दृष्टि से, तर्क की दृष्टि से देखा जाए तो कम जातिवाले ही सनातनी हैं। उनमें आत्मगौरव है। वे लोभी नहीं हैं, वास्तव में ये ही उन्नत जातिवाले हैं।

पुरुष ने, जो बराबर थी, साझीदार थी, उस स्त्री को अपने अधीन लेकर गुलाम बनाया। स्त्री पर उसने हक जताया। पुरुषों ने स्त्री पर हक चलाया तो पंडितों ने पुरुषों पर हक जमाया। पुरुष पंडितों के गुलाम बन गए। इस रूप में पुरुषों को अपने कुकर्मों का फल मिला। पंडितों ने यह कहते हुए पुरुष की तरफ लाल आँखों से देखा कि 'मैं जो कहता हूँ तुम्हें सुनना ही पड़ेगा नहीं तो शाप दूँगा।' तब से आज तक वह ढिंढ़ोरा पीट ही रहा है कि मैं 'सबसे बड़ा हूँ, पवित्र हूँ।' जिसने इसके विरुद्ध कहा, उसे पंडितों ने नीच जाति का बना डाला। जिसने 'हाँ' कहा, उसे सिर पर बिठा लिया। समाज में यह धारणा बन गई कि पंडित स्पर्श करेगा तो ही रस्सी मंगलसूत्र बनेगी नहीं तो रस्सी ही रहेगी। उसे दक्षिणा दी गई है तो साक्षात् अग्निविवाह होता है नहीं तो वह एक अपवित्र कार्य बन जाएगा। अगर पंडित ने विवाह नहीं करवाया तो वर-वधू दम्पती नहीं बनेंगे। उन्हें सन्तान नहीं होगी। पुरोहित ने कितना अधिकार पा लिया। कितना बेबुनियाद बना दिया विवाह संस्कार को। इसी कारण से विवाह संस्कार अपना असली रूप खो बैठा। इसे केवल धर्म से जोड़ने के कारण वैवाहिक जीवन में सुख नहीं रहा। सच पूछा जाए तो तभी से वेश्यावृत्ति का अंकुर फूटा।

एकुले मेकुलु

'एकुले[1] मेकुलु'[2] तेलुगु का मुहावरा है जिसका अर्थ है साधारण से असाधारण बनना। इसी से मिलता-जुलता हिन्दी का मुहावरा है 'अँगूठा पकड़कर पहुँचा पकड़ना' आचार्य कहिए, पंडित या पुरोहित कहिए, प्रीस्ट कहिए यह व्यक्ति विवाह संस्कार में बिन बुलाया मेहमान बन गया। अब वह सिंहासन से उतरना नहीं चाहता। उसने अपना हक जमा लिया है। इसके विरुद्ध कोई कुछ कहे तो शाप देता है। नरक दिखाकर डराता है। आज सभ्य समाज में हर जगह पर पुरोहितों का ही राज चल रहा है। बेमेल विवाह करने के लिए, ठीक तरह से होनेवाले विवाहों को रोकने के लिए ये ही जिम्मेदार हैं। रौरव नरक का रास्ता दिखाते हुए नब्बे साल के बूढ़े के गले मासूम लड़की को बाँधकर कहेंगे कि यही शुभ कार्य है और मिलन का यही शुभमुहूर्त है। आशीर्वाद देते हैं। गले में फाँसी का फन्दा डालकर 'मंगलसूत्र' का नाम देकर उसकी तारीफ करते हैं। पति कितना भी दुष्ट होने दो, राक्षस होने दो, नीच से नीच होने दो, पत्नी को सारा जीवन उसके साथ ही बिताने के लिए कहा जाता है। क्रूर पति को देवता बना दिया। यहाँ तक ही नहीं मर जाने के बाद भी यह सम्बन्ध रखने के लिए कहा गया। फिर दूसरे विवाह की कल्पना तक करना महापाप बताया। अगर कोई भी स्त्री-पुरुष पवित्र भावना से मिलना चाहते हैं, विवाह करनाू चाहते हैं तो उन्हें गालियाँ दी जातीं। यह अनैतिक सम्बन्ध है, विवाह हो ही नहीं सकता है—आदि कहकर ये जनेऊ महाराज ठुकरा देते हैं।

कौन हैं ये? इनको किसने यह अधिकार दिया? बल दिया? किसके लिए दिया है? पूछनेवाला कोई नहीं है। उनसे कोई सवाल नहीं होना चाहिए, इसलिए वे पहले ही सँभल गए। श्लोक-मंत्र आदि सब लिखकर पास में रख लिए। क्यों? पूछनेवाला पापी बन जाता है, वह नास्तिक है, बह्मद्रोही है आदि यही सबको पढ़ाया गया। नास्तिकों को मिलनेवाली सजाओं को श्लोक के द्वारा समझाया गया। चित्रों में डालकर दिखाया गया। स्पष्ट बताया। इसलिए डरकर आज तक किसी ने 'क्यों' कहकर पूछा ही नहीं। आज भी कोई नहीं पूछता।

---

1. एकुले तेलुगु शब्द है जिसका अर्थ है पूनी।
2. मेकुलु तेलुगु शब्द है इसका अर्थ होता है कीला।

आपके दिलों में यह सन्देह उत्पन्न होना स्वाभाविक है कि अगर पुरोहित वर्ग का कुछ महत्त्व नहीं है तो उन्होंने समाज में इतना महत्त्वपूर्ण स्थान कैसे पा लिया? इस सन्दर्भ में मैं एक कहानी बता रहा हूँ। आपको भी इसके बारे में जरूर जानना चाहिए।

एक राजा राज्य कर रहा था। उसके किले में कई योग्य लोग बड़ी-बड़ी पदवियों पर थे। उसी राज्य में एक अक्लमन्द व्यक्ति था, किन्तु वह बेरोजगार था। वह अक्लमन्द था, बुद्धिजीवी था इसलिए चुप नहीं बैठ सका।

एक दिन सवेरे उसने एक मेज को किले के बाहर डाल दिया। कलम और स्याही लेकर वहाँ बैठ गया। किले के अन्दर जानेवाले व्यक्तियों को वह रोकता था, 'तुम कौन हो? क्या चाहिए?' इस तरह के प्रश्न पूछता था। वे उत्तर देते थे कि, मेरी अर्जी कचहरी में पहुँचानी है', 'मेरी प्रार्थना सुनानी है,' 'मुझे फलाँ-फलाँ आदमी से काम है,' 'पदवी के लिए अर्जी देनी है'...आदि...आदि। वह बेरोजगार उनके पास से वे सब पत्र ले लेता था और एक कोने पर हस्ताक्षर करता जाता था। धीरे-धीरे उसके हस्ताक्षर को इतना महत्त्व मिल गया कि उसके बिना किसी की अर्जी स्वीकृत नहीं की जाती थी। पहरेदार तथा वहाँ नौकरी करनेवाले समझते थे कि वह किसी बड़े अधिकारी के हस्ताक्षर हैं। आते-जाते सभी लोग इस बेरोजगार को देखते थे, किन्तु उन्हें यह मालूम नहीं था कि उनकी नियुक्ति किसी ने नहीं की है। वह खुद ही आकर यहाँ बैठा है। किले के अन्दर नौकरी करनेवाले यही सोचते थे कि शायद राजा ने उसको नियुक्त किया है। राजा खुद समझता था कि शायद यहाँ के स्टॉफ ने उसे नौकरी दी होगी।

अब जो भी कचहरी में आता, उस बेरोजगार के पास आता और उसके हस्ताक्षर लेता। यह एक नियम बन गया। लोग अपना काम करवाने के लिए इस बेरोजगार को रिश्वत भी देने लगे। इस तरह बेरोजगार ने अपनी आर्थिक स्थिति को सुधार लिया।

सरकार से उसको न वेतन मिलता था न भत्ता। कोई भी उससे कुछ नहीं पूछता था। इस तरह बेरोजगार की नौकरी बिना रुकावट चल रही थी।

एक दिन इस आदमी को तेज बुखार चढ़ गया। उस दिन वह वहाँ पर नहीं आ सका। अर्जी देनेवाले, रिश्वत देनेवाले सब वहाँ जमा हो गए। उनको कागज पर हस्ताक्षर नहीं मिले थे। उस बेरोजगार के हस्ताक्षर अर्जी पर नहीं हैं, इसलिए पहरेदार ने किसी को भी अन्दर नहीं जाने दिया। अगर कोई व्यक्ति पहरेदार को पैसे देकर अन्दर जाता था तो भी मुनीम कागज नहीं लेता था। वह पूछता था कि हस्ताक्षर कहाँ है? अगर मुनीम को पटाकर कागज बड़े अफसर को भेज दिए जाते थे तो भी वह कागज वापस लौटा देता था।

सब लोग चिल्लाने लगे। अब क्या किया जाए? धीरे-धीरे यह विषय राजा को मालूम हो गया। अब प्रश्न उठा कि वह कौन है? अधिकारी बोलने लगे कि हमने उसकी नियुक्ति नहीं की है। राजा ने भी कहा कि मैंने उसकी नियुक्ति नहीं की है। बाद में सत्य सबको मालूम हो गया। राजा सहृदय था इसलिए उस बेरोजगार को स्थायी नौकरी दे दी। उस बेरोजगार के साथ लोगों का भी इतना सम्बन्ध बढ़ चुका था कि वे भी उसे नहीं छोड़ सके।

हमारे पुरोहित की पदवी भी इसी तरह का स्वयंभू पदवी है। जहाँ काम नहीं, वहाँ पर इस प्रकार का नाटक किया गया कि वहाँ बहुत बड़ा काम है। अक्लमन्द था, बुद्धिजीवी था इसलिए उसने समाज को धोखे में रखा। उसे धर्माधर्म का विचक्षण नहीं था। धीरे-धीरे उसने समाज में महत्त्वपूर्ण स्थान बना लिया। केवल उपयोग तथा अर्थ से जुड़े हुए विवाह संस्कार में वह गूढ़ार्थ खोजने लगा। उसने सब लोगों को बेवकूफ बनाया। मंत्र, श्लोक, साधारण जनता की समझ में नहीं आते, इसलिए उन्होंने सोचा कि इनमें कुछ भी तो महत्त्व होगा। इसलिए साधारण जनता के मन में मंत्र तथा श्लोकों के प्रति तथा मंत्र श्लोक बोलनेवाले पंडितों के प्रति श्रद्धा और गौरव बढ़ गया। आजकल के विवाह संस्कारों में बोले जानेवाले मंत्रों में उस समय के समाज का प्रतिबिम्ब मिलता है। आज के सन्दर्भ में वे मूल्यहीन हैं। विवाह होने के बाद भी दूसरी औरत के पास जाने के लिए तैयार होनेवाले पुरुषों से पंडित ने 'नातिचरामि' कहलवाया।

कितना असत्य कहलवाया। पुरोहित तथा प्रीस्ट को मालूम ही था कि ऐसी शपथ लेनेवाला भी अनैतिक बनेगा ही। फिर भी कसम दिलाकर नाटक करवाया जाता है। क्यों ? स्त्री को बाँधकर रखने के लिए। पुरुष के विषय में? वह स्वेच्छाचारी है। अनैतिक काम करेगा तो भी दोष नहीं लगेगा। इसके लिए पुराण तथा शास्त्रों से ढूँढ़कर कुछ पंक्तियाँ दिखाई जाती हैं। उनका कहना है कि—कई फूलों पर भँवरे मँडराते हैं, फिर भी उन्हें दोष नहीं लगता।

इस तरह प्रीस्ट और पुरोहित ने एक बड़े अस्त्र को अपने हाथ में ले लिया। अगर विवाह संस्कार में ये नहीं है तो वह सनातन विवाह हो ही नहीं सकता। इससे विचित्र और कौन-सी बात हो सकती थी! क्योंकि हमारे पूर्वजों के सनातन विवाहों से पुरोहितों का कोई सम्बन्ध नहीं था।

अपने स्वार्थ के लिए पुरुष ने स्त्री के प्रति अन्याय किया, उसके अधिकारों को छीन लिया। धर्म के नाम पर पुरोहित ने अपने स्वार्थ के लिए उस पुरुष का पक्ष लिया। दोनों ने मिलकर स्त्री को पातिव्रत धर्म सिखाया। 'पतिदेव' शब्द की सृष्टि करके स्त्री को अपना गुलाम बनाया। पुरुष के लिए कोई नियम नहीं है, किन्तु स्त्री के लिए लाख नियम हैं। पुरुष ने इन नियमों की चौखट में स्त्रियों को बाँध दिया।

पातिव्रत्य माने सत्प्रवर्तन है, नीति-नियमों के साथ जीना है। इसमें नैतिक मूल्य का बोध होता है। इस प्रकार का अर्थ लिया जाए तो किसी को कोई आपत्ति नहीं है। स्वच्छ और सुदृढ़ समाज के लिए यही चाहिए। किन्तु पति कैसा भी हो, राक्षस हो, पापी हो, अनैतिक हो, पत्नी के लिए परमेश्वर है, यह कहना अर्थहीन है। दुनिया के तरह-तरह के क्रूर पतियों को परमेश्वर कहा जाएगा तो हम संकट में पड़ जाएँगे। लम्पट, हत्यारे, शराबी, परस्त्रीगामी पापी आदि सभी को परमेश्वर कहना पड़ेगा। ऐसा करना परमेश्वर को नीचे उतारने जैसा है। हम ऐसा कहकर परमेश्वर का अपमान कर रहे हैं। पुरोहितों ने 'पतिपरमेश्वर' शब्द को बहुत महत्त्व दिया। इससे बहुत अनर्थ हुआ। स्त्री को धोखा देकर दासी बनाने के लिए कल्पित किया गया। इस शब्द को पुरुष ने पकड़कर रखा। वह अपने आपको परमेश्वर मानकर चलने लगा। अपने हक को क्रूरता से चलाने लगा। पुरोहित की सहायता से उसने क्या-क्या नहीं किया? उसने कहा कि स्त्री को अक्ल नहीं है, वह अज्ञानी है। उसे स्वतंत्रता बिलकुल नहीं दी जानी चाहिए। उसे पढ़ना नहीं चाहिए। पति मर जाए तो भी पत्नी को इस लोक में पातिव्रत धर्म निभाना चाहिए। पराए पुरुष को आँख तक उठाकर नहीं देखना चाहिए। उसे हक मिला, इसलिए जितना हो सका उतना पशु बनकर स्त्री को सताया। अगर दुनिया में कहीं न्याय और न्यायपीठों में सच्चाई है तो स्त्री को इतनी क्रूरता से दासी बनाकर सताने के बदले में पुरुषों को कड़ी-से-कड़ी सजा मिलनी चाहिए। पुरुषों को खंड-खंड करके कौओं को डालना चाहिए।

समय बदल गया। नारी जाग्रत हो गई। वह अपने आपको पहचानने लगी। आज पुरुषों का ज्ञानोदय कराने के लिए वह प्रयत्न कर रही है। वह भारत को धर्म भूमि बनाना चाहती है। अन्य दुराचारों के साथ ही इन अर्थहीन विवाह सूत्रों को भी वह निर्मूल न करेगी। इन जड़ों को उखाड़कर फेंक देगी। इसमें कोई सन्देह नहीं होना चाहिए।

परिशिष्ट

कन्यादान

विवाह संस्कार में कन्यादान का बहुत महत्त्व है। इसके बिना विवाह अपूर्ण होता है। कन्यादान करने के बाद ही विवाह संस्कार पूर्ण माना जाता है। 'कन्यादान' शब्द से ही पता चलता है कि हम स्त्री को कितना महत्त्व देते हैं। दान कई प्रकार के होते हैं। गोदान, भूदान आदि। इस प्रकार के दान का अर्थ होता है कि अपनी गाय और भूमि पर जितने अधिकार हैं उन सभी अधिकारों को दाता दान लेनेवाले को दे देता है। दान में मिली वस्तुओं का उपयोग पुरुष कैसे भी कर सकता है। इन पर उसका हक बनता है। दान में मिली वस्तु को अपने पास रख सकता है। दूसरे को भी दे सकता है। नष्ट भी कर सकता है। किसी को उससे पूछने का अधिकार नहीं है। इसी प्रकार का हक कन्यादान की पद्धति में वर को मिलता है। माने वह उसे पशु के समान देखता है। इसलिए कुछ जातियों में वर द्वारा वधू के गले में एक रस्सी डालकर, जिस तरह पशुओं को लाया जाता है, उसी तरह घर लाने की प्रथा प्रचलित है। इस गले की रस्सी ने धीरे-धीरे मंगलसूत्र का रूप धारण कर लिया। जब गले की रस्सी को मंगलसूत्र बनाया गया तो धर्म के ठेकेदारों में यह विचार पैदा हुआ कि इसे एक गौरवपूर्ण वस्तु के रूप में देखा जाए। स्त्रियों में इसके प्रति कुछ आसक्ति पैदा करने के लिए इसे अनमोल आभूषण का रूप दे दिया गया। स्त्रियों के मन में इसके प्रति एक आदर पैदा हुआ। इस रस्सी में पुस्तेलु[1], तालिबोट्टु[2] पिरोए जाते हैं। तीन-चार काले पोते भी डाले जाते हैं। आज हमारे विवाहों में रस्सी के बदले मंगलसूत्र शब्द का उपयोग होता है। विवाह के दिन सुनार के घर से सुहागिन औरतें मंगलवाद्यों के साथ मंगलसूत्र लाती हैं। इस सूत्र में दो छोटे-छोटे गोल-गोल बिल्ले (तालिबोट्टु पुस्तेलु) होते हैं। यहाँ पर एक और मुख्य विषय बताना चाहता हूँ। हमारे पुरोहितों के मंत्रों में पुस्तेलु का उल्लेख नहीं है। पुस्तेलु का रिवाज उत्तर प्रदेश में तथा तमिल

---

1. तेलुगु शब्द है, इसका अर्थ होता है बिल्ले।
2. तेलुगु शब्द है, इसका अर्थ भी बिल्ले ही होता है।

लोगों में नहीं है। हमारे आन्ध्र में पुस्तेलु विवाह का एक महत्त्वपूर्ण चिह्न बन गईं। पवित्र बन गईं। पूजनीय बन गईं। तलंबरालु (तलब्रालु) की प्रथा आन्ध्र में है। चावल में हल्दी मिलाई जाती है। इन पीले चावलों को तलंबरालु कहते हैं। आन्ध्र में वैवाहिक संस्कार में इन चावलों का महत्त्वपूर्ण स्थान है।

इतनी निकृष्ट भावना से पशु की तरह बाँधकर लाने के बाद भी वर-वधू से कहता है कि (मंत्रों के रूप में पुरोहित कहलाता है, इन मंत्रों का अर्थ इस प्रकार है) 'मुझ पर तुम्हारा अधिकार है,' 'सास, ससुर, जेठानी, देवरानी आदि पर तुम्हारा ही अधिकार है। होनेवाली सन्तान पर भी तुम्हारा अधिकार है।' वह स्त्री को घर में लाता है और कहता है कि 'यह घर तुम्हारा है, ये वस्तुएँ तथा धन तुम्हारे ही हैं।' वह एक ओर स्त्री को दासी बनाकर ला रहा है और दूसरी ओर इस प्रकार कह रहा है। सचमुच यह हास्यास्पद तथा विचित्र लगता है। वधू कहती है कि (पुरोहित उससे कहलवाता है। मंत्रों का अर्थ इस प्रकार है) 'मैं तुम्हारा घर सँभालूँगी, निर्मल मन से तुम्हारे बच्चों की माँ बनूँगी।'

विवाह के चिह्न

किसी स्त्री के गले में मंगलसूत्र है तो हम समझ लेते हैं कि वह विवाहिता है। अगर माथे पर तिलक नहीं हो तो हम समझते हैं कि वह या तो अविवाहित है या विधवा है। काले पोत और काली चूड़ियाँ भी कुछ जातियों में विवाहिता के चिह्न हैं। कुछ जातियों में एक प्रकार की डिजाइन में गोदे हों तो समझ सकते हैं कि स्त्री विवाहिता है।

इसी तरह अविवाहिता के लिए भी कुछ चिह्न हैं। एक जाति में स्त्री अगर बालों को पिगटेल की स्टाइल में बाँधे तो समझना चाहिए कि अभी उसका विवाह करने का विचार नहीं है। अगर वह दो चोटियाँ डालेगी तो यह समझ लेना चाहिए कि वह विवाह करना चाहती है। युवक उससे अपने आपको परिचित करा सकते हैं और विवाह करने का प्रयत्न कर सकते हैं। आन्ध्र में भी अविवाहितों के लिए इस प्रकार के चिह्न हैं। स्त्री एक आभूषण, जो गले में पड़ा रहता है, पहनेगी तो उसे कन्या समझ लेना चाहिए। इस आभूषण को कृत्ति गन्टु कहते हैं। यह मृदंग के आकार में बनाया जाता है। यह दो इंच का होता है। कुछ प्रदेशों में इसे 'रूपु' भी कहते हैं।

कुछ जातियों में विवाह के दिन छल्ले दिए जाते हैं। विवाह का चिह्न यही है। आन्ध्र की कुछ जातियों में छल्ले को प्रधानता दी जाती है। जिस प्रकार मंगलसूत्रों को बैंड-बाजे के साथ सुनार के घर से सुहागिन औरतें लाती हैं, उसी तरह छल्ले भी लाए जाते हैं। विधवा होते ही ये चिह्न निकाल दिए जाते हैं।

समरता-चिम्मिली

दुनिया की लगभग सारी जातियों में स्त्रियों के सयानी होते ही उनके बारे में कई एहतियात बरती जाती है। इस सन्दर्भ में कुछ रीति-रिवाज भी निभाए जाते हैं। इस दौरान कुछ चीजें खाना मना होता है। कुछ काम करना भी मना होता है। आरम्भिक काल में पहली बार लड़की के सयानी होते ही उसे एक अँधेरी गुफा में या अँधेरे कमरे में रखा जाता था। इसका उद्‌देश्य यही था कि उस पर किसी की नजर नहीं पड़नी चाहिए। सभ्य समाज में भी इस सन्दर्भ में कई नियम पाले जाते हैं। लड़की हरे पत्तों से बनाई गई चटाई पर बिठाई जाती है। लड़की को पथ्य भी करना पड़ता है। अगर यह पूछा जाए कि आप ऐसा क्यों करते हैं? तो उनका उत्तर यही होगा कि रजस्वला होने के बाद होनेवाले रक्तस्राव के आश्रय में कुछ दुष्ट शक्तियाँ और भूत भी रहते हैं। इस रक्त का स्पर्श अगर भूदेवी को हो जाएगा तो भूमि दग्ध हो जाएगी। निस्सार बन जाएगी। लड़की के गुप्तांगों के आश्रय में रहती हैं। केवल उस लड़की को ही नहीं, सारे समाज को इन दुष्ट शक्तियों द्वारा नष्ट किए जाने का डर रहता है। इस डर से बचने के लिए ग्रीक देश में एक रिवाज निभाया जाता है। इसमें तिल और शहद मिलाकर कूटा जाता है। इस मिश्रण को गारे[1] तथा बूरे[2] की तरह बनाकर गाँव के लोगों में बाँटा जाता है। लोगों मे विश्वास है कि इस तरह गुप्तांगों के आकार में गारे, बूरे बनाकर बाँटने से लड़की के अंगों से लिपटी हुई क्षुद्र शक्तियाँ और दोष आदि दूर हो जाते हैं।

आन्ध्र में लड़की के रजस्वला होने के बाद चिम्मिलि[3] बाँटी जाती है। ग्रीक भाषा में तिल को 'सिसेम्' कहते हैं। शहद को मिलाय कहते हैं। इन दोनों शब्दों को जोड़कर उच्चारण किया जाए तो 'सिसेम्मिलाय' बन जाता है। हम शहद के बदले में गुड़ का उपयोग करते हैं। गुड़ और तिल कूटकर चिम्मिलि बनाते हैं। सिसेम्मलाय में 'सि' को निकाल दिया जाए तो सेम्मिलाय बनता है। तेलुगु शब्द में चिम्मिलि तथा ग्रीक शब्द सेम्मिलाय में बहुत साम्य है। सिसेम्मिलाय तथा चिम्मिलि में उपभोग की जानेवाली वस्तुएँ एक ही प्रकार की हैं। सिसेम्मिलाय तथा चिम्मिलि एक ही सन्दर्भ में बाँटी जाती है। इनके पीछे का उद्‌देश्य भी एक ही है।

---

1. आन्ध्र में बनाया जानेवाला एक व्यंजन है। उड़द की दाल भिगोकर पीसी जाती है। छोटी-छोटी गोलाकर आकृतियाँ बनाकर तेल में तलते हैं। बड़ा भी इसी प्रकार बनाया जाता है। किन्तु गारे गोलाकार में बनाया जाता है। बीच में छिद्र किया जाता है। बड़ा में यह छेद नहीं रहता है।
2. आन्ध्र में बनाया जानेवाला एक व्यंजन है। चावल भिगोए जाते हैं। भीगे चावल को कूटा जाता है। कूटने से चावल का आटा बनता है। गुड़ के पाक में यह आटा पकाया जाता है। इस मिश्रण को छोटे-छोटे गोले बनाकर वनस्पति तेल में तलते हैं।
3. तिल तथा गुड़ को कूटते हैं। इस मिश्रण को चिम्मिलि कहते हैं।

अरिवेणी

हमारे विवाह संस्कार में रंग लगाए गए कुम्भों का एक प्रमुख स्थान है। जिस तरह विवाह के समय सुहागिन स्त्रियाँ मंगलसूत्र, छल्ले आदि स्वर्णकार के घर से मंगलगीत गाते हुए लाती हैं, उसी तरह रंग दिए गए कुम्भ को भी कुम्हार के घर से लाती हैं। चेमकूर वेंकटकवि[1] ने इसका वर्णन किया है। ये कुम्भ ऐरेनि, ऐरेणि, अरिवेणि आदि नामों से पुकारे जाते हैं। इतने रूप बदलने के कारण यह शब्द तेलुगु का नहीं रहा। यह शब्द ईरान देशवासियों का है क्योंकि आज भी खुदाई में ऐसे रंगे गए कुम्भ के टुकड़े इस प्रान्त में मिलते हैं। ये कुम्भ कुल देवता, पितृ देवता कहे जाते हैं। लोग भक्ति व श्रद्धा से इसकी पूजा करते हैं। हमारे समाज मे भी कुम्भ को कुलदेवता, पितृ देवता कहते हैं। किन्तु इसमें भक्ति दिखाई नहीं पड़ती है। हम कुछ अर्थहीन प्रथाएँ निभाते हैं। इन्हें छोड़ने में ही हम सबकी भलाई है।

आठ प्रकार के विवाह

आठ प्रकार की विवाह की पद्धतियाँ शास्त्रसम्मत हैं। शास्त्रों ने इन पद्धतियों की प्रमुख विशेषताओं के बारे में वर्णन किया है–

1. ब्राह्म विवाह : वर के परिवारवालों का खुद वधू के परिवारवालों के पास न आने पर भी कन्यादाता द्वारा खुद प्रयत्न करके कन्या को देना।

2. प्राजापत्य विवाह : वर द्वारा कन्या को विवाह करने के लिए स्वीकृति देने के बाद 'तुम इसे पत्नी के रूप में स्वीकार करो' कहकर कन्यादाता द्वारा कन्या को देना प्रजापत्य विवाह होता है।

3. आर्ष विवाह : वर के पास से एक-दो जोड़ी पशु को लेकर अपनी कन्या को देना आर्ष विवाह है।

4. दैव विवाह : कन्यादाता द्वारा यज्ञ करते समय ऋत् विक्रूक को (दक्षिणा लेकर यज्ञ करनेवाला) अपनी कन्या को दान देना दैव विवाह होता है।

5. गान्धर्व विवाह : वर-वधू का एक-दूसरे पर मोहित होकर बड़ों की अनुमति बिना ही एक हो जाना गान्धर्व विवाह होता है।

6. असुर विवाह : पैसे देकर कन्या को खरीदना असुर विवाह होता है।

7. राक्षस विवाह : लड़की के परिवारवालों से झगड़ा अथवा मारपीट करके लड़की को जबर्दस्ती लाना राक्षस विवाह होता है।

8. पैशाचिक विवाह : नींद में रहनेवाली स्त्री से बलात्कार करना पैशाचित विवाह होता है।

---

1. तेलुगु का कवि।

आज हमारे देश में जो विवाह हो रहे हैं, वे सब शास्त्रसम्मत नहीं हो रहे हैं। देशकाल परिस्थितियों के अनुसार भी हो रहे हैं। मन्दिर में वर-वधू द्वारा अपने-अपने नाम बताकर प्रसाद लेने की एक पद्धति है। अँगूठियाँ बदलना भी एक पद्धति है। रजिस्टर्ड मैरिज भी एक पद्धति है। रिश्तेदारों के बीच में वर-वधू द्वारा 'हम दोनों विवाह करना चाहते हैं' कहकर विवाह की निमंत्रण पत्रिका पर हस्ताक्षर करना भी एक पद्धति है। इसके अलावा स्त्री-पुरुष शाखान्तर विवाह, अन्तर्जातीय विवाह आदि भी हो रहे हैं। आज दुनिया में इन विवाहों को भी गौरवपूर्ण स्थान हासिल है। राष्ट्रीय एकता के लिए, शान्ति के लिए ऐसे विवाहों की आवश्यकता है। इस सत्य को जानकर इन विवाह पद्धतियों को प्रोत्साहन देना और स्वयं ऐसे विवाह करना आज बहुत जरूरी है।

लोहे की कमरपेटियाँ

प्रस्तावना

श्री तापी धर्माराव की पुस्तक 'इनपकच्चडालु' (तेलुगु पुस्तक) का हिन्दी अनुवाद 'लोहे की कमरपेटियाँ' डॉ. (श्रीमती) सी. वसन्ता ने किया है। कमरपेटी एक प्रकार से 'पवित्र बन्धन' है। इसके पीछे सामाजिक अवधारणा यही है। अनुवाद में 'लोहे की कमरपेटियाँ' शब्द में 'पवित्र' वाला भाव नहीं आ सका है। तेलुगु शब्द 'इनपकच्चडालु' में 'पवित्र बन्धन' का भाव भी निहित है। शब्द के साथ संस्कार जुड़ते हैं और उनका जुड़ना सम्बन्धित संस्कारों के प्रचलित रहने पर ही सम्भव है। पुस्तक में तापी धर्माराव ने विषय का सामाजिक तथा सांस्कृतिक परिचय ऐतिहासिक परिप्रेक्ष्य में दिया है। यह परिचय विषय के गुण-दोषों को उजागर करता है। इससे नर तथा नारी के चिरन्तन और न टूटनेवाले सम्बन्धों की जानकारी भी मिलती है। मूलतः यह पुस्तक समाज-मनोविज्ञान से सम्बद्ध है।

तापी धर्माराव का जन्म 19 सितम्बर, 1887 को और निधन 8 मई, 1973 को हुआ। 86 वर्ष के जीवन में उन्होंने अनेक पुस्तकें लिखकर समाज को शिक्षित करना चाहा है। लेखन के लिए उन्होंने ऐसे विषयों का चयन किया जिन्हें व्यावहारिक रूप में वे प्रत्यक्ष रूप से देखते थे किन्तु उन विषयों पर लिखी हुई पुस्तकें उन्हें नहीं मिलीं। आँखों-देखी सामग्री को, सामने उपस्थित तथ्यों को–तथा उनके कारण समाज में प्रचलित कुप्रथाओं को–देखकर वे चुप नहीं रह सकते थे। उनके मन में द्वन्द्व हुआ और उन्होंने उनका समाधान खोजना चाहा। जिज्ञासु वृत्ति से तथ्य एकत्रित किए और पुस्तकें लिखीं। उनकी पुस्तकों में ज्ञान से अधिक अनुभव है और परम्परा से अधिक व्यावहारिक तथ्य हैं। ऐसे तथ्य हैं जिनकी ओर देखकर भी लोग अनदेखा कर जाते हैं और जानकर भी अनजान बन जाते हैं। सच कहने के लिए साहस, धैर्य तथा आत्मबल की आवश्यकता होती है। तापी धर्माराव अपने इन गुणों के कारण ही इस प्रकार की पुस्तकें लिख पाए हैं। 'लोहे की कमरपेटियाँ' इसका प्रमाण है।

पुस्तक छोटी है। आकार लघु है किन्तु कार्य महान है। पुस्तक को 17 शीर्षकों में विभाजित किया गया है; ये हैं–यह कल्पना नहीं, सत्य है; यह कैसी विसंगति है; चर्म की पट्टियाँ और लोहे की कमरपेटियाँ; लज्जाजनक कमरपेटियाँ आभूषणों के रूप

में; मरुगु-बिल्लाएँ और कमरपेटियों का निर्माण-विधान; आगामी संकट; एक पत्नी की कहानी; पोएंजर कमरपेटी; कमरपेटियों का निर्माता; इटली का दावा : करारा कमरपेटी; काल्मार और कलूनी कमरपेटियाँ; न्यायालयों में कमरपेटियाँ! कठिन दंड; कमरपेटियों के कारखाने और उनके विज्ञापन; ग्रन्थों में कमरपेटियों का वर्णन; पति-पत्नी की मनोव्यथा; पुरुषों के राक्षसी कृत्य, और, पुरुषों की मूर्खता के स्मृति-चिह्न। ये सभी शीर्षक पुस्तक की विषय-सामग्री का परिचय अपने आप देते हैं।

पुस्तक में सृजनात्मक गुण हैं। तथ्यों को उघाड़कर रखने में व्यंजना है। व्यंजना चोट पहुँचानेवाली है और समाज को जाग्रत करनेवाली भी। समर्थन और विरोध को सन्तुलित रूप में रखा गया है। पुस्तक में समाज-कल्याण की भावना है। देश-विदेश की सामग्री पुस्तक में है। पुस्तक का स्वरूप सार्वभौमिक है तथा नर और नारी के चिरन्तन आकर्षण के सामाजिक स्वरूप का विवेचन भी इसमें किया गया है। डॉ. (श्रीमती) सी. वसन्ता ने श्रमपूर्वक पुस्तक का साधु अनुवाद कर इस विषय की सामग्री को सबके लिए सुलभ किया है। तापी धर्माराव की इसी प्रकार की अन्य पुस्तकों का अनुवाद भी वे कर रही हैं। मुझे विश्वास है कि पुस्तक का उचित स्वागत होगा। श्री अशोक महेश्वरी इस पुस्तक को प्रकाशित कर समाज-कल्याण का कार्य कर रहे हैं। इसलिए वे भी बधाई के पात्र हैं। इति शुभम्।

—राजमल बोरा

निवेदन

कमरपेटी मानव-स्वभाव की पशुता का प्रतिबिम्ब है। किसी एक वस्तु को बनाने के पीछे कई कारण होते हैं। कमरपेटी के सन्दर्भ में भी यह सत्य सिद्ध होता है। गुलाब के फूलों में काँटों की तरह हमारी सुनहरी संस्कृति में कई कुप्रथाएँ विद्यमान हैं। सबको यह सत्य विदित है कि सती-प्रथा, कन्या-शुल्क, विधवा-विवाह, बहुपति-विवाह, दहेज प्रथा आदि कुप्रथाएँ मानव की गरिमा को पूर्ण रूप से मिटा चुकी हैं। स्त्री और पुरुष इस समाज के दो अंग हैं। ये कुप्रथाएँ इनमें से एक अंग को पूर्ण रूप से नष्ट कर रही हैं। इसलिए समाज के पंगु बन जाने का खतरा पैदा हो रहा है। कमरपेटियों की प्रथा भी एक ऐसी ही सामाजिक कुप्रथा है।

कमरपेटी का नाम सुनते ही, यह क्या चीज होती है, कमरपेटी क्यों बनाई गई, किसलिए, कैसे बनाई जाती है, इसका निर्माण-विधान क्या होता है, यह कहाँ उपलब्ध होती है, क्या स्त्री और पुरुष दोनों ही इसका इस्तेमाल करते हैं, क्या ऐसी चीजें बनानेवाले कारखाने भी होते हैं, आदि, कई प्रश्न पाठकों के मन में उठना स्वाभाविक है। तेलुगु रचना 'इनपकच्चडालु' इन प्रश्नों का समाधान है। 'इनपकच्चडालु' तेलुगु शब्द है जिसका पर्याय अंग्रेजी में Chastity Belt है। हिन्दी में इसे 'कमरपेटी' कहते हैं। स्वर्गीय श्री तापी धर्मारावजी ने इतिहास के पृष्ठों को पलटकर, अनेक प्रदर्शनियों से प्रत्यक्ष निरीक्षण कर कमरपेटियों के बारे में कुछ तथ्य ढूँढ़ निकाले हैं। सन् 1940 में उन्होंने कमरपेटियों पर 'कागड़ा' नामक तेलुगु पत्रिका में लेख लिखे थे। बाद में ये लेख पुस्तक के रूप में प्रकाशित हुए।

स्वर्गीय श्री अमृतलाल नागरजी ने अपनी रचना 'ये कोठेवालियाँ' में कमरपेटियों का जिक्र किया है। 'वर्षों पूर्व 'वुमेन' नामक तीन विशाल खंडोंवाला एक अमेरिकन ग्रन्थ मेरे देखने में आया था। उसके पहले या दूसरे भाग में विश्व-नारी का इतिहास था और बाकी अंश एलोपैथी की डॉक्टरी से सम्बन्धित था। इसमें मैंने पुराने जमाने की उन धातु की कमरपेटियों के फोटोग्राफ देखे थे जो यूरोपीय सामन्त घर से बाहर जाने पर अपनी पत्नियों को पहनाकर उन पर ताला या मुहर जड़ जाते थे !' ('ये कोठेवालियाँ,' लोकभारती प्रकाशन, पृ. 72)

लोहे की कमरपेटियों का निर्माण क्यों हुआ, इसे समझने के लिए स्त्री-पुरुष सम्बन्धों के बारे में जानना होगा। इस रचना में इन सम्बन्धों पर रोशनी डाली गई

है। जब भी सम्बन्ध बदलते हैं, प्रथाओं पर इसका प्रभाव भी पड़ता है। समाज के मुख्यतः दोनों रूपों—मातृप्रधान समाज व पितृप्रधान समाज—में कमरपेटी की प्रथा प्रचलित थी। आज भी यह प्रथा कुछ देशों में चल रही है। धर्मारावजी का कहना है कि आन्ध्र प्रदेश में लड़कियों के गुप्तांगों पर डाली जानेवाली मरुगुबिल्लाएँ (गुप्तांगों को छुपानेवाले बिल्ले, लाज-रक्षण के बिल्ले) कमरपेटियों का ही इमिटेशन हैं। इस कुप्रथा ने मानव के आत्मगौरव को छीन लिया। उसे भ्रष्ट कर दिया। एक जमाने का बर्बर मानव सभ्यता के ऊँचे आदर्शों को प्राप्त करने के बावजूद भीतर से आज भी कहीं पशु ही है। स्व. तापी धर्मारावजी ने रोचक ढंग से तथा व्यंग्यात्मक शैली में इस तथ्य को पाठकों के सामने रखने का प्रयत्न किया है। इस रचना को पढ़ने के बाद हमें पुराने समाज के रीति-रिवाज और मानव के स्वभाव के बारे में जानकारी प्राप्त होती है। यह रचना एक तस्वीर है जिसमें अतीत झलकता है। इस अतीत से वर्तमान का गहरा सम्बन्ध है। कमरपेटी पूर्वी सभ्यता की देन है जो धीरे-धीरे सारे विश्व में प्रचलित हो गई। कमरपेटी पहनना एक प्रथा बन गया। इस कुप्रथा ने मुख्यतः स्त्रियों पर कई तरह के अन्याय किए हैं।

कमरपेटियों से सम्बन्धित जानकारी अंग्रेजी पुस्तकों में प्राप्त होती है। लेकिन इस तरह की कोई रचना हिन्दी में उपलब्ध नहीं है। तेलुगु की 'इनपकच्चडालु' ही एक ऐसी रचना है। इसमें कमरपेटियों के सन्दर्भ में स्त्री-पुरुष सम्बन्धों, उनके स्वभावों, कमरपेटियों के निर्माण-विधान, इनसे सम्बन्धित कहानियों, कमरपेटियों के बारे में दिए जानेवाले विज्ञापनों में कमरपेटियों के चित्र, इनसे सम्बन्धित ग्रन्थों का विवरण, तेलुगु साहित्य में कवियों द्वारा इनके वर्णनों आदि पर रोशनी डाली गई है। अन्य भारतीय भाषाओं में इस तरह की कोई रचना उपलब्ध नहीं है। इसलिए मैंने सोचा कि राष्ट्रीय भाषा हिन्दी में इसका अनुवाद होना चाहिए। पाठकों के लिए यह एक नया विषय होगा। समाजशास्त्र की दृष्टि से भी यह रचना महत्त्वपूर्ण है।

तेलुगु से हिन्दी में अनुवाद करते समय इस विषय से सम्बन्धित पुस्तकें उपलब्ध न होने के कारण (अगर उपलब्ध हैं तो मेरा उनसे परिचय न होने के कारण) तेलुगु के कुछ शब्दों के समानार्थी हिन्दी शब्द ढूँढ़ना मेरे लिए कठिनं था। तेलुगु शब्द 'इनपकच्चडालु' में एक धार्मिक क्रूरता की भावना झलकती है किन्तु हिन्दी के 'लोहे की कमरपेटी' पद में इस प्रकार की भावना पूर्ण रूप से व्यक्त नहीं होती। कुछ तेलुगु शब्द जैसे मरुगुबिल्ला[1], सिग्गुबिल्ला के लिए भी समानार्थी हिन्दी शब्द नहीं मिलते

1. मरुगुबिल्ला का अर्थ है मर्मांगों को छुपानेवाला बिल्ला। मरुगुबिल्ला और सिग्गुबिल्ला तेलुगु के शब्द हैं। सिग्गुबिल्ला का अर्थ होता है लाज-रक्षा का पदक। ऐसे पदक (सोने-चाँदी के) लड़कियों के मर्मांगों को छुपाने के लिए बनाए जाते हैं। दक्षिण भारत में मुख्यतः आन्ध्र प्रदेश में यह रिवाज है।

हैं, इसलिए मैंने इन शब्दों का यथावत् प्रयोग किया है। तेलुगु में शीषक बड़े-बड़े हैं। ये शीर्षक पाठकों पर अधिक प्रभाव डालने की क्षमता रखते हैं किन्तु इन शीर्षकों का हिन्दी अनुवाद हिन्दी भाषा के अनुरूप नहीं है, इसलिए मैंने शीर्षक छोटे करने का प्रयत्न किया है। हर एक भाषा के अपने विशिष्ट गुण एवं विशेषताएँ होती हैं। मूल रचना में पाठकों को प्रभावित करने के लिए एक ही अर्थ को व्यक्त करनेवाले कई वाक्य व्यंग्यात्मक शैली में प्रयोग किए गए हैं। अनुवाद में भी पाठकों को प्रभावित करने के लिए कहीं-कहीं वाक्य दोहराए गए हैं। जहाँ तक हो सका, वहाँ तक मैंने मूल लेखक की भावनाओं को अनुवाद में प्रतिबिम्बित करने का प्रयत्न किया है। अनुवाद में कुछ त्रुटियाँ-कमियाँ भी हो सकती हैं, पाठकों से मेरा निवेदन है कि इन्हें सहृदयता से ग्रहण करें।

स्वर्गीय धर्मारावजी से परिचय प्राप्त करने का सौभाग्य मुझे बचपन में प्राप्त हुआ। तब वे वयोवृद्ध थे। उस वटवृक्ष के सामने मैं छोटा सा पौधा थी। मैं इसे अपना सौभाग्य समझती हूँ कि उन जैसे एक महान तेलुगु लेखक की रचनाओं का अनुवाद करने का अवसर मुझे मिला है।

स्वर्गीय धर्मारावजी के पुत्र आदरणीय श्री मोहनरावजी को मैं धन्यवाद अर्पित करती हूँ जिन्होंने मुझे अनुवाद करने के लिए अनुमति देकर प्रोत्साहित किया। अनुवाद एक यज्ञ है। यह यज्ञ पूर्ण करने के लिए मुझे कतिपय विद्वानों की सहायता और आशीर्वाद मिले हैं। श्री डॉ. राजमल बोरा, डॉ. सुरेश दत्त अवस्थी, डॉ. भगवानदास वर्मा, डॉ. वै. नागेश्वर राव, मेरे बड़े जीजाजी डॉ. एटुकूरू प्रसादराव, बड़ी बहिन श्रीमती कुसुम और मेरे पति–इन सबके प्रति मैं अपनी आदरांजलि अर्पित करती हूँ।

–डॉ. सी. वसन्ता

योद्धा युद्ध में जाते समय अपनी पत्नी को लोहे की कमरपेटी दे रहा है।
(मध्यकालीन चित्र)

यह कल्पना नहीं, सत्य है

तेलुगु साहित्य के प्राचीन कवि श्री पेदन्ना ने अपने काव्य में एक सन्दर्भ में कमरपेटियों का जिक्र किया है। नायक प्रवरकुमार को अपनी ओर आकर्षित करने के लिए नायिका वरुधिनी प्रयत्न करती है। इस सन्दर्भ में वह कहती है :

कमरपेटियाँ पहनकर अपने इन्द्रिय-संयम
पर गर्व करनेवाले महर्षि भी कभी-कभी
कमलनेत्रियों के बन्दी हो जाते हैं।

पेदन्ना कैसे जानते थे कि कमरपेटियाँ इन्द्रिय-संयम के साधन हैं? क्या उस जमाने में भी कमरपेटियाँ प्रचलित थीं? वास्तव में कमरपेटियाँ क्या हैं? क्या सचमुच ऋषि-मुनि इन्हें पहनते थे? इन कमरपेटियों को कौन लोग बनाते थे? क्या कोई एक ही व्यक्ति बनाता था? क्या मुनियों के अलावा साधारण व्यक्ति भी इन्हें पहनते थे? क्या कमरपेटियों का उपयोग केवल स्त्रियाँ ही करती थीं? क्या पुरुषों के लिए भी संयम के कुछ साधन थे? क्या कमरपेटियाँ पहनने की प्रथा के पीछे मानव-स्वभाव का भी कोई हाथ है?

बुद्धिजीवियों के मन में इन प्रश्नों का उठना स्वाभाविक है। इन प्रश्नों पर रोक भी नहीं लगाई जा सकती है। सत्य यह है कि कमरपेटियाँ मात्र कवि-कल्पना नहीं हैं। पुराने जमाने में कमरपेटियों का वास्तव में इस्तेमाल होता था। आज भी कुछ देशों में कमरपेटियाँ पहनने की प्रथा चल रही है। एक जमाने में पुरुष कमरपेटियों को वासना पर संयम रखने के साधन के रूप में इस्तेमाल करते थे। धीरे-धीरे वे स्त्रियों को कमरपेटियाँ इस्तेमाल करने के लिए मजबूर करने लगे।

क्या स्त्री और पुरुष अलग-अलग प्रकार की कमरपेटियाँ पहनते थे? ये क्यों थीं? कैसी थीं? क्या आज कमरपेटियों के चिह्न कहीं दिखाई देते हैं? इनका पहला रूप कैसा था? इनका आजकल का विकसित रूप क्या है?–आदि प्रश्नों के उत्तर जानने के लिए मानव-इतिहास के पृष्ठों को फिर एक बार पलटना होगा। सूक्ष्म दृष्टि से देखना होगा। तो चलें, इन प्रश्नों के उत्तर ढूँढ़ने के लिए हम इतिहास के पिछले पृष्ठों की ओर दृष्टिपात करें।

इस सृष्टि में कई तरह के जानवर हैं। मानव भी जानवर है। हर एक जानवर की अपनी कुछ विशेष प्रवृत्तियाँ होती हैं, किन्तु सभी प्राणियों के बीच कुछ समान प्रवृत्तियाँ भी होती हैं। ये प्रवृत्तियाँ जाति के लिए अनिवार्य हैं। इन प्रवृत्तियों के अभाव में सम्पूर्ण जाति लुप्त हो जाती है। इन प्रवृत्तियों के कारण ही यह सृष्टि चल रही है।

आहार और निद्रा जिस तरह सभी प्राणि-जातियों के लिए अनिवार्य है, उसी तरह कामेच्छा भी एक प्राकृतिक स्वभाव है जिससे कोई नहीं बच सकता। वासना जाग्रत होने के लिए किसी कारण की आवश्यकता नहीं है, न किसी प्रशिक्षण ही। जीवन ही वासना को जाग्रत करता है। प्रकृति ही उसे प्रेरणा देती है।

यह सत्य सब जानते हैं कि खाने की इच्छा कितनी प्रबल होती है। सभ्य मानव ने भूख मिटाने के लिए मृत घोड़ों को भी खाया है। ऐसी पतिव्रताएँ भी रही हैं जिन्होंने अपनी भूख मिटाने के लिए पति के शव पर चढ़कर फल तोड़कर खाए थे। ऐसे शूरवीर भी थे जिन्होंने अपने साथियों के शवों को चबा डाला था। भूख आदमी से कुछ भी करवा सकती है।

वासना भी मानव की एक अनिवार्य भूख है। वासना के सामने सबको नतमस्तक होना पड़ता है। प्राचीन कवियों ने वासना के महत्त्व का वर्णन कई ग्रन्थों में किया है। हमारे पुराण, ऋषियों के इतिहास वासना के महत्त्व का उद्घोष करते हैं। एक अनुभवी महात्मा ने कहा है :

तेषाम् इन्द्रियम निग्रहम् यदि भवेत् विंध्यः जलवेत सागरे।

कन्दमूल-फल खानेवाले ऋषि विश्वामित्र और पराशर जैसे महामुनि भी वासना के सामने नहीं टिक सके। स्वादिष्ट भोजन करनेवाले, दूध-घी खानेवाले साधारण आदमी के बारे में तो क्या कहें? भर्तृहरि ने कहा है कि अगर इन्हें इन्द्रिय-संयम होता तो विन्ध्याचल पर्वत समुद्र में लकड़ी की तरह न तैर जाता? वासना में इतनी प्रबल शक्ति होती है। इस प्रबल वासना के बारे में कौन नहीं जानता? कोई है, जो कह सके कि 'वासना को मैंने वश में कर लिया है'! किन्तु वासना को वश में रखने की आवश्यकता ही क्या है? यह तो सहज और प्राकृतिक है। आहार पर संयम करने का प्रयत्न किसी जानवर ने किया है? इस सृष्टि में कोई भी प्राणी काम पर संयम करने का प्रयत्न नहीं करता, तो फिर केवल मानव ही इसके लिए प्रकृति के विरुद्ध चलने का प्रयत्न क्यों करता है?

प्रकृति के विरुद्ध चलने में ही मानव को बड़प्पन लगा। पशुओं के समान जीना उसे अच्छा नहीं लगता इसलिए उसने प्रवाह को रोकने का प्रयत्न किया। जानवर से भिन्न जीवन जीने के लिए उसने ऐसा सोचा परन्तु उसे कई मुसीबतों का शिकार होना पड़ा। उसका जीवन असहज हो गया। वह इसी से प्रसन्न हुआ। इन्द्रिय संयम

के लिए और अधिक प्रयत्न करने लगा किन्तु उसे पराजित होना पड़ा, प्रकृति के सामने उसे नतमस्तक होना पड़ा।

कठोर संयम के लिए उसे दूसरे साधनों की खोज करनी पड़ी। उसने नपुंसक बनने का प्रयत्न किया। इससे कुछ सफलता मिली। उसका गौरव बढ़ गया किन्तु इन सब साधनों से वह सन्तुष्ट नहीं हुआ। अन्त में कमरपेटियाँ बनाने लगा। धार्मिक साधन के रूप में कुछ लोग इन्द्रिय संयम करने लगे तो कुछ लोग महान् बनने के लिए। वास्तव में देखा जाए तो संयम के नाम पर किया गया यह कार्य अपराध है।

हर व्यक्ति अपनी इच्छा से कमरपेटी पहने तो कोई आपत्ति नहीं है किन्तु दूसरे व्यक्ति को कमरपेटी पहनने के लिए मजबूर करना क्रूर कार्य है, अपराध है। किसी एक व्यक्ति की इच्छा के दमन से दूसरे व्यक्ति का क्या सम्बन्ध है? गहराई से सोचेंगे तो इसके पीछे एक भावना दिखाई पड़ती है।

बछड़े के मुँह को हम क्यों बाँधते हैं? दाँय करते समय बैलों के मुँह को जाल से क्यों बन्द करते हैं? इसका कारण क्या है? व्यक्ति सोचता है कि बछड़ा मेरी सम्पत्ति है, इस पर मेरा हक है, हम चाहेंगे तभी वह दूध पी सकता है। बैल, घोड़े आदि की इन्द्रियों पर भी हम हक जताते हैं, उन्हें उनकी स्वेच्छा पर हम नहीं छोड़ते। बैल हमारा धन है, इसलिए उस पर हमारा हक है, उसे अपनी इच्छा के अनुसार हम उपयोग कर सकते हैं। यह सब सम्पत्ति है, इसलिए इन पर और किसी का अधिकार नहीं। उनके सुख-दुख के बारे में भी हम नहीं सोचते, केवल हम अपनी सम्पत्ति पर अधिकार जताते हैं। पशु के सन्दर्भ में ही नहीं, मानव के सन्दर्भ में भी हम इसी प्रकार अधिकार जताते हैं। पशु और मानव के लिए अलग-अलग धर्म भला कैसे हो सकता है?

मातृप्रधान समाज में पुरुष स्त्री की सम्पत्ति बन जाता है। स्त्री उस पुरुष पर अपना हक मानती है। अपनी इस सम्पत्ति को वह किसी को नहीं देती है। अगर पुरुष विरोध करता है तो स्त्री उसके हाथ-पाँव तोड़ने के लिए भी तैयार हो जाती है। उसके दुख से स्त्री का कोई सम्बन्ध नहीं है। इसी तरह पुरुष प्रधान समाज में स्त्री पुरुष की सम्पत्ति बन जाती है। पुरुष पूर्ण रूप से अपनी इस सम्पत्ति को मुट्ठी में रखता है। अपनी इस सम्पत्ति को दूसरों के उपयोग के लिए वह कदापि नहीं देगा। वह विरोध करेगी तो उसे लात मारकर कमरे में बन्द कर देगा।

राबिंसन क्रूसो ने क्या किया ? अपनी बकरी के हाथ-पाँव तोड़ दिए ताकि जरूरत पड़ने पर खाने के लिए बकरी उसे मिल जाए।

आज सभ्यता उन्नत स्थिति में है। मानव स्वभाव बदलता जा रहा है। सभ्य मानव और अधिक सभ्य बनता जा रहा है, किन्तु आज भी, इस आधुनिक युग में भी, पुरुष स्त्रियों को हीन दृष्टि से देखते हैं, उसे अपनी सम्पत्ति समझते हैं, दासी

समझते हैं। उस पर अत्याचार करते हैं। आज भी ऐसे-ऐसे पति हैं जो ऑफिस जाते समय पत्नी को घर में बन्द करके ताला लगाते हैं। शाम को पति के घर आने के बाद ही उसकी मुक्ति होती है। वह पराए पुरुष से बात तक कर ले तो मार-पीट की नौबत आ जाती है।

आज, इस जमाने में स्थिति ऐसी है तो आदिमानव का युग कैसा रहा होगा? उस काल में अधिकार का प्रयोग कैसे किया जाता होगा? स्त्री-पुरुष, दोनों के लिए एक-दूसरे का मूल्य धन-सम्पत्ति से बढ़कर था।

पक्षियों में भी यह गुण मिलता है। जब मादा पक्षी अंडे देती है और उन्हें सेकर बच्चे पैदा करती है तब नर पक्षी अपनी मादा के पास दूसरे नर को नहीं आने देता। दूसरे नर पक्षी के आने पर वह उस पर झपट पड़ता है। अपने प्राणों की बाजी लगा देता है। उसकी दृष्टि में अंडे देते समय और बच्चे पैदा करते समय मादा पक्षी उसकी सम्पत्ति होती है। अंडे देती हुई मादा में मैथुन-इच्छा नहीं रहती।

पक्षियों तक में ऐसा स्वभाव पाया जाता है तो मानव में तो ऐसा स्वभाव रहना सामान्य बात है। मानव में यह स्वभाव पहले भी था, आज भी है और आगे भी रहेगा। तेलुगु में एक लोकोक्ति है 'मुद्र मुद्र लगाने उंदि मुगुगुरू पिल्ललनि कन्नदि'—यानी मुहर ज्यों की त्यों है, और वह तीन बच्चों की माँ बन गई। इस लोकोक्ति में व्यंजना है। यह मुहर क्या है? और कहाँ की है, इसकी कल्पना करना कठिन नहीं है। यह मुहर किसी पुरुष द्वारा मैथुन-निरोध के लिए स्त्री के गुप्तांगों पर लगाई गई मुहर है। उसने इस मुहर को क्षति पहुँचाए बिना ही कार्य पूर्ण किया। तीन बच्चों की माँ बन गई। सचमुच वह स्त्री कितनी चतुर थी! बेचारे जिस पुरुष ने इस मुहर की व्यवस्था की, वह कितना मूर्ख था! प्रारम्भ में पुरुष, जिस तरह कानों का छेदन करता था, उसी तरह गुप्तांगों का भी करने लगा और ताला डालने लगा, किन्तु इसमें उसे कठिनाई का अनुभव हुआ। इसलिए उसने दूसरा उपाय ढूँढ़ निकाला, वह स्त्रियों को लोहे की कमरपेटियाँ पहनाने लगा।

यह कैसी विसंगति है?

अनेक असभ्य जातियों में युगल बनने के पूर्व या विवाह के पूर्व अधिकार जमाना गलत समझा जाता था, अनैतिक समझा जाता था। युगल या दम्पती होने के बाद ही इस प्रकार का अधिकार जन्म लेता है। कुछ जातियों में विवाह से पहले, स्त्री हो या पुरुष स्वेच्छा से घूम सकते हैं। कुछ जातियों में ऐसा करना अनिवार्य है। तब स्त्री के लिए एक ही पुरुषवाला नियम नहीं था। किसी को भी इस प्रकार के व्यवहार पर आपत्ति नहीं होती थी। इसे अनैतिक नहीं समझा जाता था।

सब नियम विवाह होने के बाद ही लागू होते हैं। विवाहित स्त्री पराए पुरुष के पास नहीं जा सकती। पराए पुरुष से सम्बन्ध रखना अनैतिक है। विवाह के पहले स्त्री को यौन स्वतंत्रता थी। विवाह के पहले स्वेच्छा से घूमनेवाली स्त्री को पुरुष विवाह होते ही नियमों की लक्ष्मण रेखा के अन्दर कैद कर देता है। मातृप्रधान समाज में ये नियम पुरुषों के प्रति लागू हो जाते थे।

विवाह से पूर्व ऐसी स्वतंत्रता क्यों, और बाद में इतना बन्धन क्यों ? यह मूर्खता है या इसके पीछे कोई तर्क है? गहराई से सोचने के बाद यह स्पष्ट हो जाता है कि इसके पीछे कुछ विशेष कारण हैं। मानव स्वभाव कितना विचित्र है, वह यही सोचता है कि सुख देनेवाली स्त्री मिल गई, उसे अपने साथ ही रखना चाहिए। सदा के लिए वह उसे रखना चाहता है। इस दुराशा से वह उसे अपना बना लेता है यानी विवाह कर लेता है। बाद में उसे मुट्‌ठी में रख लेता है और अधिकार जताता है–'अब तू मेरे सिवा किसी की नहीं हो सकती।'

वंश-मर्यादा और वंश की पवित्रता को उस युग में प्रधानता थी। अपना वंश कलंकित न हो, इसलिए पुरूष अपने खेत में दूसरों के बीज पसन्द नहीं करता था। इसके लिए वह कुछ भी करने को तैयार हो जाता था।

पातिव्रत धर्म के लिए इतना सब करनेवाला पति कभी-कभी नियमों में छूट भी देता था। आतिथ्य धर्म का महत्त्व कौन नहीं जानता है! इस हेतु पति अपनी पत्नी को, जिसे निर्दयता से कमरपेटी द्वारा बन्धन में रखता था, अतिथि को सौंपने में गर्व अनुभव करता था। यदि पति आतिथ्य धर्म की रक्षा करने के लिए ऐसा नहीं करता

तो उसे पापी समझा जाता था। उस युग में इस प्रकार की अतिथि सेवा पातिव्रत धर्म को भंग नहीं करती थी।

यदि सन्तान नहीं हुई तो अपनी पत्नी को परपुरुष के पास भेजकर सन्तान प्राप्त करने का अधिकार पति को था। परपुरुष से सन्तान पाकर पति का वंश बढ़ानेवाली उस स्त्री का नाम पतिव्रताओं की सूची में लिखा जाता था। उन पति महाशय पर पूर्वज पुष्पों की वर्षा करते थे। उस पतिव्रता पर काव्य और कहानियाँ लिखे जाते थे।

ऐसे भी कई पुरुष हैं जो विवाह करना नहीं चाहते थे, स्वतंत्र रहना चाहते थे। किन्तु वंश बढ़ाने के लिए पुत्र की चिन्ता उन्हें सताती थी। तब बेचारा पुरुष क्या करे? वह अपने साथी गृहस्थ के पास जाकर पूछता कि 'दो वर्ष के लिए तुम्हारी पत्नी मुझे चाहिए, पुत्र प्राप्ति के बाद उसे मैं वापस कर दूँगा।' किसी एक वंश को बढ़ाने से पुण्य मिलेगा, यह सोचकर वह गृहस्थ अपनी पत्नी को उस पुरुष के पास भेज देता था। पत्नी भी खुशी से जाती क्योंकि किसी को पुत्र देकर उसका वंश बढ़ाना पुण्य कार्य है।

ऐसी परिस्थितियों में कमरपेटियाँ ढीली कर दी जाती थीं, अपने अधिकार को कुछ समय के लिए त्याग दिया जाता था।

लोहे की कमरपेटियाँ

लोहे की कमरपेटियों का नाम सुनते ही आप यही सोचेंगे कि यह क्या है? कैसी विचित्र चीज है ? मानव अपने स्वार्थ के लिए कुछ भी काम कर सकता है, वह चाहे कितना भी गिरा हुआ क्यों न हो। उसकी स्त्री का उपयोग अन्य को नहीं करना चाहिए, इसी उद्देश्य को दृष्टि में रखकर पुरुष ने स्त्री के गुप्तांगों पर ताला डाल दिया। पट्टियों के साथ मनुष्य ने लोहे की कमरपेटियाँ भी बनाईं।

यह कल्पित विषय नहीं, सत्य है। दुनिया की कुछ प्रदर्शनियों में आज भी कमरपेटियाँ मिलती हैं। कमरपेटियाँ दुनिया के कई देशों में पाई जाती हैं। कमरपेटियाँ पहनना एक प्रथा बन गई। इसे मानव की चतुराई कहें या निर्लज्ज कर्म? इन कमरपेटियों के उद्भव के बारे में लिखना या पढ़ना अनुचित नहीं है। मानव जीवन की विकास-यात्रा में ये भी कुछ सीढ़ियाँ हैं। इनकी जानकारी प्राप्त करने से हमें पता चलेगा कि आज के सभ्य समाज की प्रारम्भिक दशा कैसी थी और भविष्य में इसकी परिणति कैसी होगी?

चर्म की पट्टियाँ और लोहे की कमरपेटियाँ

प्रारम्भ में ही मैं बता चुका हूँ कि यह सोचने में एक आनन्द होता है कि यह मेरी वस्तु है, इस पर केवल मेरा ही अधिकार है। वासना मानव की एक अनिवार्य भूख है। वासना के कारण कई युद्ध हुए। इतिहास इसका साक्षी है। हेलेन नामक स्त्री के लिए ट्रोजन युद्ध हुआ। सीता के मोह के कारण राम-रावण युद्ध हुआ। और, वासना का ही परिणाम है भीष्म की ब्रह्मचर्य की प्रतिज्ञा।

एक समय ऐसा भी था जब स्त्रियाँ अपने स्वार्थ और आनन्द के लिए पुरुष के गुप्तांगों पर छल्ले डालकर ताला लगाती थीं। पुरुष-प्रधान समाज में पुरुष स्त्री के गुप्तांगों को कमरपेटियाँ डालकर ताला लगाते थे। किन्तु यह सब क्रियाएँ विवाह होने की पहचान होती थीं। उस युग में विवाह के पहले स्त्री को यौन स्वतंत्रता थी। धीरे-धीरे यौन स्वतंत्रता को रोका गया। इस विचार में परिवर्तन आया। अक्षत योनि का गौरव बढ़ गया। विवाह से पूर्व कन्या के लिए अपनी अस्मिता की रक्षा करना अनिवार्य था। कन्या के माँ-बाप पर भी यह जिम्मेदारी आ गई। विवाह के समय उन्हें यह सिद्ध करना पड़ता कि ब्याहता अक्षत-योनि है। अगर यह सिद्ध नहीं होता तो प्रतिष्ठा मिट्टी में मिल जाती है।

कन्या को अक्षत-योनि सिद्ध करना बड़ा कठिन कार्य है। आज इस वैज्ञानिक युग में यह सम्भव नहीं है। आज भी न्यायालयों में इस विषय पर कई मुकदमे चलते हैं। उस जमाने का तो क्या कहें? पुराने जमाने में सबने मिलकर इस विषय में कुछ उपाय ढूँढ़ने के कई प्रयास किए। मल-मूत्र त्याग के लिए किंचित् स्थान छोड़कर शेष पूरा कटि-प्रदेश पट्टी से बाँधने के सिवा उन्हें और कोई उपाय नहीं सूझा। कपड़े से या चमड़े से पूरे कटि-प्रदेश को सीते थे। एक बार यह पट्टी बाँध दी जाती तो इसे कोई भी नहीं निकाल सकता था। विवाह होने के बाद पति अपनी छुरी से या कैंची से इसे काटता था। काटे जाने पर रक्त भी आता था। इतिहास में ऐसी कई घटनाओं का उल्लेख मिलता है।

कुछ प्रदेशों में बड़ी-बूढ़ियों ने कटि-प्रदेश पर लगाने के लिए एक लेप तैयार किया। यह लेप कटि-प्रदेश पर लगाया जाता है। सामान्य परिश्रम करने से इस लेप

पर कोई प्रभाव नहीं पड़ता। जब स्त्री-पुरुष काम-क्रीड़ाएँ करते हैं तभी इस लेप को क्षति पहुँचती है। सुहागरात में पति देखता है कि पत्नी का लेप ठीक है या नहीं। अक्षत-योनि के लिए यह एक परीक्षा जैसी है। यह लेप क्या है, इसे कैसे बनाया जाता है, कैसे लगाया जाता है, यदि शोध करके कोई बता सकता तो आज भी इस लेप को औरत के कटि-प्रदेश पर लगाने से पुरुष पीछे नहीं हटेगा।

जब पुरुष कन्या की पवित्रता की रक्षा के लिए इतने उपाय ढूँढ़ता है तो अपनी पत्नी के पतिव्रता धर्म की रक्षा के लिए वह क्या नहीं कर सकता है? बचपन में कपड़े और चमड़े की पट्टी लगाता है तो विवाह होने के बाद उसे लोहे की कमरपेटी पहनने के लिए विवश करता है। कन्या की पवित्रता अपने सुख-सन्तोष के लिए है तो पत्नी की पवित्रता पूरे परिवार की भलाई के लिए है। इसकी रक्षा करना परम धर्म है।

पति-पत्नी एक ही स्थान पर रहेंगे तो पत्नी-धर्म की रक्षा करने में पति को इतना कष्ट नहीं उठाना पड़ता किन्तु वह कहीं यात्रा पर जा रहा हो तो क्या करे? पत्नी की दृष्टि पराए पुरुष पर पड़ेगी तो वह कैसे सहन कर सकेगा? इसलिए घर छोड़कर दूर देश जाते समय पुरुष अपनी पत्नी को कमरपेटी पहनाकर, ताला डालकर चाबी अपने साथ ले जाता था। उसे विश्वास था कि चाबी उसके पास जब तक रहेगी तब तक पत्नी के पतिव्रता धर्म को कोई हानि नहीं पहुँचेगी।

इस प्रथा के बारे में शिलालेखों में भी लिखा गया। एक बड़ी संगमरमर की प्रतिमा मिलती है, उसमें दिखाया गया है कि पति दूर देश जा रहा है। पत्नी कमरपेटी पहने हुए है। उस कमरपेटी का ताला भी है। वह अपने पति को चाबी दे रही है। शायद वह प्रतिमा बोलती होगी कि 'यह कमरपेटी पतिव्रता धर्म की रक्षा का एक साधन है, इसको ताला डालकर चाबी अपने साथ ले जाइए। वंश-प्रतिष्ठा की रक्षा कीजिए। आप लौटकर यह ताला खोलिए, तब तक मैं किसी पराए पुरुष को नहीं देखूँगी। आप निश्चिन्त जाइए।' हम अभागे हैं इसलिए उसकी बातें हमें सुनाई नहीं पड़तीं।

लज्जाजनक कमरपेटियाँ आभूषणों के रूप में

स्त्री की गलतियाँ गिनाना पुरुष का स्वभाव है, किन्तु वह यह कभी नहीं सोचता कि स्त्री के गलत काम करने के लिए वह स्वयं कहाँ तक जिम्मेदार है? आदिमानव में इस प्रकार का अहसास बिलकुल नहीं था। आधुनिक पुरुष भी इसके बारे में नहीं सोचता है। पुरुष स्वेच्छा से स्त्रियों के साथ घूम सकता है। उसे रसिक, शृंगार पुरुष आदि नामों से सम्मानित किया जाता है। यह उसके पुरुषत्व का प्रतीक है।

यदि कोई पूछे कि क्या तुम्हारा ऐसा करना न्यायसंगत है, परायी स्त्रियों से सम्बन्ध रखना अनैतिक नहीं है, तो वह उत्तर देता है कि विश्वामित्र जैसे कन्द-मूल फल खानेवाले महामुनि जब स्त्री को देखते ही संयम खो बैठते हैं, सारे पुण्य को, तपोबल को मिट्टी में मिला देते हैं तब स्वादिष्ट भोजन, दूध, दही, घी खानेवाले हमारे जैसों की क्या बिसात! हम कैसे अपने आप पर संयम रख सकते हैं? वह कहता है कि–

शाल्लन्नम् सघृतम् वयोदधियुतः भुंजतिये मानवाः
तेशामिंद्रियम् निग्रहम् यदि भवेत विंधः प्लवेत् सागरे।

इन्द्रिय-संयम बहुत कठिन कार्य है। संयम का पालन विन्ध्याचल पर्वत के समुद्र में तैरने जैसा है। स्वादिष्ट भोजन करनेवाले पुरुष इन्द्रिय-संयम नहीं रख सकते, यह पुरुष की विवशता है। किन्तु स्त्रियाँ भी वही भोजन करती हैं, इस भोजन में भी वही गुण होता है, पुरुष इसके बारे में क्यों नहीं सोचता है? अगर स्त्री भी कभी बहक गई, गलत कदम उठाएगी तो इसमें गलती क्या है, उसका क्या दोष है? लेकिन पुरुष में जो स्वार्थ भावना होती है, वह इन सब प्रश्नों के बारे में नहीं सोचने देती। इसी स्वार्थ के कारण पुरुष अन्धा हो जाता है।

पुरुष कई विवाह कर सकता है। अगर कोई पूछे कि क्या पुरुष का ऐसा करना अनैतिक नहीं है, तब यही उत्तर मिलेगा कि वह सन्तान के लिए कई विवाह कर सकता है। किन्तु पहली पत्नी को आधा दर्जन बच्चे होने के बाद भी विवाह करनेवाले अनेकों पुरुष हैं। दोनों पत्नियों को सन्तान होने के बाद भी तीसरा विवाह करनेवाले पुरुष हजारों हैं। उनके विषय में क्या कहें?

पुरुष अपनी कामतृप्ति के लिए बाहर स्त्रियाँ ढूँढ़ लेता है किन्तु घर में जो घुट-घुटकर मर रही है, उस पत्नी का क्या होगा? पुरुष अपने भोजन के दूध, दही का तो सही उपयोग करता है, किन्तु वही भोजन, वही दूध-दही खानेवाली स्त्री का क्या होगा? उसकी तृष्णा का क्या होगा? उसकी कामतृप्ति के लिए पुरुष ने कोई उपाय ढूँढ़ा? नहीं...उसे तृप्ति देकर अपनी तृप्ति के लिए बाहर जाए तो कोई बात नहीं, किन्तु पुरुष ऐसा नहीं करता है।

स्त्री भी मानती है कि वह प्रकृति को अपनी मुट्ठी में नहीं रख सकती, वह भी पुरुष की तरह विवश है। इसलिए वह भी कभी-कभी बहक जाएगी। पुरुष तुरन्त उसे व्यभिचारिणी कहकर दंड देता है (वह व्यभिचार करेगा तो रसिक कहा जाएगा), उसे गालियाँ देता है और कहता है कि स्त्री साँप की तरह होती है; उससे दूर भाग जाओ, वह अग्नि है, सबको स्वाहा कर देगी। उसे शाप देता है और कमरपेटियाँ पहनाकर ताला डाल देता है। वाह रे पुरुष समाज! यह कैसा न्याय है? दोष पुरुष का होने पर भी दंड स्त्री को मिल रहा है।

बहुपत्नियों का रिवाज जिन देशों में था वहाँ पर इन कमरपेटियों का उपयोग अधिक मात्रा में किया जाता था। धीरे-धीरे कमरपेटियाँ बनाना भी एक कला बन गई। नई-नई डिजाइनें बनाने में कलाकार तल्लीन हो उठे। धीरे-धीरे कमरपेटियों की तरफ सब आकर्षित होने लगे।

यहाँ दिया गया कमरपेटी का चित्र देखिएगा। कलाकार ने इसमें अपना सारा कौशल दिखाया है। इस पर कितनी अच्छी कारीगरी की गई है। मल और मूत्र-द्वारों को भी कितना सुन्दर बनाया। वैसे तो पुरुष ने कमरपेटियों को अपने स्वार्थ और आनन्द के लिए बनाया किन्तु बेचारी स्त्रियों ने इन्हें आभूषण के रूप में स्वीकार किया। सोचिए, इन सुन्दर कमरपेटियों को बनानेवाले को कितनी मजदूरी दी गई होगी! कई स्त्रियों ने पड़ोसिनों को कमरपेटी दिखाई होगी, कहा भी होगा कि, 'देखो मेरा पति मेरे लिए कितनी सुन्दर कमरपेटी लाया है।'

सुन्दर कमरपेटी जिस स्त्री के पास नहीं होती होगी उसने अपने पति से कहा होगा, 'ऐजी ! मुझे एक सुन्दर सी कमरपेटी क्यों नहीं लाकर देते ! सीता के पति ने दस तोले देकर कमरपेटी बनवाई, सावित्री के पति ने बारह तोले देकर कमरपेटी बनवाई। मेरा ही दुर्भाग्य है कि मैं इसके बिना जी रही हूँ।' पत्नियों ने अपने पतियों को कितना सताया होगा? बेचारे पतियों ने कमरपेटियाँ लाने के लिए कितने कष्ट उठाए होंगे। मैं मजाक नहीं कर रहा हूँ, यह सब सच है। जैसे आजकल की पत्नियाँ पतियों को सोने की अँगूठियाँ, हार, चूड़ियाँ बनवाकर लाने के लिए कह रही हैं, उसी

तरह उस जमाने में स्त्रियाँ अपने पतियों को कमरपेटियाँ बनवाकर लाने के लिए कहती थीं। क्या आजकल की स्त्रियाँ रेशमी साड़ी खरीदे बगैर अपने पतियों को चैन से सोने देती हैं ? आखिर पति को रेशमी साड़ी खरीदनी ही पड़ती है, नहीं तो समाज में उसे अपमानित होना पड़ता है। इसी तरह उस जमाने में जो पुरुष अपनी स्त्री के लिए कमरपेटी नहीं लाता था, उसे अपमानित किया जाता था। इसलिए कमरपेटी एक अनिवार्य आभूषण बन गई।

चित्र में ऊपर के दर्शनीय भाग और आज की मरुगुबिल्लाओं (सिग्गुबिल्ला), में जो साम्य दिखाई पड़ता है, वह सिर्फ संयोग नहीं है।

मरुगुबिल्लाएँ और कमरपेटियों का निर्माण-विधान

कमरपेटियाँ एक प्रकार से स्त्रियों का आभूषण बन गई। इनके अभाव में समाज में उनका सम्मान कम होने लगा। आज की मरुगुबिल्लाएँ अतीत की कमरपेटियों का ही इमिटेशन हैं। कमरपेटी (ऊपर का भाग) के आकार में ही मरुगुबिल्लाएँ बनाई जाती हैं।

अपनी लड़की के लिए माँ-बाप को मरुगुबिल्ला बनाना पड़ता है। जो माँ-बाप मरुगुबिल्ला नहीं बना सकते, उन्हें समाज में सम्मान नहीं मिलता। वे हीन दृष्टि से देखे जाते हैं। समाज उन्हें यह कहकर अपमानित करता है कि ये कैसे माँ-बाप हैं, अपनी लड़की के लिए एक मरुगुबिल्ला भी नहीं बना सकते।

मरुगुबिल्ला कमरपेटी की नकल है। कुछ लोग इस बात से सहमत नहीं होते। उनका कहना है कि गुप्तांगों को नजर नहीं लगे, इसलिए ये बिल्लाएँ बनाई जाती हैं। इसीलिए इसे सिग्गुबिल्ला यानी लाज-रक्षा का पदक कहते हैं। किन्तु इस बात से हम सहमत नहीं हो सकते। लाज किसको? छोटी-सी लड़की को? या उसे देखनेवाले को? छोटी-सी लड़की को भला लाज का क्या बोध?

आइए अब इस तर्क के बारे में सोचें कि गुप्तांगों को नजर नहीं लगनी चाहिए, इसलिए मरुगुबिल्लाएँ डाली जाती हैं। किन्तु महाशय, लड़कों के भी गुप्तांग होते हैं, फिर उन्हें छिपाने के लिए ऐसी बिल्लाएँ क्यों नहीं डाली जाती हैं? आप कहेंगे कि देखनेवालों को लाज आती है। अगर आप ऐसा कहेंगे तो मुझे ऐसा कहना पड़ेगा कि लड़कों के गुप्तांगों को देखने से लड़कियाँ नहीं शरमाती हैं, लड़की के मर्मांगों को देखने से पुरुष शरमाते हैं। क्या आप इस बात से सहमत होते हैं? नहीं...नहीं...यह बात आपको अच्छी नहीं लगी। है न? हम इससे भी अच्छा एक उत्तर दे सकते हैं लेकिन वह भी आदिमानव के विश्वास पर आधारित उत्तर है। वह यह है कि दृष्टिदोष के लिए ये बिल्लाएँ डाली जाती हैं। दृष्टिदोष पर आदिमानव को बहुत विश्वास था। किसी की दृष्टि गुप्तांगों पर नहीं पड़नी चाहिए, इसलिए दृष्टि को दूसरी वस्तुओं पर केन्द्रित करने के लिए आदिमानव ने इस तरह के कई प्रयास किए थे।

इस पद्धति के अनुसार ही मुख पर काला टीका (काजल से) लगाने का, काले मनके कालीपोत आदि डालने का रिवाज आया। यह रिवाज सभी जातियों में पाया जाता है। आज भी सारी दुनिया में यह प्रथा है।

सनातनों का कहना है कि दृष्टिदोष-परिहार के लिए बिल्लाओं का प्रयोग होता था। इसके लिए वे उदाहरण के रूप में बताते हैं कि लड़कों के कटिसूत्र (करधनी) में गोल आकार की सोने-चाँदी की वस्तुएँ या लम्बे आकार के (सोने-चाँदी) के घुँघरू बाँधते हैं। अगर आर्थिक स्थिति के कारण सोने-चाँदी के न बना सके तो करधनी में कालीपोत या भिलाँग डालते हैं।

इस तर्क को भी हम अस्वीकार नहीं कर सकते। इसमें भी कुछ सत्य है। किन्तु आकार की दृष्टि से देखा जाए तो यह बिल्ला कमरपेटी का ही इमिटेशन है। यह तर्क अधिक ठीक लगता है। मरुगुबिल्ला को पीपल के पत्ते के आकार का बनाते हैं। इस बिल्ला के बीच में दो-तीन लम्बी रेखाएँ (पीपल के पत्ते जैसी ही) होती हैं। ऐसा लगता है कि इन बिल्लाओं और कमरपेटियों के निर्माण के पीछे एक ही व्यक्ति का हाथ है। एक ही व्यक्ति की कल्पना है। सामने के भाग में एक बिल्ला और पीछे के भाग में एक बिल्ला डालकर इन दो बिल्लाओं के किनारों को थोड़ा मोड़कर मिला दिया जाए तो कमरपेटी बन जाती है। कमरपेटी बनाने के लिए बिल्लाओं के किनारों को पतला किया जाता है। इससे सुविधा यह है कि इनके सरकने पर भी जाँघों को कष्ट नहीं होता है।

दोनों किनारों को एक कील से जोड़ा जाता है (वेल्डिंग किया जाता है) ताकि कमरपेटी निकालते और लगाते समय कोई कष्ट न हो। यदि किसी को इस प्रकार जोड़ने की पद्धति पसन्द न हो, तब एक ही पतरे से सामने और पीछे की ओर बिल्लाओं को बनाते थे और बीच के भाग को पतला करते थे। यह एक पतरे से बनाई गई कमरपेटी होती है। इसमें जोड़ नहीं होता। बीच के भाग में पतरा पतला रहने के कारण हम जिस तरह चाहें, इसे मोड़ सकते हैं।

सामनेवाली बिल्ला और पीछेवाली बिल्ला में मल-मूत्र विसर्जन के लिए छेद करते थे। इसे बाँधने के लिए करधनी की तरह लोहे का कमरबन्द बनाते थे। यह पट्टा अगर एक ही पतरे का हो, तो कष्ट होगा, इसलिए इसे तीन-चार टुकड़ों को जोड़कर बनाते थे। इस पट्टे को दोनों बिल्लाओं के ऊपरी भाग में किए गए छेद के अन्दर से डालकर पूरी कमर को बाँधकर पट्टे के दोनों किनारों को मिलाकर ताला डालते थे। यह है कमरपेटी की निर्माण-पद्धति।

इतना कष्ट उठाने के बाद कमरपेटी बनती है। पातिव्रत धर्म की रक्षा के लिए इतना महान साधन किसने बनाया होगा? सचमुच वह कितना महान मेधावी व्यक्ति होगा! कौन से देश का होगा! कौन सी जात का होगा! सोचिए तो!

आगामी संकट

तेलुगु और संस्कृत भाषा के कवियों ने पिप्पलयदमु का वर्णन किया है। जापानी लोग स्नान के समय अंजीर के पत्तों का उपयोग करते थे। अंजीर के पत्ते ही कमरपेटियाँ हैं। पीपल के पत्ते के आकार में कमरपेटियाँ बनाई जाती थीं। कमरपेटियों के पतरे चुभने में कष्ट होता था। इस कष्ट से बचने के लिए उन्होंने एक उपाय ढूँढ़ निकाला। पतरे के अन्दर, शरीर से लगनेवाले भाग में, मुलायम चमड़ा या कपड़ा लगाते थे। पैसेवाले इन कमरपेटियों को और भी सुन्दर तथा सुविधाजनक बना लेते थे।

कमरपेटी को ताला लगाया जाता था। ताले बनानेवाले इन्हें बनाने में अपना पूरा कला-कौशल दिखाने का प्रयत्न करते थे। वे ऐसे ताले बनाते थे जिन्हें कोई खोल नहीं सकता था। यानी सुन्दर और मजबूत नए-नए ताले बनाते थे। एक अद्‌भुत ताले को एक महाशय ने बनाया। वह अपनी पत्नी को कमरपेटी पहनाकर चाबी लेकर दूर देश चला गया। बीच में कोई संकट आना उसने चाबी खो दी। वह कई कष्ट झेलकर प्राण बचाकर घर वापस आया। पत्नी की कमरपेटी का ताला ज्यों का त्यों था। वह संकट में पड़ गया–अब क्या किया जाए ? ताला कैसे खोला जाए?

बेचारे को कुछ भी नहीं सूझा। लेकिन चुप भी नहीं बैठ सकता था। कई प्रयासों के बाद वह अपनी पत्नी के पतिव्रता धर्म की रक्षा कर सका। लेकिन अब पत्नी का सुख उसे तो मिलना चाहिए, वह बड़े असमंजस में पड़ गया। बाहर मालूम होगा तो लोग क्या कहेंगे। समाज उसे कलंकित करेगा और कहेगा कि इतनी पतिव्रता पर उसे सन्देह था, छिः छिः किन्तु इस तथ्य को गुप्त भी कैसे रखा जाए? अब कमरपेटी से समस्या खड़ी हो गई। ताला बनानेवाले को बुलाना भी उसे अपमानजनक लगा। ताला तोड़ने के लिए महाशय ने कई प्रयत्न किए किन्तु कोई लाभ नहीं हुआ। अन्त में लज्जा का विचार न कर एक वृद्ध सुनार को बुलाया और उसकी मदद ली। उस तरह उसे अपनी गलती के लिए दंड मिला।

हर जगह हर सन्दर्भ में पातिव्रत की सुरक्षा इतनी निष्ठा से नहीं हो सकती। एक महाशय ने अपनी पत्नी की कमरपेटी को ताला डाल दिया और यात्रा पर चला गया। पत्नी को एक युवक से प्रेम हो गया। एक दिन पत्नी ने उसे बुलाया। कमरपेटी के

बारे में बताया। उस युवक ने दूसरी चाबी बनवाई। इस प्रकार वे सफल हुए। पति ने आने के बाद देखा तो पाया कि पत्नी की कमरपेटी सुरक्षित है। लेकिन उसका पातिव्रत धर्म भंग तो हुआ ही, यह सत्य पति को कैसे मालूम होता! बेचारा पति !

एक पति महाशय ने पत्नी को कमरपेटी पहनाई और यात्रा पर चला गया। पत्नी बेचारी सोलह आने पतिव्रता थी, परम साध्वी स्त्री थी। वह अपने पति से भी अधिक कमरपेटी की पूजा करती थी। कई वर्ष बीत गए किन्तु पति आया ही नहीं। इन्तजार करते-करते वह थक गई।

पत्नी बूढ़ी हो गई। बीमार पड़ी। जब तक उसमें प्राण थे, तब तक उसने अपनी कमरपेटी को किसी का हाथ भी नहीं लगने दिया। इसी स्थिति में उसकी मृत्यु हो गई। मरने के बाद भी कमरपेटी उसके शरीर से अलग नहीं हुई। उसे कौन निकालता? कैसे निकालता?

उस देश की प्रथा के अनुसार उसके शरीर को पेटी में रखा गया और कमरपेटी के साथ ही दफनाया गया। धीरे-धीरे पूरा शरीर गल गया। पृथ्वी में केवल कंकाल रह गया, कमरपेटी सहित।

कुछ शताब्दियों के बाद जब खुदाई हुई, तब कंकाल मिला। शोधकों ने उसे स्त्री के कंकाल के रूप में पहचाना, और कमरपेटी को प्रदर्शनी में रख दिया।

एक पत्नी की कहानी : पोएंजर कमरपेटी

कमरपेटियों का निर्माण-विधान मैंने आपको बताया है। हमारी प्रथाओं से कमरपेटियों का कहाँ तक सम्बन्ध है, इसका भी विश्लेषण किया है। मरुगुबिल्ला को प्रमाण के रूप में आपके सामने प्रस्तुत किया है। इतिहास में मिलनेवाली कमरपेटियों से सम्बन्धित कहानियाँ भी मैंने बताई हैं। फिर भी एक प्रश्न रह गया। क्या ऐसी स्त्रियों को किसी ने देखा है जो कमरपेटियाँ पहने हुए थीं! आज भी अवधूत साधुओं में यह प्रथा दिखाई पड़ती है। पुरुष कमरपेटियाँ पहनकर जी रहे हैं!

स्त्रियों के कमरपेटियाँ पहनने का रिवाज बहुत ही पुराना है। इसलिए कमरपेटी पहने हुई स्त्रियों को देखना या जिन्होंने देखा है, उनसे बात करना कठिन कार्य है। ऐसा अवसर मिलना भी मुश्किल है।

इसीलिए अब मैं प्रत्यक्ष प्रमाण के बारे में बताता हूँ। म्यूनिख नगर के वासी पोएंजर के पास एक कमरपेटी है। आस्ट्रिया में पोएंजर ने एक जीर्ण-शीर्ण गिरजाघर के पुनरुद्धार की योजना बनाई थी। इसकी खुदाई में सन् 1889 में एक कमरपेटी मिली।

भूगर्भ से पत्थर निकालते समय एक वस्तु जर्जर रूप गें दिखाई दी। यह पतरे से बनाया गया एक बक्सा था। जब इसे खोला गया तब पोएंजर वहाँ मौजूद था।

ऊपर का भाग तोड़ा गया तो भीतर जर्जर लकड़ियों के तख्ते मिले। एक-एक तख्ता निकालते गए तो अन्दर एक मानव का कंकाल मिला।

इस कंकाल के सिर के बालों की बनावट और दाँतों आदि को देखकर शोधकों ने कहा कि यह एक स्त्री का कंकाल है और भरपूर यौवन में इसकी मृत्यु हुई।

शरीर के ऊपरी भाग का कपड़ा कुछ हद तक ठीक था किन्तु निचले पूरे भाग में मिट्टी भर गई थी। कपड़े निकालकर देखा गया तो कुछ हड्डियाँ और पेट का थोड़ा हिस्सा दिखाई पड़ा। कमर के चारों तरफ एक लोहे का पट्टा भी दिखाई पड़ा। यह चार-पाँच टुकड़ों को जोड़कर बनाया गया पट्टा था। इसके सामनेवाले भाग से लगते हुए एक पतरा था। इस पतरे को दो तालों के साथ पट्टे से जोड़ा गया था। ताले जंग खा गए थे। उस कंकाल के निम्न भाग में इसी तरह और एक पतरा जोड़ा गया था।

गिरजाघर के अधिकारी ने बताया कि यह कमरपेटी है। पोएंजर ने उसे निकाला और सुरक्षित रख लिया। यहाँ दिया गया चित्र इसी कमरपेटी का है।

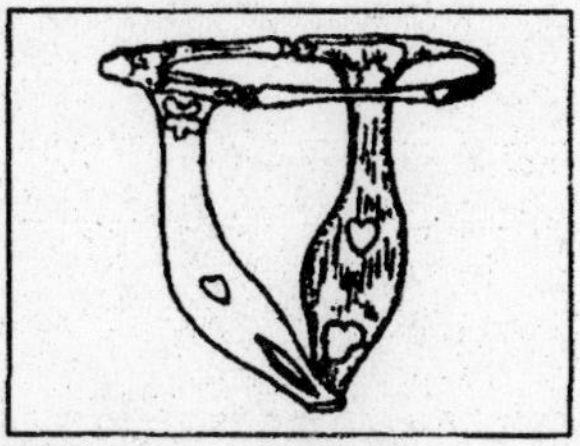

पोएंजर कमरपेटी

सामने जो पतरा दिखाई दे रहा है उसमें योनि के आकार का एक छिद्र है। यह मूत्रद्वार है। पीछे जो पतरा है उसमें फूल के आकार का एक छिद्र है, यह मलद्वार है। मूत्रद्वार के अन्दर दोनों तरफ 21-21 बारीक काँटे बनाए गए हैं। इस तरह कुल मिलाकर 42 काँटे हैं।

बेचारी! वह कौन स्त्री होगी जिसने पातिव्रत धर्म के पालन के लिए इतनी तकलीफ उठाई! वह पति महाशय कौन होगा जिसने पातिव्रत धर्म की रक्षा के लिए अपनी पत्नी पर इतनी क्रूरता से अधिकार जमाया?

कमरपेटियों का निर्माता

पीछे पोएंजर कमरपेटी का इतिहास बताया गया है। पचास वर्ष पहले यह कमरपेटी मिली थी। किन्तु कमरपेटी को पहननेवाली स्त्री की मृत्यु सौ साल से भी पहले हुई होगी।

निस्सन्देह यह कह सकते हैं कि यह प्रथा यूरोपीय देशों में बहुत प्रचलित थी। इसका प्रमाण आज भी कुछ प्रदर्शनियों में मिलनेवाली कमरपेटियाँ हैं। आज जो भी कमरपेटियाँ मिलती हैं, सबका सम्बन्ध पश्चिम से है। इसलिए हम कह सकते हैं कि यह प्रथा पश्चिम की है, किन्तु यह गलत है।

कमरपेटियों का जन्म पूरब में ही हुआ। पूरब कोई सामान्य प्रदेश नहीं है। यहाँ पर कामशास्त्र लिखा गया, कामशास्त्र पर बड़े-बड़े ग्रन्थ लिखे गए। स्त्री-पुरुष सम्बन्धों के बारे में शोध किए गए। पाश्चात्य देशवासी अब आकर इस सत्य को स्वीकार कर रहे हैं।

यौवन के उछाल में रिश्ते-नाते भूलकर स्वेच्छा से विचरण करनेवाले स्त्री-पुरुषों की कामकलाओं को एक सूत्र में लाने के लिए 84 कलाओं के एक नए शास्त्र की सृष्टि करनेवाला प्रदेश है पूरब। स्त्री-पुरुषों के शारीरिक निर्माण-भेद के कारण उन्हें कई कष्ट झेलने पड़ते थे। इन कष्टों को दूर करने के लिए कई वर्ष शोध करके सुखमय यौन-जीवन बिताने के लिए कई विशेष उपायों का आविष्कारक प्रदेश है पूरब। ओंठों के चुम्बन और दाँतों की खरोंच पर शास्त्र लिखकर दुनिया को इस शास्त्र का आनन्दमय उपभोग करानेवाला प्रदेश है पूरब। भला कमरपेटियों के निर्माण में वह पीछे रह सकता था ?

बिना किसी सन्देह के यह कहा जा सकता है कि पूर्वी देशों में कमरपेटियों की प्रथा थी। आज भी यहाँ कमरपेटियाँ पहनकर घूमनेवाले व्यक्ति दिखाई देते हैं। कमरपेटियों पर की गई नक्काशी, उन पर दिखाए गए कला-कौशल आदि को देखने के बाद यह विश्वास हो जाता है कि यह प्रथा पूरब में पहले से थी। तीन या चार सौ वर्ष पहले लिखे गए ग्रन्थों को पढ़ने के बाद निस्सन्देह हम यह कह सकते हैं कि कमरपेटियों की प्रथा पूरब से ही पश्चिम में पहुँची। आज भी कई विषय ऐसे हैं जिन्हें पश्चिमी देश पूरब से सीख रहे हैं।

अनेक रचनाओं और कमरपेटियों के निर्माण-विधान के आधार पर हम यह कह सकते हैं कि पूरबवालों ने ही पहले कमरपेटियाँ बनाईं। पश्चिमी देश तब भी आज की तरह केवल अनुकरण करनेवाले थे। इसके लिए एक और प्रमाण मिलता है, वह है बहुपत्नी प्रथा। यह प्रथा पूरब में ही अधिक है। पत्नियों को अपनी मुट्ठी में रखने के लिए, उन पर अधिकार जमाने के लिए कमरपेटी जैसे साधन अनिवार्य थे।

इटली का दावा : करारा कमरपेटी

मैं पहले ही कह चुका हूँ कि कमरपेटियों की प्रथा पूरब से पश्चिम में पहुँची। पूरबवाले इस कथन से सहमत होंगे किन्तु पश्चिमवाले चुप नहीं बैठेंगे। यूरोपीय लोग हमेशा से यही कहते हुए आ रहे हैं कि हमारे जैसा बुद्धिजीवी कोई नहीं है।

उन्होंने एक नई बात कहनी शुरू की है, वह यह कि कमरपेटियों का निर्माण इटली के पाडुआ (राजा, ड्यूक) करारा ने पहली बार किया। उसकी कमरपेटी करारा कमरपेटी के नाम से प्रसिद्ध है। इतालवी सिद्धान्त और यूरोपीय विचारों के अनुसार यही कहा जाता है कि करारा कमरपेटी ही दुनिया की पहली कमरपेटी है क्योंकि इसके पहले किसी ने ऐसी वस्तु नहीं, देखी थी। यही नहीं और एक कारण भी है, वह यह कि करारा बहुत ही क्रूर आदमी था इसलिए; जैसा कि वे तर्क देते हैं, सम्भव है कि उसने कमरपेटी का निर्माण किया हो।

करारा ड्यूक को प्रजा टैरेंट ऑफ पाडुआ के नाम से पुकारती थी। करारा दूसरों को सताने के लिए अनेक नए-नए साधनों की खोज करता रहता था। पराई स्त्रियों को हड़पने और उन्हें क्रूरता से सताने के लिए कई विचित्र साधनों का उपयोग भी वह करता था। उसकी मुट्ठी में जितनी भी स्त्रियाँ आती थीं, उन सबको वह कमरपेटियाँ पहनाता था ताकि कोई भी स्त्री पराए पुरुष से सम्भोग न कर सके।

लेकिन इस तर्क से हम सहमत नहीं होंगे कि करारा ने ही सबसे पहले कमरपेटी बनवाई। कमरपेटी की प्रथा वह पूरब से ही लाया। वह अमीर था इसलिए पैसे खर्च करके उसने इन कमरपेटियों को परिष्कृत रूप दिया होगा। यहाँ करारा कमरपेटी का चित्र प्रस्तुत है :

करारा कमरपेटी

इस कमरपेटी में बीस छोटे-छोटे टुकड़े हैं। चित्र में केवल सोलह टुकड़े दिखाई देते हैं। निचले भाग में और चार टुकड़े हैं। इन सब टुकड़ों को जोड़ा गया है। इस कमरपेटी को इच्छा के अनुसार मोड़ सकते हैं। इसे पहनते समय कमर को या जाँघों को कोई कष्ट नहीं होता है। इसके अन्दर चर्म का अस्तर लगाया गया है। अंडे के आकार में आरी के काँटों के समान

काँटे बनाए गए हैं। यह भाग सामने रहता है। गोलाकार भाग को पीछे जमाया जाता है। स्त्री पराए पुरुष से सम्भोग न कर सके, इसीलिए ये काँटे बनाए गए हैं।

तेरहवीं शताब्दी में जब क्रूसेड युद्ध हुए थे उसी समय यूरोपीय योद्धा पूरब के देशों में आए। जेरुसलेम के लिए ईसाइयों, तुर्कों और अरेबियनों ने युद्ध किया। उस जमाने में हमारे देश में कमरपेटियों की प्रथा थी।

क्रूसेड युद्ध में आए हुए योद्धाओं को कमरपेटियाँ अच्छी लगीं। अक्सर वे भी अपनी प्रेयसियों और पत्नियों को छोड़कर दूर देश जाया करते थे, इसलिए अपनी स्त्रियों के लिए कमरपेटियाँ वे यहाँ से ले जाया करते थे। मगर इस विषय को गुप्त रखा गया।

यूरोपीय भाषाओं में लिखे गए कुछ ग्रन्थों के आधार पर हम यह कह सकते हैं कि पश्चिम में यह प्रथा पूरब से आई। इटली, जर्मन, फ्रांस, स्पेन आदि देशों के ग्रन्थों में उपलब्ध विवरणों के आधार पर हम कह सकते हैं कि यह प्रथा बड़े पैमाने पर प्रचलित थी।

काल्मार और कलूनी कमरपेटियाँ

इटली से धीरे-धीरे फ्रांस, जर्मनी, इंग्लैंड आदि देशों तक कमरपेटियाँ पहुँच गईं। फ्रांस में 18-19वीं सदी तक इनका खूब रिवाज था। म्यूजियम में दिखाई जानेवाली कमरपेटियाँ, कुछ उपलब्ध ग्रन्थों, चित्रों और न्यायालयों में आए हुए कुछ मुकदमों के आधार पर हम यह कह सकते हैं कि कमरपेटियों का उपयोग अकसर ही किया जाता था। सभी देशों में यह प्रथा प्रचलित थी।

मानव में स्वार्थ, अहंकार, हक जमाने की भावना, ईर्ष्या आदि गुण जब तक रहेंगे तब तक ऐसी वस्तुओं का निर्माण होता ही रहेगा। इस रूप में नहीं, तो दूसरे रूप में होगा।

फ्रांस में मोदेना राजकुमार ने अपनी पत्नी मेडमाश्ल शिवलाय को कमरपेटी पहनाई थी। राजकुमार निष्ठुर व्यक्ति था। इस कमरपेटी के कारण राजकुमारी को बहुत कष्ट होता था। उसने अपने पिता को अपनी व्यथा-कथा लिखी थी।

स्यूवड (1700 ई.) नामक लेखक ने इस बारे में अपने ग्रन्थों में लिखा था।

कमरपेटियों की प्रथा जर्मनी में भी थी। दस स्त्रियों के साथ घूमनेवाला पुरुष अपनी स्त्री को कमरपेटी पहनाकर घर में बिठाता था, फिर भी यह नहीं कहा जा सकता कि सारी स्त्रियाँ पतिव्रताएँ ही बनकर रहती थीं। जर्मनी के कुछ चित्रकार कमरपेटियों की कुप्रथा पर व्यंग्य-चित्र बनाया करते थे। लेखक व्यंग्य-लेख लिखते थे।

जर्मनी में एक चित्रकार ने एक व्यंग्य-चित्र बनाया। इस चित्र में एक तरफ पुरुष अपनी स्त्री को कमरपेटी पहनाकर दूर देश जा रहा है, दूसरी तरफ एक आदमी मक्खियों को कपड़े में बाँधने की कोशिश कर रहा है। इस चित्र का अर्थ यही निकलता है कि दोनों पुरुष मूर्ख हैं। काल्मार कमरपेटी का चित्र यहाँ प्रस्तुत है।

काल्मार कमरपेटी

एक कमरपेटी पेरिस नगर के कलूनी म्यूजियम में है। यह कमरपेटी कलूनी कमरपेटी के नाम से प्रसिद्ध है, चित्र में देखिए।

कलूनी कमरपेटी में टुकड़े और जोड़ नहीं हैं। कमर को बाँधने के लिए एक ही टुकड़े का कमरपट्टा तैयार किया गया है।

सामनेवाले भाग में इस कमरबन्द के साथ एक पतरा लगाया गया है। यह पतरा, थोड़ा ऊपर आकर फिर नीचे झुक गया है। कमरबन्द लगाकर ताला डालने के बाद यह पतरा इधर-उधर नहीं हिलता, शरीर को पूर्ण रूप से पकड़कर रखता है।

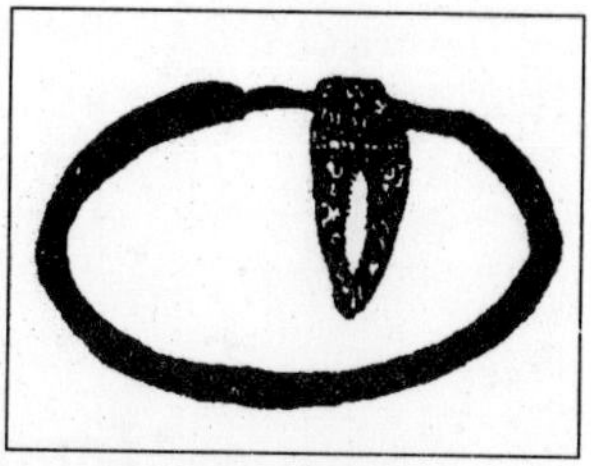

कलूनी कमरपेटी

कुछ लोग इस पतरे के टुकड़े को लोहे या ताँबे से नहीं, हाथी-दाँत से बनवाते थे। चित्र में प्रदर्शित पतरा हाथी-दाँत से बनाया गया है। इस कमरबन्द का उपयोग सभी नापों की कमरों के लिए होता है। यह पतरा सामने आता है। इसको ताला लगाया जा सकता है। मल-मूत्र विसर्जन के लिए कोई कठिनाई नहीं होती है और स्त्री पराए पुरुष से सम्भोग नहीं कर सकती है, यानी एक आदर्श कमरपेटी के सभी गुण इसमें मौजूद हैं।

न्यायालयों में कमरपेटियाँ!

प्रदर्शनियों में कमरपेटियाँ मिलती हैं। ग्रन्थों में भी कमरपेटियों का उल्लेख मिलता है। इनसे सम्बन्धित अनेक कहानियाँ भी मिलती हैं। किन्तु आश्चर्य की बात है कि कमरपेटियाँ कुछ मुकदमों का कारण भी बनीं। इनके कारण कुछ लोगों को दंड भी मिला।

जब तक मानव ईर्ष्या, क्रोध आदि मनोविकारों का शिकार बनता रहेगा, पुरुष स्त्री को अपनी सम्पत्ति के रूप में देखता रहेगा तब तक मानव को ऐसी तकलीफें उठानी ही पड़ेंगी। समय और देश से इसका कोई सम्बन्ध नहीं है। केवल मानव स्वभाव ही इसका एकमात्र कारण है। इसी मानव स्वभाव के कारण न पुरुष स्वयं चैन से रह सकता है, न अपनी स्त्री को चैन से रहने देता है। इसलिए यह सोचना गलत है कि कमरपेटियों की प्रथा आदिमानव के समय में ही थी। कल-परसों तक कमरपेटियों की प्रथा सारी दुनिया में थी। आज किसी को सत्य कहने का साहस नहीं है, इसलिए कमरपेटियों का नाम तक नहीं लिया जाता। गहराई से सोचेंगे तो यह प्रथा आज भी है, किन्तु आज इसका रूप दूसरा है।

जब तक पुरुष स्त्रियों को पूर्ण रूप से सन्तुष्ट नहीं कर सकते, जब तक निर्वीर्य और निकम्मे पुरुष रहेंगे, तब तक कमरपेटियों का निर्माण होता रहेगा। पतिव्रताओं की परिभाषाएँ और नीति सूत्र आदि लिखे जाएँगे। जब तक पुरुष अपने विलासों में डूबा रहेगा और स्त्री को हीन दृष्टि से देखेगा, उसे दासी बनाकर रखेगा, तब तक घटिया नीतिशास्त्र बनते ही रहेंगे। तेलुगु लेखक श्री शेषम् वेंकटपति ने सच ही कहा है कि दुनिया के कुछ निर्बल पुरुष अपनी पत्नियों को सन्तुष्ट नहीं कर सके किन्तु पराए पुरुष की हवा तक अपनी स्त्री को स्पर्श न करे, इसीलिए उन्होंने ताड़ के पत्तों पर लिख दिया कि पराए पुरुष का सम्पर्क महापाप है।

पहली पंक्ति में बताया गया कारण एकदम सत्य है। इसी कारण कमरपेटियों का निर्माण हुआ है। जो स्त्री पूर्ण रूप से सन्तुष्ट है, उसके लिए बेड़ियों की क्या जरूरत होती है? जो स्त्री सन्तुष्ट नहीं है उसके ऊपर कितनी भी बेड़ियाँ डालो, कोई लाभ नहीं है। यह दुर्दशा तब से आज तक बनी हुई है और कल भी रहेगी। इसलिए कमरपेटी का उपयोग किसी भी रूप में हो, रहेगा हमेशा।

फ्रांस में एक वृद्ध पुरुष ने एक युवती से विवाह किया। वह अमीर था। अपनी पत्नी को वह रोज क्लब में साथ ले जाता था। वहाँ दोनों मिलकर डांस करते थे। वह सुन्दर थी, इसलिए कई भ्रमर मँडराते थे। पराए पुरुषों की दृष्टि उस पर रहने का एक कारण और भी हो सकता है कि उसका पति वृद्ध था। उसका स्वभाव अच्छा था। वह पतिव्रता थी। फिर भी पति को पत्नी पर सन्देह था। इसका कारण पत्नी का बर्ताव नहीं, पति की शंका थी। शंका के कारण उसने अपनी निरपराधिनी पत्नी को कमरपेटी पहनाई। ताला लगाकर चाबी अपनी पास रख ली। पत्नी को बहुत दुख हुआ। यह घटना सौ वर्ष पहले की है। बेचारी! उस पत्नी की हृदय-वेदना के बारे में क्या कहें? पतिव्रता बनकर रहने पर भी यह दंड! उसमें बदला लेने की भावना जाग्रत हुई। और वह पति को सबक सिखाने के लिए तैयार हुई। उसने एक सुन्दर युवक को बुलाया। विषय बताया। युवक ने दूसरी चाबी बनवाई और युवती को बन्धन से विमुक्त किया। दोनों में शारीरिक मिलन हुआ, किन्तु वह युवती बाद में पश्चात्ताप की अग्नि में जलती हुई घुट-घुटकर मरी।

पचास वर्ष पूर्व बोरडो नामक शहर के एक कारखाने में एक आदमी काम करता था। उसी कारखाने में काम करनेवाली 13 साल की एक लड़की से उसने बलात्कार किया। उसने लड़की को धमकी दी कि खबरदार, यह घटना किसी को मत बताना। तुम्हारी नौकरी चली जाएगी। अचानक उस लड़की की नानी मर गई। मजदूर लड़की को दूसरी जगह ले गया। वह लड़की पर शक करने लगा। उसने कमरपेटी खरीदकर उसे पहना दी। लड़की को क्रोध आया। वह अपनी सहेली के पास गई और उसे वह कमरपेटी दिखाई। परिवार के सभी सदस्य आश्चर्यचकित हुए। सभी सदस्यों ने न्यायालय में मजदूर पर मुकदमा चलाया। न्यायालय ने उस मजदूर को दो वर्ष का दंड दिया। इस विषय को कुछ समय के लिए गुप्त रखा गया लेकिन धीरे-धीरे यह सबको मालूम हो गया।

कठिन दंड

पचास वर्ष पूर्व तक कमरपेटियों का प्रचलन था। लगभग चालीस वर्ष पूर्व फ्रांस में एक मुकदमा चला। एक शिल्पी की सुन्दर पत्नी थी। वह पतिव्रता थी। पति को फिर भी उस पर शंका होने लगी। वह एक कमरपेटी लाया। चड्डी में इस कमरपेटी को रखकर सिलाया और पत्नी को पहनाया। पति ने पत्नी से कहा कि–'आजकल बड़े घरों की सब बहू-बेटियाँ कमरपेटियाँ पहन रही हैं, कमरपेटी पहनने से मान-सम्मान बढ़ेगा।' पत्नी बहुत भोली थी। उसने कमरपेटी पहन ली। इस कमरपेटी में मल-मूत्र विसर्जन के लिए भी छिद्र नहीं था। मल-मूत्र विसर्जन के लिए शिल्पी प्रतिदिन दो बार ताला खोलता था।

एक दिन शिल्पी की पत्नी को भोजन के लिए अपनी सहेली के यहाँ जाना पड़ा। वहाँ पर आसपास की सब औरतें बैठी थीं। शिल्पी अपनी पत्नी को वहाँ छोड़कर चला आया। कार्यक्रम चल रहा था। थोड़ी देर के बाद उसे मूत्र-विसर्जन की जरूरत महसूस हुई लेकिन वह नहीं जा सकती थी। उसने एक घंटे तक किसी तरह सहन किया। लेकिन धीरे-धीरे बर्दाश्त से बाहर हो गया। वह पीड़ा से तड़पने लगी। उसकी स्थिति देखकर वहाँ की औरतों ने पूछा कि मामला क्या है?

शिल्पी आया। पत्नी भागती हुई पति के पास गई और उसके पास से चाबी ली। लेकिन ताला कमरपेटी के पिछले भाग में था, इसलिए वह नहीं खोल सकती। मजबूर होकर उसने घर की मालकिन को बुलाया। ताला खोलने को कहा। मालकिन ने देखा तो आश्चर्यचकित रह गई। उसने पूछा कि यह क्या है? शिल्पी की पत्नी ने पूरी कहानी सुनाई। वहाँ जितनी भी स्त्रियाँ थीं, सुनकर आग-बबूला हो गईं। सारे फ्रांस की औरतों को लगा कि शिल्पी ने दुनिया-भर की स्त्रियों का अपमान किया है। उन्होंने न्यायालय में शिल्पी पर मुकदमा चलाया। शिल्पी को दंड मिला।

सन् 1910 के आसपास पेरिस नगर में एक सनसनीखेज मामले के बारे में कुछ तथ्य विश्व-भर की पत्र-पत्रिकाओं ने प्रकाशित किए। यह मामला पेरट मुकदमे के नाम से प्रसिद्ध है।

एक डॉक्टर अपनी पत्नी पर हमेशा शंका करता था। पढ़ा-लिखा होकर भी वह मूर्ख था। हालाँकि मानव के स्वभाव से पढ़ाई का कोई सीधा सम्बन्ध नहीं है। वह

पत्नी को कहीं जाने नहीं देता था। उसे बहुत सताता था। पड़ोसियों को डॉक्टर का व्यवहार अच्छा नहीं लगा। उन्हें एक निरपराधिनी को इस प्रकार सताया जाना अन्याय लगा, तुरन्त उन्होंने अधिकारियों से शिकायत की, किन्तु कोई भी अधिकारी सहायता के लिए नहीं आया। डॉक्टर को यह विषय मालूम हुआ। उसने चाल बदल दी। उसने चतुराई अपनाई। पत्नी को बाहर झाँकने तक नहीं देता था। कुछ दिनों के बाद डॉक्टर की चाल सबको मालूम हो गई। इस अत्याचार को रोकने के लिए पड़ोसियों ने पुलिस को बुलाया।

चार दिन के बाद पुलिस ने घर की तलाशी ली और वहाँ का दृश्य देखने के बाद दंग रह गई। डॉक्टर ने पत्नी को जंजीरों से पलंग से बाँध रखा था। एक नहीं, तीन-चार जंजीरें थीं। कपड़ों के नीचे एक कवच था। यह लोहे के तारों से बनाया गया था। कटि-प्रदेश में लोहे की कमरपेटी थी। कमर की जंजीरों को एक नहीं दो-दो ताले थे। पातिव्रत धर्म की रक्षा के लिए बेचारे डॉक्टर ने कितना कष्ट उठाया! सरकार ने इस कार्य के लिए सम्मानित करने की बजाय, पदक देने की बजाय उस पर मुकदमा चलाया। पत्रिकाओं में यह सनसनीखेज समाचार छपा था। पत्रिकाओं ने इस घटना को 'अभिनव ओथेलो,' 'पत्नी को जंजीरों से बाँधा,' 'पत्नी को तारों का कवच पहनाया' आदि शीर्षकों के साथ छापा और डॉक्टर के असली रूप को जनता के सामने रख दिया। डॉक्टर ने अपना दोष स्वीकार कर लिया और कहा कि मेरी पत्नी धोखा देगी, ऐसी शंका मुझे हुई। केवल शंका के कारण ही मैंने ऐसा किया है। और उसने यह भी बताया कि उसने पत्नी के कष्ट का पर्याप्त ध्यान रखा। उसने पत्नी से पूछा था कि कितनी जंजीरें रहने पर वह पूरा कमरा घूम सकती है, पियानो के पास जा सकती है, और यह भी कि उसे और कितनी स्वतंत्रता देनी चाहिए? स्त्री को इतनी स्वतंत्रता देनेवाले उस पति महाशय को न्यायालय ने दंडित किया!

कमरपेटियों के कारखाने और उनके विज्ञापन

तेरहवीं शताब्दी से लेकर बीसवीं शताब्दी तक कमरपेटियों का प्रयोग लगातार होता रहा। अर्थात् लगभग सात सौ वर्ष तक पूरी दुनिया में ये व्याप्त थीं। यदि कमरपेटियों का इतना प्रयोग होता था तो स्वाभाविक है कि उनके लिए माँग भी अधिक रही होगी। इसलिए कमरपेटियाँ बनानेवाले कारखानों की संख्या भी अधिक थी। जिस प्रकार आजकल आभूषणों की दुकानें हैं, उसी प्रकार कमरपेटियाँ बनानेवालों के कारखाने और दुकानें भी हुआ करते थे।

जिस तरह आजकल व्यापारी बहुत पैसे खर्च करके विज्ञापन देते हैं, उसी प्रकार उस जमाने में कमरपेटियाँ बनानेवाले कारखाने भी रंगीन चित्रों के साथ विज्ञापन देते थे। कई तरह के नमूनों की सुन्दर कमरपेटियाँ बनाई जाती थीं। कुछ पर नक्काशी की जाती थी। कुछ कमरपेटियों के अन्दर अस्तर लगाया जाता था। कुछ कमरपेटियों को चाँदी के ताले लगाए जाते थे।

सन् 1900 में एक बड़े शहर के कारखाने का विज्ञापन देखिए :

स्त्री पातिव्रत की रक्षा का साधन

ताले के साथ सादा कमरपेटी : 120 फ्रांक्स

पातिव्रत की रक्षा का साधन

ताले के साथ डीलक्स कमरपेटी : 180 फ्रांक्स

पातिव्रत की रक्षा का साधन

चाँदी के ताले और सुन्दर अस्तर के साथ : 130 फ्रांक्स

इसके नीचे सुन्दर शब्दों में इसका गुणगान होता था। विज्ञापन के लिए अच्छे कागज का उपयोग होता था। इस विज्ञापन को देखने के बाद जो ग्राहक पत्र लिखते थे, उनको कारखाना एक कार्ड भेजता था। उस कार्ड में कमरपेटी का प्रकार और पहननेवाली की जाँघों का नाप ग्राहक लिखकर भेजते थे।

विज्ञापन देखने के बाद हर पुरुष के हृदय में यह इच्छा जाग्रत होती थी कि अपनी पत्नी के लिए उसे भी एक कमरपेटी खरीदनी चाहिए। पुरुषों को उत्तेजित करने के लिए विज्ञापन दिए जाते थे। एक कारखाने ने तो एक ऐसा विज्ञापन दिया जिसे पढ़ने के बाद हर पुरुष को ऐसा लग सकता है कि पत्नी को कमरपेटी न पहनाएँगे तो समाज

में कौड़ी का भी सम्मान नहीं बचेगा। पूरी इज्जत मिट्टी में मिल जाएगी। यह विज्ञापन कहता था, "क्या आपके बच्चे आपके ही हैं? बच्चे सचमुच आपके ही हैं, विश्वास के साथ हृदय पर हाथ रखकर कहने के लिए हमारी कमरपेटियों का उपयोग कीजिए; अगर आप ऐसा नहीं करेंगे तो सच्चाई क्या है, यह भगवान ही जानता है।"

यही कम्पनी पुरुष-कमरपेटियाँ[1] भी बनाती थी। पुरुष पराई स्त्री के साथ अनैतिक सम्बन्ध नहीं रखें, इसलिए पुरुष कमरपेटियाँ बनाई जाती थीं। पुरुष-कमरपेटियाँ बनाने का उद्देश्य मुख्यतः यह था कि युवक व्यभिचारी न बनें।

इंग्लैंड में आज भी कमरपेटियों की दुकानें हैं। उनमें पाया जानेवाला एक चित्र।

1. डॉ. एटुकूरू प्रसादराव ने श्री तापी धर्माराव की समस्त रचनाओं पर तेलुगु में शोध-प्रबन्ध प्रस्तुत किया है। इस शोध-प्रबन्ध (तापी धर्माराव जीवितम् रचनलु, 1989) पर उस्मानिया विश्वविद्यालय ने उन्हें डॉक्टरेट की डिग्री से सम्मानित किया है। श्री प्रसादराव ने अपने शोध-प्रबन्ध में पुरुष की कुछ कमरपेटियों के चित्र भी दिए हैं। –अनुवादिका।

आज भी यूरोप और अमेरिका में कुछ लोग डॉक्टरों और वैद्य-यंत्र तैयार करनेवाली कम्पनियों के पास जाकर पूछते रहते हैं कि स्त्री की शुचिता रक्षा के लिए कुछ साधन मिलेंगे?

लगभग पचास-साठ वर्षों पूर्व ब्रिटेन में एक प्रसिद्ध डॉक्टर ने पातिव्रत धर्म-रक्षा को अनिवार्य समझकर एक ग्रन्थ लिखा था। यह वैद्यशास्त्र से सम्बन्धित ग्रन्थ है। इसमें स्त्री पातिव्रत धर्म की रक्षा कैसे कर सकती है और उस युग में इसकी रक्षा कैसे हो रही थी, आदि के बारे में लिखा गया है। इस पुस्तक में तीन भाग हैं। प्रथम भाग में इसके बारे में लिखा गया है कि उन दिनों में मुख्यतः स्काटलैंड की स्त्रियों का व्यवहार कितना बुरा था। दूसरे भाग में इन अनैतिक दुराचारों को किस प्रकार बन्द किया जा सकता है, इसके कुछ उपाय दिए गए हैं। इन कमरपेटियों के निर्माण-विधान का वर्णन तीसरे भाग में मिलता है। इसमें लड़के यौन अत्याचारी क्यों बनते हैं, व्यभिचार को रोकने के लिए कौन-सी कमरपेटियाँ लड़कों को पहना सकते हैं, आदि के बारे में लिखा हुआ है।

ग्रन्थों में कमरपेटियों का वर्णन

कमरपेटियाँ और मानव-स्वभाव के बीच गहरा सम्बन्ध है। साहित्य समाज का प्रतिबिम्ब है। समाज में कमरपेटियों की प्रथा व्याप्त थी, इसलिए कमरपेटियों का वर्णन कई ग्रन्थों में भी मिलता है। हो सकता है कि धीरे-धीरे मानव के विचारों में परिवर्तन आया हो। सभ्य मानव और पंडितों को अच्छा नहीं लगा होगा, इसलिए उन्होंने इन ग्रन्थों को नष्ट किया होगा।

सन् 1500 में इटली से सम्बन्धित एक कहानी प्रचलित थी। एक पत्नी किसी पराए पुरुष के प्रेम में पागल हो गई। वह अपने प्रिय के साथ रंगरेलियों में डूब गई। अचानक पति आया। उसको उस पराए पुरुष पर क्रोध आया। उसे कठिन दंड देने के विचार से वह अपनी पत्नी के लिए कमरपेटी लाया और उसे पहना दी। कहा जाता है कि इस प्रकार कमरपेटियों की प्रथा आरम्भ हुई।

इटली के मिलान नगर में एक कहानी प्रचलित थी। यह कहानी इस प्रकार है–एक ईसाई नन एक पुरुष से प्यार करने लगी। नन होने के कारण उसे वासना को त्याग देना चाहिए था। अपने ऊपर संयम रखने पर भी वह प्रकृति के नियम पर विजय नहीं पा सकी। उसका प्रेमी मांक (ईसाई फादर) के रूप में नन के पास आने लगा। थोड़े दिन गुजर गए। एक दिन प्रेमी ने फादर के वेश में ही अपनी एक परिचित से बातें कीं। तब उसका पर्दाफाश हुआ। अन्य सभी फादरों को क्रोध आया। उन्होंने सोचा कि कमरपेटियाँ ही इस अनाचार को रोक सकती हैं। इसलिए फादर ने औरतों को कमरपेटियाँ पहनाए जाने की आज्ञा दी। जनता फादर का सम्मान करती थी, इसलिए सब लोग अपनी पत्नियों को कमरपेटियाँ पहनाने लगे।

फ्रांस के शब्दकोशों में भी इन कमरपेटियों का उल्लेख मिलता है। इन्हें कैसे बनाया जाता है, इसका उपयोग किस प्रकार किया जाता है, आदि का विश्लेषण भी मिलता है।

एक कवि ने अपनी पुस्तक में कमरपेटियों से सम्बन्धित एक प्रसंग लिखा है। एक पुरुष अपनी स्त्री के व्यवहार से तंग आकर कहता है कि–'एक ताला लाकर इसे डालना चाहिए।' उसने कमरपेटी शब्द का प्रयोग नहीं किया किन्तु इस वाक्य का अर्थ यही होता है।

स्काटलैंड के कवि सर डेविड लिंडसे ने एक प्रबन्ध काव्य लिखा था। इसमें उल्लेखित एक कहानी में कहा गया है कि नायिका का पति हर रोज उसे कमरपेटी पहनाकर ताला डालकर चाबी अपने तकिए के नीचे रखकर सोता है। नायिका दूसरे पुरुष की ओर आकर्षित हो जाती है। वह पराया पुरुष एक दिन नायिका के पास आता है। कमरपेटी बीच में दीवार बनकर खड़ी हुई है। नायिका धीरे-से उस पुरुष की अपने पति के तकिए के नीचे रखी गई चाबी को लाने के लिए कहती है।

सुबह होते ही पति उठता है। वह चाबी को ढूँढ़ता है, लगता है कि चाबी कहीं गुम हो गई है। उसे बहुत क्रोध आता है। नायिका आती है और पूछती है कि क्या हुआ? चाबी के लिए इधर-उधर ढूँढ़ने का नाटक करती है और धीरे से चाबी को तकिए के नीचे रख देती है और पति को तकिए के नीचे ढूँढ़ने के लिए कहती है। पति को ढूँढ़ते ही चाबी मिल जाती है। वह बेहद खुश होता है। वह यह कहते हुए पत्नी को चूम लेता है कि तुम्हारे जैसी प्यारी पत्नी किसी के पास नहीं है।

पति-पत्नी की मनोव्यथा

पुरुष अपने सन्तोष के लिए सुन्दर युवती से विवाह करता है। लेकिन विवाह होते ही उसमें कुबुद्धि आ जाती है। अब उसे उस पर शंका होने लगती है। अपनी पत्नी पराए पुरुष से कहाँ आँख लड़ाएगी, यही चिन्ता उसे सताती रहती है। उसे अपनी रूपवती पत्नी शत्रु के समान दिखने लगती है।

नीतिशास्त्रों में भी लिखा गया है कि भार्यारूपवती शत्रुः। एक क्षण देर हो गई तो शंका। किसी पराए पुरुष से (भाई मानकर भी) बात कर ली तो भी शंका। कोई पराया पुरुष उसे देखेगा तो क्रोध। वह किसी पराए पुरुष को देखेगी तो भी क्रोध। सौन्दर्य स्त्री के लिए वरदान भी है, अभिशाप भी। मानव-स्वभाव उतना बुरा नहीं। किन्तु जब से पुरुष में स्वार्थ की भावना आ गई तब से उस पर मुसीबतों की जैसे बाढ़ ही आ गई। न उसे चैन है, न स्त्री को। वह अपनी छाया को भी देखकर भूत समझ रहा है, भयभीत हो रहा है।

एक नायक था। कई देश ढूँढ़कर, काफी मुसीबतें उठाकर उसने एक सुन्दर स्त्री से विवाह किया। विवाह होने के बाद उनके जीवन में चार दिन की बहार आई। फिर शुरू हो गया मुसीबतों का सिलसिला। पति इटली गया। उन दिनों इटली की कमरपेटियाँ प्रसिद्ध थीं। एक सुन्दर कमरपेटी जिस पर नक्काशी की गई थी, सोने का पानी चढ़ाया हुआ था, खरीदकर लाया। उसने पत्नी को दिखाया और उसे फुसलाया। कहा कि 'आजकल बड़े घर की बहू-बेटियाँ इन्हें पहन रही हैं, कितनी सुन्दर है, देखो।' उसे पहनाया और आईने में देखने के लिए कहा। ताला डालकर चाबी अपनी जेब में रख ली।

पत्नी को यह एक तमाशे जैसा लगा। कमरपेटी के कारण कुछ असुविधा होने पर भी वह खुश थी। वह यह सोचती हुई आनन्द में डूब गई कि बड़े घरों की प्रथा अब इस घर में भी आ गई, और वह आज बड़े घर की बहू-बेटियों के समान बन गई।

इस कमरपेटी में एक विशेषता थी। कमरपेटी के पतरे को कमरबन्द में लगाने के लिए चार सोने की जंजीरें थीं। इन जंजीरों के अन्दर से कमरपेटी को ताला लगाया जाता था। कमरपेटी उस स्त्री के लिए थोड़ी असुविधाजनक थी किन्तु उसे प्रसन्नता इसलिए हुई कि अब उसका पति हर मिनट शंका की दृष्टि से उसे नहीं देख रहा है और उसे छोड़कर इधर-उधर जा रहा है। पहले उसे एक क्षण भी वह नहीं छोड़ता था,

अब उस स्त्री को थोड़ी मुक्ति मिली, वह अपनी सहेलियों के पास जाने लगी। पति को विश्वास था कि अब पत्नी इधर-उधर गई तो भी कुछ गलत काम नहीं करेगी। अगर उसे कभी शंका होती भी तो वह जेब में रखी चाबी को देख लेता था, तुरन्त उसे शान्ति मिल जाती थी। आभूषणों की तिजोरी कहीं भी रहे, उसकी चाबी तो उसके पास है!

दिन बीत रहे थे। एक सुन्दर नवयुवक से पत्नी की मित्रता हुई। दोनों के बीच में केवल मित्रता थी, इसके अलावा कुछ सम्बन्ध रहना तो असम्भव था क्योंकि कमरपेटी की दीवार बीच में थी। पति को शंका हुई। उसने पत्नी को मारा-पीटा। उस युवक को नहीं आने दिया। कुछ दिनों के बाद वह पत्नी को दूसरे गाँव लेकर गया। घर में एक नौकर था। उस नौकर की शक्ल उस प्रेमी से थोड़ी मिलती-जुलती थी। पत्नी उस नौकर के साथ स्नेह-भाव से रहने लगी। वह जहाँ पर भी जाती थी, नौकर को साथ लेकर जाती थी। एक दिन मालकिन कून में नृत्य करने के लिए गई। उसके साथ नौकर भी गया। वह खुशी से नाचने लगी। सोने की जंजीरों में से एक जंजीर टूट गई।

वह घबरा गई, तुरन्त नृत्य छोड़कर एक कमरे में गई। नौकर दरवाजे के पास गया और छिद्र में से देखने लगा। नायिका टूटी हुई जंजीरों को ठीक कर रही थी। धागे से बाँधने का प्रयत्न कर रही थी। कार्यक्रम के बाद नौकर ने अपनी मालकिन से बातें करना प्रारम्भ किया। दो-तीन क्षणों में ही मालकिन ने नौकर को पहचान लिया। उसकी बुरी नीयत को देखकर मालकिन ने नौकर के गाल पर थप्पड़ मारा और उसे नौकरी से निकाल दिया।

घर से आने के बाद पति ने देखा तो एक जंजीर टूटी हुई दिखाई पड़ी। उसकी आँखें लाल हो गईं। उसने फिर से सभी जंजीरों को बाँध दिया। दिन बीतने लगे। पत्नी को लड़का हुआ। लड़के का चेहरा नायिका के पुराने प्रेमी के समान था। वह लड़का दस दिन जिन्दा रहा। फिर उसकी मृत्यु हो गई। पति की शंका और भी बढ़ गई।

कई मनोवैज्ञानिकों ने उसे समझाया कि कभी-कभी बच्चों की शक्ल पराए पुरुषों से भी मिल सकती है, इसके लिए शारीरिक सम्बन्ध अनिवार्य नहीं है। सम्भोग के बिना भी ऐसे बच्चे पैदा हो सकते हैं। उन्होंने कई प्रमाण दिए। बाप काला है तो भी गोरा बच्चा पैदा हो सकता है। अक्लमन्द बाप को बुद्धू भी पैदा हो सकता है। किन्तु कोई बात उसके दिमाग में नहीं घुसी। प्रतिशोध लेने के लिए पति ने पत्नी को कमरपेटी पहनाकर चाबी अपने पास रखकर उसे घर से बाहर निकाल दिया।

बेचारी पत्नी! अब क्या करे! उसे कोई उपाय नहीं सूझा। वह कई प्रयत्न करके अपने पुराने प्रेमी का पता ढूँढ़कर उसके पास चली गई। दोनों में आत्मिक मिलन हुआ। अब न कोई कमरपेटी बीच में आ सकती थी, न कोई जंजीर। कमरपेटी की चाबी पति के पास रहने पर भी वे दोनों एक-दूसरे से मिल गए और सुख से रहने लगे।

पुरुषों के राक्षसी कृत्य

पुरुषों के राक्षसी कृत्यों के बारे में क्या कहें? जब पुरुष स्त्री को अपनी सम्पत्ति मानने लगा, तब से वह राक्षस बन गया। उसकी माँ एक स्त्री है। उसकी बहिन एक स्त्री है। उसकी पत्नी एक स्त्री है। उसकी रखैल भी एक स्त्री है। इन सबसे वह कुछ-न-कुछ आनन्द ले रहा है। कुछ लाभ उठा रहा है। फिर भी पुरुष ने स्त्री को जितनी गालियाँ दीं, उतनी इस दुनिया में किसी ने स्त्री को नहीं दी होंगी। पुरुष ने स्त्री के ऊपर कितने लांछन लगाए! उसे यमदूत कहा। साँप का विष कहा। कहा कि नारी एक पिशाच है। सारे ग्रन्थों में ये ही गालियाँ, सारे भाषणों में ये ही शब्द। स्त्री के प्रति हीन दृष्टि पैदा करने के लिए उससे जितना हो सका, उतने हीन कार्य किए। स्त्री के प्रति घृणा पैदा करने के लिए उसने क्या-क्या नहीं किया! उसने जितना अन्याय किया, उसका हिसाब नहीं। इतना करने के बाद भी उसे शान्ति नहीं मिली। कमरपेटी जैसे क्रूर साधन को बनाने लगा। स्त्री-बुद्धि प्रलायंतकः कहकर उसे अपमानित किया।

अगर स्त्रियों को पुरुषों के बारे में लिखने का अवसर मिले तो हम कल्पना कर सकते हैं कि पुरुष के स्वभाव के बारे में वह कितना अच्छा विश्लेषण कर सकेंगी। इसमें सन्देह नहीं है कि पुरुष द्वारा किए गए अत्याचार, अन्याय, उसकी अयोग्यता, उसकी अशक्तता, उसकी कमियों आदि के बारे में वह विस्तार से लिख डालेगी।

इस तरह की विपत्तियों से बचने के लिए पुरुष पहले ही सावधान हो गए। पातिव्रत धर्म, पति-भक्ति, पत्नी-धर्म आदि शब्दों का जाल बनाकर उस पर डाल दिया। उसका मुँह बन्द कर दिया। धर्म की भावना को सिरिंज में डालकर उसके रक्त और हड्डियों में चढ़ा दिया। बेचारी! अब वह इनसे छुटकारा कैसे पा सकती है?

पुरुष परमेश्वर है। वह व्यभिचार करेगा तो भी कोई गलती नहीं। वह राक्षसी कृत्य करेगा तो भी गलत नहीं। इसीलिए तो लिखा गया है कि भँवरे मँडराते हैं अनेक फूलों पर, पुरुष भी तो भँवरा है, नहीं लगता उसे कोई दोष। इस तरह कहकर पुरुष ने स्त्री को जाल में फँसा दिया। स्त्री पिंजरे का पक्षी बन गई। अब इस जाल में, इस पिंजरे में वह तड़प रही है। पिंजरे से उडने के लिए, जाल तोड़ने के लिए कितना

साहस चाहिए, पुरुष के राक्षसी कृत्यों को दुनिया के सामने रखने के लिए कितना साहस चाहिए! स्त्री को इतना निर्जीव बनाने पर भी पुरुष को तृप्ति नहीं। कमरपेटियाँ स्त्री को बेड़ियों के रूप में दी गईं। अगर उससे पूछा जाए कि ऐसा तुमने क्यों किया? वह यही उत्तर देगा कि सहृदयता के विकास के लिए मैं प्रयत्न कर रहा हूँ। सारी दुनिया के उद्धार के लिए मैं प्रयत्न कर रहा हूँ। वह वेदान्त की बातें कहेगा। भाष्य लिखेगा। परन्तु अपने पशुत्व को नहीं पहचानेगा। अपने आपको नहीं पहचानेगा।

किसके लिए ये गालियाँ? ये पट्टियाँ? ये कमरपेटियाँ? ये सारे प्रयत्न किसे निर्मूल करने के लिए? वासना को रोकने की भावना क्यों? प्रकृति के विरुद्ध चलने का यह विचार क्यों? यह विकृति क्यों? कोई भी ऐसा नहीं कहेगा कि सारी स्त्रियाँ स्वेच्छा से घूमें, व्यभिचारी बनें। सभी स्त्रियों को पतिव्रताएँ बनाना जितना कठिन है, उन्हें पराए पुरुषों की प्रेमिकाएँ बनाना भी उतना ही कठिन कार्य है। पूरी दुनिया की स्त्रियों को कमरपेटियाँ पहना दीजिए तो भी व्यभिचार नहीं रुक सकता। वैसे ही सारी स्त्रियों को स्वेच्छा से छोड़ेंगे तो भी वे वेश्याएँ नहीं बनतीं। स्वभाव और सन्दर्भ दो महत्त्वपूर्ण विषय हैं। कुछ कारण है, इसीलिए यह सब हो रहा है।

पुरुष में साहस है, बुद्धि है, तो इन कारणों को ढूँढ़ना चाहिए। इन कारणों को दूर करने के उपाय ढूँढ़ना चाहिए। दोष किसमें है—स्त्री में या पुरुष में? दोष को दूर करने का प्रयत्न करना चाहिए। आहार निद्रा की तरह वासना भी मानव के लिए एक अनिवार्य भूख है।

पुरुषों की मूर्खता के स्मृति-चिह्न

नाजियों के मारण-यंत्रों और कमरपेटियों जैसे क्रूर साधनों से मानव-सभ्यता को काफी नुकसान हुआ। सभ्यता हीन स्थिति में पहुँच गई। दोनों साधनों को बनाने के पीछे मानव की पशुता व्यक्त हो रही है। पुरुष ने कमरपेटियों का निर्माण करके स्त्री के आत्मगौरव को ठेस पहुँचाई। अपना भी गौरव खो बैठा। पुरुषों की मूर्खता के चिह्न हैं ये कमरपेटियाँ। उनके स्वार्थ का प्रमाण है ये कमरपेटियाँ। पुरुष की पक्षपात बुद्धि का दृष्टान्त हैं ये कमरपेटियाँ। तमाशे की वस्तु होने के कारण, कुछ विशेषताओं के कारण ये न्यायालय की सीढ़ियाँ तक चढ़ गईं। पुरुष की दुर्बुद्धि और दुरहंकार के कारण ये शाश्वत रह गईं।

पुरुषाहंकार ने अधिकार जमाने का प्रयत्न किया। कभी पुरुष ने अपने आपको सुधारने का प्रयत्न नहीं किया, और दुनिया का उद्धार करने के लिए चल पड़ा। पुरुष में जो दोष है, वह दुगुना हो गया। वह स्त्री में जो अच्छा गुण चाहता है वही गुण उसमें नहीं है किन्तु उसमें इस सत्य को स्वीकार करने का साहस भी नहीं है। अपनी पत्नी को एक कमरपेटी डालकर वह खुद पराए पुरुष की कमरपेटी को तोड़ने के लिए चला जाता है। वह मूर्ख नहीं तो और क्या है?

आज कमरपेटियों की प्रथा रहे या न रहे, ताला डालकर, कैदी बनाकर रखने का रिवाज हो या न हो, किन्तु इस प्रकार की भावना तो पुरुष में आज भी है। यह गुण उसके रक्त में घुल-मिल गया है। आज भी ऐसे पुरुष हैं जो अपनी पत्नी पर शक करते हैं और मन-ही-मन सुलगते रहते हैं।

इस शक का कारण स्त्री कदापि नहीं हो सकती है। इसका कारण केवल पुरुष ही है क्योंकि वह पूर्ण रूप से स्त्री को सन्तुष्ट नहीं कर सकता है। उसे तृप्त करने का उपाय उसके पास नहीं है। इस असन्तुष्टि का कारण उसे ढूँढ़ना चाहिए। स्त्री को सन्तुष्ट करने के लिए कामशास्त्र पढ़ना जरूरी है। स्त्री और पुरुष के लिए सेक्स एजूकेशन अनिवार्य है। किन्तु हमारे समाज में अन्धविश्वास है जिसके चलते इस शास्त्र का नाम तक सुनना महापाप है। यह एक निषिद्ध ग्रन्थ है। हमारे परिवारों में इस शब्द को उच्चरित करना तो क्या, सुनना तक मना है। स्त्री-पुरुषों के सम्बन्ध

में दरारें पड़ें तो भी कोई बात नहीं। व्यभिचार बढ़ जाए तो भी कोई बात नहीं। किन्तु स्त्री-पुरुष कामशास्त्र को देख भी नहीं सकते। शुष्क नीति-सूत्रों से इनके हृदयों को बाँध दिया गया है। वासना से दूर भागने के लिए पुरुष कमरपेटियाँ पहनने लगा तो भी कमरपेटियाँ निरर्थक सिद्ध हुईं। इसी सत्य को तेलुगु के महान कवि अल्लसानि पेदन्ना ने व्यक्त किया था :

कमरपेटियाँ पहनकर अपने इन्द्रिय संयम
पर गर्व करनेवाले महर्षि भी कभी-न-कभी
कमलनेत्रियों के बन्दी हो जाते हैं।

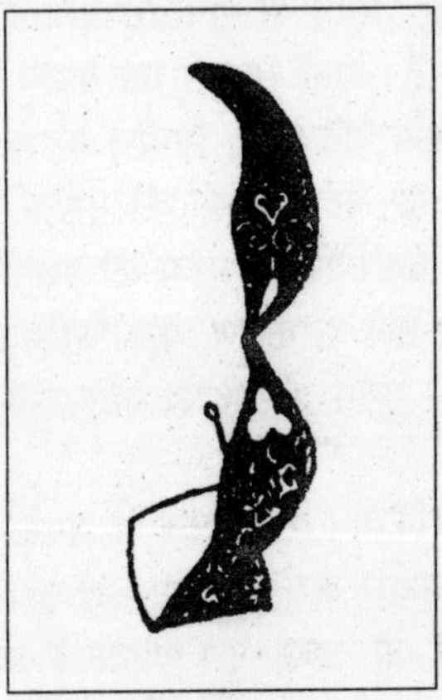

पेरिस कमरपेटी

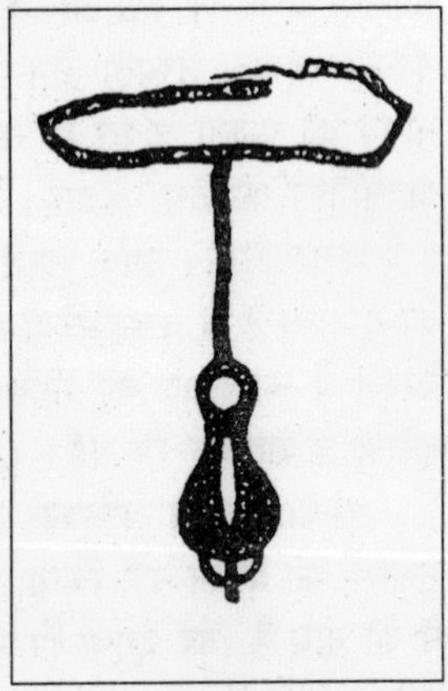

नारिउस्का कमरपेटी

ओडेनाल्ड कमरपेटी

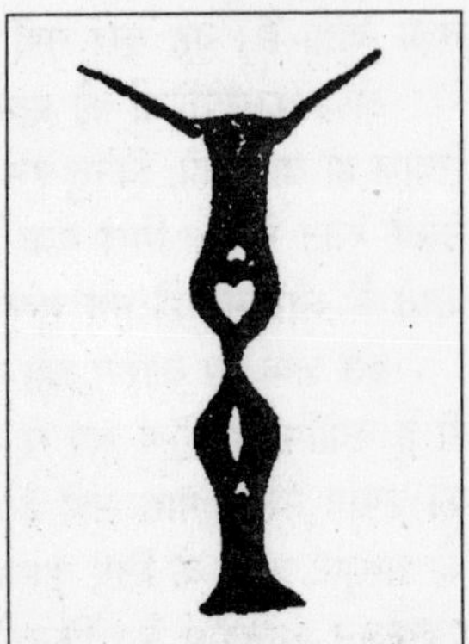

एरनाक कमरपेटी

मानव-स्वभाव की पशुता को व्यक्त करनेवाली कुछ और कमरपेटियाँ।

एटुकूरू प्रसाद राव का विश्लेषण

प्रजनन-तंत्र तथा दैवी भावना

तेलुगु लेखक स्वर्गीय तापी धर्माराव की तीन तेलुगु रचनाएँ इनपकच्चडालु (लोहे की कमरपेटियाँ), देवालयाल मीद बूतु बोम्मलु येंदुकु? (देवालयों पर मिथुन-मूर्तियाँ क्यों?), पेल्लि दानि पुट्टुपूर्वोत्तरालु (विवाह संस्कार : स्वरूप एवं विकास) समाजशास्त्र एवं संस्कृति से सम्बन्धित हैं। इन विषयों से सम्बन्धित अंग्रेजी पुस्तकें भी उपलब्ध हैं, किन्तु भारतीय भाषाओं में इन विषयों से सम्बन्धित पुस्तकें नहीं के बराबर हैं। तेलुगु में तो पहली बार इस प्रकार की रचनाएँ प्रकाशित हुई हैं। ये विषय जिज्ञासु पाठकों के लिए महत्त्वपूर्ण हैं। इन रचनाओं की काफी आलोचना भी हुई है, और प्रशंसा भी। डॉ. एटुकूरू प्रसादराव ने अपने तेलुगु शोध-प्रबन्ध तापी धर्माराव जीवितमु-रचनलु (तापी धर्माराव : व्यक्तित्व एवं कृतित्व) में धर्माराव जी की समग्र रचनाओं का तटस्थ दृष्टि से विस्तारपूर्वक विवेचन किया है। स्व. धर्माराव जी के समय में इन विषयों से सम्बन्धित पुस्तकें अधिक संख्या में उपलब्ध नहीं थीं, फिर भी उन्होंने अपने समय में उपलब्ध अंग्रेजी, संस्कृत, तेलुगु पुस्तकों का अध्ययन करके, प्रदर्शनों में देखी हुई वस्तुओं को दृष्टि में रखकर इन पुस्तकों की रचना की थी। श्री प्रसादराव ने इनकी रचनाओं का विश्लेषण करते हुए संस्कृति, समाज, प्रजनन-तंत्र से जुड़ी हुई दैवी भावना आदि का विस्तृत विवेचन किया है। इस विश्लेषण के लिए उन्होंने कई अंग्रेजी, संस्कृत और तेलुगु रचनाओं की सहायता ली है। उन्होंने इनमें से कई उद्धरण देकर अपनी आलोचना के साथ-साथ पाठकों के सामने विषय को अधिक स्पष्ट रूप में रखने का प्रयत्न किया है। स्व. धर्माराव जी की तीन रचनाओं से भी अधिक जानकारी इस शोध-प्रबन्ध से हमें प्राप्त होती है। इसलिए इस शोध-प्रबन्ध के कुछ महत्त्वपूर्ण अंशों का हिन्दी अनुवाद यहाँ प्रस्तुत किया गया है जो इन तीन रचनाओं के विषयों को अधिक स्पष्ट करता है और पाठकों के लिए इन्हें समझने में सहायक सिद्ध होता है।

मानव-जीवन में रीति-रिवाजों का महत्त्वपूर्ण स्थान है। जन्म से मृत्यु तक मनुष्य कई प्रथाओं एवं संस्कारों का पालन करता है। मानव समाज का विकास इन प्रथाओं से जुड़ा हुआ है। मनुष्य में हमेशा यह भय रहता है कि इन प्रथाओं को नहीं निभाने से कुछ अनिष्ट होगा। इस तरह ये संस्कार और प्रथाएँ संस्कृति का एक अभिन्न अंग बन जाती हैं। हम इनके पीछे के कारणों से अनभिज्ञ होते हुए भी इन्हें अपनाते हैं। किन्तु इसके अपवाद भी पाए जाते हैं। कुछ लोग इन प्रथाओं को तर्कसंगत कारण

ढूँढ़ते हुए अपनाते हैं या यह सोचकर कि आज इन प्रथाओं की प्रासंगिकता नहीं रह गई है, ये मूल्य खो चुकी हैं, इन्हें ठुकराते हैं।

स्व. धर्माराव जी के मन में ऐसी कई प्रथाओं का तर्कसंगत कारण ढूँढ़ निकालने की इच्छा पैदा हुई। इनके बारे में खड़े हुए कई प्रश्नों का उत्तर खोजने और व्याप्त भ्रान्तियों को दूर करने का उन्होंने प्रयत्न किया। इसी प्रयत्न का फल ये तीन रचनाएँ हैं।

कोई भी संस्कृति अपने आप न पैदा हुई न पनपी है। न ही अन्य संस्कृतियों का प्रभाव पड़े बिना ही वह विकसित हुई है। संस्कृति किसी एक जाति या समय की नहीं है। कई जातियों और कई पीढ़ियों का ज्ञान इसमें संचित है। हमारी वर्तमान प्रथाओं में आदिम मानव के विचारों का प्रतिबिम्ब दिखाई पड़ता है। आदिम मानव पूरी तरह प्रकृति पर निर्भर था। उसके विचार से उनके अपने विकास के लिए जन-सम्पत्ति, पशु-सम्पत्ति तथा वन-सम्पत्ति की वृद्धि ही पर्याप्त थी। उनका विश्वास था कि मानव प्रजनन-प्रक्रिया के अनुकरण से प्रकृति की उर्वरता को बढ़ा सकता है। आदिम मानव को आधुनिक मानव बनने के लिए कई सीढ़ियाँ चढ़नी पड़ीं। समाज के विकास-क्रम में कई मोड़ आए। हर मोड़ का अपना अलग महत्त्व है। स्व. धर्माराव जी ने मानव-इतिहास के अतिप्रारम्भिक चरण से लेकर आज के विकसित समाज में आए हुए परिवर्तन, मोड़ आदि को दृष्टि में रखते हुए देवालयों पर मिथुन मूर्तियाँ क्यों? लोहे की कमरपेटियाँ, विवाह संस्कार : स्वरूप एवं विकास आदि विषयों का एक नई दृष्टि से विवेचन किया। प्राचीन सभ्यता की परम्पराओं को ढूँढ़ने और आज की प्रथाओं के पीछे निहित आदिमानव के विचारों को उन्होंने समझने का प्रयत्न किया था। उन्होंने स्पष्ट रूप से कहा था कि प्राचीन सभ्यता की मान्यताओं, मूल्यों, धार्मिक अनुष्ठानों, जनजातीय व्यवस्था के अवशेषों को आधुनिक मानदंड की दृष्टि से नहीं देखना चाहिए वरन् अपने पूर्वजों की दृष्टि से देखना चाहिए। तभी हम अतीत के चित्र का पुनर्निर्माण करने में सफल हो सकते हैं।

देवालयों पर मिथुन मूर्तियाँ क्यों? रचना में देवालयों और प्रजनन-तंत्रों के बीच कितना गहरा सम्बन्ध है, दैवी भावना से ये किस प्रकार जुड़ गए, मिथुन-पूजा की भावना ने किस प्रकार कुछ आकृतियों का रूप धारण कर लिया तथा मिथुन-मूर्तियाँ बनकर देवालयों में महत्त्वपूर्ण स्थान ग्रहण किया, आदि का विस्तृत विवेचन हुआ है।

दूसरी रचना 'लोहे की कमरपेटियों' में समाज-विकास के साथ-साथ स्त्री-पुरुष सम्बन्धों में आए हुए परिवर्तन, कमरपेटियों के जन्म के पीछे के कारण आदि का विस्तृत विवेचन हुआ है। मानव समाज एक दशा से दूसरी दशा में निरन्तर बदलता रहता है। यह स्वाभाविक भी है। परिवर्तन के इस सिलसिले में अधिकार कभी किसी वर्ग के पास रहता है तो कभी दूसरे वर्ग के। समाज विकास-क्रम के आदि चरण में जिस वर्ग की मुट्ठी में अधिकार थे वही वर्ग दूसरी दशा में अपनी प्रधानता और

अधिकार खो बैठा। तब समाज मातृप्रधान समाज से पितृप्रधान समाज में बदल गया। अधिकार हाथ में आ जाने के कारण पुरुष अहंकारी बन गया। स्त्री पर अपना हक जमाना उसका उद्देश्य बन गया। जिस सीढ़ी पर चढ़कर वह मंजिल पर पहुँचा था उसी सीढ़ी को वह नीचे ढकेलने लगा। अपने अधिकार जताने के लिए स्त्रियों को कई प्रकार के कष्ट देने लगा। इसी दशा में लोहे की कमरपेटियों का निर्माण हुआ। एक दशा में इन्द्रिय निग्रह के लिए भी इनका उपयोग होने लगा। धीरे-धीरे ये पवित्रता से भी जुड़ गईं। स्व. धर्माराव जी ने मानव स्वभाव को, पुरुषों की मूर्खता को व्यंग्यात्मक शैली में प्रस्तुत करने का प्रयत्न किया था। कई विदेशी ग्रन्थों से, प्रदर्शनों से इस विषय से सम्बन्धित तथ्यों और चित्रों को उन्होंने एकत्र किया था।

तीसरी रचना 'विवाह संस्कार : स्वरूप एवं विकास' में लेखक ने दुनिया भर के सभी देशों में, सभी जातियों में विवाह संस्कार को क्यों इतना महत्त्व दिया जाता है, इसका विवेचन करते हुए इस प्रथा के पीछे छिपे हुए कारणों को रोशनी में लाने का प्रयत्न किया था। यह सत्य सर्वविदित है कि विवाह संस्कार और मानव के बीच आदिकाल से गहरा सम्बन्ध है। समय के बदलाव के साथ-साथ विवाह संस्कार में भी परिवर्तन आना चाहिए। अब वह परिस्थितियाँ नहीं रहीं, सन्दर्भ भी बदल गए। स्त्री-पुरुष सम्बन्धों में भी काफी परिवर्तन आया। इस उद्देश्य से धर्माराव जी ने कई संस्करण विवाह भी करवाए थे। यह पुस्तक नई पीढ़ी के लिए मार्गदर्शक भी बनी।

स्व. धर्माराव जी ने समाजशास्त्रज्ञ मोर्गान के समाज विकास के सिद्धान्तों को आधार बनाकर इन तीनों कृतियों की रचना की थी। समाजशास्त्रज्ञ ब्रिफाल्ड, सम्नर, मलिनोवस्की, मेकलात् आदि के विचार में पितृप्रधान समाज मातृप्रधान समाज के बाद की दशा है। स्व. धर्माराव जी ने भी इसी विचार को स्वीकार किया था। वेस्ट मार्क के विचार में प्रथम दशा में पितृप्रधान समाज ही था। स्व. धर्माराव जी ने इस सिद्धान्त की आलोचना की थी। लेखक ने कैगिल्स के विचारों से सहमत होकर समाज के विकास-क्रम को स्पष्ट रूप से पाठकों के सामने रखने का प्रयत्न किया था। रीति-रिवाजों से सम्बन्धित विवरणों के लिए उन्होंने थर्सटन, फ्रेजर आदि विद्वानों के ग्रन्थों को आधार बनाया था। कुछ रीति-रिवाजों की भारतीय प्रथाओं के साथ तुलना करने के लिए साहित्य और समाजशास्त्र से सम्बन्धित कई भारतीय प्रामाणिक ग्रन्थों को उन्होंने स्वीकार किया था।

उस जमाने में स्व. धर्माराव जी की इन तीन रचनाओं पर कई तीव्र आलोचनाएँ हुईं। प्रशंसा भी हुई। एक आलोचनात्मक पुस्तक भी छपी थी। इसके लेखक श्री वाराणसी सुब्रह्मण्यम शास्त्री थे। इस पुस्तक का नाम है 'तापी वारि देवालय दूषनमु-समाधानमु (तापी धर्माराव का देवालय–दूषण और समाधान, सन् 1970) इस शीर्षक को देखने से ही एक तथ्य मालूम होता है कि शास्त्री जी धर्माराव जी की रचनाओं

को पूर्ण रूप से समझ नहीं पाए। इसमें 52 शीर्षक हैं। इस आलोचनात्मक पुस्तक में सत्य पर कम रोशनी डाली गई। केवल ईश्वर को हीन-दृष्टि से देखनेवाले एक व्यक्ति के रूप में ही धर्माराव जी का चित्रण हुआ। इसमें उन पर क्रोध दिखाया गया। सहृदयता से आलोचना नहीं की गई।

इन तीनों रचनाओं की प्रशंसा भी बहुत हुई थी। इनमें जो सत्य है उस सत्य को पहचानने का प्रयत्न भी कई विद्वानों ने किया। उन्होंने स्व. धर्माराव जी की तार्किकता को पहचाना। इन्हीं विद्वानों में एक गोरा थे। 'पुराणों में बूतु' (पुराणों में अश्लीलता) नामक पुस्तक में मूल सत्य पर रोशनी डालने का प्रयत्न किया गया। श्री कोटता भावय्या चौधरी की रचना 'देवतलु रहस्यालु' (देवताओं के रहस्य), श्री वर्मा जी की रचना 'गुडी गुम्फा' (देवालय) आदि पुस्तकों में महत्त्वपूर्ण विषयों का चित्रण हुआ है। कुछ नास्तिक प्रचार समाजों की स्थापना की गई। कुछ विद्वानों ने तर्क के साथ नास्तिक विचारों को पाठकों के सामने रखा। समाज में फैली हुई भ्रान्तियों को, अन्धविश्वासों को दूर करना इनका एकमात्र उद्देश्य था। अज्ञातान्धकार से ग्रस्त इस समाज को प्रकाश में लाने के लिए उन्होंने कई प्रयत्न किए थे। इस वैज्ञानिक युग में भी लोग मंत्र-तंत्रों पर विश्वास करते हैं। ये मंत्र-तंत्र धर्म के अंग बन चुके हैं। हेतुवादी और नास्तिकवादियों का एक ही उद्देश्य है कि इन अन्धविश्वासों से, मंत्र-तंत्रों से जनता को बचाएँ।

स्व. धर्माराव जी ने समाज-कल्याण के लिए नया रास्ता चुना। रीति-रिवाजों का उन्होंने सूक्ष्म दृष्टि से अध्ययन किया था। अपने निजी अनुभवों से उन्होंने कई महत्त्वपूर्ण सबक सीखे थे। अपने अनुभव और अध्ययन को जोड़कर उन्होंने इन पुस्तकों की रचना की थी। 'देवालयों पर मिथुन मूर्तियाँ क्यों' रचना लिखने का मुख्य उद्देश्य यही था कि प्रजनन-तंत्र और देवालयों के बीच का घनिष्ठ सम्बन्ध तथा देवालयों पर मिथुन मूर्तियों के चित्रण के पीछे के अपने पूर्वजों के विचारों का विश्लेषण किया जाए। आदिमानव का विश्वास था कि मानव प्रजनन प्रक्रिया का अनुकरण करके प्रकृति की उत्पादकता की वृद्धि की जी सकती है। अतीत की वास्तविकता पौराणिक परिकल्पनाओं में प्रतिबिम्बित होती है। इसी से पौराणिक परिकल्पनाओं का अध्ययन करने पर हम अतीत के कुछ वास्तविक चित्रों को देख सकते हैं। उस जमाने में स्वच्छन्द सम्भोग एक महत्त्वपूर्ण अनुष्ठान था। सामूहिक गणपद्धति जनजातीय चरण की विशेषता थी।

1. रचना करने का उद्देश्य—प्रजनन-तंत्र (सौभाग्य-तंत्र)

स्व. धर्माराव जी ने मानव सभ्यता के विकास-क्रम के आधार पर भारतीय सभ्यता किस तरह विकसित हुई, इसका विश्लेषण किया था। इन रचनाओं को लिखने के

पहले वे सवर्णों के पास काम करते थे। वे स्वतः जिज्ञासु होने के कारण इस वर्ण-व्यवस्था के बारे में हमेशा सोचा करते थे। जाति-पाँति के भेदभाव के पीछे के कारणों को वे ढूँढ़ने लगे थे। क्या उन्नत-वर्ग में पवित्रता-ही-पवित्रता है? निम्न वर्ग के लोग क्यों अपवित्र हैं? जैसा कि सब लोग सोचते हैं वैसे इनमें (निम्न वर्ग में) नाममात्र की पवित्रता भी नहीं है? इस प्रकार के कई प्रश्न उनके मन में उठने लगे। अपने विस्तृत अध्ययन से उन्होंने यह सत्य जान लिया कि उन्नत जाति के लोग जिन पुराणों को पवित्र मानते हैं, उनमें अश्लीलता है। स्व. धर्माराव जी के पहले भी कुछ व्यक्तियों ने इन विचारों का प्रचार किया था–

पौराणिकानाम् व्यभिचार दोषो
न किंचिद् स्तीति स्मृतम् पुराणे
पुराण कर्ता, व्यभिचार जातः
तस्यापि पुत्रो व्यभिचार जातः

उस जमाने में पंडित और आलोचक श्री पेंडयला सुब्रह्मण्यम् शास्त्री जी ने महाभारत और राजसूय यज्ञ के रहस्यों के बारे में लिखा था। पंडित आगबबूला हो उठे थे। अपने समय की कुछ आलोचनाएँ पढ़ने के बाद धर्माराव जी के मन में कई प्रश्न उठे। उन्होंने विस्तृत रूप से अध्ययन शुरू किया। वे कई ग्रन्थों को तर्क की दृष्टि से पढ़ने लगे। कुछ प्राचीन ग्रन्थों को देखने के बाद उन्हें लगा कि सिर्फ पुराणों में ही नहीं, पुराण-पुरुष-देवताओं, देवालयों और अपने तीज-त्योहारों में भी अश्लीलता है। उन्हें एक तथ्य भी मालूम हुआ कि अपनी संस्कृति, धर्म तथा प्रथाओं पर अन्य संस्कृतियों का प्रभाव है। इसी दृष्टिकोण से उन्होंने कई लेख लिखे। उनके मन में यह प्रश्न पैदा हुआ कि हमारे पूर्वज जिस प्रदेश को भारतवर्ष कहते थे, वह आज का हमारा भारत ही है, या कहीं और है? इन्हीं दिनों इनके मित्र वेदम् वेंकटाचलय्या ने इन्हीं विषयों पर मिथिक सोसाइटी नामक पत्रिका में लेख लिखे थे। जब वे नेल्लूर में रहते थे तब श्री वेंकटाचलय्या इनके निकट मित्र बन चुके थे। वे स्व. धर्माराव जी को इन नए विषयों के बारे में सोचने के लिए प्रोत्साहित करते थे। स्व. धर्माराव जी ने 'भारतवर्ष कहाँ है?' शीर्षक के अन्तर्गत कुछ लेख लिखने शुरू किए थे। किन्तु यह काम अधूरा ही रह गया। देश-विदेश के रीति-रिवाजों का प्रभाव हमारी प्रथाओं पर कहाँ तक है, इसका विश्लेषण उन्होंने किया था। हमारे त्योहारों में उदाकनुम त्योहार (संक्रान्ति) पर मिस्र देश के रीति-रिवाजों का गहरा प्रभाव है। देवालयाल मीद बूतु बोम्मलु ऐंदुकु (देवालयों पर मिथुन मूर्तियाँ क्यों) शीर्षक के अन्तर्गत इसके कुछ लेख 'प्रजामित्र' नामक पत्रिका में (सन् 1936 में) प्रकाशित हुए थे। इन लेखों के छपने के बाद एक तूफान-सा उठा। कई पंडितों और विद्वानों ने इनकी कड़ी आलोचना की। उन्होंने यहाँ तक कहा कि धर्माराव अपनी संस्कृति को भ्रष्ट कर रहा है, सबके हृदयों में विष के बीज बो रहा है। धर्माराव जी ने पत्रिका में

अपना नाम नहीं दिया था। उन्होंने भूमिका में लिखा था कि इन सब विषयों पर मैंने श्रद्धा के साथ ही लिखा है...अश्लीलता के प्रति मुझे कोई मोह नहीं है। विषय पर विश्वास के कारण ही मैंने ये लेख लिखे। अल्प-बुद्धि से लिखे गए लेख ये नहीं हैं...इनमें मेरी अपनी कल्पना किंचित् मात्र भी नहीं है, जो कुछ लिखा है मैंने यथार्थ के आधार पर लिखा है... । कई ग्रन्थों का अध्ययन करने के पश्चात् ही इन विषयों से सम्बन्धित प्रश्न सन् 1920 में ही उनके मन में उठे थे। लगभग पन्द्रह साल उन्होंने शोध किया था जिसका फल ये लेख हैं।

लेखों को पढ़ने के बाद ऐसा लगता है कि स्व. धर्माराव जी के मन में इन लेखों को लिखने का मुख्य उद्देश्य एक ही था। वे इस निर्णय पर पहुँच चुके थे कि आदिम पशुपालन, संस्कृति और कृषि-संस्कृति की सभ्यता से लेकर आधुनिक-काल की विकसित कृषि-सभ्यता में काम्य-तंत्रों का गहरा असर है। उन्होंने अपनी रचनाओं में 'काम्यतंत्र' शब्द का उपयोग नहीं किया था। उन्होंने 'पंट उत्सवम्' (फसल का त्योहार) नामक शब्द का उपयोग किया था। इसे 'सौभाग्य-तंत्र' और प्रजनन-तंत्र भी कहते हैं।[1]

'देवालयों पर मिथुन-मूर्तियाँ क्यों?' रचना का मुख्य उद्देश्य तथा देवालयों का स्वरूप एवं स्वभाव जानने के लिए हमें वृत्तियों (पेशे, व्यवसाय) के आधार पर समाज-विकास का अध्ययन करना चाहिए, उन दशाओं में प्रजनन-तंत्रों को देखना चाहिए। उन्हीं दशाओं में देवालयों का जन्म, दैवी भावना का जन्म और विकास आदि का अध्ययन करना चाहिए। बहुदेवताओं की आराधना एकेश्वरोपासना में क्यों बदल गई, इसके पीछे सामाजिक कारण क्या थे? इन विषयों को सूक्ष्म-दृष्टि से देखना चाहिए। मंत्र-तंत्र-यंत्र के अर्थों को गहराई से देखना चाहिए। हमारी आँखों के सामने दिखाई पड़नेवाले देवालयों के निर्माणों के पीछे के कारणों का शोध करना चाहिए कि मिथुन पूजा की भावना ने किस प्रकार चित्र और शिल्प का रूप धारण कर लिया और देवालयों में मिथुन मूर्तियों ने किस प्रकार एक महत्त्वपूर्ण स्थान को प्राप्त किया? यह पद्धति दुनिया के सभी प्रान्तों में कहाँ-कहाँ है? विविध धर्मों के विविध देवालयों

---

1. डॉ. प्रसादराव ने अपनी पुस्तक में 'काम्यतंत्र' और 'सौभाग्यतंत्र' शब्दों का उपयोग किया है। उनके विचार में ये दोनों शब्द मूल भावना (उर्वरता-कर्मकांड, मिथुन-पूजा की भावना) को व्यक्त करने की क्षमता रखते हैं। हिन्दी में ये शब्द प्रचलित नहीं हैं। इसलिए हिन्दी के प्रचलित शब्द प्रजनन-तंत्र का उपयोग मैंने इस रचना में किया है।

   प्रजनन-तंत्र = सौभाग्यतंत्र, काम्यतंत्र, प्रजनन-कर्मकांड, उर्वरता-कर्मकांड, उर्वर, उपजाऊ, फलप्रद, उपजाऊपन, जनशक्ति, पुनरुत्पादन, टोटमवाद, फालिक-वर्शिप, लिंग-पूजा (लिंग गौरीवहम्)। इस कर्मकांड को पाश्चात्य विद्वान 'उर्वरता संस्कृति' या 'फर्टिलिटी कल्ट' कहते हैं। साधारणतया यह अधिक सन्तति और अधिक पेड़-पौधे, धन-धान्य, पालतू पशु अधिकाधिक संख्या में पैदा करने की मानव-प्रवृत्ति का संकेत देती है। इसके पीछे मिथुन-पूजा की भावना निहित है।

में यह पद्धति है या नहीं? अगर ऐसी पद्धति है तो उन प्रान्तों के विविध धर्मों में उनके और अपने देवालयों के जन्म की मूल भावना एक-सी है या नहीं? मूल कारण एक ही है या नहीं, आदि प्रश्नों को ढूँढ़ना चाहिए। प्राचीन शास्त्रज्ञों के दृष्टिकोण तथा इतिहास और साहित्य सम्बन्धित ग्रन्थों को सूक्ष्म दृष्टि से परखना चाहिए। इनका तुलनात्मक अध्ययन करना चाहिए और इतिहास की निम्न परतों तक पहुँचना चाहिए। सभी देशों की संस्कृति, रीति-रिवाज, आदतें, भावनाएँ, युद्ध आदि का विस्तृत अध्ययन करना चाहिए, इन्हें समझने का प्रयत्न भी करना चाहिए। यही प्रयत्न मैं यहाँ पर कर रहा हूँ। 'देवालयों पर मिथुन मूर्तियाँ क्यों' लिखते समय स्व. धर्माराव जी की दृष्टि में मुख्यतः दो विषय थे–

1. भाषा-विज्ञान,
2. समाज और मानव-शास्त्र।

उनके समय में इन विषयों से सम्बन्धित पुस्तकें अल्प संख्या में थीं। इस ओर अध्ययन भी अधिक नहीं हुआ था। फिर भी इसी परिधि में उन्होंने गागर में सागर भरने का प्रयत्न किया। रचना में देवालयों पर मिथुन-मूर्तियाँ क्यों रहती हैं? इसका विवेचन हुआ है, कारण दिए गए हैं। फिर भी वे विस्तृत उदाहरण नहीं दे पाए।

रचना के प्रारम्भ में शब्दों की उत्पत्ति से सम्बन्धित अर्थों को देने का प्रयत्न उन्होंने किया था। कोवेल (तेलुगु शब्द, हिन्दी में देवालय) रविका (तेलुगु शब्द, हिन्दी में ब्लौज), गुडिसे (तेलुगु शब्द, हिन्दी में झोंपड़ी) आदि शब्दों की उत्पत्ति पर उन्होंने अधिक ध्यान दिया था।[1] समाज के विकसित रूप, दैवी भावना, प्रजनन-तंत्र आदि के बारे में उन्होंने विस्तृत विवेचन नहीं किया था। उत्पत्ति सम्बन्धों में जब-जब बदलाव आता है तब-तब समाज में कई परिवर्तन आते हैं। इस सिद्धान्त को स्पष्ट रूप से व्यक्त करनेवाली पुस्तकें उनके समय में शायद उपलब्ध नहीं थीं।

इस युग में समाजशास्त्र और मानवशास्त्रों का काफी विकास हुआ है। अधिक संख्या में इन विषयों से सम्बन्धित पुस्तकें भी उपलब्ध हैं। इस सत्य को सभी शास्त्रज्ञों ने स्वीकार किया है कि मातृसत्तात्मक व्यवस्था आदिम-समाज की पहली दशा थी। वेस्टमार्क के विचार में पितृसत्तात्मक व्यवस्था ही पहली दशा थी। किन्तु शास्त्रज्ञों ने यह सिद्ध किया है कि इनका विचार गलत है। बाद में वेस्टमार्क भी अन्य शास्त्रज्ञों

---

1. **'को'** माने तमिल और मलयालम भाषाओं में ईश्वर, राजा है। एक दशा में राजा और ईश्वर एक ही थे। इनका निवास स्थान 'कोइलू' बन गया। धीरे-धीरे राजा और ईश्वर दोनों एक नहीं अलग-अलग माने जाने लगे। तब 'कोइलू' केवल ईश्वर का निवास स्थान बन गया। कोटॉ (किला) राजाओं का निवास-स्थान बन गया। 'अंट,' 'अड,' 'अण' आदि शब्द स्थलों को सूचित करते हैं। करनार, कन्नड, तेलंगाणा आदि को उदाहरण के रूप में ले सकते हैं। 'को' ईश्वर है, इसी ईश्वर से ही भाषा आई। भाषा 'को' नामक ईश्वर की देन है। इसी विचार के आधार पर कोया, कोटॅ, गोंडु (जनजातियाँ) आदि भाषाओं का नामकरण हुआ है।

समाज के विकसित रूप

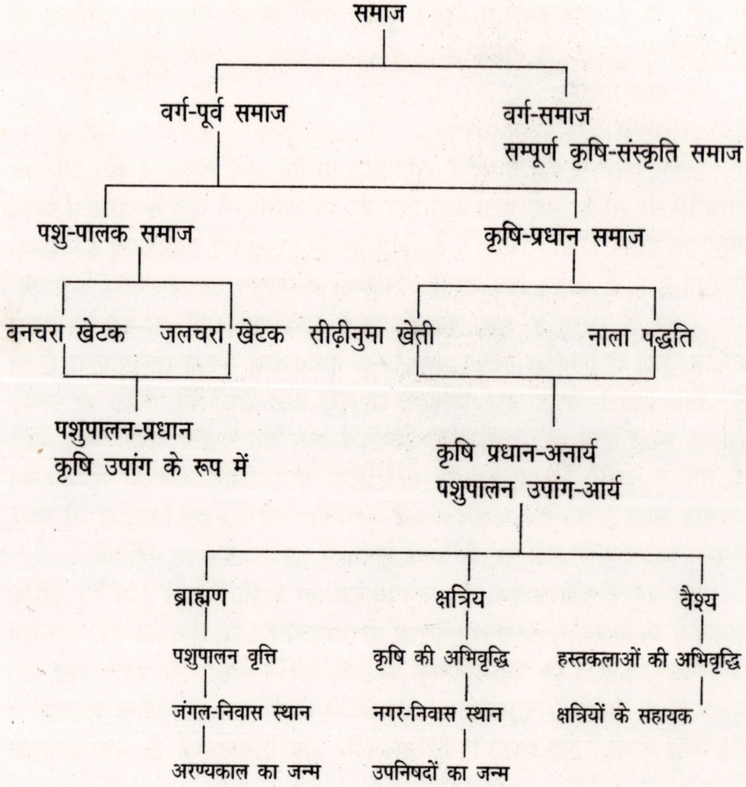

समाज
वर्ग-पूर्व समाज
वर्ग-समाज
सम्पूर्ण कृषि-संस्कृति समाज
पशु-पालक समाज
कृषि-प्रधान समाज
वनचरा खेटक
जलचरा खेटक
सीढ़ीनुमा खेती
नाला पद्धति
पशुपालन-प्रधान
कृषि उपांग के रूप में
कृषि प्रधान-अनार्य
पशुपालन उपांग-आर्य
ब्राह्मण
क्षत्रिय
वैश्य
पशुपालन वृत्ति
कृषि की अभिवृद्धि
हस्तकलाओं की अभिवृद्धि
जंगल-निवास स्थान
नगर-निवास स्थान
क्षत्रियों के सहायक
अरण्यकाल का जन्म
उपनिषदों का जन्म

दैविक-भावना के विकसित रूप

- समाज
  - वर्ग-पूर्व-समाज कॉस्मालजी
    - आकाश
      - पशुपालक समाज
पुरुष प्रधान-वृषभ
        - टोटम का जन्म
          - वनचरा खेटक
वनों के आहार पदार्थ
          - जलचरा खेटक
जलाहार पदार्थ
            - पशुपालन प्रधान
वृषभ-जननांग-पुरुष जननांग
लिंग-भाव
पोतुराजु
    - पृथ्वी
      - कृषि समाज-सीढ़ीनुमा खेती
देवस्थल—नदी और पर्वत
स्त्री-जननांग आथ्रोडैस्टस्—पौधों का झुंड
        - सीढ़ीनुमा खेती
पहाड़
        - नाला-पद्धति
वन-पानी
          - कृषि-प्रधान
स्त्री-जननांग-भूसौभाग्य-तंत्र (प्रजनन-तंत्र) उर्वरता कर्मकांड
योनि-भाव
अक्कलु
  - वर्ग-समाज
पशुपालन और कृषि परम्पराश्रित
पूर्ण कुम्भ की भावना
लिंग-गौरीवट्टम् की भावना
अर्धनारीश्वर की रूप कल्पना

से सहमत हुए। अति प्राचीन काल में कुछ कबीलों में पितृप्रधान समाज दिखाई पड़ने पर भी मातृप्रधान समाज के कबीले ही अधिक मिलते हैं। आदिम-समाज मातृप्रधान समाज ही था। मलिनोव्स्की, फ्रेजर, मारग्रेट मीड आदि समाजशास्त्रियों ने शोध करके कुछ प्रमाण देते हुए इस सिद्धान्त को सिद्ध किया था। समाजशास्त्रियों के सामने यह प्रश्न पैदा हुआ कि ऐसा क्यों था? इसके पीछे कारण क्या थे? कई शास्त्रज्ञों ने इन प्रश्नों का समाधान ढूँढ़ने के लिए अपने-अपने विचार व्यक्त किए थे। स्व. धर्माराव जी पर इनका प्रभाव पड़ा था।

यूरोपियन समाजों में आज मातृप्रधान समाज नहीं हैं। वहाँ मातृ सत्तात्मक व्यवस्था के अवशेष नहीं दिखाई पड़ते हैं। अन्य समाजों में मातृप्रधान समाज आज भी मिलते हैं। इस समाज के अवशेष कई प्रान्तों में मिलते हैं।

यहूदी, अरब आदि सेमैट समाज यूरोपियन समाजों की तरह पितृप्रधान समाज हैं। जॉर्ज थामसन के शोधकार्य से यह पता चला कि ग्रीक और रोम साम्राज्यों में भी कई वर्षों के बाद ही पितृप्रधान समाज आया था।[1] इनके द्वारा लिखे गए 'एस्कैलिस' नामक ग्रन्थ में भी इसी विचार को सिद्ध किया गया था। इसमें उन्होंने साहित्य को अधिक महत्त्व दिया था। ब्रिफाल्ट, फ्रेजर, थामसन, मीड, मकलासू, क्राली, स्काट्ट, विलड्यूरांड, असनरी आदि समाजशास्त्रियों ने यह विचार व्यक्त किया था कि आदिम समाज मातृप्रधान समाज था। अब हम यह देखेंगे कि समाज का विकसित रूप क्या है? इन दशाओं में क्रमशः कौन से परिवर्तन आए?

मानव-विकास का अध्ययन करनेवाले शास्त्रज्ञों ने सभ्य समाज को ऐतिहासिक दशा, वर्ग-समाज आदि नाम दिए हैं। इतिहासकार इसकी पूर्वदशा को प्राक्-ऐतिहासिक-युग कहते हैं। समाजशास्त्रियों ने प्राचीन समाजों को 'सावेज सोसाइटी' पाशविक या बर्बर समाज कहा है। उनके विचार में इस समाज के बाद ही सभ्य समाज आता है। मोरगान के इस सिद्धान्त को स्वीकार करते हुए कुछ शास्त्रज्ञों ने पूर्व दशा को वर्गपूर्व-समाज और सभ्य समाज को वर्ग-समाज नाम दिए हैं।[2]

खाना और कपड़ा मानव के लिए अति आवश्यक वस्तुएँ हैं। इन्हें जुटाने के लिए वह निरन्तर प्रयत्नशील रहता है। समाज-विकास के जिस चरण में इंस्ट्रूमेंट्स, ऑबजेक्ट्स, प्रोडक्ट्स पर सबका समान अधिकार था, उसे वर्ग-पूर्व-दशा कहते हैं। इस दशा में सामूहिक गण-पद्धति थी। जिस चरण में इंस्ट्रूमेंट्स और ऑबजेक्ट्स पर एक ही वर्ग

---

1. जॉर्ज थॉमसन—स्टडीज इन अर्ली-ग्रीक-कल्चर।
2. प्रबोधनाथ बोस ने इस समाज को प्रथम, द्वितीय, तृतीय दशाओं में विभाजित किया है। प्रथम-युग—ईसा पूर्व 6000 से ईसा पूर्व 2000 वर्ष तक। दूसरा युग—ईसा पूर्व 2000 से ईसा पूर्व 700 वर्ष तक। तीसरा युग—ईसा पूर्व 700 से आधुनिक-युग तक।
   प्रबोधनाथ बोस—इपोक्स ऑफ सिविलाइजेशन—पृ. 9।

का अधिकार था, और प्रोडक्ट्स को वितरित करने का काम मालिकों के हाथों में था, उसे वर्ग-समाज कहा जाता है। तब का समाज मुख्यतः मालिक-वर्ग और दास-वर्ग नामक दो वर्गों में विभाजित किया जा सकता है। वर्ग-समाज की दृष्टि से ही हमें देवालयों के स्वरूप और स्वभाव को देखना चाहिए।

वर्ग दशा के पूर्व ही पशुपालन-संस्कृति और कृषि-संस्कृतियों का काफी विकास हो चुका था। सामान्यतः पशु-पालक-वर्ग घुमक्कड़ प्रकृति के होते हैं। कृषिगण स्थिर-निवासी होते हैं। किन्तु इतिहास में स्थिर-निवासी-पशुपालक-गण और घुमक्कड़ स्वभाव रखनेवाले कृषिगण भी मिलते हैं। पशुपालक आर्यगण एक हजार साल तक सरस्वती नदी के किनारे स्थिर निवासी बनकर रहे थे और वहाँ उन्होंने सत्रयाग किया था। वेदों में इसका उल्लेख मिलता है। यह प्रान्त सात नदियों का संगम है इसलिए इसे सप्त-सिन्धु कहा गया है। ईरानी इसे 'दृप्तहिन्द' कहते हैं। जंडा वेस्ता में और पहला डेरियस समाधि क्षेत्रों पर मिले हुए शिलालेखों पर इस विषय से सम्बन्धित विवरण है।[1] आज भी ऐसी पहाड़ी जातियाँ मिलती हैं जिनका व्यवसाय खेती-बाड़ी होने पर भी एक-एक साल के बाद ये अपने निवास स्थान को छोड़कर इधर-उधर घूमते रहते हैं। ऐसी अर्धघुमक्कड़ कृषि-व्यवसायी पहाड़ी जातियाँ अल्पसंख्या में मिलती हैं। इसलिए ये कुछ अपवाद हैं।

पशुपालक गणों में पुरुषप्रधानता थी। इसका कारण उनका व्यवसाय था। इन गणों में पितृसत्तात्मक समाज के गुण अधिक मिलते हैं। आर्य, सुमेरू, तातार आदि पशुपालक थे। 'आर्य' शब्द का मूल 'आर' है। 'आर' माने चेतना। इसी से अरका (तेलुगु शब्द) अरबुल (अंग्रेजी शब्द) बने। आर्य जब भारत में आए थे तब तक सप्त-सिन्धु प्रान्त में कृषि-संस्कृति थी। उन्हें यह अच्छा लगा। कुछ शास्त्रज्ञों का कहना है कि कृषि-संस्कृति को व्यवसाय के रूप में स्वीकार करते हुए उन्होंने अपने आपको 'आर्य' घोषित किया। रेगोजिन ने अपने 'वैदिक इंडिया' नामक ग्रन्थ में इस विचार को व्यक्त किया था। मंगोलिया के निवासी तातार अश्वपालक थे। तुर्की और इस्राइल के लोग भेड़ें चराते थे। अरबों के पास ऊँट, भेड़, घोड़े रहते थे। गाय, भेड़ें, घोड़े आदि आर्यों के पालतू जानवर थे।[2] इन जातियों में स्त्रियों की जिम्मेदारियाँ कम थीं। पशुओं को चराना पुरुषों की जिम्मेदारी थी। इसलिए शायद यहाँ पर पितृसत्तात्मक व्यवस्था के लक्षण जल्दी व्याप्त हो चुके थे।[3]

---

1. जैनेड रेगोजिन, वैदिक इंडिया, पृ. 62।
2. ग्रांट अलेतू, दि इवल्यूशन ऑफ दि एशिया ऑफ गॉड, पृ. 232।
3. डी.डी. कोशाम्बी दि कल्वर एंड सिविलाइजेशन ऑफ एनशिएंट इंडिया इन हिस्टोरिकल इन टू लाइन, पृ. 76।

पशुपालक गणों के विचार में पशु-सम्पदा की वृद्धि के लिए अश्व, भेड़, वृषभ, आदि मुख्य हैं। इसलिए बलिष्ठ अश्व, वृषभ आदि पशु-सम्पदा के सौभाग्य के चिह्न माने गए। पशुओं में तीव्रगति से संख्या वृद्धि की क्षमता तथा उनकी प्रजनन शक्ति को देखते हुए उनके जननांगों के प्रति लोगों में एक प्रकार की गौरव-भावना पैदा हुई। इसीलिए अर्धवण वेद में ऐसे मंत्र मिलते हैं जिनमें वाजि और वृषभ के अंगों जैसे अंगों को प्रदान करने के लिए प्रार्थना की गई है।

अश्वस्याश्वतरस्याजस्य पेत्वस्य च।
अथ ऋषभस्य ये वाजास्तानस्मिन्धेहि तनूवशिन् ॥

कांड 4, प्रकांड 7, मंत्र 4, ऋचा 8, अथर्ववेद।

आ वृषायस्व श्वसिहि वर्धस्व प्रथयस्व च।
यथाङ्गं वर्धतां शेपस्तेन योषितमिज्जहि ॥

6-14-10-101-1 अथर्ववेद, पृ. 137।

उनमें यह भावना पैदा हुई कि जिस तरह वृषभ, अश्वों से पशु-सम्पदा की अभिवृद्धि कर सकते हैं उसी तरह वाजीकरण और वृषीयोगी-साधना से मानव-सन्तान की अभिवृद्धि हो सकती है। पशु प्रजनन शक्ति में उन्हें महानता दिखाई पड़ी। धीरे-धीरे वे इस प्रजनन शक्ति को दैवी भावना से जोड़ते गए। इसी भावना के कारण ही प्रजापतियों का आविर्भाव हुआ। स्त्री से पैदा हुई सन्तान स्त्री के नाम से पुकारे जाने पर भी स्त्री का पालन-पोषण करनेवाले पुरुष (वृषभ प्रजापति) के नाम से प्रसिद्ध हुए। पुराणों में आनेवाले प्रजापति, जो सृष्टि का भार-वहन करते हैं, का जन्म इसी प्रकार हुआ। इन प्रजापतियों के अंग पवित्र भावना से जोड़े गए। दुनिया के कई धर्मों में लिंग पूजन के आविर्भाव का मूल कारण यही है।

वृषी-योग पर सम्पूर्णाधिकार पानेवाले प्रजापति लिंग-रूपी हैं। उनका वाहन वृषभ है, उनका ध्वज वृषभ है। वह पूर्ण रूप से लिंगाकार है। इस तरह पशुपालक गणों में पुरुषांग को देवत्व प्राप्त हुआ।

केवल भारत देश में ही नहीं, ग्रीक, रोम के शिल्पों में, मिस्र के चित्रों में, चाल्डया और सुमेरिया-बेबीलोनिया की पौराणिक कथाओं में भी लिंग की प्रधानता दिखाई पड़ती है।[1]

---

1. A short History of Sex-worship—H. Cunter.

All over the world will be found temples and statues and remains of every kind pointing to worships which, after investigation, prove the wide extent of both the sun-myth and the phallic cults in religious and magical practices.

Osiris was originally a Egyptian king who taught his people agriculture organised fertility and he travelled abroad spreading the same knowledge all over the world on his return he found that his brother Typhon (or set) had done his best to cause sedition in

कृषि-संस्कृति के पीछे मुख्यतः स्त्री का ही हाथ है। समाज के विकास-क्रम में आखेटक-दशा एक महत्त्वपूर्ण चरण है। इस दशा में कबीले के सभी सदस्य शिकार के लिए जाते थे।[1] शिकार को देखते ही पुरुष आगे-आगे भागते थे। गर्भिणी स्त्रियाँ या छोटे बच्चों की माताएँ पीछे रह जाती थीं। वे धीरे-धीरे चलती थीं। रास्ते में कच्चे या पके फल जो मिलते वे खाती थीं। पानी जहाँ मिलता है, वहाँ लोगों का रहना स्वाभाविक है। घास और जल के कारण पशु-सम्पदा की अभिवृद्धि होती है। शिकारी पहाड़ों की गुफाओं में रहते थे। शिकार में मिले मांस-मछली को वहीं पर लाकर खाते थे। इतिहासकारों ने इस दशा को 'गुफा दशा' का नाम दिया है। इस दशा में जवान युवक शिकार के लिए जाते थे। स्त्रियाँ फल-फूल, वनस्पतियाँ लाने के लिए जाती थीं। पशुओं के लिए वे हरी-हरी घास इकट्ठा

---

the country. Typhon was anxious to rid himself of his brother altogether and so well did he plot that he managed to get Osiris enclosed in a coffer into which he poured boiling lead. He than threw the coffer into the vile. This happend when Oriris was twenty eight years old or as same accounts state in the twenty eighth year of his reign. Believing that the dead must be buried with proper rites otherwise they cannot rest-Iris the wife of Osiris who was teribly grieved set out to find the coffer. She discovered it in spring time at By blosphoenicia : but wishing to see her son Howrs she hide the coffer in a secret place before visiting him. Typhon however hunting by moonlight discovered it and tore the body into forty (or twenty-six or fourteen) parts, which he dispersed to the winds. Heart broken Iris went on a voyage of discovery again, found each part but one and raised a monument in honour of Orisis where each was discovered.

Unfortunately the sexual organs were never found. So Iris has a wooden representation made; a phallus or lingam or as Lempriere puts it, simulachrum, ligreum, membi, virilies and she ordered special attention and solemn worship to be made to this part. It is said that the wood of which the phallus was made was that of the big-tree, which perhaps, suggested the use of the fig leaf in the story of Adam & Eve. Thus the Phallus became part and Paeel of the Egyptian religion (p.7, 8).

The word Phallus may have taken its origion form a semitic word, the phoenician, Spelt in Hebur Palash or Palas and meaning in new Helrew (Assyian) he breaks through or presses into the word Persists in other languages as Palus in latin, Pfahe in German and Pole in English. Mr. J.B. Hannary (whose conclusions should be received with caution) goes even further as he considers that the name Sarel was deliberally changed into Paul so as to infer the same meaning. In Sanskrit it is Phal or Phala or Phul, which all cover the same idea, that of a fully ripe fruit or Pod ready to eject the seed which it contains. How far Symbolism may reasorts for the Phallus are oftens considered to be found in spires, towers, stums, poles, spears, arrows and many similar things. As for deities here are some which are supposed to represent the lingam (or phallus) Priapus, Dionysus, Hercules, Siva, Orisis, Jupiter, Ball, Ashur and Mahadeva.

यह अंश श्री प्रसादराव की पुस्तक में नहीं है। पाठकों को जानकारी देने के लिए मैंने इस अंश को जोड़ा है।

1. ब्रीफाल्ट दि मदरर्स, पृ. 251-52।

करती थीं। स्त्रियाँ हमेशा प्रकृति का निरीक्षण करती थीं। इसी दशा में स्त्रियों को यह सत्य मालूम हुआ कि कच्चे फल और पके फल किसी एक नियमित समय में ही आते हैं। इसी स्थिति में इन्हें धीरे-धीरे ऋतुओं का ज्ञान होने लगा। इसके पहले सब यही सोचते थे कि एक प्रकार की मछलियों के काटने से, शरीर में पानी के प्रवेश से[1] या सूर्य और चन्द्र-किरणों के स्पर्श से[2] सन्तानोत्पत्ति होती है। धीरे-धीरे उन्हें इसका ज्ञान हुआ कि सन्तानोत्पत्ति का कारण पुरुष ही है, और उन्हें यह भी ज्ञात हुआ कि उत्पादन का साधन स्त्री ही है और इसका चिह्न भग है। उनके विचार में उत्पादन शक्ति सौभाग्य है और वह यदि कम पड़ जाए तो दुर्भाग्य है। धीरे-धीरे वे योनि को सौभाग्यवर्धक चिह्न मानने लगे। कृषि-संस्कृति के आधार पर वे सोचने लगे कि स्त्री और भूमि में कोई भेद नहीं है। भूमि की तरह स्त्री भी ऋतुबद्ध है। शाकम्भरी की रूप कल्पना में यही भावना दिखाई पड़ती है। प्राचीनकाल में लोग भूमि को ही शाकम्भरी के नाम से पुकारते थे।[3] भू-सौभाग्य के लिए उन्होंने इस देवी को प्रतीक बनाया, इसका प्रमाण मिलता है। कुछ प्राचीन शिल्पों में (मिस्र के पिरामिडों में, ग्रीक-रोम आदि के शिल्पों में) स्त्री-मूर्ति को इस तरह तराशा गया है जिसमें उसकी योनि से पौधे आ रहे हैं। कहीं-कहीं योनि को बीजों के आकार में भी दिखाया गया है।

पूर्वजों के विचार में योनि की पूजा से भूमि की उर्वरता बढ़ती है। यूरोपीय और अन्य प्राचीन सभ्यताओं में मिलनेवाले विग्रह जिन्हें शास्त्रज्ञ 'अप्रोडैट' कहते हैं, मोहनजोदड़ो में मिलनेवाली मूर्तियाँ आदि इसी सत्य को प्रमाणित करती हैं।

इस तरह पशुपालक-संस्कृति के समय में पुरुष ने प्रजापति का रूप धारण कर लिया। दैवी भावना से लिंग को जोड़ा गया। लिंग को देवत्व सम्प्राप्त हुआ। कृषि-संस्कृति के समय में स्त्री को मातृ-मूर्ति, जगन्माता का रूप मिला। सौभाग्यवृद्धि के लिए (प्रजनन शक्ति) योनि एक चिह्न बन गई और उसे देवत्व सम्प्राप्त हुआ।

इस तरह समाज विकास-क्रम के एक चरण में लिंग प्रजनन-तंत्र का चिह्न बन गया तो दूसरे चरण में योनि को सौभाग्यवर्धक चिह्न माना गया।[4]

---

1. यह विश्वास प्रारम्भिक दशाओं में अधिक था।
   मलिनोव्स्की—सेक्स एंड रिप्रेशन इन सावेज सोसाइटी, पृ. 10।
2. ग्रीनलॉड जातियों में यह विश्वास है।
   जी.एम. स्पोराटू-गेम्स एंड स्टडीज ऑफ सावेज लाइफ क्रिस्टिक रोजी (क्राली) पृ. 206।
3. देवीप्रसाद चटोपाध्याय—लोकायत, पृ. 302।
4. बर्ट्रेंड रसेल, मॅरिज ॲड मोरलस—भाग नं. 4, पृ. 31।

2. वृत्तियों के आधार पर समाज के विकसित रूप तथा दैवी भावना का विकसित रूप

अब हम यह देखेंगे कि इन प्रजनन-तंत्र चिह्नों में दैवी भावना को प्रधानता कैसे मिली? इसके पीछे कौन-सा तात्त्विक चिन्तन था? आदिम मानव अपनी आँखों के सामने दिखाई पड़नेवाले पल-पल परिवर्तित प्रकृति को और साथ ही आदिम-जाति में दिखाई पड़नेवाले जनम-मरण-चक्र को देखकर आश्चर्यचकित होता था। उसे लगा कि कोई एक शक्ति है जो इस चक्र को चलाती है। यही ज्ञान दैवी भावना का अंकुर है।

समाज के विकास-क्रम में सभ्य समाज का एक महत्त्वपूर्ण स्थान है। जनम-मरण-चक्र के साथ धर्म के तत्त्व और दैवी भावना का अटूट सम्बन्ध रहा है। श्री शंकराचार्य जैसे महान तत्त्ववेत्ता को हम इस सन्दर्भ में उदाहरण के रूप में ले सकते हैं। उनका प्रश्न पुनरपि जननम् पुनरपि मरणम् पुनरपि जनने जठरे शयनम्; कातेकांता कस्ते पुत्रः कस्यत्वमूवा कुतयायातः और इसका उत्तर मायावाद और ब्रह्मवाद के रूप में इसी विचार को व्यक्त करता है। धर्म-चिन्तन भी कॉस्मोलॉजी और एस्ट्रालॉजी से ही सम्बन्धित है। कॉस्मोलॉजी का अर्थ होता है[1] विश्वजननम् या पुरुष जननम् और एस्ट्रालॉजी का अर्थ होता है, मरणान्तर-स्थिति। इन दोनों स्थितियों के बारे में पूर्ण-रूप से तत्त्वचिन्तन करना ही धर्म है। आस्तिकों और नास्तिकों ने भी इन मूल प्रश्नों के बारे में तत्त्व चिन्तन किया है। धर्म कॉस्मोलॉजी और एस्ट्रालॉजी को सम्पूर्ण रूप से समझता है। हमारे देश के पूर्व-मीमांसाकार निरीश्वरवादी हैं। निरीश्वरवादी होने पर भी जनम-मरण-चक्र का गहराई से उन्होंने विश्लेषण किया है। उनके विचार में जनम-मरण-चक्र को कर्म चलाता है। अगर कोई ईश्वर है तो वह भी कर्मबद्ध है। आदिमानव ने जनम-मरण-चक्र को पहचाना और अपने ज्ञान से दैवी भावना का अंकुर डाला।

आदिमानव और आधुनिक मानव में एक मौलिक भेद है। वह यह कि आदिमानव के विचार में जनम-मरण-चक्र और इस चक्र के मूल कारण अपने ही हाथ में हैं। आधुनिक मानव के विचार में मानव इस चक्र के लिए बद्ध है। इस चक्र पर वह अधिकार नहीं पा सकता है। हाँ, मानव इस चक्र पर अधिकार पाना चाहता था। इस चक्र पर अधिकार पाने के लिए किए गए प्रयत्न ही मंत्र (मॉज़िक) तंत्र (रिच्युवल्स) है। मंत्र-तंत्र कुछ धर्मों के मूल आधार बन गए। आज भी इनका कहीं-कहीं बहुत महत्त्व है। यहाँ मंत्र का मतलब उपाय से है, तंत्र माने इस उपाय को आचरण करने की क्रिया से है। पाश्चात्य शास्त्रज्ञ धर्मों का मूल रूप मॉज़िक यानी मंत्र को मानते हैं। आदिम जातियों के मंत्रों को मुख्यतः दो भागों में विभाजित किया गया है–

---

1. ग्रांट एलेन–दि एवल्यूशन ऑफ आइडिया ऑफ गॉड, पृ. 25।

मॉज़िक

सिम्पेथेटिक मॉज़िक — होमियोपेथिक मॉज़िक[1]

ये दोनों लगभग एक ही प्रकार के हैं किन्तु इनके आचरण करने के क्रिया-तंत्र में भेद है।

सिम्पेथेटिक मॉजिक—अनुकम्पन

होमियोपेथिक स्वकम्पन — कंटेजियस स्वरसनम्

सिम्पेथेटिक मॉज़िक को अनुकम्पन और होमियोपेथिक मॉज़िक को स्वकम्पन कहते हैं। साहित्यिक परिभाषा में हम इस प्रकार कह सकते हैं कि अपनी उदात्त कविता के कारण कवि में जो सात्विक भावनाएँ उत्पन्न होंगी, वह स्वकम्पन हैं। उदात्त भावनाओं के कारण श्रोताओं में उत्पन्न होनेवाली सात्त्विक भावनाओं को अनुकम्पन कहते हैं। तांत्रिक इन्हें महामंत्र और अभिचार मंत्र कहते हैं। किन्तु धीरे-धीरे यह भेद समाप्त हो चुका है। अब तंत्र के बिना शुद्ध मंत्र को महामंत्र, और प्रयोगमंत्र जो तंत्राधीन है उसे अभिचार मंत्र कहते हैं।

वेदों के ऋक् शुद्ध मंत्र के जैसे हैं। यजुर्मंत्र प्रयोगाधीन हैं। आदिकाल में हर मंत्र के लिए तंत्र होता था। आदिकाल में मंत्र और तंत्र के बीच में समन्वय था। इस विकास-क्रम को समझने के लिए आदिम-समाज में तंत्र-मंत्रों के आविर्भाव और समाज के विभिन्न चरणों के जीवन-परिणामों को जानना जरूरी है। यह अध्ययन देवालयों में उन दिनों होनेवाले मिथुन-कर्मकांड (उर्वरता-कर्मकांड) पुजारियों के जन्म

1. जे.जी. फ्रेजर—दि गोल्डन बौ—पृ. 16। मॉज़िक को उन्होंने निम्नलिखित प्रकार विभाजित किया है। इस मॉज़िक का एक उदाहरण : गर्भिणी स्त्री के सुखद प्रसव के लिए एक तंत्र किया जाता है। मांत्रिक अपने पेट पर एक बड़ा पत्थर बाँध लेता है। जिस तरह गर्भिणी स्त्री प्रसव-वेदना से तड़पती है उसी तरह मांत्रिक भी पीड़ा से जोर-जोर से चिल्लाता है। वह इस प्रकार अभिनय करता है कि जैसे गर्भिणी स्त्री का प्रसव हो रहा है। वह चिल्लाते हुए पत्थर को धीरे-धीरे छोड़ देता है। अर्थ यही है कि उसका प्रसव हो गया है। मांत्रिक कल्पना को अभिनय का रूप देकर इच्छित वास्तविकता को सत्य बनाता है। इनका विश्वास है कि इस प्रकार का तंत्र करने में गर्भिणी स्त्री का प्रसव सुलभ होगा। (फ्रेजर—गोल्डन बौ, पृ. 18)

और देवालयों में मनाए जानेवाले त्योहार या धार्मिक अनुष्ठानों के पीछे के तात्त्विक चिन्तन आदि विषयों को समझने में सहायक बन सकते हैं। इस अध्ययन से देवालयों पर दिखाई पड़नेवाली मिथुन-मूर्तियों के पीछे का तात्त्विक चिन्तन भी हमें मालूम होता है।

जब कबीले के लोग अन्न-संग्रहण के लिए शिकार करते थे, दर-दर भटकते थे, तब रास्ते में अक्सर कुछ व्यक्ति बीमार पड़ते थे और जल्दी ठीक नहीं हो पाते थे। रास्ते में ही कुछ शिशुओं का जन्म भी होता था। कबीले के वृद्धों के मन में यह प्रश्न सहज भाव से उठता था कि कुछ व्यक्ति अचानक बीमार कैसे पड़ जाते हैं? अचानक कुछ शिशुओं का जन्म कैसे होता है? गौर करने पर आदिमानव को जन्म, बाल्यावस्था, यौवन, वृद्धावस्था तथा मरण के ये लक्षण अपने कबीले में ही नहीं प्रकृति के अन्य प्राणियों में भी दिखाई पड़ने लगे। घुमक्कड़ कबीले धीरे-धीरे स्थिर-निवासी होने लगे। इस स्थिति में उन्हें जनम-मरण-चक्र के बारे में सोचने का समय मिला। धीरे-धीरे मानव और प्रकृति के बारे में वह जानने लगा। यह ज्ञान पीढ़ी-दर-पीढ़ी व्यापक तथा विकसित होने लगा।

प्रारम्भिक दशा में कुछ कबीले नदी के किनारे रहते थे तो कुछ कबीले शिकार करते हुए पहाड़ों पर, जंगलों में घूमते थे। नदी किनारे रहने वाले कबीलाई जल-चरों, भू- चरों और कन्द-मूल-फलों को खाते थे। नदी किनारे रहनेवालों के लिए अन्न की कमी नहीं थी। शिकार करने वाले घुमक्कड़ कबीलों को अन्न तो मिलता था किन्तु जलचर और जल-पक्षी नहीं मिलते थे। इनमें प्रथम को गांगेय गण और द्वितीय को पर्वताश्रयीगण कह सकते हैं। इन दोनों गणों के स्वभाव और आदतों में भी थोड़ा-बहुत अन्तर होना स्वाभाविक ही था।

इन कबीलों के व्यक्तियों को जब भी समय मिलता वे जनम-मरण-चक्र के बारे में सोचते थे। धीरे-धीरे उन्हें एक नया सत्य मालूम हुआ कि जन्म लेने के बाद शिशु बढ़ता है। पहले जनम-मरण-चक्र के दो ही पत्ते थे जन्म और मरण, अब उन्हें एक और पत्ता दिखाई पड़ने लगा। वह है–'वृद्धि' (बढ़ना)। अब उनके सामने तीन सत्य थे–जन्म, मरण और वृद्धि। धीरे-धीरे उन्हें इनका ज्ञान होने लगा कि वे एक जानवर का शिकार कर रहे हैं, उसे मारकर खा रहे हैं। इस क्रिया में वह जानवर मर रहा है, इस मरण के कारण ही उनमें शक्ति की वृद्धि हो रही है और वे बढ़ रहे हैं। कबीले में व्यक्तियों की संख्या की वृद्धि का कारण भी यही शक्ति है। इसी वृद्धि के कारण जाति में नए शिशुओं का जन्म हो रहा है। अब उन्हें एक नया सत्य मालूम हुआ, वह यह है कि उनकी वृद्धि संख्या का कारण किसी का मरण है।[1] उन्हें लगा कि

1. दि लास्ट टू मिलियन इयर्स, रीडर्स डैजेशन असोसिएशन न्यूयॉर्क, 1974, पृ. 24।

जन्म के लिए मरण भी आवश्यक है। मृत्यु उनके लिए पवित्र बन गई। इसलिए मृत्यु को वे एक शक्ति के रूप में देखने लगे। आदिमानव सोचने लगा कि नूतन सृष्टि-स्थितियों का मूल कारण मृत्यु कुछ हद तक उनके अधीन है। उन्हें यह भी ज्ञात होने लगा कि अन्न की सृष्टि और वृद्धि, ये दो क्रियाएँ उनके ही अधीन हैं। पुष्टिवर्धनोपाय इसी भावना से उत्पन्न हुआ। अब उनके मन में यह प्रश्न उठा कि इसका प्रयोग कब किया जाए? धीरे-धीरे वे इस निर्णय पर पहुँचे कि जिस पशु को आहार के लिए उपयोग कर सकते हैं उसी पशु को मारना चाहिए। इस विचार के अवशेष हमें वैदिक काल में मिलते हैं। मंत्र प्रयोग के समय में पशुबलि होती है। पुष्टि के लिए पशुबलि दी जाती है, यानी पशुबलि का फल पुष्टि ही है। जन्म और वर्धन दोनों को मिलाकर पुष्टि कहते हैं। इसलिए कुछ यज्ञों को पौष्टिक-याग, कुछ मंत्रों को पौष्टिक-मंत्र कहते हैं। ऋग्वेद की कल्पना 'यज्ञादभवन्तिभूतानी' का आधार यही है।

अपने पूर्वजों के विचार से पशुबलि ही जनम-मरण-चक्र का मूल है। इसलिए पशुबलि के बाद उस मांस को प्रसाद के रूप में खाने की क्रिया को प्रधानता दी गई। धीरे-धीरे यह क्रियातंत्र (रिचुयल्स) से जुड़ गई। जो जानवर उन्हें पुष्टि दे रहा है, वही जानवर कबीले के जीवन का मूल कारण है।[1] इस जानवर के मरण से जानवरों की सन्तति की वृद्धि हो सकती है। अब उनमें यह विचार पैदा हुआ कि वह जानवर उनसे या कबीले से अलग नहीं है। उन्हें विश्वास हो गया कि उनमें से अगर कोई किसी कारण से मर गया तो मृत जानवर पर किए जानेवाले तंत्र को मृत आदमी पर करने से वह नर रूप में रहनेवाले वंश (अन्तर्वंश) और जानवर के रूप में रहनेवाले अपने आहरवंश (बहिर्वंश) को पुष्टि देता है।[2] इसलिए वह अपने मृतपितरों को और अपनी आँखों के सामने वृद्धि पाने वाले अन्नरूपी जन्तु-जाल को एक ही रूप में देख सका।[3] इसलिए संस्कृत निघंटु में वेदवाङ्मय के पितृः शब्द का अर्थ अन्न बताया गया है। अपने पूर्वज पुष्टि देने वाले जानवर को पितृ-रूप में देखतें थे। धीरे-धीरे आनेवाली पीढ़ियों में यह भावना आ गई कि कबीले का मूल-पुरुष वही जानवर है। जानवर पितृ-रूप से जुड़ता गया। पौष्टिक-तंत्र इन पर

---

1. ग्रांट एलन का विचार है कि इसी तरह मानव का भी जन्म होता है।
2. इसके लिए सेक्स को सिम्बल के रूप में उपयोग करने लगे।
   जेम्स हेस्टिंग्स वरशिप एनसाइक्लोपीडिया ऑफ रिलीजन एंड एथिक्स—भाग 12।
3. बुरो और अरू द्वीपवासी युद्ध में मारे गए वीरों के मांस को खाते हैं। प्राचीन ऐरिश की स्ट्राबू जातियाँ अपने पिताओं का मांस खाना अपवित्र मानती हैं। सुमित्र की बट्टा जाति अपने रिश्तेदारों का मांस खाती है।
   ग्रांट एलन पो—दि इवल्यूशन ऑफ दि आइडिया ऑफ गॉड, पृ. 226।

करने की प्रथा शुरू हुई। इस तरह कबीले के टोटम नामक पितृरूप को देवत्व प्राप्त हुआ।[1] जनम-मरण-चक्र के मूलाधार मृत्यु ने पितर का रूप धारण कर लिया और बाद में उसे देवत्व प्राप्त हुआ।[2]

उसने सोचा था कि उसके अपने कबीले के मृत आदमी और पितर-रूपी-जानवर के बीच कोई भेद नहीं है। उसमें यह भावना आ गई कि जिस तरह जानवर को वह खाता आ रहा है, उसी तरह पुष्टिवर्धन के लिए अपने पितर को भी खाने की आवश्यकता है। इस प्रकार की भावना का उत्पन्न होना स्वाभाविक भी है। अगर ऐसा नहीं किया गया तो जनम-मरण-चक्र के लिए मृत्यु का महत्त्व कुछ नहीं रह जाएगा। इसलिए जानवर को मारने के बाद पुष्टिवर्धक क्रिया के रूप में एक भाग को तांत्रिक क्रिया के रूप में खाना एक रिवाज बन गया। इसी प्रथा को अपने पितर के लिए भी वह निभाने लगा। 'रिच्युअल ऑफ ईटिंग डेड' नामक तांत्रिक भक्षण इसी प्रथा का अवशेष है। पुराणों और ईसाई ग्रन्थों में उल्लेख है कि राक्षस और असुर

---

1. मोरगान के विचार में 'टोटम' नामक शब्द अमेरिका में रहनेवाली ओजिस्वा नामक जाति का है। इसे वे डोडाइन कहते हैं। यह शब्द जातियों का प्रतीक है। कुत्ता, कछुआ, मातंग, चूहा आदि इस प्रकार के प्रतीक हैं। इस जाति का विश्वास है कि उनका जन्म इन्हीं से हुआ। इसलिए इनको वे देवताओं के रूप में पूजते थे। कुछ समय बीतने के बाद ये सब प्रतीक सरनेम में बदल गए। यह पद्धति आस्ट्रेलिया, अमेरिका, मलेशिया, अफ्रीका, भारत तथा अन्य एशियाई देशों में है।
   देवीप्रसाद चटोपाध्याय—लोकायत, पृ. 87, 89।
2. जर्मन समाजशास्त्रीय एच. निग्गमेयर ने भारतदेश के 'टोटमिज्म' के बारे में अपने ग्रन्थ में (1933) विस्तृत विवेचन किया है।
   जे हेकेल ने इस 'टोटमिज्म' के बारे में जानकारी देते हुए कहा है कि—
   - यह अपने कबीले का पालन-पोषण करनेवाले जानवर, पेड़, आदमी आदि का प्रतीक हो सकता है।
   - यह रक्षक है और भयानक भी है।
   - मानव के नाम और प्रतीक इनके आधार हैं।
   - मानव को भी ये प्रतीक दिए जाते हैं।
   - इन्हें स्पर्श करना, मारना, खाना निषिद्ध है।

   यह सब समाज-विकास-क्रम के आखेटक-चरण और कृषि-संस्कृति के चरण में था। निग्गमेयर का कहना है कि आस्ट्रेलिया, उत्तर-अमेरिका, भारतदेश में 'टोटमिज्म' बहुत प्रचार में था। ये भावनाएँ इंडो-आर्य, द्रविड़, मुंडा, पाले, मंगोलाइड आदि जातियों के पहले से ही भारत देश में थीं। उड़ीसा, महाराष्ट्र, उत्तर प्रदेश, राजस्थान के लोगों में यह एक रिवाज था। इनके टोटम साधारणतया कछुआ, साँप, शेर, भेड़िया, घोड़ा, कदम्ब-वृक्ष, नीम, हाथी और कुछ अन्य पक्षियों के नाम होते थे। बाद में ये प्रतीक सरनेम में भी बदल गए। कुछ देवताओं के वाहन इस टोटम के प्रतीक हैं। मुंडा जातियों में हुनीपुर्ती एक उपजाति है। इस जनजाति के लोग चूहे को अपना सहोदर मानकर उसकी पूजा करते हैं। जब जाति बदल जाती है तब टोटम को भी बदलने की प्रथा थी। ये टोटम उन जातियों के लिए एक दशा में आहार थे। धीरे-धीरे ये ही आराध्य बन गए।

   फेरीरी—टोटमिज्म इन इंडिया—पृ. 37, 114।

नर-भक्षक थे। नर-भक्षण इसी तंत्र पर आई हुई एक प्रथा है। महाभारत में भी तांत्रिक-भक्षण का उदाहरण मिलता है। राजा पांडु ने शव खाया था। यह तंत्र-भक्षण कई रूपों में होता है। मांस-भक्षण एक पद्धति है। यज्ञों में बलि-पशु का प्रत्येक भाग खाने की प्रथा है। आधुनिक युग में भी यज्ञ करने वाले बलि-पशु के वप (फैट चरबी) को खाते हैं।

रक्तपान करना दूसरी पद्धति है। रक्त उनके विचार में पुष्टिवर्धक है इसलिए वे रक्त को पूरे शरीर पर लगाते थे और पीते थे। आदिमानव का विश्वास था कि इस क्रिया से मृतकों की शक्ति उनमें आ जाती है। धीरे-धीरे शव भक्षण करना एक असभ्य कर्म बन गया। इस प्रकार की भावना व्याप्त होने के बाद मानव परम्परा-पालन के लिए रक्त को शरीर पर लगाने लगा और उसकी कुछ बूँदों को पीने लगा। इस प्रथा के कई उदाहरण मिलते हैं। महाभारत में भीमसेन द्वारा दुशासन के रक्त को पीने की एक घटना मिलती है।[1] बाद में उस रक्त को द्रौपदी के बालों में लगाने का जिक्र भी आता है। ये घटनाएँ इसी प्रथा की सूचक हैं। किन्तु इस घटना का दूसरा अर्थ यह बताया गया है कि प्रतिशोध लेने के लिए भीमसेन ने ऐसा किया था। धीरे-धीरे रक्त के बदले में लाल चन्दन का उपयोग करना एक प्रथा बन गई। इसे वीरगन्ध कहते हैं। युद्धभूमि में मृतकों के रक्त से खाना बनाकर, उस रक्त से नहाकर, अँतड़ियों को गले में डालते थे। इनको वे यज्ञोपवीत समझते थे। शव पर थोड़ा-सा अन्न रखकर उसे खाते थे। यह प्रथा आन्ध्र में थी। इसे वीर-भोजन कहते थे।[2] आन्ध्र के वेलुगोटि लोगों के इतिहास में इससे सम्बन्धित उदाहरण मिलते हैं। आज भी कुंकुम, सिन्दूर, रक्त चन्दन, लाल मिट्टी आदि का रक्त के बदले में उपयोग करने की प्रथा दिखाई पड़ती है। मल्लयोद्धाओं के गुरु आंजनेय को सिन्दूर बहुत ही प्रिय था। आंजनेय भक्तों का विश्वास है कि गुरु-रक्त को शरीर पर लगाने से गुरु की शक्ति उनमें आ जाती है इसलिए आंजनेय-भक्त सिन्दूर लगाते हैं।[3] मल्लयोद्धा लाल मिट्टी को नमस्कार करके, उसे शरीर पर लगाकर मल्लयुद्ध में प्रवेश करते हैं। यह रिवाज कई जगहों

---

1. न्यूकेलिडोनियन, तिमोरलाट के लोग, हाल मेहरा अंबोइना सेलबस की जातियों के लोगों में एक विश्वास है कि शत्रुओं का रक्त पीने से, मांस खाने से शत्रु की शक्तियाँ उनमें आ जाती हैं।
   जे. जी. एफरैडर कोटेड बै अरतेसक्राली—मिस्टिक रोज भाग-1, पृ. 135।
2. अप्पर बवेरिया प्रान्त में यही प्रथा कुछ परिवर्तित रूप में मिलती है। मृत आदमी के रिश्तेदार शव पर आटे की गुड़ियाँ रखते हैं। बाद में वे इसको आपस में बाँटकर खाते हैं। बालकन प्रान्त में भी इस प्रकार की प्रथा मिलती है। मेक्सिको में अपने राजा के स्वर्ग सिधारने के बाद वहाँ की प्रजा, राजा के रूप में केक बनाती है और खाती है। इतालवी में भी यह प्रथा मिलती है।
   ग्रांट एलेन, दि इवोल्यूशन ऑफ दि आइडिया ऑफ गॉड, पृ. 239-240।
3. बलिपशु के रक्त को पीने की प्रथा आन्ध्र में है। वीरों का रक्त पीने से व्यक्तियों में वीरत्व आता है, इस प्रकार का विश्वास कई जातियों में था। इससे सम्बन्धित कई उदाहरण 'दि लेजेंड ऑफ पेरसियस' नामक ग्रन्थ के मृत-कर्मकांड नामक भाग में मिलते हैं। इसके लेखक सिड़नी हारटलैंड हैं।

पर दिखाई पड़ता है। हमारे देश में पत्नियाँ अपनी माँग में सिन्दूर भरती हैं। माथे पर कुंकुम लगाती हैं। इस प्रथा के पीछे यही भावना निहित है कि अन्नदाता (पति) सजीव है। अगर कुंकुम पुँछ गया या सिन्दूर उजड़ गया तो समझ लेना कि अन्नदाता की मृत्यु हुई है। आज भी हमारे देश में यह प्रथा है। सुहागिन स्त्री माँग में सिन्दूर भरती हैं, कुंकुम लगाती हैं। विधवा इन दोनों से वंचित रह जाती है। प्रो. डी.डी. कौशाम्बी का कहना है कि ये सब प्रथाएँ रक्तपान-तंत्र के अवशेष हैं। इसके लिए उन्होंने कई उदाहरण प्रस्तुत किए हैं।

गांगेय गणों ने आहार में उपयोग किए जानेवाले जानवरों और औषधियों की वृद्धि करने की पद्धतियों को सीखा। उपा का अर्थ होता है–'भोजन'। इसलिए इसको ओषधि नाम आया। सिन्धु, नैल, डान, बैकान, बेबीलोनिया आदि सभ्यताओं में प्रकृति के प्रतिद्वन्द्वी के रूप में जो संस्कृति पनपी वही संस्कृति बाद में कृषि या मोदिनी-संस्कृति (Agriculture), पशुपालन-संस्कृति (Pastral Culture) आदि में बदल गई। इन भौतिक संस्कृतियों के साथ-साथ गणों में चेतना-संस्कृति (Spiritual Culture) का भी विकास हुआ।

कृषि-संस्कृति के विकास के पीछे स्त्री का महत्त्वपूर्ण योगदान है। प्राचीन समाजों में स्त्री की प्रधानता अधिक थी। कबीलों के गण देवता स्त्री ही थीं। स्थिर निवास के लिए औषधियों की आवश्यकता अधिक थी। कबीले के स्त्री-पुरुष औषधियों के पालन-पोषण पर अधिक ध्यान देने लगे। इसके लिए नए विज्ञान की आवश्यकता थी। प्रारम्भ में वे मानव और जानवरों में ही जनम-मरण-चक्र देखते थे। अब उन्हें कुछ नए रहस्य मालूम होने लगे। औषधियों में भी वे जनम-मरण-चक्र देखने लगे। उनमें एक नया विचार आया कि मृत पितर पृथ्वी पर जाकर पुनर्जन्म लेते हैं। इसी विचार के आधार पर उन्होंने एक नई कल्पना की थी। उनकी नई कल्पना सत्य बनकर सामने दिखाई पड़ी। बीज मृत होकर भूमि में चले जाते हैं। वही बीज भूमि में कुछ समय रहकर अंकुर के रूप में फूट पड़ते हैं यानी उनका पुनर्जन्म होता है। ये ही अंकुर बढ़कर फिर कई बीजों को जन्म देते हैं। ये ही बीज आहार के रूप में परिवर्तित होकर मानव को पुष्टि देते हैं। इसी पुष्टि के कारण सन्तान की वृद्धि होती है। जिस तरह मृत बीज भूमि में जाकर अंकुर बन जाते हैं, उसी तरह पितर-भाग भी शरीर में जाकर शिशु को जन्म देते हैं। जब से इस तरह का ज्ञान होने लगा तब से उनको स्त्री और पृथ्वी में समानता दिखाई पड़ी। इसी भावना ने आगे जाकर कुछ नए विचारों को जन्म दिया। वे सोचने लगे कि जिस तरह पृथ्वी के नीचे मृतलोक नरक है, उसी तरह स्त्री-गर्भ भी नरक है। इस प्रकार के विचार ग्रीक पुराणग्रन्थों में मिलते हैं। डयाना तथा प्रोस्परीना की लोककथा इन्हीं विचारों को व्यक्त करती है। विविध ग्रन्थों में विविध नाम दिए जाने के बावजूद इन कहानियों से एक ही सत्य

व्यक्त होता है। डयाना एक शिकारिणी थी। यह स्त्री-आखेटक दशा का चिह्न है। प्रोस्परीना उसकी बेटी थी। वह बहुत सुन्दर थी। एक दिन प्रोस्परीना जंगल में घूम रही थी तभी नरकाधिपति प्लूटो (यम) उस पर मोहित हो जाता है। वह जबरदस्ती उसे अपने यमलोक ले जाता है। वहाँ घूमनेवाले सूअरों के बच्चे इस घटना को देखते हैं। सूअरों के बच्चे प्लूटो के पीछे लगते हैं। प्लूटो पृथ्वी की परतों में अपना रथ ले जाता है और गायब हो जाता है। सूअर के बच्चे वहीं परतों में रह जाते हैं।

डयाना बेटी के नहीं दिखाई पड़ने के कारण बहुत घबरा जाती है। पृथ्वी और स्वर्ग में ढूँढ़ती है। सब देवताओं से बेटी के बारे में पूछताछ करती है। वे कुछ कह नहीं पाते। नरक में वे झाँक नहीं सकते हैं। डयाना जब जंगल में ढूँढ़ती है, तब सूअरों के बच्चे प्रोस्परीना के बारे में बताते हैं। डयाना देवसभा में जाती है और प्रोस्परीना के बारे में बताती है। देवसभा में वह मुकदमा चलाती है। देवराज प्लूटो को बुलाते हैं और आज्ञा देते हैं कि प्रोस्परीना को उसकी माँ के पास पहुँचा दिया जाए। नरकाधिपति प्लूटो इनकार कर देता है क्योंकि वह नियम का उल्लंघन नहीं कर सकता है, नियम यह है कि एक बार अगर कोई नरक में जाता है तो वह वापस नहीं आ सकता। किन्तु इस नियम के अपवाद भी हैं। अगर कोई रूप बदल सकता है, तो वह नरक से वापस आ सकता है। किन्तु कुछ समय के बाद उसे पुनः वापस नरक को आना पड़ता है। देवसभा के सभी व्यक्ति अपनी सम्मति दे देते हैं। डयाना भी मजबूर होकर हाँ करती है। इस तरह प्रोस्परीना को हर महीने भू-लोक में रहने के लिए अनुमति मिल जाती है।[1]

यह कहानी एक प्रतीकात्मक कहानी है। प्रोस्परीना अंकुर है। नरक-लोक पृथ्वी की परत है। छः महीने बीज भूमि की परतों में रहकर अंकुरित होते हैं, छः महीने में बढ़ जाते हैं। बीज फिर छः महीने पृथ्वी में चले जाते हैं। यह है औषधि जनम-मरण-चक्र। श्री शंकराचार्य ने भी अपने श्लोक में इसी भावना को व्यक्त किया है। पिछले पृष्ठों में यह विषय बताया गया है।

इस कहानी से यह तथ्य मालूम होता है कि आखेटक दशा की डयाना ने औषधि-संस्कृति को धीरे-धीरे सीख लिया। यानी अर्थ यही निकलता है कि समाज एक स्थिति से दूसरी स्थिति तक विकसित होता गया। आदिम मानव ने सोचा था कि गर्भ में रहने वाले शिशु को जिस पुष्टि की आवश्यकता है उसी पुष्टि की आवश्यकता भू-गर्भ में रहने वाले बीजों को भी है। उस समय के सामाजिक विज्ञान के अनुसार ऐसा सोचना भी स्वाभाविक है। उनके विचार में जो आहार उन्हें पुष्टि देता है वही आहार बीज को भी पुष्टि देता है। इन्हीं विचारों ने भूपौष्टिक तंत्रों को जन्म दिया।

---

1. जेरट्रूड जोबस–डिक्शनरी ऑफ मैथोलॉजी फोक लोर सिम्बल्स भाग-2, पृ. 1296।

इस कहानी में मुख्यतः एक घटना पर ध्यान देना चाहिए। सूअर के बच्चे प्रोस्परीना के अपहरण के बारे में डयाना को बताते हैं। आरम्भिक दशा में आदिमानव सूअरों को पालता था। आज भी सूअर पालतू जानवर हैं। सूअरों की वृद्धि जल्दी होती है। इनकी संख्या बहुत जल्दी बढ़ती है। कृषि-विज्ञान में सूअरों का महत्त्वपूर्ण योगदान है। सूअर पृथ्वी की मिट्टी को कुरेदते हैं। ऐसा करने से मिट्टी में पानी चला जाता है तथा मिट्टी उपजाऊ बन जाती है। इस मिट्टी में बीज बोने से अंकुर जल्दी फूटते हैं। अच्छे पौधे आ जाते हैं। पृथ्वी की परतों को कुरेदने से वहाँ पानी चला जाता है और मिट्टी गीली हो जाती है। मिट्टी उपजाऊ हो जाने के कारण पौधे भी अच्छे बढ़ते हैं। यह विज्ञान तब के मानव के पास नहीं था। सूअरों को सन्तान अधिक होती है। इसलिए उन्होंने सोचा था कि सन्तानाभिवृद्धि करने की शक्ति रखनेवाले सूअर पृथ्वी को उपजाऊ बनाते हैं। ये पशु-लक्षण औषधों में आ जाने के कारण पौधे बढ़ जाते हैं। आखेट-दशा में मानव ने स्वकम्पन-मंत्र (होमियोपेथिक मॉज़िक) को सीखा था। इसे ही पौष्टिक तंत्र कहा जा सकता है। इसलिए उस जमाने में सूअर भूपौष्टिक तंत्रों का चिह्न बन गया। पौराणिक कथा वराहावतार इसी तथ्य को व्यक्त करता है। पानी में डूब गई पृथ्वी का उद्धार वराह करता है। अतीत की वास्तविकता पौराणिक परिकल्पनाओं में प्रतिबिम्बित होती है। धीरे-धीरे सूअर कृषि-संस्कृति का चिह्न बन गया। मानव जीवन में सूअर को एक महत्त्वपूर्ण स्थान मिला। पण (मुद्रा) को वरहा भी कहते हैं। रामदास राम के महाभक्त थे। इनके तेलुगु के भक्ति गीत बहुत ही प्रसिद्ध हैं। उनकी निम्नलिखित गीतपंक्तियों में वरह का नाम आता है। मान या अशर्फी के रूप में इस शब्द का उपयोग किया गया है। "सीतम्मकु चेइस्तिनी चिन्ताकपतकमु आ पतक मुनकु पट्टे पदिवेल वरहालु" (सीतम्मा के लिए मैंने सोने का चिन्ताकुपतकमु (एक प्रकार का आभरण) बनवाया। उसके लिए दस हजार (वरहा) मुद्राएँ लग गईं। राजवंशों के ध्वजों पर और मुद्रिकाओं पर सूअर को प्रधान स्थान मिला।

इस प्रकार सारी दुनिया में सूअर कृषि-संस्कृति-सम्बन्धी प्रजनन-तंत्रों का चिह्न बन गया।[1] आन्ध्रप्रदेश में सौभाग्य देवता को पोलि कहा जाता है। यह नाम पुरुष

---

1. रोम और ग्रीक में सूअर की बलि देने की प्रथा है। बेबीलोनिया के लोगों के लिए सूअर पवित्र है। प्राचीनकाल में हम्मूराबी और अन्य देवताओं को सूअर का मांस समर्पित किया जाता था। हर्राइन जातियाँ साल में एक बार देवताओं को सूअर की बलि देती हैं तथा उस नैवेद्य को खाती हैं। सीरिया में सौभाग्य देवता अफ्रोडैट को सूअर की बलि दी जाती है। वहाँ की यह मुख्य प्रथा है। कोईलैंड के कुछ प्रदेशों में अच्छी फसल होने के लिए सूअर की बलि देते हैं। (पृ. 180) फीजी द्वीप में युवकों और युवतियों को सूअर भेंट के रूप में दिया जाता है। बरसा के कारेम जाति वाले लोग अच्छी फसल नहीं होने पर खेत में सूअर के रक्त को छिड़कते हैं। सूअर को भूमि पर डालकर पैरों से कुचलते हैं। असीरियन लोगों के फसल की देवी 'तमूज' हैं। चीन-तुर्की में सूअर को नमूज के नाम से पुकारते हैं। सम्पादक—जेम्स हेस्टिंग्स—एनसाइक्लोपीडिया ऑफ रिलीजन एंड एथिक्स—भाग-12, पृ. 147-95।

और स्त्री दोनों का रखा जाता है। पोलम्मा, पोलेरम्मा आदि स्त्रियों के नाम हैं। पोलय्या, पोलिगाडु आदि पुरुषों के नाम हैं। भूमि की शक्ति की रक्षा करने के लिए सूअर को भूमि के खड्डे में डालकर पाँवों से कुचला जाता है। कुचलने से सूअर मर जाता है। इस क्रिया को 'पोलितोक्कडमु' कहते हैं। इस समय निकलने वाली चीख को 'पोलिकेका' कहते हैं। पोलि जिस स्थान में की जाती है, उस स्थान को 'पोलिमेर' कहते हैं। युद्धभूमि में जहाँ नर-रक्त का प्रवाह होता है उसे 'पोलिकलनु' कहते हैं। इसके पीछे यही भावना दिखाई पड़ती है कि बलि के कारण भूमि की उर्वरता बढ़ती है। इसी भावना से पुष्टिवर्धक क्रियाओं को भी करते थे।

समाज के विकास-क्रम में कृषि और पशुपालक-संस्कृतियों का महत्त्वपूर्ण स्थान है। इन दो संस्कृतियों के आधार पर दो प्रधान वृत्तियाँ बनीं[1] तथा दो प्रधान समाज (स्त्री-प्रधान समाज, पुरुष-प्रधान समाज) बने। पहले ही यह बताया गया है कि कृषि-संस्कृति में स्त्रियों का महत्त्वपूर्ण योगदान है। कृषि अनुभव के कारण स्त्रियों को एक और सत्य मालूम हुआ कि युवक अच्छी सन्तान दे सकते हैं, क्योंकि उसमें प्रजनन शक्ति अधिक रहती है। इसलिए अधिक सन्तान पैदा करने के लिए अधिक संख्या में बलवान पुरुष चाहिए। सांख्य-दर्शन की सूक्ति 'एकोशक्तिः पुरुषोबहवः' इसी विचार पर आधारित है। स्त्री-प्रधान समाज में वृषभांग का महत्त्व भी इसीलिए बढ़ने लगा। पुरुष-प्रधान समाज में अपने पशुपालन के अनुभवों पर पुरुषों को यह तथ्य मालूम हुआ कि एक साँड़ कई गायों को सन्तान दे सकता है। ब्रह्मवाद-सूक्ति 'एकोपुरुषः प्रकृतिखतः' इसी विचार पर आधारित है।

दोनों समाज दो अलग-अलग समाजों में विभाजित होने पर भी वे एक-दूसरे से पूर्ण रूप से अलग कभी नहीं रहे। दोनों समाज एक-दूसरे पर परस्पर आश्रित थे। ज्ञान-विज्ञान के विकास में दोनों का समान योगदान था। कृषि अनुभवों के आधार पर उन्होंने यह सीखा कि पृथ्वी और योनि में कोई भेद नहीं है। दोनों ही उत्पत्ति के साधन हैं। इसी चरण में पृथ्वी और योनि को देवत्व प्राप्त हुआ। पशुपालक-संस्कृति में पुरुषांग को प्रजनन-तंत्रों में प्रधानता मिली। भूसौभाग्यवर्धक-तंत्रों में पृथ्वी, योनि तथा पुरुषांग आदि का महत्त्वपूर्ण स्थान है। पृथ्वी की उर्वरता बढ़ाने के लिए सूअर को भूमि पर कुचलने की क्रिया, वृषभ की बलि देने की क्रिया भूसौभाग्य-तंत्रों की प्रधान क्रियाएँ हैं।

प्रजनन-तंत्रों के विकास का यह अध्ययन उन्मुक्त यौन-सम्भोग, कुछ यज्ञ, और त्योहारों के पीछे छिपे हुए सत्यों को जानने में सहायक सिद्ध होगा। स्व. धर्माराव जी ने उर्वरता-कर्मकांड, कुछ यज्ञ-त्योहार आदि का विस्तृत विश्लेषण

---

1. जेम्स हेस्टिंग्स—एनसाइक्लोपीडिया ऑफ रिलिजीन एंड एथिक्स, भाग-1, पृ. 665, 667।

किया है। उनके विचार में स्वेच्छा-सम्भोग, यज्ञ, त्योहार आदि प्रजनन-तंत्रों के परिवर्तित रूप हैं।

पिछले पृष्ठों में जनम-मरण-चक्र के बारे में विश्लेषण किया गया है। इस विश्लेषण से हम यह जान चुके हैं कि आदिमानव को यह ज्ञान प्राप्त हुआ था कि मृत्यु जनम और वृद्धि का कारक है। इसी विचार के आधार पर कई मृत्युतंत्रों का जन्म हुआ। उन्होंने यह भी जान लिया था कि बीज पृथ्वी में जाकर मृत होता है और फिर जन्म लेता है तथा वर्धन-शक्ति अच्छे बलिष्ठ बीज में ही होती है। धीरे-धीरे उनको इसका ज्ञान होने लगा कि जनन-वर्धन के लिए केवल यौवन में आनेवाली मृत्यु ही सहायक हो सकती है, वृद्धावस्था में आनेवाली मृत्यु नहीं।

कृषक तथा पशुपालक-गणों के मिलन से विज्ञान का आदान-प्रदान होने लगा। पशुपालक-गणों के विज्ञान के कारण उन्होंने यह जान लिया था कि स्त्री के गर्भधारण का कारक पुरुष है। बलिष्ठ पुरुष के बीज से बलिष्ठ सन्तान पैदा होती है। जिस दशा में यह ज्ञान प्राप्त हुआ था उसके पहले के चरण में ही कृषि-सौभाग्य तंत्रों में स्त्री और भूमि को एकरूपता मिल चुकी थी। वे सोचने लगे कि युवक जो स्त्री को बलिष्ठ सन्तान दे सकता है, वही पृथ्वी को भी उर्वर बना सकता है। इस प्रकार वे पुरुष और पृथ्वी पर पड़नेवाले बीज को एक ही रूप में देखने लगे।

जब उनमें यह विचार पैदा हुआ कि बलिष्ठ युवक पृथ्वी को उर्वर बना सकता है तब से वे युवकों को सजीव दफनाने लगे। धीरे-धीरे युवकों को टुकड़े-टुकड़े करके दफनाना, उन्हें जलाकर उनकी राख को पृथ्वी पर छिड़कना, उनके रक्त को छिड़कना आदि क्रियाएँ प्रजनन-तंत्रों की महत्त्वपूर्ण क्रियाएँ बन गईं।

स्त्रियाँ पृथ्वी की उर्वरता बढ़ाने के उद्देश्य से ही युवकों को टुकड़े-टुकड़े करती थीं। फिर भी, स्वभावतः स्त्रियों का हृदय कोमल होने के कारण इस समय वे चिल्लाती थीं। छाती पीट-पीटकर रोती थीं। इसी सन्दर्भ में शोकमंत्रों का जन्म हुआ था। वे तुरन्त फिर यह सोचकर खुश हो जाती थीं कि युवक औषधि के रूप में पुनर्जन्म लेंगे और अपनी सन्तान को और स्वयं को पुष्टि देंगे। इसी सन्दर्भ में आनन्द को प्रकट करनेवाले मंत्रों का जन्म हुआ था। इन्हीं तंत्रों ने मिस्र देश में मृत्यु-जनन-तंत्रों के रूप में पश्चिम एशिया में तमूज बाल-तंत्रों के रूप में जन्म लिया। यूरोप के कारनीवाल और भारत देश के कामदहन त्योहार इन्हीं तंत्रों के अवशेष हैं। यूरोपवासियों में यह भावना थी कि वे जो खा रहे हैं वह असीरिया तथा तमूज के शरीर के भाग हैं। स्व. धर्माराव जी ने अपनी रचनाओं में इनका विवेचन किया है।

प्रजनन-तंत्रों में नरमेध को एक महत्त्वपूर्ण स्थान मिला। सारी दुनिया में नरमेध की प्रथा व्याप्त थी। भारत देश के कुछ धार्मिक-तात्त्विक चिन्तनों में और तंत्रों में इस प्रकार के विचारों के अवशेष आज भी दिखाई पड़ते हैं।

प्रारम्भिक दशा में नरमेध रहस्यरूप में किया जाता था। माताएँ इसकी जिम्मेदारी लेती थीं। नरमेध करने के लिए अतिरिक्त शक्ति चाहिए, अपने आपको भूल जाने की बेहोशी चाहिए इसलिए वे मादक द्रव्यों का उपयोग करती थीं। जिस युवक की बलि दी जानी है वह युवक नग्न होकर नृत्य करता था। इस युवक के समस्त शरीर के भाग मर्मांगों के रूप में देखे जाते थे। स्त्रियाँ इससे सम्बन्धित कई तंत्र करती थीं। इन्हीं तंत्रों ने ग्रीक तथा रोम देशों में बकनालिया तंत्रों का रूप धारण कर लिया। भारत का रेणुका-तंत्र इसी का अवशेष है। बकनालिया बेकस के अनुयायी थे।

पाश्चात्य पुराणों का कहना है कि बेकस ने अंगूर रस बनाया था।[1] पुरुष-मेध-तंत्रों का प्रचार इसने ही किया था। कहा जाता है कि उस समय के राजाओं ने बेकस को देश-बहिष्कार दिया था। इसका कारण यही था कि सारी रानियाँ लज्जा छोड़कर बेकस के पीछे जाने लगी थीं। कुछ रानियों ने अपने पतियों को मार डाला तो कुछ ने मरवा दिया था। ग्रीक इतिहास में इससे सम्बन्धित कई कहानियाँ मिलती हैं।[2] कहा जाता है कि बेकस ने भारत देश के कुछ तंत्र सीखे थे। इनसे सीखे गए तंत्र और रेणुका तंत्रों में कई समानताएँ मिलती हैं। बेकस को बयूस कहा जाता था। भारत देश में वत्सराजाओं से सम्बन्धित कहानियाँ मिलती हैं। बृहत्कथा से यह तथ्य मालूम होता है कि वत्सराजा का पुत्र नरवाहनदत्त इन तंत्रों का आदिपुरुष था। वात्स नरवाहनदत्त का बेटा था।

बृहत्कथा में बताया गया है कि विद्या पाने के लिए गर्भस्थ पिंड को पकाकर खाना चाहिए। बकनालिया-तंत्रों में विद्याधर क्रियाएँ की जाती हैं। मधुपान, भूत-पिशाच सिर पर सवार होना, स्वैरविहार, शिशु या युवकों को खंड-खंड करके[3] थोड़ा भाग प्रसाद के रूप में खाना, बाकी भाग को भू-प्रजनन के लिए उपयोग करना आदि क्रियाएँ वात्स तथा बकनालिया-तंत्रों में मिलती हैं। इन तंत्रों को विद्या धरत्वसाधन कहते हैं। बृहत्कथा की भूमिका में विद्याधरत्वसाधन के बारे में विवरण मिलते हैं।[4]

आदिमानव के विचार में बीज ही अन्त हैं। बीज भूमि में जाकर, अन्न रूप में फिर हम तक पहुँचते हैं। वे बीज-रूपी पुरुष को मारने के बाद प्रथा को निभाने के लिए कुछ भाग खाते थे। फसल को उसके शरीर के रूप में, मधु को (वात्सतंत्रों में

1. हेनरी क्रियटन—ओ.ए. वाल द्वारा दिया गया उद्धरण—सेक्स एंड सेक्स वरशिप, पृ. 571- 72।
2. जॉर्ज थॉमसन की पुस्तक 'अस्कैलस' में इससे सम्बन्धित विवरण मिलते हैं।
3. जे.जी. फ्रेजर—दि गोल्डेन बौ—1960, पृ. 771।
4. शाक्तों में पंचमकार की पूजा की प्रधानता है। मांस, भोजन, मैथुन, मत्स्य, मद्यपान, मुद्राएँ, दिगम्बर स्त्री की उपासना करना आदि इसमें मुख्य हैं।—जेम्स. जे. प्रेस्टन—कल्ट ऑफ दि गॉडसेस, पृ. 14।

इसका महत्त्वपूर्ण स्थान है) उसके रक्त के रूप में ग्रहण करते थे। कैथोलिक तंत्रों में रोटी का ईसाई के शरीर के रूप में, मधु का ईसाई के रक्त के रूप में वर्णन किया गया है। कुछ पंडितों के विचार में ईसा की कहानी प्रजनन-तंत्र के सिवा और कुछ नहीं है। प्रजनन-तंत्रों का प्रतिबिम्ब ईसा की कहानी में मिलता है।[1] असीरज तथा तमूज से सम्बन्धित आनन्द, शोक, जन्म, मरण के तंत्र ईसाई-धर्म में मिलते हैं।[2] इन तंत्रों के विकसित रूप दीक्षातंत्र हैं। इन दीक्षातंत्रों में आनन्द-शोक, जन्म-मरण-तंत्रों का प्रतिबिम्ब मिलता है।

कई कबीलों में मनाए जानेवाले प्यूबरटी राइट्स तथा इनीशियेशन सेरेमनीज इस जनम-मरण-चक्र के आधार पर है। प्रथा निभाने के लिए शिशु के कुछ भागों को काटे जाने की प्रथा पाई जाती है। उनका विश्वास था कि इस तरह किसी एक भाग को काटने से शिशु का पुनर्जन्म होता है। इस भाग को काटने के बाद वे यही सोचते थे कि अपनी जाति में शिशु फिर जन्म लेगा। यहूदी, मुसलमान तथा कुछ अन्य आदिम जातियों में सुन्नत करने की क्रिया (Surcumsition)[3] ब्राह्मणों में की जानेवाली कर्ण-बेध-क्रिया, कुछ कबीलों में की जानेवाली नासिकाबेध क्रिया, छोटी

---

1. 'जाशुआ' शब्द का ग्रीक शब्द 'जीजस' है। 'ओल्ड टेस्टामेंट' में कहा गया है कि जाशुआ इज़राइल का नायक था। इसने काननू को जीत लिया। इज़राइलवासियों का विश्वास था कि जीसस रोम राजाओं से इजराइल की रक्षा करेगा। इसलिए उसको 'जाशुआ' कहा गया था। 'मेस्सय्या जाशुआ' शब्द ग्रीक में क्रैस्ट जीससे बनता है। नजरत नामक गाँव ओल्ड टेस्टामेंट में नहीं है। नतूज्रि नामक एक जाति थी। इस जाति के लोगों को कुछ तंत्रों के बारे में जानकारी थी। बाइबिल के ओल्ड टेस्टामेंट के पहले अध्याय में एक ऐसा अंश मिलता है। प्राचीन बेबीलोनिया में एक रिवाज था। हर साल किसी एक बन्दी को राजपोशाक पहनवाकर पाँच दिन उसे राजा की तरह देखा जाता था। राजा के सभी भोग-भाग्य उसे मिलते थे। बाद में चाबुक से मारकर उसको फाँसी की सजा देते थे। घिलेतू सैनिकों ने ईसा के प्रति इसी प्रकार का व्यवहार किया था। 26वें अध्याय में मात्यु कहता है कि ईसा के प्रति किए गए इस व्यवहार को किसी ने नहीं देखा था। मार्क भी 14वें अध्याय में यही कहता है। इसी समय मिस्र और सीरिया में नरबलि की प्रथा थी। आरकाडिया के लैकेयस नामक पहाड़ पर यह बलि दी जाती थी। एक विश्वास था कि इस प्रकार जो व्यक्ति मरता है वह पुनर्जन्म लेता है। ईसा की कहानी भी इसी प्रकार की है। इन सब विचारों के पीछे फसल-त्योहारों की भावना दिखाई पड़ती है। जब वैवाहिक व्यवस्था ठीक नहीं थी उन दिनों में ईसा ने जन्म लिया था। ईसा को ईश्वर माना जाता था। मिस्र-पुराणों में बताया गया है कि असीरस ऐसिस का पति था। पति के मरने के बाद ही ऐसिस को बेटा हुआ था। वही आगे जाकर पोरस बना था। बाइबिल की चौथी पुस्तक ने ईसा के जन्म के बारे में लिखा था। उन दिनों गुलामों को सूली पर चढ़ाया जाता था। यहूदियों का यह विश्वास था कि इन दुखों से विमुक्त करने के लिए कोई मेस्सया आएगा। –आरचिनाल्ड, रानरटसन, दि ऑरिजंस ऑफ क्रिस्टियनिटी–पृ. 72, 74।
2. ईसाइयों का त्योहार आलसोल्स डे इसी भावना को व्यक्त करता है।
3. यह रिवाज मुसलमानों तथा ईसाइयों में दिखाई पड़ता है। बाद में ईसाइयों ने इस रिवाज को छोड़ दिया। मुसलमान तथा यहूदी जातियों के स्त्री-पुरुषों में यह प्रथा पाई जाती है।

उँगली को काटने की क्रिया, बाल देने की प्रथा, स्त्री के मर्मांगों को चीरने और सीने की क्रिया आदि इसी विचार (पुनर्जन्म) के अवशेष हैं। कुछ कबीलों के यौवन-दीक्षातंत्र हिंसाओं से भरे रहते हैं। ये सब द्विजत्व (ब्राह्मणत्व) के संकेत हैं।[1] इन तंत्रों से सम्बन्धित विस्तृत जानकारी हमें फ्रेजर की 'गोल्ड़न बौ' पुस्तक में मिलती है। भारत देश में द्विज शब्द का उपयोग किसी एक वर्ण के लिए किया जाता है, किन्तु द्विजत्व के लिए किए जानेवाली सारी क्रियाएँ स्त्री-पुरुष दोनों से सम्बन्धित हैं। इसलिए हर मानव द्विज ही है।

प्रारम्भ में प्रजनन-तंत्रों में स्त्रियों की प्रधानता थी किन्तु धीरे-धीरे पुरुष-पात्र की प्रधानता बढ़ने लगी। गोवध-करने की प्रथा आई। उस जमाने में यह विश्वास था कि असीरिस तमूज हर साल पुनर्जन्म लेते हैं। धीरे-धीरे असीरिस-तमूजों को बैल का रूप दिया गया। इसलिए बैल बलि-पशु बन गया। वात्सतंत्रों में स्त्री की प्रधानता घटने लगी तथा पुरुष की प्रधानता बढ़ने लगी। समाज-विकास-क्रम के अगले चरणों में स्त्री के सारे तंत्रों ने व्रतों का रूप धारण कर लिया।

यह विकास-क्रम धीरे-धीरे हुआ। पुरुष-प्रधान पशुपालक-गणों में प्रजनन-तंत्रों के लिए यौवन चिह्न बन गया। स्त्री-प्रधान-कृषि-गणों में मृत्यु प्रजनन-तंत्र का चिह्न बन गई। कृषि-गणों में यजन साधन के रूप में केवल मद्य का ही उपयोग किया जाता था किन्तु पशुपालक-गणों में यजन साधन के लिए कई वस्तुओं का उपयोग किया जाता था। इसी चरण की ग्रीक कहानियों में बौटेश का नाम मिलता है। आदिम ग्रीक भाषा में बौ माने गाय होता है। बौटेश माने गोपति। ग्रीक के बौटेश तथा हमारे पुराणों के शिव में कई समानताएँ दिखाई पड़ती हैं। दोनों का वाहन बैल था। दोनों ही दिगम्बर तथा चर्मधारी थे। गोयुध तथा स्त्रीयुधों में भूतेश और बैल का महत्त्वपूर्ण स्थान था। भूतेश के लिए लिंग चिह्न बन गया। प्रजनन-तंत्रों में लिंग का महत्त्व अधिक था। पुरुष अपने जननेन्द्रियों का आकार बढ़ाने के लिए कई तंत्र करते थे। चाल्डया में पुजारी पंडित जननेन्द्रियों को एक प्रकार के झाड़ का दूध लगाकर हरे पत्तों का निचोड़ या सार (पर्ण रस) लगाकर, पत्थर बाँधकर खींचकर अंगों को वृषभ अंगों के आकार में लाने का प्रयत्न करते थे। देवालयों के शिल्पों में इस प्रकार के विचारों का प्रतिबिम्ब मिलता है। आज भी बंगाल प्रान्त में ये तंत्र हैं। कई पत्रिकाओं में इस विषय से सम्बन्धित तथ्यों का प्रकाशन हुआ।[2] अधिक सन्तान चाहनेवाली

---

1. आज भी हमारे यहाँ दत्तक लेने की क्रिया में जो षोडश मंत्र पढ़ते हैं उनमें यही भावना निहित है कि दत्तक में आया हुआ लड़का पूर्वकुटुम्ब में मर गया है। उसे स्वीकृत करनेवाले कुटुम्ब में उसने पुनर्जन्म लिया है। इस सन्दर्भ में जातक-कर्म करते हैं। मोर्गान का कहना है कि कबीलों में भी यही पद्धतियाँ थीं।
2. समरेश बोस—दि तांत्रिक कल्ट क्वेस्ट, संडे वीकली, 1981 जनवरी 25, पृ. 13।

स्त्रियाँ इन जीवलिंगों की पूजा करती थीं। स्काट के ग्रन्थों में इस विषय से सम्बन्धित विवरण मिलते हैं। उस जमाने के लोगों का विश्वास था कि मूर्खों के जननांग बड़े होते हैं। इसलिए बड़े आकार वाले जननेन्द्रियों की पूजा करने की प्रथा कई जातियों में पाई जाती है। प्रजनन-तंत्रों में इस तरह की पूजा का महत्त्वपूर्ण स्थान है।

पृथ्वी में जाकर फिर उसी आकार में ऊपर आने की शक्ति सर्पों में है। सर्पों में बिना मरण केंचुली छांड़कर पुनर्जन्म लेने की शक्ति है इसलिए प्रजनन-तंत्रों में नाग तथा नागपूजा को प्रधानता मिली।[1] ग्रीक आयुर्वेद-विज्ञान का चिह्न सर्प है। मध्य-युग में मिस्र, ग्रीक, रोम आदि देशों के प्रजनन-तंत्रों में सर्पों को काफी महत्त्व दिया गया है। सर्प के आकार में देवताओं के आभूषण, किरीट तथा आयुध बनने लगे। पशुपालकों ने कृषि-उत्पादन तथा कृषि-गणों की कलाओं को माया, धोखा आदि नाम दिए थे। इस माया का चिह्न सर्प है। इसे क्राफ्ट भी कहा जाता है। क्राफ्टी माने माया है। वेद-वाङ्मय में भी माया शब्द मिलता है। कृषि-सम्बन्धी वृत्तियों को माया कहा जाता था। लोहे का उपयोग करना भी माया है। मायावी माने धोखा देनेवाला। माया-विद्या का चिह्न सर्प है।[2] सर्प कृषि-सम्बन्धी प्रजनन-तंत्रों का चिह्न है। सर्प जादू-टोना का भी चिह्न है। बाइबिल-कथा में शैतान का रूप सर्प-रूप है। इसमें लिखा गया है कि शैतान का जन्म होने के बाद ही मानव ने श्रम करना सीखा, कृषि सीखी। ईव को धोखा देकर एक फल दिया गया था। इस फल का नाम 'ज्ञानफल' था। इस घटना (ज्ञानफल दिए जानेवाली घटना) का अर्थ यही लिया जा सकता है कि ज्ञान पाने के कारण समाज ने पशुपालन-संस्कृति से विकास के नए चरण में पदार्पण किया था। असीरियाई-भाषा में सर्प को 'नहुष' कहा जाता है। हमारे पुराणों में नहुष नामक एक राजा की कहानी मिलती है। नहुष ने इन्द्र की पदवी भी पाई थी। बाद में वह शापग्रस्त हो जाता है, सर्प का रूप धारण करता है।

सर्प तथा कृषि-संस्कृति के बीच एक घनिष्ठ सम्बन्ध है। इस सम्बन्ध को व्यक्त करनेवाली कई कहानियाँ हमारे पुराणों में मिलती हैं। मानव जीवन में कृषि का महत्त्वपूर्ण स्थान है। खेती-बाड़ी आधारभूमि है। इस भूमि का आधार है 'आदिशेषु'। लक्ष्मी के पति विष्णु सर्प पर सोते हैं। अमृत-मन्थन में सर्प का महत्त्वपूर्ण योगदान

---

1. ईसाई पादरियों के हाथों में सर्परूप में रहनेवाली छड़ियाँ रहती थीं। एस्कुलापियस देवता के हाथ में रहनेवाला अस्त्र सर्प के आकार का होता है। प्राचीन मिस्र देश में नेफ सर्पदेवी थी। यह देवी अमरत्व का चिह्न मानी जाती थी। आज भी उत्तर अमेरिका में सर्पों की पूजा की जाती है। आज भी ओहियो में सरकार सर्प-आकार के एक छोटे टीले का रक्षण कर रही है। ग्नास्टिक-जातियाँ सर्प को ज्ञान-देवी मानती हैं। कई देशों में सर्प को लैंगिक शक्ति का चिह्न माना जाता है। ओ.ए. वाला सेक्स एंड सेक्स वरशिप—पृ. 538, 540।
2. जेरट्ड जोब्स—डिक्शनरी ऑफ मैथोलॉजी फोकलोर एंड सिम्बॉल, भाग-2, पृ. 1418-19।

है। प्रजनन-तंत्रों में पुरुषांग को महत्त्व मिलने के बाद ही सर्प को प्रमुखता देनेवाली कहानियों का जन्म हुआ।

शिवावतार इन्हीं प्रजनन-तंत्रों का एक भाग है। समाज के विकास-क्रम में प्रजनत-तंत्रों के लिए मानव ने जितने साधनों की कल्पना की थी, उन सबको देवत्व प्राप्त हुआ। शिव महादेव बन गए यानी उन्हें सकल साधनाओं के देवता के रूप में परिवर्तित किया गया। विभिन्न दशाओं में आए हुए प्रजनन-तंत्रों का एकत्रित रूप ही शिवलिंग है।

शिवलिंग को प्रजनन-तंत्र के चिह्न के रूप में पूजने की भावना, वर्ग समाज के बाद ही समाज में आई। मिस्र देश का भूतेश भी इसी क्रम में आया होगा।

शिव, भूतेश, वृषभवाहन, सर्प-आभूषणधारी, मृत्युंजय, मृत्यु को कंठ में रखनेवाले नीलकंठ, मृत्युदेवता आदि हैं। शिव जनम-मरण-चक्र का मूल है। वह लयाकार है। वह औषधियों के जन्मदाता, चन्द्र को तथा औषधियों को प्राण देनेवाले जल को सिर पर धारण करनेवाले हैं। मृत्यु-चिह्न कपाल को माला के रूप में धारण करते हैं। वह प्रजनन-स्रोत लिंग के रूप में पूजे जाते हैं। वह भस्मधारी हैं। इतने रूप धारण करने पर भी भारतीय तांत्रिकों की दृष्टि में वह केवल शिव ही हैं। शक्ति के कारण ही उनमें महादेवत्व आ पाया, इसलिए उन्होंने इस शक्ति को अपने अर्धांग में रख लिया और अर्धनारीश्वर बन गए।

इस तरह पशुपालन तथा कृषि-गणों की सभी सौभाग्यवर्धक शक्तियों ने शिव का रूप धारण कर लिया। शिव-पुराण तथा लिंग-पुराण की शिवलीलाएँ और कहानियाँ एक प्रकार से तंत्रों के प्रतिबिम्ब के सिवा और कुछ नहीं। दरवन में ऋषि-पत्नियों के पीछे पड़ने की घटना, चिरूतोंडनंबी के घर में नरमांस का भक्षण करने की घटना आदि तंत्रों की सूचक हैं। गौरीवट्टम् और लिंग स्त्री-पुरुषांगों के चिह्न हैं। यही लिंग शिव है। इसकी पूजा की जाती है। पशुपालन तथा कृषि-संस्कृति का सम्मिश्रण है यह लिंग। अतीत की वास्तविकता और आदिमानव की मनोभावनाएँ पौराणिक परिकल्पनाओं में प्रतिबिम्बित होती हैं। हमारे पुराणों में तंत्रों का प्रतिबिम्ब मिलता है। प्रजनन-तंत्रों की छाया को हम पौराणिक कहानियों में देख सकते हैं।

आदिमानव ने सारे प्रजनन-तंत्रों के चिह्नों को मिलाकर एक रूप दे दिया। सचमुच मानव की सामुदायिक कल्पना-शक्ति तथा मेधा-शक्ति की प्रशंसा करनी ही चाहिए।

3. देवताओं के युद्ध

आखेटक दशा में ही मानव ने सकल चराचरों में मानवीय भावनाओं को आरोपित किया था। इसलिए टोटम जानवर हो या औषधि हो वर्ग-समाज ने उसे मानव के रूप

में देखा। जानवरों में पाए जानेवाले सभी उत्तम गुणों तथा शक्तियों को मानव-रूप देकर उस महाशक्तिशाली मानव की पूजा करने लगे।

कृषि-संस्कृति की दशा में पुरोहित तथा गणदेवता स्त्रियाँ ही थीं। समाज के सभ्य-दशा में पहुँचने के बाद भी यूनान देश के कबीलों में एथेना, डयाना आदि स्त्री-मूर्तियाँ ही प्रजनन शक्ति की देवियाँ मानी जाती थीं। दैवी भावना आने से पहले ही तंत्रों में स्त्रियों को प्रधानता थी। पुजारिनें कबीलों में रहती थीं। किसी कबीले के लोगों के भ्रमण के क्रम में किसी नए प्रदेश में जाने पर वहाँ के प्रान्तीय जनों के साथ सांस्कृतिक तथा सामाजिक प्रतिद्वन्द्विता स्वाभाविक प्रतिक्रिया थी। इस लड़ाई में जो भी जाति विजय पाती थी वह अपने देवी-देवता तथा पूजा-अर्चना की तांत्रिक रीतियों को पराजित जाति पर बलपूर्वक लादती थी।[1] कभी-कभी दोनों कबीले एक-दूसरे से मिलकर दोनों की देवमूर्तियों को प्रतिष्ठित करते और दोनों की पूजा-पद्धतियों को अपनाते थे जिससे एक नई संस्कृति का जन्म होता था। मिस्र देश में देवता तथा पुरोहित प्रायः स्त्रियाँ ही होती थीं। धीरे-धीरे उन्हें लगा कि इसमें युवकों की भी आवश्यकता है, इसलिए पूजा-अर्चना करते समय युवकों को स्त्री वेशभूषा में ले जाना और स्त्री वेशभूषा में रहनेवाले इन युवकों की बलि देना एक प्रथा बन गई।

समाज के वर्ग-समाज के रूप में विकसित होने के बाद गुलामों की संख्या बढ़ी। कृषि उत्पादन में गुलाम बहुत सहायता देते थे। पुरुष-गुलामों को अपने अधीन रखने के लिए पुरुषों को ही उनके पास रखा जाता था। धीरे-धीरे क्षत्रिय-वर्ग का आविर्भाव हुआ। मन्दिरों की सम्पत्ति बढ़ने लगी। इसलिए इनकी रक्षा की जिम्मेदारी क्षत्रियों ने ले ली।[2] इसी चरण में पुजारी तथा क्षत्रिय वर्ग में समझौता हुआ। पहले पूजा-अर्चना का कार्य केवल स्त्रियाँ ही करती थीं। समझौता होने के बाद पूजा-अर्चना के कार्यों में पुरुष भी भाग लेने लगे। पुजारी राजा-रानी के प्रतिनिधि के रूप में काम करते थे। प्रथा के अनुसार राज्य पर बेटे का नहीं दामाद का हक होता था। ग्रीक-देशों में कई शताब्दियों तक राज्य पर दामाद का ही अधिकार रहा था, दामाद ही राज करते थे। ग्रीक-इतिहास इसका साक्षी है। मिस्र देश में राजा का बेटा ही दामाद बनकर यानी अपनी बहन से विवाह करके राजगद्दी पर बैठता था। विवाह संस्कार : स्वरूप एवं विकास में इससे सम्बन्धित जानकारी मिलती है। धीरे-धीरे देव-प्रतिनिधि पुरोहित बन गया तथा पुरोहित प्रतिनिधि राजा बन गया। अलौकिक और लौकिक अधिकार उन्हें मिले। यह कृषि-गणों का विकास-क्रम है।

---

1. जॉन बैले—दि कनसैज एनसाइक्लोपीडिया ऑफ रिलिजन एंड एथिक्स—भाग-9, पृ. 85।
2. इनको पश्चिम एशिया में 'हिट्टैटस्' कहा जाता है। उनकी भाषा में क्षत्रियों को 'खत्ति' कहा जाता है। क्षत और खत्ति शब्दों में बहुत हद तक साम्य दिखाई पड़ता है।—फ्रेडरिक ने अपने 'हिट्टैटस्' नामक ग्रन्थ में इससे सम्बन्धित विषयों का वर्णन किया है।

पशुपालक-गणों में प्रारम्भिक दशा में पुरोहित ही सर्वाधिकारी होता था। कृषि-गणों के साथ लड़ाइयों में रक्षा के लिए उन्हें क्षत्रिय-वर्ग को बढ़ाना पड़ा। धीरे-धीरे क्षत्रिय-वर्ग और पुरोहित-वर्ग एक साथ मिल गए। जब से दोनों गण मिल गए तब से प्रारम्भिक दशा में केवल पुरोहित ही राजा होते थे। सुमेरिया में इन पुरोहित राजाओं को 'परेसि' कहते थे।

युद्ध जब एक नित्य कृत्य बन गया तब पुरोहित और राजा[1] अलग-अलग वर्ग बन गए। इस प्रकार का विभाजन होने के बाद सुमेरिया में पुरोहित को 'संग' नाम दिया गया। मंत्र-साहित्य के विकास में इनका महत्त्वपूर्ण योगदान था। इन्होंने मंत्र, स्रोत, प्रार्थना आदि का काफी विकास किया। सुमेरियों ने जिसका नाम 'संगम्-साहित्य' दिया था। तमिल के संगम्-साहित्य तथा इस संगम्-साहित्य के पीछे एक ही मूल तत्त्व हो सकता है। असीरियों ने तमिल संगम्-साहित्य की तरह ही सुमेर संगम्-साहित्य को भी दो भागों में विभाजित किया था। कृषि के आधार पर जीनेवाले ग्रामवासियों की भावनाएँ तथा गाँवों से सम्बन्धित विषय जिस भाग में लिखे गए थे उसे असुर-भाषा में 'पुरम' कहते हैं। तमिल-संगम्-साहित्य में भी इस भाग का नाम यही है। नगरवासियों के जीवन को व्यक्त करनेवाले भाग को सुमेरियन भाषा में 'अहम्' या 'अगम्' कहा जाता है। 'तमिल संगम्-साहित्य' इस दूसरे भाग का नाम भी यही है।

मिस्र तथा ग्रीक-इतिहासों में मातृसत्तात्मक दशा के बारे में विवरण मिलते हैं। स्त्रियाँ राज करती थीं। इनके सारे देवता स्त्रियाँ ही थीं। सुमेरियन-इतिहास में यह भाग बचा नहीं फिर भी ऐसी कहानियाँ मिलती हैं, जिनमें प्रारम्भिक दशा की स्त्री-मूर्तियों के बाद की दशा में पुरुषमूर्तियाँ बन जाने का वर्णन है। असुर-समाज में स्त्री-देवियों तथा रानियों की प्रधानता थी। ग्रीक-साहित्य के इतिहास में मुख्य रानी सेमिराइन के बारे में लिखा गया है। असुर भाषा में इसे शंबर माता कहते हैं। असीरिया शिलालेखों में इस विषय के बारे में विवरण मिलता है।[2]

हमारे आदि-साहित्य वेद-साहित्य में पुरोहित को ब्रह्मणस्पति, बृहस्पति कहा गया है। वीरों के नायक को इन्द्र कहा गया है। पौराणिक काल तक आते-आते इन्द्र देवराज बन गए, बृहस्पति देव पुरोहित बन गए। प्रारम्भिक दशा में दैव-स्तोत्र मंत्रों को याद रखना और नए मंत्रों का आविष्कार करना पुरोहितों का काम था। तब

---

1. 'किंग' शब्द पुराने अंग्रेजी शब्द सिन (CYNN) नामक शब्द से आया है। इसका अर्थ यह होता है कि नायक 'एंग्लोसेक्सन समाज' किन्स नामक गण से आया था। वही 'किंग' शब्द में परिवर्तित हो गया। इसका अर्थ होता है कि वीरों का नायक या मध्यवर्ती। सम्पादक—डेविड एल.सिल्स, इंटरनेशनल एनसाइक्लोपीडिया ऑफ सोशल सैन्सेस् भाग-8, पृ. 386
2. विल ड्यूरांड ने अपने ग्रन्थ में विवरण दिया था।

द्वैराज्य रहने पर भी पुरोहित को ही पहला राजा[1] कहा जाता था। क्षत्रिय को दूसरा राजा कहा जाता था। पुरोहित सर्वाधिपति था। वह सभी गणों का मुख्याधिकारी था। ऋग्वेद में इस विषय से सम्बन्धित विवरण मिलते हैं। निम्नलिखित वेद भाग से यह मालूम होता है कि पुरोहित ही समैक्य गणों का सर्वाधिपति था।

ॐ गणानां त्वा गणपतिं हवामहे, कविं कवीनामुपमश्रवस्तमम्।

ज्येष्ठराजं बह्मणाम् ब्रह्मणस्पत, आ नः शृणवन्नूतिभिः सीदसादनम्॥ (ऋग्वेद)।

इसका अर्थ यह है कि तुम सारे गणों के अधिपति हो। सारे कवियों के कवि हो। तुम राजाओं में वरिष्ठ हो। ब्रह्मणों में ब्रह्मणस्पति हो। यानी ये सब अधिकार एक ही मानव को दिए गए थे। पुराण-काल तक आते-आते उसकी स्थिति गिर गई।

पुराण-काल के चरण में असीरिया में भी प्रजनन-तंत्रों का महत्त्व था। यहाँ पर इस्तारी नामक देवी की पूजा होती है। यह देवी प्रजनन देवी है। मिस्र देश के लोग इस देवी को 'अस्टारति' नाम से पुकारते हैं। आज भी यहाँ पर इस देवी का मन्दिर है। पहले यहाँ पर यह नियम था कि हर कन्या को इस देवालय में अपरिचित पुरुषों के साथ सहवास करना होगा। इस समय में वह बहुत कमा सकती है। बाद में वह विवाह भी कर सकती है। अपनी इस कमाई को वह अपने विवाह में खर्च कर सकती है, गृहिणी बनकर जी सकती है। विवाह-पूर्व वह जितने अधिक पुरुषों को अपने प्रति आकर्षित करती है, उसके अनुसार उसका सम्मान बढ़ता है। अगर ऐसा नहीं होता है तो वह कन्या वैवाहिक जीवन से वंचित रह जाती है। स्व. धर्माराव जी ने इस प्रथा की अन्य देशों की प्रथाओं के साथ तुल ना करते हुए कई उदाहरणों के साथ देवालयों में होनेवाली काम-क्रीड़ाओं का विश्लेषण किया है।

ऊपर दिए गए विवरणों से यह स्पष्ट होता है कि देवालयों में पूजा-अर्चना, प्रजनन-तंत्र, स्त्री-पुरुषों का सहवास आदि कार्य होते थे। देवालयों में काफी धन भी रखा जाता था। कभी-कभी पुरोहित-राजा देवालयों को लूटते थे। जो भी नया राजा आता था वह पुराने देवताओं के स्थान पर नए देवता को प्रतिष्ठित करता था। पुरानी पूजा-अर्चना की पद्धतियों को, प्रजनन-तंत्रों को, मंत्रों को वह बदलता था। जब राजा बदलते थे तब देवता और पुरोहित भी बदल जाते थे। अगर ये नई पद्धतियाँ अपनी पुरानी पद्धतियों के अनुरूप थोड़ा भी होती थीं तो ठीक वरना प्रजा अपने पूर्व-देवताओं, पुरोहित-वर्ग और तंत्रों का विकेन्द्रीकरण करती थी। इस विकेन्द्रीकरण के कारण राज्याधिकार क्षीण होने लगे। इसलिए राजा यह अनुभव करने लगे कि

1. मलेशिवनों का शब्द 'मन' तथा इराक का शब्द 'ओरिंडा' इसी अर्थ को व्यक्त करते हैं कि पुजारी नायकों के हाथों में दैवी शक्तियाँ रहती हैं। वे प्राकृतिक शक्तियों पर शासन कर सकते हैं। पुरोहित नायकों ने भी इसी प्रकार के प्रचार किए थे। सम्पादक जेम्स हेस्टिंगस एनसाइक्लोपीडिया ऑफ रिलिजन एंड एथिक्स, भाग-9, पृ. 85। इ. लेहमान द्वारा लिखा गया लेख।

वरिष्ठ राज्याधिकार के लिए वरिष्ठ देवता, वरिष्ठ पुरोहित-वर्ग की आवश्यकता है। ग्रीक तथा एशिया के अन्य देशों में वणिक राजाओं के हाथों में अधिकार आने के बाद ही इस दशा में परिवर्तन आया।

सभ्य समाज में व्यापार बढ़ने लगा। विविध वृत्तियाँ भी बढ़ने लगीं। फिनीशियनों ने एक नई व्यापार पद्धति को ढूँढ़ निकाला। वे अपने देश में तैयार की गई वस्तुओं को भू-समुद्र-मार्गों से दूसरे प्रान्तों को भेजने लगे। विविध देशों के रीति-रिवाज, विचार, तंत्र, देवता आदि के बारे में उन्हें ज्ञान प्राप्त होने लगा। कबीलों की शक्तियों के बारे में भी उन्हें ज्ञान प्राप्त होने लगा। व्यापार में वस्तुओं की अदला-बदली करने के लिए लोहे का उपयोग करना उन्होंने सीख लिया। तब तक इन वस्तुओं का विश्व बाजार में मूल्य भी बढ़ चुका था। राजा को कबीले के लोगों की सम्पत्ति भी प्राप्त होने लगी। आर्थिक जीवन में बदलाव आया। पुरानी तथा नई पद्धतियाँ, नए व्यापार-ज्ञान, नई अर्थ-नीति आदि का प्रतिबिम्ब राज्यशास्त्र में पड़ने लगा। पहले के समाज में जो पुरोहित-प्रधान राज्य थे, वे अब धीरे-धीरे व्यापार-प्रधान राज्यों में परिवर्तित होने लगे।

जब से व्यापार-प्रधान राज्यों की प्रधानता बढ़ने लगी तब से लोहे का महत्त्व भी बढ़ने लगा। लोहे के लिए व्यापारी नई-नई खान खुदवाने लगे। इन खानों में काम करने के लिए पिछड़े हुए कबीलों या पराजित कबीलों के व्यक्तियों को बलपूर्वक दास बनाया जाता था। ये गुलाम इन खानों में काम करते थे। अलग-अलग कबीलों के रीति-रिवाज, देवी-देवता, पूजा-अर्चना की पद्धतियाँ, प्रजनन-तंत्र आदि अलग-अलग होने के कारण विविध कबीलों से आए हुए ये गुलाम एक जगह रहने पर भी आपस में लड़ने लगे। अब व्यापारियों ने सोचा कि पहले सभी कबीलों के गण-देवताओं पर विजय प्राप्त करनी चाहिए। उन्होंने युद्ध में सभी गण-देवताओं को पराजित करके अपने गण-देवताओं को प्रतिष्ठित करने का निर्णय ले लिया। उन्होंने सोचा कि दास-वर्ग में यह विश्वास पैदा करना चाहिए कि पराजित गण-देवताओं से विजित गणदेवता श्रेष्ठ तथा महत्त्वपूर्ण हैं, और उनके देवता ही सत्य हैं बाकी सब असत्य। हैं। प्रारम्भिक चरण में देवी-देवता केवल प्रजनन शक्तियों के ही रूप थे, किन्तु अब व्यापारियों ने इन देवी-देवताओं को महत्त्व, महिमाएँ, चमत्कार आदि से जोड़ दिया। इन देवताओं को भयंकर रूप दिया गया ताकि दास इनसे डरे। इन भयंकर रूप वाले देवी-देवताओं के लिए बड़े-बड़े देवालय भी बनाए गए। धीरे-धीरे अति-भयंकर रूपधारी देवता दास-वर्ग के देवता बन गए। समाज की राजनीति देव-स्वरूप पर ही आधारित थी इसलिए इन भयंकर देवताओं को नर-बलियाँ, पशुबलियाँ दी जाने लगीं। ऐसी भयावह क्रियाएँ देखकर दास भयभीत हो जाते थे। अपना महत्त्व दिखाने के लिए उन्होंने नौकायान, विज्ञान और ज्योतिषशास्त्रों का सहारा लिया। पुरोहित इन्द्रजाल

विद्याएँ सीखकर साधारण जनता में यह विश्वास पैदा करते थे कि यह सब माहात्म्य देवताओं का है। इस चरण में जिस पुरोहित-वर्ग का आविर्भाव हुआ उसे माजी (पर्शिया) शामा (सैमेट्स) के नाम से पुकारते थे।

युद्धों में विजित देव अन्य गण देवताओं पर विजय पाकर महादेव (बलवान) बन जाते थे। प्रारम्भिकावस्था में गण देवताओं पर गणों का अधिकार रहता था। उस चरण में देवता मानवाधीन थे, किन्तु महादेव का जन्म होते ही सब बदल गया। अब मानव दैवाधीन हो गया। पुरोहित तथा राजा दैवाधीन हो गए। दास-वर्ग विजित राजा को, पुरोहित को, नए गणदेवताओं को स्वीकार करने के पश्चात् भी पूर्ण रूप से उन पर विश्वास नहीं कर पाया। उसमें उनके प्रति भक्ति-भावना पैदा नहीं हुई। इसलिए जब भी उसे अवसर मिलता था, देवता जो राजा के प्रतीक थे, भी ध्वंस करके उस स्थान पर अपने गणदेवता को और अपने पूजा-अर्चना विधान को प्रतिष्ठित करता था। पूर्व प्रजनन-तंत्रों को अस्वीकृत करता था और अपने प्रजनन-तंत्रों को लागू करता था।[1] इस चरण में अर्थव्यवस्था का काफी विकास हो चुका था। एक कबीले का नायक होने के बावजूद दूसरे कबीलों पर अधिकार जमाकर अपने कबीले की स्वतंत्रता को बचाना एक राजा के लिए भी कठिन था। जैसा पहले के राजा करते थे वैसे ही ये राजा भी अपने देवताओं को भयंकर रूप देते थे और उसी के अनुसार स्वयं भी क्रूर और निरंकुश बन जाते थे। इस प्रकार विजित देवता, देवताओं में परमेष्ठी बन जाते थे। विजित राजा-राजाओं में राजपरमेष्ठी बन जाता था। इन राजाओं को ग्रीक लोग टैरेंट प्रिंस के नाम से पुकारते थे।[2] एशियाई देशों में इतिहासकारों ने इन्हीं राजाओं को निरंकुश (डेस्पाटस) कहा।

धीरे-धीरे इन निरंकुश क्रूर राज्यों के देवता भी राजाओं की तरह भयंकर और क्रूर बन गए। राजा अन्य गण देवताओं को स्वीकार नहीं करते थे। राजाओं के बीच युद्ध होते थे। सुमेरिया, बेबीलोनिया, असीरिया, मिस्र आदि के प्राचीन इतिहासों में तथा बाइबिल के ओल्ड टेस्टामेंट में गण-गणयुद्ध, निरंकुश राजाओं के बीच युद्ध आदि से सम्बन्धित वर्णन मिलता है।

एक-राजा सिद्धान्त से एकेश्वर-सिद्धान्त का आविर्भाव हुआ। जार्ज बर्नार्ड शॉ ने कहा था कि प्रारम्भिक दशा में देवता क्रूर और दुराशा का प्रतीक था। धीरे-धीरे उसमें अच्छे गुण आने लगे। वह साधु तथा करुणामय बन गया।[3]

---

1. सम्पादक—जॉन बैले—दि कन्साइज़ एनसाइक्लोपीडिया ऑफ वर्ल्ड हिस्ट्री—पृ. 94।
2. छोटे-छोटे राज्य मिलाकर एक टैरेंट बनता था। किसान तथा खेती छोटे भूस्वामियों के अधीन रहते थे। एथेंस में सोलास नामक नायक ने किसान तथा उनकी खेती को छुड़वाया था। उसने दास-वर्ग को विमुक्त किया था। खेती करनेवालों को खेत दिया। इस प्रकार टैरेंट प्रिंस के हाथों से उसने एथेंस को बचाया था। सम्पादक—जॉन बैले—दि कन्साइज़ एनसाइक्लोपीडिया ऑफ वर्ल्ड हिस्ट्री—पृ. 64-65।
3. जॉर्ज बर्नार्ड शा ने अपने 'एडवेंचर ऑफ ब्लॉक गर्ल इन सर्च ऑफ गॉड' में इसका वर्णन किया है।

भारत देश में भी गण देवताओं के युद्ध होते थे किन्तु भौगोलिक स्थितियों के आधार पर कई जातियों के आपस में मिल जाने के कारण इन युद्धों ने नए रूप धारण कर लिये। कई हजार सालों तक भारत देश में पशुपालन-सम्बन्धित, कृषि-सम्बन्धित व्यवसाय करनेवालों के बीच युद्ध चलता रहा। अन्य देशों के पशुपालक गणों में स्थिरता काफी समय बीतने के बाद आई किन्तु भारत देश के पशुपालकगणों में परिस्थितियों के कारण स्थिरता जल्दी आ गई।

वैदिक आर्य प्रधान रूप से पशुपालक थे। नदी के इस पार पशुपालकगण रहते थे तो नदी के उस पार कृषि-गण। सप्तसिन्धु प्रान्त में सरस्वती नदी के किनारे आर्यों ने एक हजार वर्षों तक यज्ञ किया था। पुराणों में इससे सम्बन्धित वर्णन मिलता है। खेती-बाड़ी करनेवाले तथा पशुपालक-गणों के बीच अन्न-उत्पादन-विधान के कारण नित्य संघर्ष चलता था। कृषि-गणों ने अन्न उत्पादन के लिए 'एरूवाका' (नाला-पद्धति) पद्धति को अपनाया था।

बाढ़ के नदी-प्रवाह को रोकने के लिए पेड़-पौधों को काटकर आड़ा डालते थे और बाँध बनाते थे। बाढ़ का पानी किनारे से टकराने के कारण बाहर आ जाता था। पानी एकदम बाढ़ की तरह प्रवाहित नहीं होता था, वह धीरे-धीरे बहता था। धीरे-धीरे प्रवाहित होनेवाले नाले को 'वाका' कहते हैं। इसलिए इस पद्धति को 'एरूवाका पद्धति' कहते हैं। कुछ विचारकों के अनुसार 'एरू' का मतलब 'हल' है। चूँकि हल से जोतते हैं इसलिए यह नाम आया। पहले वाली परिभाषा ही अपने सिद्धान्त के लिए ठीक लगती है। इस कृषि-पद्धति को इनंडेशन इरिगेशन कहते हैं। यह एक पुरानी इरिगेशन (सिंचाई) पद्धति है।

उत्तर प्रदेश में प्रवाहित होनेवाली सारी नदियाँ हिमालय से उत्पन्न हुईं। धूपकाल में धूप के ताप के कारण बर्फ गलकर नदियाँ बन जाती हैं। बाद में बाढ़ के रूप में पानी बह जाता है। फसल को इसी समय पानी की भी जरूरत पड़ती है। इसलिए इस नदी प्रवाह पर पेड़ों से डैक्स (बाँध) बनाते थे। बाढ़ जब आती है तब पानी एक ही तरफ नहीं दोनों तरफ बहता है। नदी के एक किनारे पर खेती-बाड़ी करनेवाले रहते थे, इसलिए यह प्रवाह उनकी अन्न-वृद्धि में सहायक बनता था किन्तु दूसरी तरफ पानी बहने के कारण दूब पानी में डूब जाती थी। इसलिए गो-गणों को इधर-उधर घूमने में तकलीफ होती थी। इस कारण से पशुपालक गणों की अन्नवृद्धि नहीं होती थी। इस प्रवाह के कारण खेती-बाड़ी करनेवालों की अन्नपुष्टि होती थी तो पशुपालक गणों के लिए अन्न नष्ट होता था, इसलिए प्रवाह को रोकने के लिए बनाए गए डैक एक गण के लिए यदि देवता बन गए तो दूसरे गण के लिए राक्षस। आर्यों ने सरस्वती नदी किनारे हजार साल सत्रयाग (सोमयज्ञ) किया था। इन्होंने भी डैकों से युद्ध किया था। आर्य युद्ध नायक हर साल बाढ़ आने के बाद इस डैक को

तोड़ता था। इस घटना से सम्बन्धित वर्णन ऋग्वेद के मंत्रों में मिलता है। यह वर्णन नीरस न होकर काव्यमयी है। इन डैकों को आर्य 'वृत्र' के नाम से पुकारते थे। आर्यों के नायक इन्द्र थे। वह वृत्र से युद्ध करते थे। ऋग्वेद के मंत्रों में इस विषय से सम्बन्धित वर्णन मिलता है।

"सर्प की तरह ऐंठनवाला वृत्र इस नदी का अवरोध बनकर सो गया। उसके शरीर के कारण प्रवाह रुक गया। सारी दूब नष्ट हो रही है इसलिए हे इन्द्र! इसका संहार करो..." जब इन्द्र ने उसको मारा वृत्र नदी-गर्भ में पड़ गया। विमुक्त जल उसके शरीर के ऊपर से कलकल-छलछल करता हुआ बहता जा रहा है। ये कलकल, छलछल ऐसी एक माँ के आक्रोश के रूप में दिखाई पड़ रहा है जो अपने बेटे के शव पर रो रही हो।

डी.बी. कौशाम्बी का कहना है कि इन्हीं वर्णनों के आधार पर डैकों का वृत्र नाम हुआ तथा इन्द्र का वृत्रसंहारक।

इन युद्धों ने पशु तथा कृषि-गणों में द्वेष-भावना को बढ़ाया, किन्तु कुछ आर्य प्रमुखों ने दोनों में समझौता कराने का प्रयत्न किया था। उनमें विश्वामित्र एक थे।

कृषि-समाज के लोग स्थिर निवासी थे। इसलिए इस चरण में कई वृत्तियों का विकास हुआ। वृत्तियों में निपुणता भी बढ़ी। ज्योतिषशास्त्र, रेखागणित, गणित आदि का विकास होने लगा।

पशुपालक अपने आयुधों को पत्थरों से और लकड़ियों से बनाते थे। ये लोग लोहे से काम नहीं लेते थे। वे ताँबे का उपयोग नहीं करते थे। वे लोग ताँबे को अग्नि का अस्त्र कहते थे (ऋग्वेद)। उनके विचार में ताँबे को पास में रखना भी हानिकारक था। समाज विकास-क्रम के बाद के चरणों में पशुपालकों द्वारा आविष्कृत यह ताँबा अर्थ-व्यवस्था में बहुत काम आया इसलिए धीरे-धीरे ताँबे को पवित्रता से जोड़ा गया।

कृषि-गणों ने लोहे के उपयोग की विधि को सीख लिया इसलिए लोहे से सम्बन्धित व्यवसाय करनेवालों को पशुपालक माया, मायावी के नाम से पुकारते थे। इसीलिए वेदों में लोहे का वर्णन जब भी हुआ है, उसके साथ माया-मायावी शब्द भी जोड़े गए। (अथर्ववेद)

वेदकाल के पशुपालक वर्ग मायावी कृषि व्यवसायों को असुर के नाम से पुकारते थे। अगले चरणों में इस लोहे से सम्बन्ध रखनेवाले सभी व्यक्तियों को असुर कहा गया। लोहे के काँटों से भरित गदा को एक बार इन्द्र ने चोरी किया था। इसीलिए उसे महामायावी, महासुर आदि नामों से पुकारते थे। इससे सम्बन्धित वर्णन वेदों में मिलता है। वरुण का आयुध त्रिशूल था। उनके भी महामायावी, महासुर आदि नाम थे। वेदों में इसका भी उल्लेख मिलता है।

पशुपालक गणों में विश्वामित्र ही एक ऐसे व्यक्ति थे जिनमें कृषि-संस्कृति के प्रति प्रेम तथा आदर था। विश्वामित्र ने कृषि-संस्कृति को बहुत प्रोत्साहित किया। ऋग्वेद में इससे सम्बन्धित वर्णन मिलता है। वे प्रकृति में पाए जानेवाली कई औषधियों को ढूँढ़ निकालते थे तथा उनको संस्कृत करके उपयोग में लाते थे। इस विषय से सम्बन्धित कई प्रसिद्ध कहानियाँ ग्रन्थों में मिलती हैं। नई तरकारियों के बारे में जब कुछ ज्ञान प्राप्त हुआ तो पुराने रीति-रिवाजों को माननेवाले कट्टर परिवारों में इन तरकारियों को विश्वामित्र-सृष्टि कहने की प्रथा पाई गई। यानी इसका अर्थ यही हुआ कि जो सहज और प्राकृतिक है, वह ब्रह्म सृष्टि हुआ और जो संस्करण किया हुआ है, उसको विश्वामित्र सृष्टि कहते हैं। वेदकाल में औषधि-संस्कृति का मूल कारण विश्वामित्र थे। कृषि-संस्कृति को प्रोत्साहन देने हेतु कई युद्ध करने के कारण पशुपालक के अग्रवर्णों ने विश्वामित्र का जाति-बहिष्कार किया था। विश्वामित्र को निम्नवर्ग में ढकेला गया था। शायद ऐसे जाति-बहिष्कृत व्यक्तियों को उस जमाने में क्षत्रिय कहते थे और हो सकता है कि बाद के चरणों में ऐसे व्यक्ति युद्ध के नायक होने के कारण भी क्षत्रिय कहलाए। केवल वंश के आधार पर नहीं, उनके अपने-अपने भिन्न दृष्टिकोणों के आधार पर भी आर्य समाज ब्रह्म-क्षत्रिय वर्गों में बँट गया। केवल पशुपालन के आधार पर जीने का विचार रखनेवाले वर्ग को ब्राह्मण वर्ग कहा गया था। पशुपालन को कृषि-संस्कृति का उपांग बनाकर वर्ग समाज में प्रवेश करने का विचार रखनेवाला वर्ग क्षत्रिय वर्ग बन गया था। ऋग्वेद काल तक ब्राह्मण वर्ग के लिए वशिष्ठ तथा क्षत्रियवर्ग के लिए विश्वामित्र नायक बन गए। कृषि-संस्कृति के विकास में वृषभ का योगदान काफी है। क्षत्रियों का विचार था कि वृषभों को आहार के लिए उपयोग करने के बदले कृषि में उपयोग करना अधिक उपयोगी है। ब्राह्मण वर्ग इस विचार से सहमत नहीं था इसलिए इन दो वर्गों के बीच कई युद्ध होते थे। हमारी पौराणिक-कथाओं में इन युद्धों से सम्बन्धित कई कहानियाँ मिलती हैं। इनमें वशिष्ठ-विश्वामित्र के युद्ध की घटना प्रसिद्ध है।

एक बार विश्वामित्र अपने शिष्यों को लेकर वशिष्ठ के आश्रम गया था। वशिष्ठ ने अपनी सन्तान नन्दिनी के द्वारा सबको अच्छा भोजन खिलाया था। विश्वामित्र ने वशिष्ठ से नन्दिनी को माँगा। किन्तु वशिष्ठ ने असम्मति प्रकट की थी। दोनों के बीच घमासान युद्ध हुआ। विश्वामित्र पराजित हो गया था। पराजय के बाद विश्वामित्र ने क्षात्रधर्म को छोड़ दिया तथा ब्राह्मण धर्म को स्वीकार किया। बाद में उन्हें ब्रह्मर्षि की उपाधि मिली थी।

इस कहानी से यह सत्य विदित होता है कि कुछ समय के लिए क्षत्रियों को पराजित होना पड़ा। इसके बाद कार्तवीर्यार्जुन की कहानी आती है। वशिष्ठ-विश्वामित्र तथा कार्तवीर्यार्जुन-जमदग्नि की कहानियों में कई समानताएँ मिलती हैं। कार्तवीर्यार्जुन

के समय में वर्ग समाज का पूर्ण विकास हुआ था। तब तक क्षत्रियों को प्रजापतित्व मिला था। उस समय की व्यवस्था में ब्राह्मण वर्ग से क्षत्रिय वर्ग बलवान था। कार्तवीर्यार्जुन के हजार हाथ थे। इसके समय में ओन-प्रॉपर्टी की पद्धति आ गई थी। धीरे-धीरे यह भावना पैदा हुई थी कि इस सम्पत्ति का रक्षण करना ही सरकार का धर्म है। चाहे डाकू-चोर कहीं पर रहें, कार्तवीर्यार्जुन अपने सहस्र हाथों से पकड़ता था।

कार्तवीर्यार्जुन अपनी सहस्र बाहुओं से सम्पदा का रक्षण ही नहीं करता था, नदियों पर बाँध बाँधता था और पानी का खेतीबाड़ी के लिए उपयोग करता था। एक कहानी मिलती है कि एक बार जब वह अपनी सहस्रबाहुओं से नदी प्रवाह को रोक रहा था तभी रावण जलक्रीड़ाएँ कर रहा था। रावण को गुस्सा आया था। कार्तवीर्यार्जुन की पत्नियों ने दशकंठ रावण को एक अजनबी कीड़े की तरह देखा तथा खेला। कार्तवीर्यार्जुन ने गोसम्पदा को खेतीबाड़ी में उपयोग करने के लिए प्रयत्न किया था। ब्राह्मण वर्ग का नायक जमदग्नि था। वशिष्ठ की तरह उसने भी कार्तवीर्यार्जुन और उनके अनुचरों को भोजन खिलाया था। कार्तवीर्यार्जुन ने गाय को माँगा था। जमदग्नि ने इनकार कर दिया था। दोनों में युद्ध आरम्भ हुआ था। क्षत्रिय वर्ग के बलशाली होने के कारण जमदग्नि को पराजित होना पड़ा। बाद के चरणों में भी ब्राह्मण वर्ग तथा क्षत्रिय वर्गों के बीच में लगातार युद्ध होते थे। जमदग्नि के बेटे परशुराम ने कार्तवीर्यार्जुन को मार डाला। उसने ब्राह्मण जीवन पद्धति के लिए विरोधी बननेवाले क्षत्रियों पर इक्कीस बार चढ़ाई की थी। यही आखिरी युद्ध था। देश को क्षत्रियशून्य बनाने की उसने शपथ ली थी। शत्रु निर्मूलन बहुत कुछ हुआ फिर भी पूर्ण रूप से वर्ग निर्मूलन वह नहीं कर सका। अन्त में उसने क्षत्रियों के सामने अपनी पराजय को स्वीकार किया था। अपने अस्त्र परशु (यह पशुपालक गणों के अस्त्रों में एक है) को राम को दे दिया था किन्तु सैद्धान्तिक रूप से वह पराजय को स्वीकार नहीं कर सका इसलिए वह अपने अनुचरों के साथ दूर प्रान्त को चला गया। जहाँ वह चला गया उस क्षेत्र को परशुराम क्षेत्र कहते हैं वही आज का कोंकण प्रदेश है।

कृषिगण तथा पशुपालक गणों के बीच कई पद्धतियों में सैद्धान्तिक चर्चाएँ होती थीं। वर्ग समाज पर क्षत्रियों का अधिकार अधिक होने लगा। वर्गपूर्व समाज के ब्राह्मणों को अब नदी किनारे शान्ति नहीं मिलती थी। अब वे अपनी जीवन पद्धति को बचाने के विचार से धीरे-धीरे जंगलों में जाने लगे। इससे वे कई सुख-सुविधाएँ खो बैठे। जंगलों की असभ्य जातियाँ इनके यज्ञों में बाधा पहुँचाने लगीं। अब पशुसम्पदा के लिए रक्षण नहीं रहा। असभ्य जातियों से रक्षण पाने के लिए अपने शत्रु क्षत्रिय वर्ग के पास उन्हें जाना पड़ा। हमारी रामायण में तथा पुराणों में इनसे

सम्बन्धित कई कहानियाँ मिलती हैं। ऋषि-मुनियों के यज्ञों को बाधा पहुँचानेवाले राक्षसों को राम ने मारा था।

वेद संस्कृति ने ब्राह्मण और क्षत्रियों को एक डोर में बाँध दिया था। क्षत्रियों ने कृषि संस्कृति को बहुत प्रोत्साहन दिया था। वे राज्य के सम्पूर्ण अधिकारी थे। वे अपनी पूर्व संस्कृति को भूल न पाए। यज्ञों का महत्त्व उनको पहले से ही मालूम था। प्रजनन-तंत्रों से जुड़े यज्ञों को वे करना चाहते थे किन्तु यज्ञों का ज्ञान ब्राह्मणों के पास ही था, इसलिए जंगल में जानेवाले ब्राह्मण वर्गों को वे पूर्ण रूप से छोड़ नहीं सके। जंगलों में जाने के बाद भी ब्राह्मण वर्ग वेद और प्रजनन-तंत्रों की रक्षा करता रहा। राज्य की जिम्मेदारी से समय न मिलने के कारण क्षत्रिय वेदों की रक्षा नहीं कर पा रहे थे इसलिए उन्हें ब्राह्मण वर्ग की आवश्यकता महसूस होने लगी। अब दोनों के बीच सिद्धान्त-युद्ध होने लगे। जंगल में हुई चर्चाओं ने अरण्यकों के रूप, राज्यसभाओं में और नगर में हुई चर्चाओं ने उपनिषदों के रूप धारण कर लिये।

इस सन्दर्भ में रंतिदेव की कहानी को हमें याद करना चाहिए। तब क्षत्रियों के पास कृषि के लिए भरपूर गोसम्पदा नहीं थी। ब्राह्मण वर्ग के पास गोसम्पदा अधिक थी। ब्राह्मण वर्ग के पास जो गोसम्पदा थी उसे क्षत्रिय वर्ग पाना चाहता था तथा इस सम्पदा से कृषि का विकास करना चाहता था। रंतिदेव के मन में यज्ञ करने की इच्छा जाग्रत हुई। उसने यज्ञ करना शुरू किया था। इस यज्ञ में हर दिन दो हजार गायों को काटकर यज्ञशाला में ब्राह्मणों को समाराधना करते थे। ब्राह्मण वर्ग अपनी गायों को बेचते थे, बदले में सोना लेते थे। इस दिन बीस हजार लोग यज्ञशाला में खाना खाते थे। धीरे-धीरे रंतिदेव के पास स्वर्णसम्पदा तथा ब्राह्मण वर्ग के पास गोसम्पदा घटने लगी। यज्ञ समाप्त हो गया। अब ब्राह्मणों के पास गोसम्पदा नहीं थी इसलिए वे औषधियों को आहार के रूप में उपयोग करने के लिए मजबूर हो गए। धीरे-धीरे ब्राह्मण जंगल छोड़कर क्षत्रियों द्वारा दिए गए धन-धान्य से पेट भरने लगे। इस प्रकार ब्राह्मण-क्षत्रिय युद्धों में, समाज को वर्ग समाज में बदलने में विश्वामित्र, कार्तवीर्यार्जुन, रंतिदेव आदि का भी योगदान था।

राम का गौतम मुनि की पत्नी अहल्या को शाप से विमुक्त करना कृषि-संस्कृति के विकास का एक भाग है। इन्द्र माने जल का अधिपति है। वहीं अहल्या से मिलना माने जिस पर हल नहीं चलाया गया उस बीहड़ भूमि में पानी को प्रवाहित करना है। गौतम के अहल्या को पत्थर बनने का शाप देने का अर्थ होता है कि पानी रोककर फिर उसे बीहड़ भूमि बनाना। इससे पशुओं को आहार मिलता है। राम कृषि-संस्कृति को विकसित करना चाहता था। जिस भूमि को गौतम ने पशुपोषण के लिए बीहड़ रखा, जिस पर हल न चलाया गया उस भूमि को अपने क्षात्र धर्म से राम ने कृषि योग्य बनाया। यानी अहल्या को हल्य बनाया।

कृषि-संस्कृति के विकास का परिणाम यह हुआ कि पशुपालक गण कृषिगणों के अधीन आ गए और वर्ग पूर्व समाज वर्ग समाज में विकसित हुआ। इस प्रकार का समाज बनाने में जिन गणों ने तथा जिन व्यक्तियों ने भाग लिया वे सब प्रजनन-तंत्रों में देवतामूर्तियों के रूप में रह गए। अब हम यह देखेंगे कि इन दो गणों के बीच में समझौता किस प्रकार हुआ और सभी देवता किस प्रकार प्रजनन-तंत्रों के देवता बन गए।

पशुपालक गणों के लिए एक ही देवता था। नाम कई हो सकते हैं किन्तु वह भूतेश शिव ही था। वृषभ शिव के झंडे का चिह्न था। इसका वाहन वृषभ था। पशुपालक गणों में कई कबीले आकर मिलने पर भी इस देवता में अधिक परिवर्तन नहीं आया। वैदिककाल में शिव के लक्षण इन्द्र में थे। सोमरस पीना, गोमांस खाना भामिनियों के साथ रहना उसकी आदत थी। बाद में वर्ग समाज के समय इन्द्र, शिव में लिंग ऐक्य हो गया। वैदिक काल के पुरन्दर, पुरहन्त आदि इन्द्र की उपाधियाँ पौराणिक काल में शिव को मिलीं। वेदकाल में गंगा को इन्द्र ने छुड़ाया तो पुराणकाल में शिव ने अपने जटाजूट से छुड़वाया। वेद काल के वरुण के पाशु, त्रिशूल बाद में शिव के अस्त्र बन गए। वेदकाल में शिव शंबरारि था। पुराणकाल में मन्मथ को मारकर दूसरे जन्म में उससे शंबर को मरवाने का कारणभूत शिव ही था। वैदिक काल में इन्द्र महासुर था। पुराणकाल में सारे महासुरों का कुलदेव शिव था। पशुपालक गणों में किसी भी चरण में पशु सौभाग्यवर्धक देवता एक ही देवता था। कृषिगणों में ऐसा नहीं था। देवियाँ प्रजनन-तंत्रों से जुड़ी हुई थीं। कृषि गणों में प्रारम्भिक चरणों में स्त्री प्रधान समाज था। जब मातृसत्तात्मक व्यवस्था पितृसत्तात्मक व्यवस्था में विकसित हुई तब यही देवियाँ पुरुषदेव में बदल गईं। प्रारम्भिक दशा में कृषि-संस्कृति के प्रजनन-तंत्रों का चिह्न भूदेवी थी। भूदेवी विष्णु की पत्नी थी इसलिए विष्णु भूसौभाग्यवर्धक चिह्न बन गया। सम्पदा का चिह्न लक्ष्मी इसकी पत्नी थी। गंगा इसके पैर से उत्पन्न हुई थी। औषधीश चन्द्र इसका साला था। मन्मथ जिसके बिना सृष्टि नहीं, जो जननोत्पत्ति का मूल पुरुष है, इसका बेटा था। मोहिनी अवतार यह सिद्ध करता है कि पूर्वाश्रम में विष्णु स्त्री था। पुरुष होते हुए भी स्त्री सहज मोहिनी तत्त्व उसमें हमेशा था। रामावतार में उसने पुंसामोहन रूपाय नामक उपाधि भी प्राप्त की थी। कृष्णावतार में वह जगन्मोहन था। केवल मानव जाति के लिए ही नहीं कृषि-संस्कृति में सहायता देनेवाली गायों के लिए भी वह साक्षात् देव था।

पुराणकाल की विष्णु-कहानी से हमें यह सत्य मालूम होता है कि वैदिककाल के देवता कृषि-संस्कृति के देवताओं के अधीन आ गए थे। इन्द्र वैदिक देवताओं में सर्वोत्तम था। वैदिक कालीन पशुपालक वर्ग ने जब कृषि गणों पर अधिकार जमाया तब विष्णु को उपेन्द्र स्थान मिला। समाज-विकास-क्रम में पौराणिक काल तक आते-आते विष्णु प्रथम स्थान में आया और इन्द्र केवल नाम का देवता बन गया।

अवैदिक शैव-शाक्त तंत्र साहित्य से हम कृषिगणों के वर्ग पूर्वगण, देवता, प्रजनन-तंत्र आदि के बारे में जानकारी प्राप्त कर सकते हैं। वैदिक साहित्य मुख्यतः पशुपालन प्रधान था इसीलिए उससे हमें अधिक जानकारी प्राप्त नहीं होती है। शंकराचार्य के प्रभाव में न आए हुए शैव, शाक्त, वैष्णव, गाणपत्य, कापालिक आदि धर्म तथा उनके तंत्र, बौद्ध, जैन धर्म आदि के साहित्य, रीति-रिवाज, कर्मकांड आदि इस अध्ययन में सहायक बन सकते हैं।

4. देवालयों का निर्माण : इसके पीछे की भावनाएँ

इन सामाजिक परिस्थितियों में दैवी भावना का जन्म किस प्रकार हुआ और देवालयों का निर्माण किस प्रकार हुआ? आदिम मानव ने अपने आहार को ही दैव माना। अन्न संग्रहण की दशा में उसने आहार को दिव्यत्व प्रदान किया था। यही अग्निहोत्र भी था तथा पुनर्भूत भी था। यानी अग्नि स्वाहा करने पर भी उसका उद्भव फिर होता था। मानव ने सृष्टि-स्थिति-लयों का ज्ञान प्राप्त किया था। प्रकृति को संस्करित करना सीखा था। पशु तथा औषधियों को पनुआ कर लिया था। सृष्टि की प्रतिसृष्टि की थी। भौगोलिक परिस्थितियों के अनुसार नदी किनारे में खेती-बाडी करना शुरू किया था। पशुपालन की अभिवृद्धि की थी।

पशुपालक गण खानाबदोश थे। अपने देश भ्रमण में थोड़े समय रहने के लिए पशुओं के चर्म से बनाए गए तम्बू डालते थे।[1] मांस को भूनकर खाने के लिए सहायक बननेवाली अग्नि उनका दैव था। वे अग्नि को गाड़ी पर रखकर जहाँ-जहाँ जाते थे उसे अपने साथ ले जाते थे। अग्नियुद्ध (तैयार करनेवाले) अग्निहोता (अग्नि को जलानेवाले) कबीले के यजमान के उद्गाता (काम करनेवाले) उस गाड़ी के पीछे रहते थे। एस.ए. डांगे ने अपने ग्रन्थों में इस विषय का विस्तार से विश्लेषण किया था।

कुछ कबीलों में, जिस व्यक्ति में पशु-सम्पदा को बढ़ाने की शक्ति होती थी उसी मंत्रवेत्ता को देवता मानने की प्रथा थी। कुछ कबीलों में पशु सौभाग्यवर्धक चिह्नों ने दैवस्वरूप धारण कर लिया। कबीले जब तक एक जगह स्थिर रहते थे तब तक चर्म से बने हुए तम्बू ही उनके लिए देवालय थे। बाद में रथ देवालय बन गए। हमारे देश में उत्सव मूर्तियों को रथ में रखकर शोभा-यात्रा निकालने की प्रथा आज भी पाई जाती है। यही रथ पहले के रथ–देवालय–का प्रतिरूप है। पशुपालन के चरण में नदी किनारे, पहाड़, पर्वत की दरी आदि दिव्यत्व को प्राप्त कर चुके थे। आज भी दुनिया के विविध धर्मावलम्बियों के देवालय इन्हीं प्रदेशों में दिखाई पड़ते हैं। आदिमानव के

---

1. हीब्रू जाति के इन तम्बू देवालयों के बारे में ओल्ड टेस्टामेंट में वर्णन मिलता है।–जेम्स हेस्टिंग्स–एनसाइक्लोपीडिया ऑफ रिलीजन एंड एथिक्स, भाग-12, जे. के. मेक्यूलोक का लेख।

विचार में ऊँचे स्थान ही देवालय थे। ग्रांट आलेन ने इस विषय के बारे में विस्तारपूर्वक विश्लेषण किया है।[1]

पिछले पृष्ठों में बताया गया है कि कृषिगण स्थिर निवासी थे। खेतीबाड़ी करने के लिए मानव-श्रम के साथ-साथ कई उपकरणों की जरूरत पड़ती है। धान्य रखने के लिए खलिहानों की भी जरूरत पड़ती है। अन्न के लिए कुम्भ चाहिए इसलिए समाज में श्रम का विभाजन होने लगा। खेतीबाड़ी के लिए पानी की जरूरत होती है। यह भी मालूम होना चाहिए कि वर्षा कब होती है तथा कब बाढ़ आती है और बाढ़ कब तक रहती है। कृषि विज्ञान मालूम होना चाहिए। भूमि माता के समान है, इसलिए मातृशक्ति को बढ़ाने के लिए उपयोग में लाए जानेवाले मंत्र, तंत्र, यंत्रों पर उन्हें अधिकार मिलना चाहिए। इसलिए कृषिगणों में केवल शारीरिक श्रम का ही नहीं मानसिक श्रम-विभाजन की भी जरूरत पड़ी। श्रम-विभाजन भी किया गया।

कृषि के लिए जब पशु प्रधान अंग नहीं बना तब उन्होंने हरे-भरे वृक्षों में अमरत्व और देवत्व को देखा था। कभी न सूखनेवाले वृक्ष समूह को ही वे देवालय मानने लगे। उनके विचार में यहीं पर देवता निवास करते हैं। वे अपने गाँव वापस आते समय, देवी-देवताओं के रूप में देखे जानेवाले उन ऊँचे स्थानों से, वृक्ष समूहों के पास से पानी अपने साथ लाते थे। उनके विचार में इस पानी में देवत्व, अमरत्व तथा सौभाग्य है। इस पानी को वे अमृत जल समझते थे। उनका विश्वास था कि इस अमृत जल से धन-धान्य सम्पत्ति को बढ़ा सकते हैं। आज सभी पुण्य कार्यों में कलश स्थापना करते हैं। देवी की घट-स्थापना करते हैं। कलश में हरे-भरे पत्ते रखते हैं। पूर्णकुम्भ तथा देवालयों के शिखरों पर कलश रखते हैं। ये सभी क्रियाएँ इसी दैवी भावना की अवशेष हैं। कलशों को ऊँचे पाट पर रखने की प्रथा आज भी पाई जाती है। ऊँचे स्थानों को देवालय मानने की भावना ही इसमें प्रतिबिम्बित होती है।[2]

समाज में शारीरिक तथा मानसिक श्रम का विभाजन होने के बाद उत्पत्ति भी अधिक होने लगी। अब इस सम्पदा को रखने के लिए तथा वितरण करने के लिए एक व्यवस्था की जरूरत पड़ी। मुख्य रूप से दूसरों की सम्पदा हड़पने के लिए तथा अपनी सम्पदा के रक्षण के लिए सैनिक शक्ति की आवश्यकता का अनुभव हुआ। अब नगर बनने लगे। कहीं दूर रहने वाले प्रजनन-देवताओं को अब नगर के बीच ही रखना पड़ा। उनके लिए देवता सबसे श्रेष्ठ तथा पवित्र है। वे उसकी इस श्रेष्ठता का रक्षण करने के लिए ऊँची जगह ढूँढ़ने लगे। अगर नगर के बीच पहाड़ है तो ठीक है नहीं तो पत्थर डालकर ऊँचे घर बनाने लगे। प्रारम्भिक दशा में पुरोहित, जिनका प्रजनन-तंत्रों पर अधिकार था, यहीं पर रहा करते थे। सैनिक तथा हस्तकारों

---

1. ग्रांट एलेन—दि एवल्यूशन ऑफ दि आइडिया ऑफ दि गॉड, पृ. 295।
2. देवीप्रसाद चटोपाध्याय—लोकायत, पृ. 295।

के लिए भी ये निवास स्थान बन गए। प्रारम्भ में पुरोहित को (जिसे सौभाग्य तंत्रों पर अधिकार था, जिसे देवप्रतिनिधि माना जाता था) समाज तथा देवताओं पर पूर्ण अधिकार था।[1] सम्पत्ति रक्षण के लिए युद्ध अनिवार्य बनता गया। इससे युद्ध नायक अलग होते गए। पहले चरण में युद्ध नायक पुरोहित के अधीन था। बाद के चरण में वह पुरोहित के समान बन गया। उसके बाद वह पुरोहितों से भी उन्नताधिकारी बन गया। जब दोनों की स्थिति समान थी तब राजप्रासाद और देवालय दोनों में स्पर्धा थी। बेबीलोनिया के नेबू चेड़ नदजार (राजा) के जमाने में देवालय आठ मंजिलों के बनाए जाते थे। इन्हें वे जिगुरतू कहते थे।[2] इसे ही बाइबिल में टवर ऑफ बाइबिल कहा गया था। इसी प्रकार सुमेरिया के इस्तारि देवालय, एशिया माइनर का अष्टार्ति, ग्रीक का एथेना देवालय राजप्रासादों से ऊँचे थे।

धीरे-धीरे समाज में सैनिक वर्गों का अधिकार बढ़ने लगा और पुरोहित वर्ग का घटने लगा इसलिए राजप्रासादों का परिमाण बढ़ता गया। देवालयों का परिमाण घटता गया। वर्जिल की अनियोड नामक रचना में वनचरित्र मिलता है। प्रारम्भिक चरण में वनों को ही देवालय माना जाता था। फ्रेजर ने अपने 'गोल्डन बौ' में इस नेमिवन का विस्तार से विश्लेषण किया है।[3] ये पेड़ नित्य हरित रहते हैं। इसी प्रकार एफफर पेड़ और तुलसी का पेड़, पीपल का पेड़ (कहा जाता है कि ये पेड़ हर साल अपने वृद्धत्व को छोड़कर यौवन प्राप्त करते हैं) आदि को आसिरिस देव के रूप में देखा जाता है। अपने पूर्वज इन पेड़ों में देवता को देखते थे। इसलिए ये पेड़ दैवी भावना से जुड़ गए। कहा जाता है कि यूरोप के कोनिफेरस पेड़ (जो आकाश की तरफ बढ़ता है) ओक्क् नामक देवता का रूप है।

ये सब वन-प्रदेश माता-वन के नाम से पुकारे जाते थे। ग्रीक में डिमत्री, डयाना, एथेना आदि देवियों के वन हैं। कबीले जब एक प्रदेश को छोड़कर दूसरे प्रदेश में जाते थे तब इन देवियों को भी साथ ले जाते थे। उन नए प्रान्तों को अपनी इन देवियों के नाम देते थे। ग्रीक इतिहास में कई एथेनाएँ, डिमत्रियाँ, डयानाएँ दिखाई पड़ती हैं।

रोम और पश्चिम एशिया में भी ऐसी देवियाँ थीं। यह सब वर्ग-पूर्व समाज में हुआ था। आज भी हमारे ग्रामों में मुत्यालम्मा, नूकालम्मा, पैडितल्लि, मैसम्मा,

---

1. एरीडु के श्मशानों में जो पत्थर मिले उनके आधार पर ही पहली बार देवालयों का पता चला। दैवपुजारी राज्यांग से सम्बन्धित सारे हिसाब को देखता था। देवालय ही राजधानी था। सम्पादक—जात बौले—दि कन्साइज एनसाइक्लोपीडिया ऑफ वर्ल्ड हिस्ट्री, पृ. 38।
2. ये बड़ी-बड़ी इमारतें हैं। निप्पूर में एनलिलू देवालय को माउंटेन ऑफ स्टारस, बाँड बिटवनि हेवेन अंड अरतू आदि के नाम से पुकारते थे। सम्पादक—जात बौले—दि कन्साइज एनसाइक्लोपीडिया ऑफ वर्ल्ड हिस्ट्री, पृ. 39।
3. फ्रेजर ने नेमिवन के सम्बन्ध में विस्तृत विवेचन किया है।

मारेम्मा आदि देवियों के वन प्रसिद्ध हैं। भारत देश के हर गाँव में कोई न कोई ग्राम-देवी रहती है। अडुगु (अंकोलम्) बंटेकु, विषमुष्टि आदि पेड़ इन माता-वनों में रहते हैं। कहा जाता है कि इन पेड़ों पर साधारणतः पंछी नहीं बैठते। गाँव की देवी गाँव की सीमा पर रहती है। पहले के लोगों में यह विश्वास था कि गाँव की देवी गाँव की रक्षा करती है। सारे कबीले एक-दूसरे से मिल जाने के बाद जनता ने इन मातृकाओं को (देवी मूर्तियाँ) सप्त मातृकाओं में बदल डाला। ब्राह्मी-वा वराही ऐसी ही मातृकाएँ हैं। आन्ध्र के प्रान्त में इन्हें अक्का कहते हैं।

इसी चरण में उन प्रदेशों में जहाँ पशुपालन अधिक था वहाँ ग्राम व्यवस्था का जन्म हुआ। पशुपालक दूब का ठेका लेते थे। यहाँ पर वे पशुओं को चराते थे। इन प्रान्तों को अपने नायकों के नाम देते थे। पश्चिम एशिया, रोम, मिस्र देशों में इनके अवशेष मिलते हैं। सामाजिक विकास-क्रम के एक चरण में ये ही गोत्र बन गए। भरद्वाज तथा अन्य गोत्र इसी तथ्य का संकेत करते हैं। घास अच्छी तरह उगने के लिए प्रजनन-देवताओं की पूजा करने की आवश्यकता का अनुभव पशुपालकों को हुआ। पहले इन गणों में पुरुषप्रधान समाज था इसलिए इनके देवता पुरुष थे। एक देवता का नाम काट्रेडु था। काट्रेडु का अर्थ होता है कि जंगल का राजा। इनका विश्वास था कि काट्रेडु वन और वृक्षसमूह में रहता है। इस तरह इन लोगों ने खुली जगहों पर देवालय बनाना शुरू किया था। ये लोग वनों में लकड़ी से बनाए गए पुरुषांगों को गाड़ते थे। उनको ही काट्रेडु कहते थे। काट्रेडु वनों को तेलुगु में काट्रेसी कोटलु कहते थे। तेलुगु के कवि पानुगंटि ने कंठाभरणम् नामक रचना में इनसे सम्बन्धित वर्णन किया था।

जब ग्रामीण व्यवस्था का विकास होने लगा तब पशुपालन और कृषि दोनों परस्पराश्रित बन गए। काट्रेडु धीरे-धीरे मातृकाओं से मिलकर पोतुराजु बन गया। धीरे-धीरे वह देवगणों में चला गया। पोतुराजु ही पुरुषपुंगवुडु पुरुषोत्तम आदि के नाम से प्रसिद्ध हुआ। सप्त मातृकाओं के लिए ये ही भैरव था। उस जमाने में मातृका माने माँ नहीं थी। इस शब्द में पवित्र भावना नहीं थी। यह शब्द प्रजनन-तंत्र से जुड़ा हुआ है। तेलुगु कवि श्रीनाथ ने 'अक्कलवाडा' शब्द का प्रयोग किया था। श्रीनाथ कवि ने भी इस शब्द को प्रजनन-तंत्र के अर्थ में ही प्रयोग किया था।

स्त्री देवी मूर्तियों का निर्माण अधिक होने लगा। मूर्तियों में जननेन्द्रिय मुख्य रूप से दिखाया जाता था। अन्य अवयव बिन्दुओं के रूप में रह गए। अगले चरणों में मूर्तियों ने धीरे-धीरे त्रिकोण पत्थर के रूप धारण कर लिये। इस त्रिकोण में कोण ऊपर रहता है और आधार नीचे रहता है। नागार्जुन सागर के शिल्पों में यह परिवर्तन साफ नज़र आता है। इस तरह के त्रिकोण के पत्थर हमारे देश में घर-घर में तुलसी पेड़ के पास रहते हैं। यह कृषि-संस्कृति में आया हुआ देवता परिणाम है।

प्रजनन-तंत्र कृषि-संस्कृति के लिए जितना मुख्य है उतना ही पशुपालन के लिए भी है। कृषि-सौभाग्य मानव के विश्वास पर और विश्वास को मजबूत बनानेवाले तंत्रों पर आधारित परोक्ष ज्ञान है। पशु सम्पत्ति की वृद्धि प्रत्यक्ष दिखाई पड़ती है। पिछले पृष्ठों में यह बताया गया है कि वृषभनाथ प्रजनन देवता था। ग्रीक पुराणों में आनेवाले बौटेश भी वृषभाधिपति या भूतेश थे। आज भी ऐसी मूर्तियाँ मिलती हैं जिनमें पुरुषांग को बड़े आकार में दिखाया गया है। हड़प्पा मोहनजोदड़ो में उपलब्ध हुआ हड़प्पाबुल इसी प्रकार का है। कृषि संस्कृति के लिए स्त्री जननांग प्रजनन चिह्न बन गया तो पुरुष जननांग पशुपालन का सौभाग्य चिह्न बन गया।

पशुपालन-संस्कृति तथा कृषि-संस्कृति एक चरण में मिल गई। इस दशा में पशुपालकों के प्रजनन-तंत्रों का चिह्न एक ही था किन्तु कृषि-संस्कृति के लिए दो चिह्न थे–एक स्त्री का चिह्न, दूसरा बीज जनन-मरण चिह्न। कई प्रथाओं में इन प्रजनन-तंत्रों का रूप दिखाई पड़ता है। पूर्वजों का विश्वास था कि युवकों में प्रजनन शक्ति अधिक रहती है। वे बलवान युवकों को जलाकर उस राख को खेतों में डालते थे। अधिक सन्तान देनेवाली सुअरनियों को पृथ्वी में गाड़ते थे।[1] नरमांस को टुकड़े-टुकड़े करके पृथ्वी पर फेंकते थे। इन प्रथाओं के पीछे यही भावना निहित थी कि इन प्रजनन-तंत्रों से भूमि की उर्वरता बढ़ती है। सारी दुनिया में नरभस्म को छिड़कने की पद्धति अधिक प्रचार में थी। जहाँ यह भस्म रहता है उस स्थल को प्रजनन चिह्न के रूप में देखा जाता है। इसलिए दहन प्रदेश में चिता के चारों ओर पत्थर रखकर चिता पर एक बड़ा पत्थर रखने की प्रथा आई। समाज विकास-क्रम के अन्य चरणों में प्रजनन-तंत्रों का रूप बदल गया। पूर्वजों का विश्वास था कि चिता भस्म में प्रजनन शक्ति अधिक रहती है। बुद्ध की चिता भस्म के लिए कई युद्ध हुए। उनका विश्वास था कि बुद्ध की चिता भस्म में सौभाग्य गरिमा है। बुद्ध के शिष्य उनकी भस्म को दूर-दूर प्रान्तों में लेकर गए थे। चिता भस्म पर बौद्ध स्तूपों का निर्माण हुआ। पहले इनका नाम 'धातुगर्भा' था। धातु का अर्थ हड्डी होता है। श्रीलंका में इनको दगोभा कहते हैं। प्रारम्भिक दशा में, बीच में एक पत्थर रखा जाता था। वलयाकार में अन्य पत्थर रखे जाते थे। धीरे-धीरे यही स्थान देवालय समझे जाने लगे। अन्य चरणों में ये ही आधुनिक देवालय बन गए।

सभ्यता के विकसित चरण में आर्य जातियाँ मृत शरीरों को दहन करती थीं। इसके विपरीत सेमैट जातियों में खनन (दफन) करने की प्रथा थी। जिस तरह धातुगर्भों की पूजा की जाती थी उसी तरह इन खनन स्थलों में भी इमारतें बनवाकर पूजा करने का रिवाज इन जातियों में आया। इसी प्रथा ने मिस्र देश में ऊँचे आकारों के पिरामिडों के रूप धारण कर लिये। जहाँ इस संस्कृति का प्रभाव पड़ा वहाँ मृत व्यक्तियों पर

1. अंडमान में युवक सूअरों का मांस तथा रक्त को शरीर पर लगाते हैं। कालि, मिस्टिकरोज, पृ. 139

समाधियाँ बनाने की प्रथा आई। ये समाधियाँ गाँव के बाहर या धनवान के घरों में बनाई जाती थीं। धीरे-धीरे ये समाधियाँ पूजा मन्दिर बन गईं। व्यक्ति जिस जगह मरता था वहीं पर उसे दफनाया जाता था और उसके कपाल को उस प्रदेश में रखा जाता था तथा पूजा की जाती थी। ग्रांट एलेन ने कई उदाहरण प्रस्तुत करते हुए यह सत्य बताने का प्रयत्न किया है कि यह सब प्रत्यक्ष रूप से प्रजनन-तंत्र न होने पर भी, इन आराधना पद्धतियों के पीछे प्रजनन शक्ति बढ़ाने की भावना निहित है।

यह प्रथा विग्रहाराधना (मूर्तिपूजा) के विरोधियों में, निर्गुण ब्रह्मोपासकों में दिखाई पड़ती है। मुसलमानों के लिए कब्र ही पूजा स्थल है। ईसाइयों के लिए कब्र ही गिरजाघर है। ग्रांट एलेन ने इसका विस्तृत विश्लेषण किया है।

कुछ प्रान्तों में दहन करने के बाद उन धातुओं पर इमारत बाँधते हैं। यह पद्धति ऊपर की दो पद्धतियों का सम्मिश्रण है।

जब जीवन पद्धति में स्थिरता आ गई तब पशुपालन तथा कृषि के प्रजनन-तंत्र चिह्नों में भी स्थिरता आई। सभी प्रजनन-तंत्र मिल गए। इसके लिए कोई प्रमाण नहीं मिलता है कि हमारे देश में प्रजनन देवताओं के देवालयों का निर्माण कब हुआ। मोहनजोदड़ो में इसी प्रकार का एक टीला है। इसके स्वरूप के बारे में अभी तक कुछ पता नहीं चला।[1]

भारत देश में समाज सभ्य समाज के चरण में आने के बाद सब कबीलों के देवता भी प्रजनन देवताओं के अंग बन गए। देवालयों में प्रधान मूर्ति के साथ-साथ चारों ओर प्रजनन देवताओं को भी रखा जाता है।[2] आज भी यह प्रथा कई प्रान्तों में पाई जाती है। देवालय निर्माण का बीज रूप बौद्ध स्तूप है। बौद्ध भिक्षु बोधिवृक्ष के पास बौद्ध पादुकाएँ, श्रीचक्र और बोधिवृक्ष आदि के चित्र तराशे गए पत्थरों को रखकर पूजा करते थे। महासांघिक बुद्ध की जातक कथाओं को बड़ी-बड़ी इमारतों में चित्रित करते थे। इनको ही चैत्यकवाद या महायान कहते हैं। कई पंडितों का विचार यह है कि बौद्ध स्तूपों ने ही देवालय निर्माण के लिए रास्ता दिखाया था। प्रजनन-तंत्रों के कारण ही दैवी भावना का जन्म हुआ और देवालयों का निर्माण हुआ।[3] आज भी भारत देश में यह तंत्रशास्त्र गुप्त विद्या के रूप में सुरक्षित है। ये

1. ओरिस्सा राष्ट्र के कटकू में बड़ा चंडी देवालय है। उसमें हनुमान का मन्दिर, लक्ष्मी नारायण मन्दिर, शिवलिंग, बलिमंटपू (बलिवेदी) आदि हैं। जेम्स जे. प्रेस्टन—कल्ट ऑफ दि गाडसेस, पृ. 43।
2. गान्धार शिल्प ने जब से प्रसिद्धि पाई तब से मिथुन-मूर्तियाँ प्रजनन-तंत्रों के रूप में देखी जाने लगीं। ईसा पूर्व चौथी शताब्दी में महायान बौद्धों ने इनका प्रचार किया था। लगभग 9-10वीं सदी तक मिथुन मूर्तियों को देवालयों में रखने की प्रथा विस्तृत रूप से चलने लगी। ओरिस्सा प्रान्त से दूसरे प्रान्तों में यह रिवाज गया होगा। के.के. पिल्लै : दि मिथुना ऑफ इंडियन आर्ट, पृ. 28, 31।
3. टेप्लम् नामक लैटिन शब्द से टेम्पुल आया। रेकटांग्युलर प्लेस मारकड आउट बैदि आगर फर दी परपस ऑफ हिज़ अब्स, रवेशनस विचू वर टेकेन विद ए रेकटांग्युलर टेन्ट।

तंत्र प्राचीन शास्त्रों में छः प्रकार के थे। शैवम्, वैष्णवम्, शाक्तम्, सौरम्, गाणपत्यम्[1] कापालिकार आदि इसके प्रकार हैं। कहा जाता है कि श्री शंकराचार्य ने अपने समय के अनुसार इन सबको संस्कृत किया था। उनको 'षणमत् स्थापनाचार्य' नामक उपाधि प्राप्त हो चुकी थी। उनके समय के पूर्व ही वज्रयान नामक बौद्ध सौभाग्य तंत्र प्रचार में था। वह धीरे-धीरे शाक्तम् में विलीन हो गया। इन सब तंत्रों में स्त्री पुंसयोग ही प्रधान है। सौर को रक्ततर्पण चाहिए। एक जमाने में यह मिस्र धर्म के नाम से प्रसिद्ध था। सौर दीक्षा जो लेना चाहता है उसको भूमि के खड्डे में बिठाते थे। उस खड्डे पर लकड़ियाँ रखते थे, उस पर वृषभ की बलि देते थे। उनका विश्वास था कि वह दीक्षा लेनेवाला व्यक्ति, जो वृषभ के रक्त से भीग जाता है, उदित लाल सूर्य जैसा होगा तथा उसमें सौर शक्ति आएगी।

कापालिकों के लिए चिता भस्म मुख्य है। कहा जाता है कि एक जमाने में ये सौरतंत्र काश्मीर के मारतांड में रहते थे। वहाँ के शिल्प इस विषय को सूचित करते हैं। इसी तरह ओड़िसा का कोणार्क भी एक जमाने में सौरतंत्रों के लिए केन्द्र था। श्रीकाकुलम (आन्ध्र का एक प्रान्त) का अरसवेल्लि प्रदेश सौरतंत्रों के लिए प्रसिद्ध है।

खजुराहो का खंडेलवाल देवालय तांत्रिक शैव देवालय है। आज भी बंगाल में तांत्रिक, शाक्त, वैष्णव, कापालिक धर्म प्रचलित हैं।

एक जमाने में कालामुख शैव के साथ तांत्रिक शैव देश में बहुल प्रचार में था। इन धर्मों का सूक्ष्म दृष्टि से अध्ययन करने से हमें यह तथ्य मालूम होता है कि दैवी भावना कब आई? देवालयों का निर्माण कैसे हुआ? कब हुआ? क्यों हुआ? इस अध्ययन से देवालयों के स्वरूप एवं विकास के बारे में जानकारी मिलती है।

इन सभी प्रकार के तंत्रों में तीन प्रधान अंग होते हैं—तंत्र, मंत्र और यंत्र। तंत्र क्रिया है जो प्रजनन से सम्बन्धित है। उसमें स्त्री पुंसयोग मुख्य है। मंत्र इन तंत्रों का तात्त्विक रूप है। यह गुप्त विद्या है। ये तंत्र गणित की अलजेब्रा जैसे हैं।

1. गाणपत्यम् में छः प्रकार हैं। महागणपति, हरिद्रागणपति, उच्छिष्टगणपति, स्वर्ण गणपति, नवनीत गणपति, सन्तान गणपति आदि छः प्रकार की आराधना-पद्धतियाँ हैं। गणपति को रक्तवर्ण पसन्द है इसलिए लाल कपड़े पहनकर पूजा करते हैं। अग्निपुराण 71, 179, 313, 318, 348 आदि अध्यायों में वृत विधानों का वर्णन मिलता है। संकल्प पढ़ाया जाता है कि—अस्माकं सहकुटुं बानाम् क्षेमस्थैर्य वीर्य विजयायुरारोग्य ऐश्वर्याभिवृद्धर्ध्यम् : शंकराचार्य से बनाए गए पंचायतन पूजा विधान में गणपति भी है। पंचायतन में विष्णु शालग्राम स्वरूपधारी हैं। शिव प्राण लिंग रूपी हैं। सूर्य स्फटिकमणि रूपी हैं। शक्ति लोह शिला रूपी है। गणपति आठ कोणों के चतुरस्राकार शिला के रूप में रहता है। जिस मूर्ति की प्रधान रूप से पूजा करना चाहते हैं उसे उस चिह्न के बीच में रखा जाता है। एक प्रकार से शंकराचार्य ने इस पंचायतन के द्वारा बहुदेवताराधना और तब के प्रजनन-तंत्रों को स्वीकार करते हुए अद्वैत धर्म का प्रचार किया था। श्रीधरमूर्ति—गणपति (तेलुगु), पृ. 98-99, 105।

बीजाक्षरों का तात्त्विक मूल्यबोध होने के बाद ही इनका अर्थ हमको समझ में आता है। तीसरा है यंत्र। यह तांत्रिक क्रियाओं के लिए ब्लू प्रिंटर की तरह है। शाक्त यंत्रों में श्रीचक्र की अधिक प्रधानता है। 'बिन्दु त्रिकोण वसुकोण दशार युगम्' इनका रूप है।

केवल इस एक यंत्र को मेरुप्रस्थारम् (एलिवेहान) है। बाकी किसी को भी यह नहीं है। इतर तंत्रों में बहुत कुछ भाग प्रजनन-तंत्रों की आचरण-प्रणाली है। किन्तु शाश्वत देवालय प्रणाली नहीं है। श्रीचक्र में बिन्दु त्रिकोण केन्द्र है। ये सब स्त्री-पुंस योग के चिह्न हैं।[1] इसे मेरुप्रस्थार करके उसके दल, प्राकार आदि को बन्द करेंगे तो पिरामिड का आकार आता है। पिरामिड के अन्तिम भाग में आसिरिस कान्ति प्रवेश के लिए एक रन्ध्र बनाया जाता है। यही श्रीचक्र केन्द्र बिन्दु बन जाता है।[2] प्रायः श्रीचक्र का आदि रूप तांत्रिकों द्वारा बनाया गया आदिम देवालय होगा। तांत्रिक पूजा के समय में रंगोली से कई यंत्र बनाते हैं। उनमें सर्वतो भद्र, त्रिकूट आदि नाम भी हैं। ये सब देवालय निर्माण के लिए बनाई गई प्रणालियाँ हैं। इन नाम प्रणालियों आदि का भोज के 'समरांगण सूत्रधार' ग्रन्थ में विस्तृत रूप से विश्लेषण किया गया है। श्री शंकराचार्य के समय में अधिक संख्या में देवालयों का निर्माण होने लगा। देवगिरि के दीवान, धर्मशास्त्र, महापंडित हेमाद्रि दीक्षित ने (बारहवीं सदी) इन देवालयों के लिए कुछ आधार ढूँढ़ निकाला। इनमें ही थोड़ा कुछ परिवर्तन करके काकतीय राजाओं ने आन्ध्र में नई पद्धतियों का आविष्कार किया था।

तब के लोगों ने कुछ विषयों को, जो दैवी भावना से सम्बन्धित हैं, प्रजनन-तंत्रों के भागों के रूप में माना था। दैवी भावना को एक स्थिर रूप मिला। इस भावना से बनाई गई ये इमारतें भारत देश में भिन्न दशाओं में, भिन्न धर्मों में एक जैसी ही हैं। ये सब मिलकर ही आज के देवालय बन गए।

5. पुरोहित वर्ग के जन्म का कारण

एक चरण में अभिनय तंत्रों का महत्त्व अधिक था। अपने पूर्वजों का विश्वास था कि इस तरह के अभिनय तंत्रों से अन्न की वृद्धि होती है। इन तंत्रों को मिमाटिक मॉज़िक कहते हैं। पशु सम्पत्ति, धान्य सम्पत्ति के लिए इस प्रकार के अभिनयोत्सव मनाए जाते थे। समाज विकास-क्रम के एक चरण में इन तंत्रों को याद रखने की जिम्मेदारी एक वर्ग को सौंपी गई। इन उत्सवों के सन्दर्भ में

---

1. देवीप्रसाद चटोपाध्याय—लोकायत, पृ. 30।
2. मिस्र भाषा में पिरामिड को मेरु कहते हैं।

जिम्मेदारी एक ही व्यक्ति पर थी। उस व्यक्ति को मानवशास्त्रज्ञों ने वैद्य, मांत्रिक, माजी, मागी[1], पुरोहित (प्रीस्ट) आदि नाम दिए।[2] इस सन्दर्भ में पुरोहित शब्द का ही उपयोग करना ठीक है क्योंकि ऊपर के दो शब्दों के स्वभाव (तंत्रों को याद करने की क्रिया, उत्सव के सन्दर्भ मे जिम्मेदारी निभाना) इसमें निहित है। जब कई कबीले मिलकर गण बन गए तब किसी एक प्रधान कबीले को पौरोहित्य की जिम्मेदारी दी जाती थी। गणों में वृत्तियों का विभाजन होता था। एक-एक कबीला अलग-अलग वृत्तियाँ करता था। इतिहास में हमें इससे सम्बन्धित कई उदाहरण मिलते हैं। एशिया माइनर में फ्रिजियनिस्ट (भृगु लोग) प्रधान पात्र निभाते थे। भृगु चक्रवर्ती गोरडान का नाम इतिहास में आता है। उसका बेटा मैदास था वह अपने स्पर्श से हर चीज को सोना बनाता था। इन भृगुओं के लिए पुरोहित अंगिरु थे। गोरडान ने अपने पुरोहितों के नाम पर राजधानी का निर्माण किया था। उसका नाम अंगिरु था। धीरे-धीरे यही अंकार में बदल गया। आज टर्की में एक प्रधान नगर है। इसे एशिया माइनर के इतिहासकारों ने शिलालेखों के आधार पर ढूँढ़ निकाला। हमारे पुराणों में लिखा गया है कि जिसने पहले अग्नि का आविष्कार किया था उसे अंगिरु कहते हैं। इसी विशेषता के कारण कबीले के लोगों ने इन लोगों को पुरोहित के रूप में स्वीकार किया था। मानव जाति में पुरोहितों का जन्म इस प्रकार हुआ। जब पुरोहितों का जन्म हुआ तब देवता, दैवी भावना आदि का जन्म नहीं हुआ था। उपलब्ध ग्रन्थों, अनुभवों आदि से हम इस निर्णय पर नहीं पहुँच सकते हैं कि पहले दैवी भावना का तथा बाद में पुरोहितों का जन्म हुआ। इस दृष्टिकोण से अगर देखेंगे तो कुछ समस्याओं का समाधान हमें नहीं मिल सकता। अगर मिला तो भी तार्किक नहीं बन पाता।

प्रारम्भिक दशा में पुरोहित ही कबीले का नेता था। यानी राजा तथा पुरोहित एक ही व्यक्ति था। वर्ग समाज की दशा में मिस्र, सुमेरिया, असीरिया, ग्रीक आदि देशों में पुरोहित राजा (प्रीस्ट किंग्स) रहते थे। समाज को वर्गपूर्व दशा से वर्ग समाज तक पहुँचने के लिए काफी समय लगा।

आहार की अभिवृद्धि करने के लिए पुरोहित को अभिनय-तंत्र करना पड़ता था। इस जिम्मेदारी के कारण उसे दूसरों से अधिक विज्ञान प्राप्त हुआ। जिस चरण में आहार की आदतों के बारे में, ओषध संस्कृति के बारे में उसे ज्ञान प्राप्त हुआ, उस चरण में वह केवल पुरोहित न होकर वैद्य भी होता था। शिकार के

---

1. सम्पादक : जान बौले—दि कन्साइज एनसाइक्लोपीडिया ऑफ वर्ल्ड हिस्ट्री—पृ. 95-96।
2. वेद वाङ्मय में गृत्स, गृत्सपति, गृत्समद आदि शब्द मिलते हैं। जनजातियों के प्रान्तों में (आन्ध्र में) गोरगाडु कहा जाता है।

समय घायलों को पट्टी बाँधना, रक्तस्राव को रोकना, जड़ी-बूटियों से दवाइयाँ बनाना आदि काम पुरोहित ही करता था। इसी दशा में मानव को जनन-मरण चक्र का ज्ञान प्राप्त हुआ। वह समझता था कि आहार के रूप में रहनेवाले जन्तु का मरण ही अपनी पुष्टि का कारण है। कभी-कभी किसी का घाव न भरे या कोई बीमार पड़ेगा तो इसका कारण पुरोहित को ढूँढ़ना पड़ता था। तीव्र ज्वर में रोगी सन्धिप्रलाप करता है। यह सहज है। पुरोहित को इसके बारे में अधिक ज्ञान नहीं था। इस चरण में पुरोहित प्रजनन-तंत्रों के सिवा और कुछ नहीं जानता था। वह भी सन्धिप्रलाप करता था। अभिनय-तंत्रों में पशु का चाल-चलन, चिल्लाना आदि मुख्यांश है। इसलिए सन्धिप्रलाप में भी यही क्रियाएँ होती हैं। सामान्य मनुष्य जो भी पूछता है पुरोहित अपने अभिनय से उत्तर देता है। लोगों में यह विश्वास पैदा हुआ कि अपने लिए आहार बने हुए पशु में रहनेवाली चेतना ही पुरोहित में प्रवेश हो जाती है और उससे यह काम करवाती है। अब उन्हें भय होने लगा। इस अदृश्य चेतनता को किस प्रकार वश में किया जाए? इसी भय के कारण ही दैवी भावना का जन्म हुआ। प्रारम्भिक चरणों में पुरोहित सोचता था कि वह प्रकृति पर शासन कर सकता है। अब इस चेतना पर अधिकार पाने के लिए प्रयत्नों का आरम्भ हुआ।

आहार के लिए जानवर को मारने के पहले पुरोहित कहता था कि 'केवल हमारी पुष्टि के लिए, हमारी सन्तान की अभिवृद्धि के लिए तुम्हें हम मार रहे हैं।' इस तरह कहकर उस आहार में से थोड़ा कुछ खाता था। अब वह यह सोचने लगा कि उस चेतना को वह प्राप्त कर चुका है। सारे कबीले की तरफ से आहार में थोड़ा कुछ भाग वह खाता था और सोचता था कि जन्तु चेतना उसमें प्रविष्ट हो गई है। वह पूर्ण रूप से अधिकार पाने के लिए कबीले के लोगों को डराने लगा। वह कहने लगा कि पुरोहित की अनुमति के बिना अगर कोई भी जानवर को मारेगा या खाएगा तो वह जन्तु चेतना उसमें प्रवेश करती है और सारे कबीले को वह चेतना सताती है। इसका अर्थ यही होता है कि अपने परिमित ज्ञान से पैदा हुए भय को उसने सारे कबीले पर थोप दिया और उन्हें डराया। ऐसा करके उसने आत्मविश्वास को पा लिया। अब कबीलों में यह भावना पैदा हुई कि साधारण मनुष्य को नहीं दिखाई पड़नेवाली चेतना पर केवल पुरोहित का ही अधिकार है। यानी तब तक कबीले में समुदाय रूप में जो विज्ञान तथा विश्वास सबके थे, अब एक ही व्यक्ति के हो गए। अब तक जो सबके समान समाज का एक अंग था, अब वह पुरोहित विशिष्ट बन गया।[1] कबीलों में यह विश्वास पैदा हुआ कि पुरोहित की अनुमति के बिना, उसके तंत्रों

1. सम्पादक : जॉन बौले, दि कन्साइज एनसाइक्लोपीडिया ऑफ वर्ल्ड हिस्ट्री, पृ. 97।

के बिना पालतू जानवर को भी मारना अपराध है। इस प्रकार मानव जाति में पहले टाबू या अपराध की भावना का प्रवेश हुआ। अब उसके साथ धीरे-धीरे भय और भक्ति जुड़ते गए।

कबीले के लोगों में यह विश्वास पैदा हुआ कि आहार के लिए उपयोग में लिये जानेवाले जानवर में उनके पूर्वज रहते हैं। उन्होंने सोचा था कि यही जानवर अपने आदिपुरुष हैं और अपने आदिपुरुष को अपने दुख-दर्दों को केवल पुरोहित के द्वारा ही बता सकते हैं। इन जानवरों को टोटम कहा गया। यह टोटम कबीलों के झंडे का चिह्न बन गया। इस प्रकार अदृश्य शक्ति पर अधिकार पाया हुआ पुरोहित मांत्रिक तथा तांत्रिक बन गया। पुरोहित का मांत्रिक बनना, दैवी भावना का उदय होना एक ही चरण में हुआ होगा। भय के कारण दैवी भावना का जन्म हुआ इसलिए राग-द्वेष भी उससे जुड़ते गए। सूअर (टोटम) जो एक जमाने में मिस्र लोगों के लिए पवित्र था, जिसमें दैवी भावना देखी जाती थी, वही सूअर धीरे-धीरे द्वेष का कारण भी बन गया।[1] जिस चीज में दैवी भावना तथा भक्ति-भावना देखते थे वही जानवर अब अछूत बन गया। सूअर द्वेष तथा घृणा का कारण बन गया।

समाज के विकास के आरम्भिक चरण में मानव आहार के लिए देश भ्रमण करता था, अन्न संग्रहण करता था। अगले चरणों में उसने अन्न का उत्पादन करना सीख लिया। धीरे-धीरे समाज में कृषि तथा पशुपालन संस्कृतियाँ एक-दूसरे से मिल गईं। इसलिए समाज एक मिश्र दशा में आ पहुँचा।

समाज के स्थिर दशा में पहुँचने के बाद टोटम तथा फसल रखने के लिए गोदामों की आवश्यकता का अनुभव हुआ। पुरोहित देवप्रतिनिधि था किन्तु देव नहीं हो सकता था। सम्पदा रखने के लिए बनाई गई शालाओं की संख्या बढ़ती गई। इसके साथ-साथ चिह्न के रूप में जो टोटम रहते थे, उनके भी आकार बढ़ने लगे। प्रारम्भ में पुरोहित तंत्र करनेवाला मांत्रिक था। धीरे-धीरे वह राजा की पदवी भी सँभालने लगा। इसलिए इनको पुरोहित राजा के नाम से पुकारते थे। प्रारम्भ में ऊँचे बहिरंग प्रदेशों में प्रजनन-तंत्र मनाए जाते थे। अब पुरोहित राजाओं ने शालाओं में प्रजनन-तंत्र करना शुरू किया। धीरे-धीरे ये शालाएँ भी पवित्र भावना से जुड़ गईं। ये ही उस जमाने के देवालय थे। पिछले पृष्ठों में यह बताया गया है कि गण दशा में पुरोहित-कबीले रहते थे। सारे कबीलों में एक कबीला-पुरोहित कार्य सँभालता था। यानी एक कबीले के सारे व्यक्ति पुरोहित कार्य करते थे। ये

1. यहूदी सूअर को नहीं मारते। नहीं खाते। उनका विश्वास है कि कृषि-संस्कृति का बीज सूअर ने ही डाला। सूअर पृथ्वी को कुरेदते हैं। इस क्रिया को देखने के बाद मानव में पृथ्वी को जोतने का विचार आया। सी.जे. बाल कोटेड बै जेम्स हेस्टिंग्स एनसाइक्लोपीडिया ऑफ रिलीजन एंड एथिक्स भाग-12, पृ. 195।

सारे व्यक्ति शालाओं में पुरोहित बन गए। धीरे-धीरे पुरोहित वर्ग का आविर्भाव समाज में हुआ।[1] देवालयों में प्रजनन-तंत्र करने की प्रथा अधिक व्याप्त हुई। मिस्र, ग्रीक, सुमेरिया, असीरिया आदि देशों के इतिहास में देवालय तथा इनसे जुड़े प्रजनन-तंत्रों से सम्बन्धित कथाओं के विस्तृत विवरण मिलते हैं।

देवालय निर्माण की पृष्ठभूमि को समझने के लिए प्रजनन-तंत्रों के चिह्न और इनसे जुड़ी हुई भावनाओं को समझना जरूरी है।

6. सारी दुनिया के प्रजनन-तंत्रों के चिह्न : आराधना

सारी दुनिया में प्रजनन-तंत्रों के चिह्नों का महत्त्वपूर्ण स्थान है। मानव प्रकृति में होनेवाले हर परिवर्तन को विस्मय से देखता था। भूमि से सम्बन्धित हो या स्त्री से जिसकी अभिवृद्धि होती है उन सारी वस्तुओं को प्रजनन-तंत्र में सहायक वस्तुओं के रूप में ही मानव देखता था और इन वस्तुओं की पूजा करता था। चाहे सूर्य हो, चाहे चन्द्र हो,[2] पानी हो,[3] आग हो, जानवर हो सभी के प्रति उसकी दृष्टि यही थी। इन सारी प्राकृतिक चीजों में, जानवरों में वह मानव के आकार, गुण, विशेषताओं को ही देखता था। उसके विचार में ये सब अपने कबीले के बीचोबीच घूमते रहते हैं। उसने अपनी आँखों के सामने बढ़नेवाले हर वृक्ष को, हर पत्ते को वृद्धि करने के लिए सहायक बननेवाली चीजों के रूप में स्वीकार किया।

पशुपालक प्रारम्भिक दशा में नदियों के किनारे रहते थे। वहाँ पर उन्होंने इस सत्य को ग्रहण किया था कि नदी का पानी खेतीबारी में उन्हें सहायता देता है। इसी पानी के कारण उन्हें आहार हमेशा मिलता रहता है। उनको पानी ने एक नई सभ्यता

---

1. पौरोहित्यम् परम्परागत वृत्ति बन गई। बालाजी वेंकटेश्वर की पूजा-पाठ करनेवाला स्वामी वर्ग चार कुटुम्बों से जुड़ा हुआ है। तिरुपतम्मा नामक स्त्री इस वर्ग की पहली स्त्री थी। इसी तरह कटक के चंडी आलय के पुजारी एक ब्राह्मण कुटुम्ब के हैं। ये सब आनन्द पंडा वहाँ के हैं। छः भाई इस पुजारी वृत्ति को निभाते हैं।जेम्स जे. प्रेस्टन, कल्ट ऑफ दि गॉडसेस, पृ. 33-34।
2. मिस्र देश में करनाक देवालय में एक नग्न देवी है। उस पर एक किरीट है। किरीट पर अर्धचन्द्राकार में गोल सूर्य का चिह्न है। उनके विचार में यह सूर्य तथा चन्द्र का सम्भोग दृश्य है। उनके लिए यही प्रजनन देवता है। यह देवालय धीभस के नजदीक है। ओ.ए. वाल, सेक्स एंड सेक्स वर्शिप, पृ. 553।
3. बाइबिल जनसिस 1, 2 में लिखा गया है कि दि स्पिरिट ऑफ गॉड मूव अपॉन दि फेस ऑफ दि वाटरस : ग्रीक लोगों के लिए टेटिस नदी प्रजनन देवी है। उनका विश्वास है कि डेडस (पाताललोक) में स्टयेकस नामक जो नदी है वह सौभाग्यवर्धक (वैतरणी) है। इसी के आधार पर बाइबिल में इस प्रकार लिखा गया है कि यह पानी तुम्हारे पेट में जाता है, तुम्हारे पेट को शान्ति देता है, जाँघों को बढ़ाता है। इसके पीछे प्रजनन-भावना निहित है (भाग 22)। ईसाई लोग बैप्टिज्म के लिए जोर्डान नदी के पानी को ले जाते हैं। नील नदी के पानी को पवित्र रूप में देखते हैं। बुक ऑफ एजेक्टू में जोर्डान नदी के पवित्र जल के बारे में लिखा गया है। लोगों में यह विश्वास था कि नदियाँ देवताओं के निवास स्थान हैं। इसलिए हम कुछ त्योहारों में देवताओं का विसर्जन नदियों में ही करते हैं। इस प्रकार विसर्जन करने के कार्य के पीछे यही भावना निहित है कि हम उनके घरों में उन्हें पहुँचा रहे हैं।

सिखलाई। इसलिए उन्होंने सरस्वती नदी को एक देवी के रूप में देखा था। पानी में दिखाई पड़नेवाली सभी वस्तुओं को उन्होंने नदी के अंग बना दिए। इसी तट पर उनको एक नई विद्या मिली, कृषि ज्ञान मिला। इसलिए नदी को सरस्वती के रूप में देखने लगे। सरस्वती देवी विद्या का प्रतीक बन गई। पानी में कमल पुष्प जल्दी बढ़ते हैं इसलिए उन्होंने इस फूल को सरस्वती से जोड़ दिया। पानी में घूमनेवाले हंस को उसका वाहन बना दिया। नदी की कलकल-छलछल ध्वनि उन्हें संगीत के रूप में दिखाई पड़ी इसलिए उन्होंने सरस्वती के हाथ में वाद्य (वीणा) रखा। 'सरस्वती नमस्तुभ्यम् वरदे कामरूपिणी' कहते हुए उसे एक प्रजनन देवी के रूप में पूजने लगे। आज भी सरस्वती देवी की पूजा करने की प्रथा दिखाई पड़ती है।

बौद्ध काल में भी कमलपुष्प को प्रजनन-तंत्र के चिह्न के रूप में देखा जाता था। मृतकों का राख छिड़कना, अस्थियों को घर में रखकर पूजा करना आदि कार्यों के पीछे प्रजनन शक्ति बढ़ाने का उद्देश्य निहित है। चीन के कांटन नगर में एक प्रार्थना मन्दिर है जिसमें लगभग 500 देवताओं की मूर्तियाँ हैं।[1] ये सब उनके पूर्वज थे। अपने पूर्वजों को दिखाने की प्रथा भारत में भी पाई जाती है। रामायण में राम को अपने सूर्यवंश के सभी पूर्वजों को दिखाने की एक घटना मिलती है। इसी तरह गणनायकों की, कबीले की माताओं की पूजा करने की प्रथा है। गणपति की कल्पना के पीछे भी प्रजनन-तंत्र की भावना दिखाई पड़ती है। बड़ा पेट रहना पुष्टिवर्धक होने का संकेत है। अप्रोडैट प्रतिमाएँ भी इसी प्रकार की हैं। गणपति के साथ सिद्धि-बुद्धि नामक दो स्त्रियों को जोड़ा जाता है। इसके पीछे भी सौभाग्यवर्धन की भावना निहित है। श्रीधरमूर्ति की पुस्तक गणपति में इस विषय का विश्लेषण मिलता है। फसल का ढेर विनायक का आकार है। चूहा जो विनायक का वाहन है फसल को नष्ट करनेवाला है। इसलिए इस पर चढ़कर सारी विपदाओं को पार करता है। इस भावना का संकेत ही विनायक की मूर्ति[2] है। इनकी कल्पना ठीक लगती है। देवी प्रसाद चटोपाध्याय की पुस्तक 'लोकायत' में गणों तथा गणपतियों के बारे में विश्लेषण मिलता है।[3]

---

1. ओ.ए. वाल, सेक्स एंड सेक्स वर्शिप, पृ. 18।
2. गणपति के कान बड़े-बड़े होते हैं। ये कान धान्य को साफ करने वाले सूप हैं। हाथों में गन्ने तथा धान्य रहते हैं। इसके पीछे भूसौभाग्यवर्धक की भावना है। मध्य प्रदेश, मथुरा, कन्याकुमारी, टिबेट आदि देशों में स्त्री-गणपतियों के विग्रह मिलते हैं। श्रीधरमूर्ति—गणपति (अनुवाद—जानमद्धि हनुमच्छा शास्त्री), पृ. 50, 76।
3. वैदिक पुरुषों ने कहा था कि 'बृहस्पति गणानांतति' (ऐतरेय ब्राह्मण) मोनियर विलियम्स ने भी गणपति के बारे में लिखा था। उन्होंने 'गणनाम् गणरूपेण पालकम्' कहा था। मनु ने मनुस्मृति में लिखा। था कि गणपति शूद्रों का देवता है। (शूद्राणाम् गणनायकः) तांत्रिकों ने गणपति को तांत्रिक अर्थों से जोड़ दिया। गणपति का मुख हाथी है। नीचे मूषिक होता है। एक समय में गणों का टोटम हाथी था। विनायक मूर्ति की कल्पना के पीछे यह भावना निहित है कि हाथी टोटम गण ने मूषिक टोटम गण पर अधिकार पा लिया है। जायसवाल ने कहा था कि मूषिक गण दक्षिण भारत में है।—लोकायत में भी इस विषय से सम्बन्धित विश्लेषण मिलता है। देवीप्रसाद चटोपाध्याय—लोकायत, पृ. 125, 231।

अपने पूर्वज पेड़-पौधों को भी सौभाग्यवर्धन की भावना की दृष्टि से देखते थे। उस जमाने में अधिक फल देनेवाले पेड़ स्त्री के रूप में देखे जाते थे। जर्मनी में लड़की को बैप्टिज्म देने के सन्दर्भ में सेब का पेड़ लगाते हैं। अगर लड़के को बैप्टिज्म दिया जाएगा तो पियार पेड़ लगाते हैं। उनके विचार में सेब का पेड़ स्त्री है तथा पियार पेड़ पुरुष है।[1] माडूक नामक पेड़ सौभाग्यवर्धक चिह्न है।[2] भारत देश में पीपल तथा नीम के पेड़ इसी भावना से ही पूजे जाते हैं। आन्ध्रप्रदेश में स्त्रियों के व्रतों में जमींकन्द को एक प्रधान स्थान दिया जाता है। जमींकन्द की एक जड़ (जमींकन्द को भूमि के नीचे गाड़ने से) को लगाने से कई जमींकन्द पैदा हो जाते हैं। जमींकन्द की वृद्धि जल्दी होती है। इसकी संख्या वेग से बढ़ती है। यह व्रत करने के पीछे यही भावना निहित है कि जीवन में भी इसी तरह वंश तथा सम्पत्ति की वृद्धि होनी चाहिए। कुटुम्ब में अधिक संख्या में बच्चे पैदा होने चाहिए। एस. कटनर की 'ए शॉर्ट हिस्ट्री ऑफ सेक्स सिंबल्स' पुस्तक में फॉलिक वर्शिप से सम्बन्धित विस्तृत विश्लेषण मिलता है। पाठकों की जानकारी के लिए मैं यहाँ कुछ अंश प्रस्तुत कर रही हूँ।[3]

पिछले पृष्ठों में हमने इसके बारे में जान लिया है कि स्त्री तथा पुरुषों के गुप्तांगों की पूजा होती थी। आज भी गाँवों में निस्सन्तान दम्पतीयों के घरों के

1. ओ.ए. वाल, सेक्स एंड सेक्स वर्शिप, पृ. 131।
2. इस पेड़ की जड़ें मानव के आकार में रहती हैं। प्रेम-सफलता के लिए इसकी पूजा की जाती है।
3. Even in the building of our charches there are undouted symbols of pure Phallicisim. It is true the artistic farmy and imagination of their architects have made many of the building of great beauty and seeming by far away from any suggestion of sex. But the shire or steeple surly is a relic of sex worship. Dr. Lee Alexander stone goes much further he condends that church building is founded directly on sex symbolism. He says, "when one enters a church does so through a double door (Labia majora) then he finds himself in the vestibule (vestilula) to go further he must pass through another double door (Labia minora) when he reaches the interior or auditorium (vagina) he sees ahead of him the altar may be observed doors which lead in the rooms (Fallophian tubes) where in the candidate for baptism comes into contact with the priest or preacher and it is here that he receives the seed of generation. He comes back to the altar and is baptised (amiotic fluid) and leaves the church a relourn soul over elalo rate as this many appear, it does not differ essentially from the old practice in many ancient and in some modern religions of devotees passing through yoni shaped holes or clefts in stone slates for the purpose of becoming either fruitful or born again or becoming cleansed of their sins. (p. 184-185)

   In Dumblame abley there is a window which was considered by Ruskin to be one of the most beautiful in England. Wale gives a reproduction of it in his sex worship. But not many of the visitors to Abely who see this window will recognize its symbolism which is alvite realistic showing a yoni and all its components parts the labia majora lavia minora, elitoris vestilule and office and payne knight in his worship of priapuss gives illustrations?? of other Phallic remains found as many christian churches (p. 185)

सामने लकड़ी से बनाए गए बड़े-बड़े वृषभ जननांगों को गाड़े जाने की प्रथा पाई जाती है। इसे अनुकम्पन तंत्र कहा जा सकता है। योनि-पूजा की प्रथा भी पाई जाती है।[1] गुप्तांगों के आकार में वस्तुएँ बनाकर आराधना करने का रिवाज कई प्रान्तों में है। स्व. धर्माराव जी ने इसके लिए उदाहरण के रूप में आलमपुरम् (आन्ध्र में एक प्रान्त) के विग्रह और हर घर में उपयोग किए जानेवाले दीपस्तम्भों को प्रस्तुत किया था। उस जमाने में गाँव की सीमा पर ऐसे पत्थरों को, जो लिंग रूप में तराशे जाते थे, रखते थे।[2] इसी तरह कब्रों पर लिंगाकार के पत्थर रखते थे। ये ही मेनहर कहे जाते थे।[3] धीरे-धीरे इन मेनहरों ने स्तूप और देवालयों के रूप धारण कर लिये।

अफ्रीका में बुषमेन दो पत्थरों के बीच एक पेड़ रखते हैं और इसकी पूजा करते हैं। उनके विचार में यह प्रजनन-चिह्न है।[4] ओ.ए. वाल के ग्रन्थ में इनसे सम्बन्धित विस्तृत विश्लेषण मिलता है।

प्रजनन-तंत्र की भावना ने सारी दुनिया में लिंगपूजा का रूप धारण कर लिया। अक्सर हम देखते हैं कि देवी-देवताओं के विग्रहों के जननांग बड़े-बड़े आकार में होते हैं। मिस्र देश की सेथी पूजा लिंगपूजा से सम्बन्धित है। रोम के बेकस की लिंगपूजा भी इसी भावना से जुड़ी हुई है। यह सूर्यदेव है। दिसम्बर 25 से इसका सम्बन्ध है। उसी दिन यह त्योहार मनाया जाता है। फ्लारेंस गॉलरी के सिंह पर एक बड़ा पुरुषलिंग रखा जाता है। इसकी पूजा की जाती है। उनका विश्वास है कि इसमें सूर्य का अंश है।

एक पर्शियन ग्रन्थ में (इसके लेखक के बारे में किसी को पता नहीं) प्रियापस से सम्बन्धित विस्तृत विवेचन मिलता है। इसको ऐप्रियस भी कहा जाता है। ऐप्रियस को लिंग के रूप में मानकर वहाँ के लोग इसकी पूजा करते हैं। इसके कई देवालय हैं। कुछ देवालयों में बड़े-बड़े पत्थर जो जननांगों के रूप में तराशे गए, रखे गए। कुछ देवालयों में बड़े-बड़े पत्थर रखे गए। उनके विचार में ऐप्रियस पुरुषों की वृद्धि करने वाला एक शक्तिशाली देवता है। इसी तरह ऐसिस जननांग की भी पूजा की

---

1. असीरिया, जापान, मिस्र देशों में बैल की पूजा की जाती है। मिस्र देश के वासी ऐसिस को गाय तथा आसिस को बैल मानकर पूजा करते हैं। रानी के मर जाने के बाद असीरिस बैल को मारकर उसके जननांग को काटकर रानी के जननांग में रखकर शव को गाड़ने की प्रथा है। इस प्रथा के पीछे राजवंश को बढ़ाने की भावना निहित है। मिस्र के देवालयों में मुर्गी के मुख पर पुरुष जननांग रखा जाता है और इसे प्रियापस देवता माना जाता है। इस रूप में उसकी पूजा की जाती है।–ओ.ए. वाल, सेक्स एंड सेक्स वर्शिप, पृ. 436-37।
2. यह प्रथा मेंडिस देवालय में पाई जाती है। जी.आर. स्कॉट फालिक वर्शिप, पृ. 28।
3. ओ.ए. वाल, सेक्स एंड सेक्स वर्शिप, पृ. 352।
4. ओ.ए. वाल, सेक्स एंड सेक्स वर्शिप, पृ. 342।

जाती है। उनका विश्वास है इस देवी की पूजा करने से स्त्री जाति की वृद्धि होती है तथा कुछ महारोग दूर हो जाते हैं। स्कॉट[1] के विचार में ये सब स्त्री प्रजनन-तंत्र हैं। स्टाबो जाति में एक रिवाज है। यहाँ पर प्रियापस जननांग की पूजा होती है। इस जाति की कन्याओं का कन्यत्व पहली बार इस प्रियापस से ही छुड़ाया जाता है। आगस्टन ने लिखा है कि म्यूटिनस के जननांग पर नई दुल्हन को पहली बार बैठना चाहिए। इसके पीछे यही भावना निहित है कि प्रजनन देवता दुल्हन के कन्यत्व को पहली बार छुड़ा रहा है। उनका विश्वास है कि ऐसा करने से कुटुम्ब की वृद्धि होती है।

वेस्त्रापू ने लिखा था कि उस जमाने में स्त्रियाँ अपने कुटुम्ब की वृद्धि के लिए लिंगपूजा करती थीं। पत्थर जो लिंगाकार के रूप में तराशा जाता है, पेकिन के बुद्ध विग्रह को दान करने की प्रथा है। कुछ मुसलमान महिलाओं द्वारा किसी साधु या बड़े मूर्ख के जननांग को चूमने का रिवाज भी पाया जाता है।[2]

स्त्री गुप्तांगों की पूजा करने की प्रथा विश्वव्याप्त है। जननांगों की आकृतियाँ बनाकर देवालयों के मुख्य द्वारों पर रखने का रिवाज सारी दुनिया में पाया जाता है। पेनेनैट ने अपने ग्रन्थ में इस प्रथा से सम्बन्धित कई उदाहरण दिए हैं। ऐरलेट टिप्परेऐ, कौटी कावन, बालिना हेड काज़िल, वैट ऐलेंड वेस्टमीन् आदि के गिरजाघरों में जननांगों की आकृतियाँ पाई जाती हैं। स्त्री तथा पुरुषों के गुप्तांगों की आकृतियाँ बड़ी-बड़ी होती हैं। देवी प्रसाद चटोपाध्याय के लोकायत को हिन्दी अनुवाद में लिखा गया है कि यह याद रखना चाहिए कि प्राचीन काल में किसी भी बात के महत्त्व पर विशेष बल देने की विधि यह थी कि उसका आकार बहुत बढ़ा-चढ़ा दिया जाए या उसकी संख्या अधिक कर दी जाए। यदि पहले स्तनों को मानव प्रजनन से विशेष रूप से सम्बन्धित समझा जाता था तो पाषाण युग की माताएँ अपने अति विशाल स्तनों के माध्यम से पृथ्वी की उत्पादकता में वृद्धि करने का प्रयत्न कर रही थीं। यही विचार ऐजरंक लोगों की माता की प्रतिमा तथा ऐफीसियन अर्टे मिस्र की देवी के बहुत से स्तनों से पुष्ट होता है।

किन्तु मानव प्रजनन के रहस्य को समझाने के लिए मानव समाज का ज्ञान इस नीचे स्तर तक सीमित नहीं रहा। धीरे-धीरे स्त्री की योनि की भूमिका के सम्बन्ध में और विकसित विचार की ओर प्रगति हुई। इससे सम्बन्धित चित्र लोकायत में मिलते हैं। देखिए पृ. 236, 272[3], ऐरलेंड में कई बड़े-बड़े पत्थर हैं। इन पत्थरों में सुरंग हैं। क्राक डैगलैन एक प्रसिद्ध पत्थर है। यह पत्थर आर्य

1. जी.आर. स्कॉट, फालिक वर्शिप, पृ. 55, 57।
2. एच.एन. वेस्टाप् एंड सी.एस. 'वेक' एनशिएंट सिम्बल वर्शिप, पृ. 31।
3. लोकायत—हिन्दी अनुवाद—ब्रजेश शर्मा, पृ. 238।

मोरने में है। युवती-युवक इस सुरंग के अन्दर जाकर वापस आते हैं। उनका विश्वास है कि इस तरह सुरंग के अन्दर से गुजरने से गुप्तांगों को शक्ति तथा पुष्टि मिलती है।[1]

सारे यूरोप में प्रियापस-त्योहार मनाया जाता है। यह त्योहार मुख्यतः फालिक वर्शिप से ही सम्बन्धित है। त्योहार के दिन सारी स्त्रियाँ प्रियापस के जननांग की पूजा करती हैं। उस दिन शोभा-यात्रा निकलती है। इस यात्रा में पुरुष के गुप्तांगों की आकृतियों का प्रदर्शन होता है। ये सारी प्रथाएँ प्रजनन से जुड़ी हुई हैं।[2] फ्रांस में एक साधु का शिल्प है। वह लिंगाकृति में है। बाँझ इस लिंग का आलिंगन करती हैं। बोरगडिदियो नामक गाँव में एस. गुरलियो नामक साधु का लिंग है। इस विग्रह पर स्त्रियाँ सो जाती हैं। इस विग्रह के जननांग को जल से धोकर उस जल को पीती हैं। उनका विश्वास है कि यह साधु स्त्रियों को सन्तान देता है। नेपल्स में स्त्रियाँ शोभा-यात्रा निकालती हैं। इस शोभा-यात्रा में पुरुष के गुप्तांग की आकृतियों का प्रदर्शन होता है। यहीं पर इजारनिया नामक नगर में सन्तान की कामना से स्त्रियाँ मोम तथा कुछ लोहे से पुरुष जननांग की आकृतियाँ बनाकर प्रियापस देवता को अर्पित करती हैं। वहाँ पर जो लिंगाकार देवता है उसका अभिषेक तेल से करती हैं और इस तेल को अपने गुप्तांगों में लगाती हैं। ये सब बहुत पुरानी प्रथाएँ नहीं हैं। सत्रहवीं शताब्दी में भी पाई जाती हैं। विलियम हामिल्टन नेपुल्स के मंत्री पद पर जब था (30-12-1781) तब उन्होंने जोसेफ बॉक नामक अधिकारी को पत्र लिखा था। उस पत्र में ये सारी विशेषताएँ मिलती हैं।

आज भी हमारे देश के देवालयों में तीर्थ प्रसाद देने की प्रथा है। भक्त तीर्थ पीते हैं तथा प्रसाद खाते हैं। इसके पीछे भी मिथुन पूजा की भावना होगी। किन्तु प्रधान रूप से इस विचार को ही स्वीकृत किया जा सकता है कि प्रसाद मांस के रूप में, तीर्थ रक्त के रूप में दिए जाते हैं। उनका विश्वास था कि इन्हें लेने से देवी-देवताओं की शक्ति मानव में आ जाती है तथा यह शक्ति प्रजनन शक्ति को बढ़ाती है।

ऐसी वस्तुओं की जो प्रजनन-तंत्रों में सहायक मानी जाती थीं तथा स्त्री-पुरुष जननांगों की पूजा के बारे में पिछले पृष्ठों में जो विस्तृत विवेचन प्रस्तुत किया गया

1. जी.आर. स्कॉट–फालिक वर्शिप, पृ. 243।
2. लिबरेलिया त्योहार भी फॉलिक वर्शिप से सम्बन्धित है। लिबर इतालवी देवी है। 17 मार्च को लिबरेलिया त्योहार मनाया जाता है। उस दिन शोभा-यात्रा निकलती है। इस यात्रा में बड़ी आकृति के लिंग का प्रदर्शन होता है। नगर की सारी स्त्रियाँ इस लिंग की पूजा करती हैं। उस दिन बाजारों में स्त्री-पुरुष स्वेच्छा से सम्भोग करते हैं। ऐसा करने के पीछे यही भावना निहित है कि लिबरे का विवाह वे कर रही हैं। लिबरे के दो नाम हैं–अरियाइने तथा नच्यस। इस देवता को मधु तथा मिथुन अधिक प्रिय हैं। –ओ.ए. वाल सेक्स एंड सेक्स वर्शिप, पृ. 565।

है। ये वस्तुएँ, ये पूजा विश्वव्याप्त हैं। इसी प्रकार प्रजनन-चिह्न भी विश्वव्याप्त हैं। सभी धर्मों में ये चिह्न प:ए जाते हैं।

स्त्री शरीर के प्रधान भाग स्तन तथा जननांग के रूपों ने कई चिह्नों का रूप धारण कर लिया है। अकसर हम देखते हैं कि देवियों के स्तन (विग्रह, शिल्प, चित्र आदि में) बड़े-बड़े होते हैं। पूर्वजों का विश्वास था कि गुप्तांगों के आकार बड़े होने से प्रजनन शक्ति बढ़ती है।[1] निम्न प्रकार के चिह्न स्त्री के स्तन और योनि के रूप से सम्बन्धित हैं–

दुनिया के सारे स्त्री व्रतों में मूल, मा, बसिस, सिबेली, इस्तर, अष्टारते, डयाना, फ्रेया आदि देवी मूर्तियों की पूजा की जाती है। ऊपर दिए गए चिह्नों की भी पूजा की जाती है।

स्किथियन तबिती देवी की पूजा करते हैं। अन्य देवताओं के आराधक सामान्य रूप से त्रिकोण या वर्तुल त्रिह्न बनाकर उनकी पूजा करते हैं। ट्राय में स्किलेमान नामक शास्त्रज्ञ को एक देवी का शिल्प मिला। उसमें स्त्री की योनि को बड़ी आकृति में तराशा गया है। अन्य अंग सामान्य परिमाण में हैं। दक्षिण यूरोप में ट्रोग्लोडैट्स गुफाओं के चित्रों में भी इसी प्रकार के चिह्न मिलते हैं। पुरातत्ववेत्ताओं का कहना है कि ये सब लगभग तीस हजार वर्ष पुराने हैं। मिस्र देश में त्रिकोण मान्सवेनिरिस के नाम से प्रसिद्ध है। इसे पवित्र, परिशुद्ध, कन्यत्व सत्य आदि के प्रतीक के रूप में देखा जाता है। मिस्र देश की लेप्ते देवी के हाथों में एक छड़ी का चिह्न रहता है। छड़ी के अन्तिम भाग में स्तनाकार रूप के चिह्न रहते हैं। वहाँ के सभी देवालयों के शिल्पों में ये चिह्न अधिक संख्या में पाए जाते हैं। मैक्सिको प्रान्त के खेतों में प्रजनन-चिह्न के रूप में निम्न प्रकार का चिह्न रखा जाता है।

प्रायः यही अपने भारत देश का तिलक विशेष ऊर्ध्वपिण्ड (υ) बन गया है। मिस्र देश के देवालयों में प्रजनन-तंत्रों में एक वाद्य रखा जाता है। वह निम्न प्रकार का है।

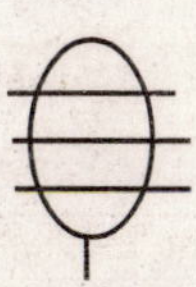

इस चिह्न का अर्थ यही होता है कि यह वह योनि है जिसको ताला लगाया गया है। यही कमरपेटी लगाई गई योनि का आकार है। एक जमाने में कमरपेटी ब्रह्मचर्य का चिह्न था। ऐसिस देवी के हाथों में यही चिह्न रहता है।

1. एशिया माइनर सीरिया, ग्रीक, इरानिया, मिस्र आदि प्रान्तों की सभी देवी मूर्तियों के स्तन बड़े-बड़े आकार में होते हैं।–ओ.ए. वाल, सेक्स एंड सेक्स वर्शिप, पृ. 559।

ग्रीक रोम के देशवासियों का विश्वास है कि ओसियानस् पिता है, पृथ्वी माँ है, नदियाँ बच्चे हैं। घने वृक्ष समूह माँ का पेट है। गुफाएँ तथा कब्रों के प्रवेशद्वार योनि मार्ग हैं। देवालयों के निम्न भाग का चौड़ापन तथा ऊपर का गोलाकार स्त्री की योनि है। लम्बा शिखर पुरुषांग है। एशिया की पौराणिक भावना यह है कि इस प्रकार के निर्माण के पीछे प्रजनन की भावना निहित है। विश्व के सभी देवालयों के निर्माणों को सूक्ष्म दृष्टि से देखने पर यह सत्य विदित होता है कि इसके पीछे मिथुन पूजा की भावना निहित है। 'आरक' के सभी आकार योनि के जैसे ही हैं।[1] कुछ गिरजाघरों में द्वार तथा खिड़कियाँ योनि के आकार में होते हैं।[2] योनि आकार के पत्थरों के सुरंग भी पाए जाते हैं। इन सुरंगों से गुजरना पुनर्जन्म माना जाता है। गुत्ति कोंडा (आन्ध्र का एक यात्रा स्थल) का बिल प्रवेश भी इसी प्रथा से सम्बन्धित है। गोगर्भ के पीछे मिथुन पूजा की भावना निहित है। शंख तथा सीप स्त्री के गुप्तांगों के चिह्न के रूप में देखे जाते हैं। प्राचीन वीनस चित्र में सीप को प्रमुख स्थान दिया गया है। इसके पीछे प्रजनन-तंत्र की भावना निहित है। ईसाई आराधना में मछली की प्रधानता है क्योंकि ग्रीक भाषा में मछली के नाम में जीससकैस्ट, सन् ऑफ गॉड, दि सेवियर आदि नाम के पहले अक्षर रहते हैं। प्राचीन शीबा देश के देवालयों के निम्न भागों का निर्माण योनि आकार में होता है।

बाइबिल के ओल्ड टेस्टामेंट में लिंगपूजा से सम्बन्धित कई उदाहरण मिलते हैं। जरमय्या ने लिंगपूजा का खंडन किया था। बाल पिथोर लिंगाकृति का देवता है। यह नाम क्यों पड़ा, इसकी चर्चा करते हुए इयारथी ने कहा था कि इस शिल्प के सामने स्त्री और पुरुष नग्न होकर अपने गुप्तांगों को दिखाते हुए पूजा करते हैं। लुई ने भी कहा था कि बाल विग्रह के सामने स्त्री और पुरुष उन्मुक्त यौन सम्भोग करते हैं। यह पूजा बहुत असभ्य होती है। इस पूजा को 'फार' कहते हैं। पुजारियों ने इस पद्धति का निषेध किया था। उन्होंने आज्ञा जारी की थी कि आराधकों को चड्ढियाँ पहननी चाहिए।

हीब्रुओं का देवता यहवू भी इसी प्रकार का लिंगरूपी है। जियोराह नामक व्यक्ति ने इस विग्रह के सामने अपने लड़के की सुन्नत करवाई और रक्तार्पण किया था। इस देवता को जिस नाम से पुकारा जाता है उसका अर्थ है कि 'योनि को खोलनेवाला'। सिकेम नामक प्रदेश में जोशो नामक व्यक्ति ने एक स्तम्भ की पूजा की थी। गिनियात् में सालोमैन ने एक पत्थर रखकर पूजा की थी।

जेनिसिस के 28वें भाग में जाकब से सम्बन्धित कहानी का विस्तृत विश्लेषण मिलता है। बेतएल नामक एक प्रदेश है। इसका अर्थ होता है कि ईश्वर का घर।

---

1. रस्किन का कहना है कि इंग्लैंड में डमस्टेन आबी गिरजाघर की खिड़कियों के आकार सुन्दर योनि के रूप में हैं। ओ.ए. वाल, सेक्स एंड सेक्स वर्शिप, पृ. 478।
2. ओ.ए. वाल, सेक्स एंड सेक्स वर्शिप, पृ. 471।

उस प्रदेश का पहला नाम लजू था। आजकल इसी प्रदेश को बेतलहेम के नाम से पुकारते हैं। यहोवा पत्थर पूजने के रिवाज के विरुद्ध था। मोजेस ने नए पत्थर रखकर पूजा करने की प्रथा का निषेध किया था। वह पुराने पत्थरों की पूजा करना चाहता था।

सीरिया में सेजैरस नामक जाति के लोग 'दि फेस्टिवेल ऑफ दि ऊँब' नामक त्योहार मनाते हैं। यह त्योहार योनि पूजा से सम्बन्धित है। नग्न स्त्रियों के गुप्तांगों को पुरुष चूमते हैं, यही इस त्योहार की विशेषता है। मैक्सिको के द्वार और खिड़कियों पर लगाने वाले बन्दनवारों में, गिरजाघरों में, घरों में प्रजनन-तंत्रों की भावना का प्रतिबिम्ब दिखाई पड़ता है।

ईसाई धर्म की प्रारम्भिक दशा में ग्नास्टिक्स नामक एक जाति थी। एक त्योहार के समय में वे प्रधान रूप से उन्मुक्त सम्भोग करते थे। देवालय उनके प्रजनन-तंत्रों का स्थान था। इनके प्रजनन-तंत्रों का चिह्न दो त्रिकोण है। यह चिह्न स्त्री-पुरुष सहवास का संकेत करता है। यह चिह्न छः कोणों का संगम है।

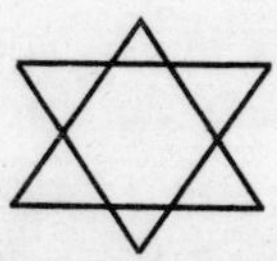

ऊपर के त्रिकोण का जो नुकीला भाग है पुरुषांग का चिह्न है। नीचे के त्रिकोण का भाग योनि का चिह्न है। इसे डेविडशील्ड कहते हैं। पत्थरों में इस तरह के चिह्न को तराशकर घरों में रखने की प्रथा है। यहूदियों के विवाहों में नई जोड़ी द्वारा जो कपड़ा ओढ़ा जाता है, उस पर यही चिह्न रहता है। हमारे भारतीयों के कई धर्मों के यंत्रों में, धार्मिक कार्यक्रमों में, चौकापूरन में यही चिह्न दिखाई पड़ते हैं। इसी प्रकार हमारे स्वस्तिक चिह्न एक स्त्री तथा कई पुरुषों के गुप्तांगों का चिह्न है। स्वस्तिक चिह्न को घरों में तथा मन्दिरों में भी देख सकते हैं। उत्तर भारत में इसका रिवाज अधिक है। प्राचीनकाल में ईसाई लोग अपने घरों पर स्वस्तिक डालते थे, गले में स्वस्तिक चिह्न वाले बिल्ले पहनते थे। अपने पूर्वज प्रतीक पूजक थे।

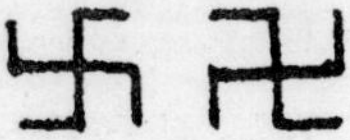

अजेकर शिथिल शिल्पों पर (यूक्टान मध्य अमेरिका) अक्समाल् प्रान्त में, मैक्सिको के एजटेक देवालयों में ऐसे चिह्न मिल चुके हैं। ये सब अतिप्राचीन काल के अवशेष हैं। इन चिह्नों को स्कांडिनेविया में थोरस् हामर कहते हैं। इस देवता की वे दम्पती-देवता के रूप में आराधना करते हैं। प्राचीनकाल में ऐरिष प्रदेश में एक चिह्न की अधिक आराधना होती थी। यह चिह्न इस प्रकार का था–

प्रारम्भिक दशा में ईसाई धर्म का चिह्न स्वस्तिक था। फ्रांस, इग्लैंड, जर्मनी आदि देशों के गिरजाघरों के प्रधान द्वारों के दोनों तरफ मिथुन-मूर्तियाँ दिखाई पड़ती हैं। भक्त इनकी आराधना किए बिना अन्दर नहीं जा सकते।

गिरजाघरों में आल्टार विग्रह के पास ऊपर जो गुम्बद होता है वहाँ पर आदम एंड ईव के सम्भोग चित्र चित्रित करने की प्रथा है। क्रामवेल के समय में इन चित्रों को इक्लोक्ला स्टसो ने ध्वंस किया था। काम्टाक्स् क्रूसेड्स भी इसी प्रकार का एक आन्दोलन था। उन्हें इस लिंगपूजा, (फालिक वर्शिप) जो दुनिया की सारी संस्कृतियों में पाई जाती है, के पीछे के कारण, भावनाएँ, तत्त्व, अर्थ आदि के बारे में मालूम नहीं था। इसलिए उन्होंने इस पूजा को एक असभ्य तथा अश्लील दिगम्बर कला के रूप में देखा था तथा इन सबका नाश किया था। मैक्सिको के देवालयों में हर जगह मिथुन-मूर्तियाँ दिखाई पड़ती हैं। मिस्र देश की देवी माँ का चिह्न लकड़ी है। यह स्त्री-पुरुष के सहवास का चिह्न है। इसी चिह्न ने गिरजाघरों में क्रक्स, अन्सारा, क्रॉस विद दि हॉडल का रूप धारण कर लिया। ये गिरजाघरों के पादरियों के हाथों में रहते हैं।[1] यह जीवन का प्रतीक है। इसी चिह्न ने भारत देश में लिंग तथा गौरी वट्टम् का रूप धारण कर लिया।

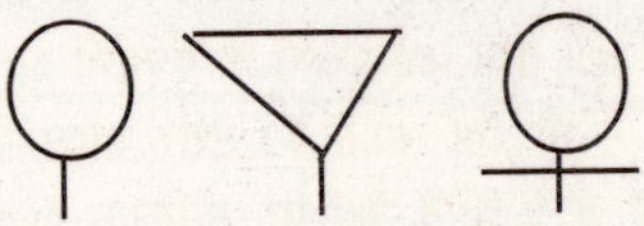

"पुरुष स्त्री के बिना अकेला है, स्त्री पुरुष के बिना नहीं। दोनों के मिलन से अनेक बन जाते हैं।" इस सूक्त का चिह्न क्रॉस है। जन्तुशास्त्र में स्त्री-पुरुष चिह्न भी यही है।

1. क्रॉस ईसाई जन्म के पहले से ही एक आराधनीय वस्तु थी। यह लिंग रूप में था। प्राचीन समय में देवालयों के पादरी इसका उपयोग करते थे। कुछ समय के बाद इस चिह्न को दुराचार का प्रतीक माना गया था। इस पर निषेध लगाया गया था। होवरड के सेक्स एंड रिलीजन में इससे सम्बन्धित विवरण मिलते हैं। ई. पू. 336 में इयाम् बिलक्स ने कहा था कि यह क्रॉस पुष्टि तथा जीवन का प्रतीक है। धियोडोसियस् नामक राजा ने क्रॉस को गिरजाघरों के मार्गों पर न रखने के लिए आज्ञा जारी की थी। –जी.आर. स्कॉट, फालिक वर्शिप, पृ. 260।

मेल फीमेल हेमफोर्डर

ये चिह्न सूबन मिस्र की मातृ देवियों के हाथों में रहते हैं। सूबन पुराणों में मातृ देवी को पंछी का रूप दिया गया है। वहाँ के देवालयों पर कई ऐसे शिल्प मिलते हैं जिनमें ऐसा तराशा गया है कि सोए हुए पुरुष के जननांग पर स्त्री अँगूठी रख रही है। ये सब प्रजनन-तंत्रों के प्रतीक हैं।

प्राचीन रोम संस्कृति में एक चरण में स्त्री पुरुष की दासी मानी जाती थी। पुरुष स्त्रियों को घर में रखते थे। वे घर से बाहर नहीं जा सकती थीं किन्तु घर में पूरा अधिकार स्त्रियों का था। अगर पति कहीं दूर जाते थे तो अपनी पत्नियों को अँगूठी की आकृति में बनाई गई मुद्राएँ देकर जाते थे। यह स्त्री के लिए बाहर जाने का एक लाइसेंस था। धीरे-धीरे इसी चिह्न ने आधुनिक युग में विवाहों में दी जानेवाली अँगूठियों का रूप धारण कर लिया है। उस जमाने में जिस स्त्री के पास यह मुद्रा नहीं रहती थी, वह व्यभिचारिणी के रूप में देखी जाती थी। मध्ययुग में इस मैरिज रिंग (इंगेजमेंट रिंग) को 'पोसिरिंग्स' के नाम से पुकारते थे। इसे विवाह के समय में या तो पुजारी या पति स्त्री की उँगली में डालते थे। इस पर 'मुलीर विरोसुस्जेक्ट एस्टो' (दि वूमन शल बी सब्जेक्ट टू दि मैन) नामक पंक्तियाँ जड़ते थे। आजकल अँगूठियों पर 'लव एंड ओबे', 'फियर ऑफ गॉड' आदि पंक्तियों के जड़ने की प्रथा है। ईसाई फादर इस अँगूठी को अपने पाँव की उँगली में डालता है और भाषण देता है। इस अँगूठी को ईसाई लोग चूमते हैं। यह रिवाज कई देशों में दिखाई पड़ता है। अँगूठी को स्त्री-गुप्तांग के प्रतीक के रूप में देखा जाता है इसलिए आज सारी दुनिया में विवाह संस्कार के समय अँगूठी पहनने की प्रथा मानी जाती है। इस आधुनिक युग में भी मैरिज रिंग का बहुत महत्त्व है।

रोम के मन्दिरों में ही नहीं घरों में भी मिथुन-मूर्तियाँ रखने की प्रथा दिखाई पड़ती है। सांगर की पुस्तक 'व्यभिचार : स्वरूप एवं विकास' में इससे सम्बन्धित विस्तृत विश्लेषण मिलता है।

हमारे भारत देश में नए घरों में हौओं को रखने की प्रथा है। इनका जननांग बड़ा रहता है। इस जननांग को लाल रंग लगाते हैं। यह प्रथा प्रजनन-तंत्रों से जुड़ी हुई है। गृहप्रवेश के समय में गाय को पूरे घर में घुमाते हैं। इस प्रथा के निभाने के पीछे यही कारण है कि घर गोसम्पदा की तरह बाल-बच्चों से भर

जाए। इसी भावना से घर के सामने ऐसे चित्र रखते हैं जिनमें चौखट के अन्दर पंछी रहते हैं। चित्र देखिए–

शुभलाभ भी लिखा जाता है। बीच में स्वस्तिक भी डालते हैं। इन सबको प्रजनन-तंत्रों से सम्बन्धित प्रतीकों के रूप में देखना चाहिए। देवालयों में रहनेवाली घंटियाँ भी प्रजनन-तंत्रों से सम्बन्धित हैं। घंटियाँ स्त्री-पुरुष सम्भोग का चिह्न हैं। घंटी बजाने के पीछे यही भावना है कि सृष्टि कार्य रुका नहीं अभी सृष्टि चल रही है। "घंटी का गुम्बद भाग ऐसिस देवी का जननांग है। बीच का भाग (जो लम्बा होता है) आसिरिस जननांग है। ये दोनों योनि तथा लिंग का प्रतीक हैं।" ये वाक्य पेन्जेनैर द्वारा लिखित हैं। घंटी बजाने की प्रथा सारी दुनिया में पाई जाती है। इसके पीछे यह भावना निहित है कि घंटी बजाना माने दुष्ट शक्तियों को दूर भगाना है। गिरजाघरों में घंटी बजाने के पीछे यही भावना निहित है कि मनुष्य यह कह रहा है कि ईश्वर चल रहा है। सृष्टि कार्य चल रहा है। मिस्त्र देश में यहूदी पुजारी अपने कपड़ों में घंटियाँ बाँधते हैं। उस जमाने में उनको ही ईश्वर माना जाता था। प्रियापस के देवालयों में ये घंटियाँ अधिक संख्या में दिखाई पड़ती हैं। फोरलांग[1] भी इस विचार से सहमत हैं।[2]

भारत देश में जंगम तथा काशी के कावडी लोग घंटियाँ बजाते घूमते हैं। इनका विश्वास है कि जंगमदेवियाँ प्रजनन में सहायता देती हैं। चीन में यिन और यांग देवी-देवता के रूप में माने जाते हैं। यांग से भी शांग तथा ट्रे प्रधान देवता माने जाते हैं। शिंग लिंगाकृति में रहता है। भू देवी योनि मानी जाती है। मेरी की तरह यह देवी भी अविवाहित माँ थी। क्वाई यिन, प्रधान प्रजनन देवी है। इस देवी को 'योनि ऑफ योनिन,' 'मदर ऑफ मदर्स' के नाम से पुकारते हैं। कुछ लोग इस देवी को शांग की पत्नी के रूप में मानते हैं। जापान में भी इसकी पूजा की जाती है। जापान में कुनाडो लिंगाकृति में रहता है। इसकी पूजा होती है। साहेनोकामि भी देवता है। शिंटोइस्ट तथा बौद्ध भी इसकी पूजा करते हैं। कोनेनेइ म्योजिन देवालयों पर कवान नान (वीनस देवी) जैसे अश्लील शिल्प हैं। ये सब प्रजनन चिह्न हैं। असाकुसा शिंट् देवालयों पर भी ऐसे कई अश्लील शिल्प हैं। प्रजनन-तंत्र इन देवालयों में माने जाते हैं। इसबेल्ला एला बरदू ने अपने ग्रन्थ में इससे सम्बन्धित सारे विषयों का विश्लेषण किया है।[3]

---

1. यॉन इनक्वइरी इन टु दि सिंबालिकल लैंग्वेज ऑफ एनशिएंट आर्ट एंड मैथालॉजी।
2. जे.जे.आर. फरलांग, रिवर्स ऑफ लाइफ–भाग-1, पृ. 232।
3. इसबेल्ला एल. बरड़–अनबीटेन–ट्राक्स इन जापान–भाग-1, पृ. 67

सारी दुनिया की विविध संस्कृतियों को देखने के बाद हमारे सामने एक बात स्पष्ट हो जाती है कि देवालय निर्माण के पीछे लिंगपूजा की भावना निहित है। प्रजनन शक्ति बढ़ाने की दृष्टि से मिथुन मूर्तियाँ देवालयों में रखी जाती थीं। गिरजाघर, देवालय, मसजिद आदि पृथ्वी से ऊपर आए हुए पुरुष जननांग हैं। देवालय के बीच में जो गुम्बद भाग होता है वह स्त्री जननांग है। गोपुर पुरुष जननांग का चिह्न है। यह सब प्रजनन-तंत्रों के प्रतिबिम्ब हैं। इन सबमें एक समानता है, वह यह है कि ऊपर का गुम्बद भाग ऊपर जाते-जाते पतला बन जाता है।

भारत देश के देवालयों में मिथुन शिल्प कई दिखाई पड़ते हैं। ये शिल्प सभी कालों में दिखाई पड़ते हैं। जनजातियाँ जिन प्रान्तों में रहती हैं वहाँ के देवालय और शिल्प निर्माण के पीछे प्रजनन-तंत्रों की भावना दिखाई पड़ती है। ओरिस्सा में देवालयों का निर्माण लिंगाकृति में ही है। तमिलनाडु प्रान्त के देवालयों में निचला भाग विशाल होता है, इसे योनि के रूप में देखा जाता है। बीच में जो भाग शिखर की तरह ऊपर जाता है उसे पुरुषांग के रूप में देखते हैं। मध्य भाग को गर्भालय, गर्भगृह कहा जाता है। ये नाम इसी भावना के संकेत हैं।[1]

देवालय, गिरजाघर, मसजिद आदि आदिमानव के मन की सौभाग्यवर्धक भावना के प्रतिबिम्ब हैं। मिथुन मूर्तियों में आदिमानव के मनोभाव झलक पड़ते हैं। समय में परिवर्तन आया। आदिमानव के विचार और मनोभावनाएँ, जो प्रकृति से जुड़ी हुई हैं, आधुनिक मानव को अच्छी नहीं लगीं। समय के साथ-साथ पूर्वजों के विचार, कार्य संस्कृति, प्रजनन-तंत्र आदि में भी काफी परिवर्तन आया। फिर भी ये सब पूर्ण रूप से लुप्त नहीं हुए। इसके प्रतिबिम्ब कहीं न कहीं दिखाई पड़ते हैं। प्रत्यक्ष उन्मुक्त सम्भोग जब से असभ्य तथा अश्लील बन गया तब से इन भावनाओं को मिथुन शिल्पों के रूप में, कुछ त्योहारों के रूप में व्यक्त करते हुए मानव सन्तुष्ट होता रहा है।

7. भारत के देवालय तथा प्रजनन-तंत्रों के चिह्न

भारत देश में देवालयों का इतिहास आधुनिक है। पश्चिम एशिया, ग्रीक, रोम, आदि देशों के देवालय अतिप्राचीन हैं। वहाँ पर दास प्रथा तथा नगरों का जन्म एक ही समय में हुआ। मालिक गुलामों को मुट्ठी में रखने के लिए कई प्रयत्न करते थे। प्रत्यक्ष तथा अप्रत्यक्ष रूप में डराकर गुलामों को वे पाँवों के नीचे रखते थे। मालिक अपने देवताओं को भयंकर रूप देते थे। एक प्रकार से ये देवता भी गुलामों के

1. जेम्स जे. प्रस्टन कल्ट ऑफ दि गॉडेसेस, पृ. 48।

यजमान बन गए। इसका अर्थ यह होता है कि गुलाम, मालिक तथा उनके देवताओं से बेहद डरते थे। दासों का जो राजा था, वही प्रधान पुजारी का काम करता था। नगरों को प्रधान प्रजनन देवताओं का नाम दिया जाता था। उदाहरण के लिए, एथना के नाम पर एथेंस नगर का जन्म हुआ। धीरे-धीरे नगरों के नाम देवताओं को देने की प्रथा आई। पश्चिम एशिया में गिरुसु नामक नगर का निर्माण हुआ। इस नगर के नाम पर एक देवता को निंगिरुसु नाम दिया गया था।

तब के सारे देवालयों में स्त्री मूर्तियाँ पूजी जाती थीं। कृषि का काफी विकास हुआ, इसलिए भूसौभाग्य-तंत्रों के कार्यक्रम की जिम्मेदारी राजपुरोहित पर आ पड़ी। देश में अगर कहीं बाढ़, अकाल आए तो यही समझा जाता था कि राज दुर्भाग्य ही इसका कारण है।[1] कष्ट-वष्ट आएँ तो प्रजा यही समझती थी कि इसका कारण अपना राजपुजारी ही है। इसलिए जब भी फसल अच्छी नहीं हुई या कुछ अन्य कष्ट आए तो लोग राजपुजारी को पीटते थे, मारते थे। प्रजा पुराने राजपुजारी को निकालकर नए राजपुजारी को नियुक्त करती थी। इतिहास में इस विषय से सम्बन्धित कई उदाहरण मिलते हैं।

भूसौभाग्यवर्धक क्रिया तथा राजपुजारी के वाजीकरण के बीच बहुत ही नजदीक सम्बन्ध था। बुढापे के लक्षण दिखाई पड़ते ही राजपुजारी ही सर झुकाता था, नहीं तो प्रजा उसे बलपूर्वक सिंहासन से हटाती थी। हमारे पुराणों में युवराज को पट्टाभिषेक करना, बूढ़े राजा का वानप्रस्थ जाना आदि विषयों से सम्बन्धित कई कहानियाँ मिलती हैं। ये सब इसी भावना को संकेत करते हैं। भारत में ययातिपुर की कहानी इसी विषय का ही संकेत करती है।

कई देशों में राजपुजारियों में बुढ़ापे के लक्षण दिखते ही उनको मार डालने की प्रथा थी। फ्रेजर ने इससे सम्बन्धित कई उदाहरण दिए थे। इस स्थिति से बचने के लिए राजा और पुजारी दोनों की जिम्मेदारियाँ अलग-अलग व्यक्ति निभाने लगे। धीरे-धीरे राजा तथा पुजारी दो अलग वर्ग बन गए।

मिस्र देश में राजा तथा पुरोहित की जिम्मेदारियाँ एक ही व्यक्ति निभाता था। यह दशा काफी समय तक थी। जब दोनों अलग-अलग हो गए तब पुजारियों की प्रधानता बढ़ने लगी। प्रजा में यह विश्वास बैठ गया कि पुजारी ही प्रजनन शक्ति को बढ़ाता है। वाजीकरण शक्ति घटने के कारण राजा तथा पुजारी में श्रम विभाजन होने लगा। पुजारी भी इस शक्ति को दूसरों को देने के लिए तैयार हो गया। इसके पीछे यही कारण था कि बुढ़ापे के लक्षण दिखते ही प्रजा मारने के लिए तैयार हो जाती थी। अब एक उप-पुजारी वर्ग का निर्माण होने लगा। प्रजनन शक्ति के लिए इन

1. सम्पादक—डेविड एल. सिल्स, इंटरनेशनल एनसाइक्लोपीडिया ऑफ सोशल सैनसेस—भाग-8, जे. एच. एम. बीटी के निबन्ध के आधार पर, पृ. 387।

उप-पुजारियों के लिंगों की पूजा स्त्रियाँ करती थीं। चाल्डया देश में इस प्रकार का रिवाज अधिक प्रचार में है। हमारे देश में भी कई त्योहारों में यह प्रथा दिखाई पड़ती है, किन्तु खुल्लम-खुल्ला नहीं। यह प्रथा कुछ त्योहारों की आड़ में अब भी चल रही है। लिंगाकृति में मोदक बनाकर सबको बाँटने का रिवाज आन्ध्र में आज भी है। धीरे-धीरे प्रजा में एक विश्वास बैठ गया कि सौभाग्य-मोदक खाने से मूर्खता बढ़ेगी। इसका कारण यही है कि उप-पुजारी केवल अपने लिंग को शक्ति देने के उपाय के बिना और कुछ नहीं जानते थे। वे मूर्ख थे। गणेश चतुर्थी के दिन मोदकों को हरे-भरे पेड़ पर, घरों पर, पानी में डालने की प्रथा आज भी है। वृहत्कथा पीठिका को वर्षोपाध्या कथा में कहा गया है कि वाजीकरण और मूर्खता का परस्पर सम्बन्ध है।

देवालय के प्रांगण में युवक-युवती का स्वेच्छा से सहवास करना दूसरी पद्धति है।[1] उनका विश्वास था कि उन्मुक्त यौन सम्भोग से पृथ्वी पुलकित हो जाती है। अष्टारति देवालय में स्त्री-पुरुष द्वारा स्वेच्छा से सहवास करने की प्रथा पाई जाती है। इसके पीछे प्रजनन-तंत्र की भावना निहित है।

इस प्रकार बृहत्सौभाग्य क्रिया करने के कारण पुजारी प्रजा की क्रोधाग्नि से बच जाता था। नित्य यौवन की भावना का प्रचार करते हुए वह अपने आपको बचा लेता था। वह अपने आपको बचाने के लिए, अपने आपको जितेन्द्रियत्व से और ऊर्ध्व रेतस्कता से जोड़ लिया। स्वाँग खंडन की क्रिया करके षंडा बन गया। ये षंड पुजारी ही धीरे-धीरे पंडा बन गए।[2] स्व. धर्माराव जी ने इस विषय का विश्लेषण किया था। यह रिवाज आज भी कई प्रदेशों में दिखाई पड़ता है। पुजारी स्त्री वेषधारी बनकर अक्कल देवालयों के पास रहते हैं। यह प्रथा आन्ध्र में अधिक है। आजकल ये स्त्री वेषधारी पुजारी भीख माँगकर जीवन बिता रहे हैं।[3]

इस तंत्र ने वामाचार का रूप धारण कर लिया। समयाचार या अन्य तंत्रों का वामाचार जैसा महत्त्व नहीं है। आगे, विवाह संस्कार : स्वरूप एवं विकास, में इस विषय का विश्लेषण किया जाएगा।

ये सब प्रथाएँ समाज विकास-क्रम के साथ-साथ बदलती गईं। देवालयों में प्रत्यक्ष लिंगपूजाएँ, कामक्रीड़ाएँ कम होती गईं। अर्चना की पद्धति भी बदल गई। पुरोहित पुजारियों की स्थिति बदल गई। देवालयों में मिथुन-मूर्तियाँ रखने की प्रथा

---

1. जापान में लड़कियाँ अपने माता-पिता से आज्ञा लेकर देवालयों में वेश्यावृत्ति करती हैं। इस कमाई से बाद में विवाह कर लेती हैं।–ब्रर्ट्रेंड रस्सेल, मैरिज एंड मोरल्स, भाग-11, पृ. 120।
2. ब्रिफाल्ट–दि मदर्स, पृ. 209।
3. इस्तार, सीरिया, गालि, कौरेटिस, पेसिनास् हिट्टयि, एफिसियस, अर्थिमिस आदि देवालयों में पुजारी स्वाँग खंडन करते हैं। देवी प्रसाद चटोपाध्याय ने इसका समर्थन किया है। ब्रिफाल्ट–दि मदर्स, भाग-2, पृ. 543।

में लिंगपूजाओं, उन्मुक्त यौन सम्भोग का प्रतिबिम्ब दिखाई पड़ता है। पश्चिमी देशों में दास युग में देवालयों का जन्म हुआ। उसी युग के अन्त में इनका भी अन्त हुआ। एकेश्वरोपासना की पद्धति आई। प्रजनन-तंत्रों के उपांग मंत्र-तंत्र शक्तियों का महत्त्व यूरोप में बढ़ता गया। इस क्रिया को विचक्राकर कहा जाता है। इनको वियेस कहते हैं। ये सब वामभूताचार पुजारिणियाँ ही हैं।

हमारे देश में देवालयों का निर्माण फ्यूडल युग में आरम्भ हुआ। इनका आविर्भाव सारे देश में एक ही समय में नहीं हुआ। बौद्ध धर्म में भस्म तथा धातु की पूजा करने की प्रथा है। इन पूजाओं के लिए स्तूपों का निर्माण हुआ। देवालयों के निर्माण का आधार ये ही स्तूप हैं। उत्तर में ई. पू. 2-5 शताब्दियों के मध्यकाल से इसका आरम्भ हुआ। दक्षिण में ई. पू. 7-10 शताब्दियों के मध्यकाल में इसका आरम्भ हुआ होगा। नगरों में देवालय बड़े-बड़े आकारों में बनाए जाते थे। ग्रामों में देवालय गोल रहते थे और छोटे-छोटे रहते थे।

साधारणतया ग्रामों में जो जनजीवन है वह नगरों में नहीं पाया जाता है। जनजातियों के कबीले जब जनजीवन की मुख्यधारा में मिल जाते थे, उनके रीति-रिवाजों का प्रतिबिम्ब उन प्रान्तों में पड़ता था। भारत देश में कुछ परिस्थितियों में कुछ कबीले ग्राम और नगरों का निर्माण करते थे और अधिकारी बन जाते थे। तब ग्राम देवालय तथा नगर देवालयों के निर्माण तथा रीति-रिवाजों में कोई भेद नहीं रहता था। ग्रामीण देवालयों में प्रजनन-तंत्र खुलकर होते थे। किन्तु नगर देवालयों में ऐसा नहीं होता था। इन देवालयों में मिथुन-मूर्तियाँ रखने की प्रथा सर्वत्र दिखाई पड़ती है। नगरवासी उन्मुक्त यौन सम्भोग असभ्य तथा अश्लील मानते थे। किन्तु पूर्णरूप से इस भावना को निकाल भी नहीं सकते थे। इसलिए मिथुन मूर्तियों के रूप में प्रजनन-तंत्रों को व्यक्त करने का प्रयत्न करते थे। निष्कर्ष यह निकलता है कि उन्मुक्त यौन सम्भोग का प्रतिबिम्ब मैथुन-मूर्तियों में दिखाई पड़ता है। त्योहारों में अश्लील गालियाँ निकालना इसका एक अंश है। लोकायत में लिखा गया है कि "इसके अलावा भाषा की अश्लीलता का भी सुनिश्चित उद्देश्य था। विश्वास किया जाता है कि दैवी उत्पादन शक्ति जो प्रकृति पशुओं और स्त्रियों को उर्वर बनाती है, न केवल यौन सम्भोग से बल्कि कामासक्त तथा वासनात्मक भाषा या क्रियाएँ भी उद्दीप्त होती हैं। इसीलिए अश्लील हास-परिहास तथा वार्तालाप पुरातन आदिम उर्वरता अनुष्ठान का एक महत्त्वपूर्ण पक्ष था।[1]

जनजातियाँ जिन प्रान्तों में रहती हैं उन प्रान्तों में ये सब दिखाई पड़ते हैं। मध्य प्रदेश (खजुराहो), उड़ीसा (कोणार्क) के देवालयों के शिल्पों में तथा यहाँ के उत्सवों में, अनुष्ठानों में आदिम उर्वरता की भावना व्यक्त होती है।

1. लोकायत, हिन्दी अनुवाद, ब्रजेश शर्मा, पृ. 25।

ग्रामीण व्यवस्था का आरम्भ होने के बाद राजा ऐसे धर्मों को ही स्वीकार करते थे जो उर्वरता अनुष्ठानों को स्वीकार करते थे। नगर निर्माण की दशा में बौद्ध धर्म अधिक व्याप्ति में था। नगरों में हस्तकलाओं का महत्त्व बढ़ने लगा। बौद्ध धर्म ने व्यापारियों का जनजातियों से रक्षण किया था। बौद्ध धर्म के लोग कई कबीलों को अपने संघ में मिला लेते थे। इस प्रकार जनजातियों को सभ्यता सिखाने के कारण व्यापारी संघ बौद्ध धर्मावलम्बियों को रहने के लिए कई आरोमों का निर्माण करते थे। वे इन आरोमों में सारी सुविधाओं का इन्तजाम करते थे। व्यापारी तथा बौद्ध धर्म के लोग कृषि संस्कृति के प्रति ध्यान नहीं देते थे। बौद्ध धर्म में भूसौभाग्यवर्धन के लिए कोई उपाय नहीं थे। इस स्थिति में वैदिक लोगों ने सब तंत्रों को अपने हाथ में ले लिया। इसलिए उस काल में महाराज अपनी धन-दौलत को बौद्ध आरोमों को दान करते थे। महारानियाँ यज्ञ करवाती थीं तथा प्रजनन-तंत्रों को आचरण में रखती थीं। इस प्रकार वे अपने राज्य पर अधिकार न खोने के लिए तथा प्रजा पर अपना प्रभाव कम न होने के लिए काफी प्रयत्न करती थीं। अपने राजवंश की रक्षा करती थीं। ग्रामीण व्यवस्था जब से स्थिरता पाने लगी तब से बौद्ध धर्म का महत्त्व घटने लगा। प्रजनन-तंत्रों के कारण वैदिक संस्कृति का महत्त्व बढ़ने लगा।

कुछ समय के बाद बौद्ध धर्मावलम्बियों ने इन तंत्रों को अपने धर्म में मिला लिया, क्योंकि इसके बिना उनका धर्म क्षीण हो जाने की सम्भावना थी। कई कबीलों के रीति-रिवाजों को, पद्धतियों को अपनाने का विचार भी उनमें आया किन्तु ऐसा नहीं हो सका। धीरे-धीरे प्रत्यक्ष तथा परोक्ष के सभी तंत्र लुप्त होने लगे। बौद्ध धर्मावलम्बी इस विषय को समझ नहीं पाए। वैष्णवों के सौभाग्य-तंत्रों को उन्होंने स्वीकार किया किन्तु प्रजा इनसे विमुख होने लगी। इसका कारण यही था कि ये तंत्र असह्य थे। स्थानीय प्रजनन-तंत्रों को स्वीकार करनेवाले बौद्ध अवलम्बी वज्रयान कहलाने लगे। यह धर्म वज्रयान धर्म बन गया। वज्रायन उस जमाने में तारणि बनवाते थे। ये तारणियाँ देवताओं के निलय थे। ये देवालय 'लंजगुल्लु' (यह तेलुगु शब्द है। इसका अर्थ है कि व्यभिचारियों के देवालय) कहे जाते थे। धीरे-धीरे ये देवालय नष्ट होने लगे केवल टीले ही रह गए। आजकल इन टीलों को लंजल दिब्बा कहते हैं।

बौद्ध धर्म के पतन तथा ब्रह्मणोत्थान के काल में देवालयों का आविर्भाव हुआ। इसके पहले ही ब्रह्मकार्यों से, यज्ञों से प्रजनन-तंत्र जुड़ गए। इसलिए अब देवालय प्रजनन-तंत्रों के केन्द्र नहीं रहे। बहिरंग मैथुन क्रियाएँ देवालयों में कम होती गईं। फिर पूर्ण रूप से लुप्त नहीं हुए। इस स्थिति में देवदासि तथा बसिविरांडु (यह तेलुगु शब्द है) संस्थाओं का आविर्भाव हुआ। आज भी प्रजनन-तंत्र तथा देवालयों के बीच गहरा सम्बन्ध है। यह सम्बन्ध पूर्ण रूप से टूटा नहीं। जब यह

सम्बन्ध पूर्ण रूप से टूट जाएगा तब देवालयों का महत्त्व घट जाएगा। देवालय कुछ प्राचीन अवशेषों के रूप में रह जाएँगे।

स्व. धर्माराव जी ने अपनी रचना 'देवालयों पर मिथुन-मूर्तियाँ क्यों?' में देवालयों का जन्म किस प्रकार हुआ? उनमें होनेवाले उर्वरता अनुष्ठान, और इन कर्मकांडों में पुजारियों का स्थान, उनके लक्षण आदि विषयों का विश्लेषण करने का प्रयत्न किया है। साहित्य तथा इतिहास के आधार पर उन्होंने इस सत्य को पाठकों के सामने रखने का प्रयत्न किया है कि ये उर्वरता अनुष्ठान केवल भारत के देवालयों में नहीं सारी दुनिया के देवालयों में होते थे। उन्होंने उदाहरण के रूप में सुमेरियन, असीरियन, मिस्र, ग्रीक, रोम आदि की सभ्यताओं को तथा उस समय होनेवाले आदिम उर्वरता अनुष्ठान तथा मिथुन-पूजाओं से सम्बन्धित विषयों को प्रस्तुत किया है। इस रचना में सारी दुनिया के त्योहारों का विश्लेषण हुआ है। अन्य देशों के उर्वरता अनुष्ठान तथा त्योहार, भारत देश के अनुष्ठान तथा त्योहारों में काफी समानता पाई जाती है।

लेखक का कहना है कि पुराण काल की दशा में भी मिथुन पूजा की भावना दिखाई पड़ती है। पौंडरीक तथा अश्वमेध यज्ञों में प्राचीन उर्वरता अनुष्ठानों का प्रतिबिम्ब दिखाई पड़ता है। ये सब एक समय में पवित्र कार्य थे किन्तु धीरे-धीरे ये ही असभ्य तथा अश्लील बन गए। फिर भी इनका प्रभाव एकदम पूर्णरूप से लुप्त नहीं हुआ। इस सन्दर्भ में उन्होंने तेलुगु रचना हरविलासम् का विश्लेषण किया है। कुछ त्योहारों में, देवालयों में होने वाले कर्मकांडों में मैथुन पूजा की भावना दिखाई पड़ती है। कामदहन त्योहार को उदाहरण के रूप में ले सकते हैं। मन्दिरों में पत्थरों की पूजा करना, मन्नत माँगना, पेड़ों का प्रदक्षिण करना आदि कार्यों के पीछे सन्तान प्राप्ति और पुनर्जन्म की भावना है। सँकरीले पत्थरों के मार्ग से गुजरना प्रजनन शक्ति बढ़ाने की भावना से ही सम्बन्धित है। इस प्रकार स्व. धर्माराव जी ने अपनी रचना 'देवालयों पर मिथुन-मूर्तियाँ क्यों?' में आदिम समाज के चित्र निकालकर हमारे सामने रखे हैं।

8. लोहे की कमरपेटियाँ : विश्लेषण

स्व. धर्माराव जी की रचना 'लोहे की कमरपेटियाँ' में समाज विकास-क्रम के कुछ चरणों में स्त्री-पुरुष सम्बन्धों में आए हुए परिवर्तनों का, कमरपेटियों के जन्म के पीछे के कारणों का विवेचन हुआ है। ऐतिहासिक प्रमाण भी दिए गए हैं। लोहे की कमरपेटियों का निर्माण कैसे हुआ, क्यों हुआ? इस निर्माण के पीछे क्या कारण थे? मानव स्वभाव तथा कमरपेटियों का क्या सम्बन्ध है? आदि विषयों को पूर्ण रूप से समझने के लिए समाज विकास-क्रम तथा स्त्री-पुरुष सम्बन्धों पर दृष्टि डालनी

चाहिए। अंग्रेजी में लोहे की कमरपेटियों को चेस्टिटी बेल्ट्स कहते हैं। तेलुगु में 'इनपकच्चडालु' कहते हैं। तेलुगु साहित्य में इस शब्द का प्रयोग हुआ है।[1] ब्रह्मचर्य का सम्बन्ध इस शब्द से है। वेदकाल में ब्रह्मचर्य माने वेदाभ्यास है। वेदाभ्यास करने

---

1. तेलुगु में एक लोकोक्ति है। 'मुद्दरूलु मुद्दरूलुगा उंडगाते मुग्गुरु बिड्डल तल्लाह दि।' सामान्यतः किसी भी भाषा की लोकोक्तियाँ या मुहावरों में जनजीवन का प्रतिबिम्ब दिखाई पड़ता है। इस लोकोक्ति का अर्थ यह है कि मुहर जैसी थी वैसी है किन्तु वह तीन बच्चों की माँ बन गई। निस्सन्देह हम यह कह सकते हैं कि यह लोकोक्ति स्त्री से सम्बन्धित है। यह मुहर क्या थी? तेलुगु में कमरपेटी को 'कच्चडमु' कहते हैं। कच्च का अर्थ होता है कि कच्छ, कछौटी, कौपीन। कच्च बिगिंयडमु, कच्चपोसि कट्टुकोवडमु आदि प्रचलित तेलुगु शब्द हैं। कच्च शब्द 'कासे' के रूप में परिवर्तित हुआ। कच्चकाडु शब्द का अर्थ है मुनि। सिक्ख लोगों के पंचककार में कच्छा, केश, कड़ा, कंकण, कृपाण आदि शब्द हैं। तेलुगु साहित्य में कच्च शब्द का प्रयोग कई बार हुआ है। प्रमुख तेलुगु कवि एय्राप्रगडा ने अपने 'हरिवंशम्' नामक रचना में कच्चा शब्द का उपयोग किया था। 'मोल गच्चै कहुपै मलगित पच्चनि नुनुगोंगु दिंडुगा लुलिमि चुट्टि' (गच्चॉ यहाँ कौपीन के अर्थ में प्रयुक्त हुआ है।) शंकर कवि ने 'हरिश्चंद्रोपाख्यानम्' में 'कच्च' शब्द का प्रयोग किया था। 'वेड वेड दन कच्च विडंग बारि' यहाँ कच्च का अर्थ धोती का अंचल है। प्रमुख कवि तिकन्ता ने महाभारत के विराटपर्व में कच्च शब्द का प्रयोग किया था। '**कच्च** यमरबहि काल्लनु चेतुलु व्रेल मत्त गजमुलील मेरयु। अपने काव्य 'बसवपुराणम्' में पाल्कुरि सोमन ने भी कच्च शब्द का प्रयोग किया था। ''भुविनिहि भकतुराल वु **कच्चडंबु**-धवलादि मरियेल ताल्पवीवन' जक्कन्ना ने विक्रमार्क चरित्रम् में कच्च शब्द का प्रयोग किया था। जमिलि मोलगाट लिनुप **कच्चड** मरिचि (इनपकच्चडमु शब्द का उपयोग हुआ है। इसका अर्थ है लोहे की कमरपेटी) कवि अल्लसानि पेदन्ना ने 'कच्चा' शब्द का प्रयोग किया था। 'इनपकच्चडा लगहु कोन मुनि मुच्चुलेल्ला'।

कवि बेमन्ना ने कच्च शब्द को कई बार अनेक अर्थों में प्रयोग किया था।

''इल्लुनालि विडिचि इनुप कच्चलु गहि
वंहकंबु नीरू वांछ लुडिगि
योंटिनुन्नयंत तोदवुना तत्वंनु''
''वेरपु मोदंकि विडिचि वायुवेगमुगातु
कच्च ईडिच यहि काल्लू दीसि
तरम तरम हिनुडु तारकंवुन जिम्कु...
''मुक्कु त्राल्ल गुच्चि मुरिकि
पोव गदोमि
नीरू निभि कड़िगि कड़िगी
डोक्कौ दोमिनंत दोरकुना मोक्षमु....''
''कच्चा मीद नास कनकंबु पै नास
लेनिवाडु पुडमि लेनिवाडु
कलिगेनेनि यतडु गानंग राडया....''

आखिरी चरणों में प्रयुक्त किया गया 'कच्चौ' शब्द जननांग को सूचित करता है। मुख्यतः कच्चडमु शब्द ब्रह्मचर्य से जुड़ा हुआ है। आज भी कच्चडमु शब्द ब्रह्मचर्य के अर्थ में प्रयोग किया जाता है। तेलुगु लेखक श्री वल्लूरि सूर्यनारायण राव ने अपने स्वीयचरित्र रचना में ब्रह्मचर्य के अर्थ में कच्चौ शब्द का उपयोग किया था।

वाले ऋषि-मुनि अपने समय तक जितना वाङ्मय होता था उतना मौखिक रूप से पूरा कंठस्थ करते थे। अपनी व्याख्या तथा अर्थ जोड़कर अगली पीढ़ी के लिए सुरक्षित करते थे। उस समय ऐसा करना उनका कर्तव्य था। इस कर्तव्य का पालन करनेवालों को ब्राह्मण कहा जाता था।

श्रुतियों में इस तथ्य को हम देख सकते हैं–

त्रिभिर ऋणामाजयते ब्राह्मणः
ब्रह्म चरयेण ऋषीभ्यः
यज्ञेन देवेभ्यः
प्रजया पितृभ्यः

इन चरणों में ब्रह्मचर्य का अर्थ होता है विद्या। प्रजा माने पुनरुत्पादन। वैदिक आर्यों से लेकर आधुनिक लोगों तक पितृ, पितामह, प्रपितामह के नाम याद रखने का रिवाज है। उनका विश्वास था कि प्रपितामह से पहले की पीढ़ी के लोग देवता बन जाते हैं। वर्तमान समय में भी ब्राह्मण श्राद्ध कर्मकांड में इन तीन पीढ़ियों के नाम लेते हैं। इन तीन पीढ़ियों को पितृदेवता और उसके पहले की पीढ़ियों को विश्वदेवता कहते हैं। वैदिक काल के लोग अपने अनामिक पूर्वजों की उत्पादन पद्धति में जिन साधन, साध्य, सिद्धियों को ग्रहण किया उस ज्ञान को अगली पीढ़ी के लिए सुरक्षित रखना चाहते थे। उनके पूर्वजों के इस ज्ञान के साथ अपनी भी विद्वत्ता जोड़ते थे। इसे 'देरुऋणम्' कहते हैं। आदिम गणों का सूत्र शक्ति के अनुसार काम करना और जरूरत के अनुसार सम्पत्ति का अनुभव करना वेदकाल में ही लुप्त हो गया था। इस सूत्र को संस्मरण करने वाले मंत्र ऋग्वेद और अथर्ववेद में हैं। इसी सूक्त का नाम 'देव' भाग है, उन्होंने यह भी जान लिया था कि जब समाज में सब समान तथा ऐक्यता से रहेंगे तभी देवभाग सम्भव हो सकता है।[1]

वेद वाङ्मय का काफी विकास हुआ। हर एक वेद में कई शाखाएँ उत्पन्न हुईं। ब्राह्मणम्, अरण्यकम्, उपनिषद् आदि का जन्म हर शाखा में हुआ। श्रौत, गृह्य, गुलश्य, सौतादि सूत्रों की भी संख्या बढ़ गई। इन सबको एक ही व्यक्ति द्वारा स्मरण रखना कष्टसाध्य है। धीरे-धीरे ब्रह्मचर्य का अर्थ भी बदल गया। अविवाहित के अर्थ में ब्रह्मचर्य शब्द का प्रयोग होने लगा। गृह्यसूत्र दशा तक पहुँचने के बाद ब्रह्मचारी का अध्ययन समाप्त होता है। इसलिए वह ब्राह्मण से पूछता है कि मेरा ब्रह्मचर्य समाप्त हुआ है। मैं गृहस्थाश्रम में आना चाहता हूँ। मुझे एक अच्छी वधू को ढूँढ़कर दीजिए। आजकल हमारे विवाह संस्कार में इससे सम्बन्धित एक रस्म को देख सकते

---

1. संगछध्वम् संवदध्वम् संवोमनांस जानताम् देवाभागाम् यथा पूर्वे संजानाना उपासते॥ समानो मंत्रः समितिः समानी समानम् मनः सहचित्तमेशाम् समानम्मंत्रमभिमंत्रम् एवः समानेन ओह विपाज्रु होमी॥ ऋषिः संवनन अंगीरस—मंत्र का नाम संज्ञानम् ऋग्वेद का आखिरी मंत्र—दशममंडल 191।

हैं। इस रस्म में दूल्हा अभिनय करते हुए कहता है कि मुझे अच्छी कन्या न मिलने के कारण अध्ययन करने के लिए मैं काशी विद्यापीठ जाऊँगा।

पौराणिक युग में ही गण देवताओं के लिए देवालयों का जन्म हुआ। इसके साथ-साथ पुजारी वर्ग की भी आवश्यकता हुई। इससे अब ब्रह्मचर्य का अर्थ ही बदल गया। अब ब्रह्मचर्य माने केवल अविवाहित ही नहीं उसके साथ सेलिबेसी (अस्खलित्व) भी जोड़ा गया था। उसके पहले मातृसत्ताक गणों में पुजारिनें इस पद्धति को अपनाती थीं।

अडोनिस एक ग्रीक देवता है। ग्रीक पुराणों में इससे सम्बन्धित कहानी मिलती है। प्रेम देवी वीनस अडोनिस से प्यार करती है। अडोनिस जंगली सूअर से लड़ने के कारण मर जाता है। वीनस उसे एक फूल में परिवर्तित करती है। अडोनिस वीनस से प्यार करता है। यह प्रेम भग्न हो जाता है। तब तक अपने पुरुषांग को काटकर उसको नैवेद्य देता है तथा उसका पुजारी बन जाता है। रोम में गालि नामक स्थान में पुजारियों को अत्तिस कहा जाता है। यहाँ जो भी व्यक्ति पुजारी बनता है अपने अंग को काटता है। सीरिया, असीरिया, बेबीलोनिया के सारे पुजारी नपुंसक ही रहते हैं। यह अडोनिस की कहानी का प्रभाव है।[1]

यह सम्प्रदाय सारी दुनिया के शाक्तेयों में मिलता है। इनमें दो शाखाएँ हैं। वामाचारी तथा समयाचारी। वामाचारी प्राचीन पद्धतियों के अनुगामी हैं। 'वामा' का अर्थ 'बायाँ' (left) के रूप में लेकर कुछ लोगों ने इसका नाम 'दक्षिणाचारम' रखा। वामाचारी पंचमकारों के अनुयायी हैं, कहते हुए कुछ लोगों ने उन पर कई निन्दात्मक ग्रन्थ लिखे थे। वैसे तो वामाचार का अर्थ लेफ्टिज्म नहीं है। वामकेश्वर-तंत्रों के अनुसार वामाचार पद्धति वही है कि 'वामी भूत्वायुजेतू परम्', यानी अपने-आपको स्त्री मानकर पूजा करने की पद्धति।[2] ऐसे पुजारियों को स्त्री की तरह वस्त्र-आभूषण पहनना पड़ता है। यही नहीं, अडोनिस की तरह पुरुषांग में छेद भी करना पड़ता है।[3] आन्ध्रप्रदेश के कई प्रान्तों में ग्रामदेवता के पुजारी पुरुष होते हुए भी स्त्री का वेश धारण करते हैं।[4] आज भी यहाँ पर यह प्रथा है।

---

1. जे.जी. फ्रेजर–दि गोल्डन बौ, भाग-1, पृ. 457, 460
2. देवी प्रसाद चट्टोपाध्याय—लोकायत, पृ. 278-79।
3. प्राचीन ग्रीक देवालय डेल्फी, डोडोनाना आदि में पुजारिनें ही रहती थीं। इटली, बेबीलोनिया, असीरिया के सभी देवालयों में भी पुजारिनें रहती थीं। असीरियन शिलालेखों में पुजारिनों को माताएँ कहा गया है। मिस्र देश के मुख्य देवता 'रा' की प्रधान पुजारिन मिस्र देश की रानी थी। जे. निधाम् नामक लेखक अपनी पुस्तक 'सैंस एंड सिविलाइजेशन' (1956) में लिखा था कि पुराने चीन की टाओहस्ट मांत्रिक तथा पुजारिनें स्त्रियाँ ही थीं।
4. आदिम मानव का विश्वास था कि कपड़े उतारने से ही पुरुषत्व चला जाता है। उनके विचार में कपड़े भी शरीर के अंग हैं। फ्रेजर ने इसका विश्लेषण किया है। ब्रिफाल्ट इस विचार से सहमत था। ताहिनि मारिक्वसास के अडोइस देवालय के पुजारी स्त्री की तरह दिखने के लिए अपने शरीर को एक प्रकार का रंग लगाते थे। स्त्री की ही तरह हाव-भाव करते थे। उत्तर अमेरिका इंडियन्स न्यूमेक्सिको की जातियों में इंडोनेशिया, पीलू द्वीपों में यह रिवाज था। जर्मन देवालयों में पुजारी स्त्री वेश धारण

स्व. धर्माराव जी ने पंडा शब्द का अर्थ षंडा बताया है और कहा है कि पंडित शब्द षंडा से जुडा हुआ है। वारणासी सुब्रह्मण्यम् शास्त्री ने इस बात का खंडन किया था कि पंडा शब्द षंडा से आया हुआ है। उनके विचार में ये शब्द विद्वत्ता तथा पांडित्य से जुड़े हुए हैं। पंडित शब्द इसी अर्थ का संकेत करता है।[1] किन्तु यह तर्क की कसौटी पर खरा नहीं उतरता है। वामकेश्वरी सम्प्रदाय देवताराधना के साथ लुप्त हो गया। किन्तु नपुंसक पुजारी बनने का रिवाज चलता ही रहा। इसी चरण में भारत देश और कई देशों में कमरपेटियों का जन्म हुआ। षंडत्व (नपुंसकत्व) के लिए कमरपेटियाँ केवल एक साधन हैं। अंग-विच्छेद ही नहीं कई और पद्धतियाँ हैं। यात्रा-स्थलों में दिखाई पड़नेवाले पंडा षंडत्व से ही जुड़े हुए हैं।

बहुचारमाता के पुजारी अंग-छेद करते हैं। यह प्रथा भारत देश में पाई जाती है। इन हिजड़ों की जीवन-पद्धति आज अलग हो गई है, किन्तु आज भी इनमें एक तांत्रिक वर्ग (सेक्ट) के ही लक्षण दिखाई पड़ते हैं। पुरुषों में षंडत्व आने के बाद फिर पुंसत्व पाने के लिए क्या-क्या करना चाहिए? वात्स्यायन कामसूत्रों में इस विषय का विश्लेषण मिलता है।[2]

यूरोप में ईसाई धर्म पूर्णरूप से व्याप्त होने के बाद भी कैथोलिक धर्मगुरुओं में नपुंसक बनने की प्रथा नहीं गई। जीसेस में लिखा हुआ है कि यूनिक् बनेंगे तो नए राज्य पाएँगे। चौथी शताब्दी से ही धर्मगुरुओं के लिए ब्रह्मचर्यव्रत का पालन करने का नियम रखा गया था। धीरे-धीरे स्पेन, फ्रांस, इटली में भी इस प्रकार की प्रथा व्याप्त हुई। पहले रोम में इस प्रकार का नियम नहीं था। किन्तु पोप इन्नोसेंट प्रथम ने एक आज्ञा जारी की थी कि अगर ईसाई धर्मगुरु ब्रह्मचर्य व्रत का पालन नहीं करेंगे तो अपनी पदवी को छोड़ना पड़ेगा। सातवीं शताब्दी में टूलो समिति ने इस विषय पर चर्चा की थी। समिति ने धर्मगुरुओं को अपनी पत्नियों के साथ रहने की अनुमति दी थी। किन्तु यह प्रथा अधिक समय टिक नहीं सकी। रोम के धर्मगुरुओं में दो शाखाएँ उत्पन्न हुईं। इंग्लैड में आर्कबिशप कांटरबरी ने आज्ञा जारी की थी कि ईसाई धर्मगुरु अपनी पत्नियों को छोड़ दें। मिलन नगर में इसके विरुद्ध आन्दोलन चला। सन् 1018 में पोप बेनिडिक्ट सप्तम ने धर्मगुरुओं के बच्चों को गुलाम घोषित किया। उनकी पत्नियों को रखैल कहा गया। धर्मगुरु जो ब्रह्मचर्य व्रत नियम का पालन करना चाहते थे, उन्होंने लोगों को भड़काया। प्रजा ने विवाहित धर्मगुरुओं को मार डाला। रोम में

करते हैं। वैटहेड नामक लेखक ने इससे सम्बन्धित कई उदाहरण दिए हैं। ब्रिफाल्ट ने कहा था कि इस्तार, गाली, केरूटिस पेंसिनास् हिट्टटइट्ट देश के सारे पुजारी अंगछेद करके पूर्ण रूप से स्त्री बनने का प्रयत्न करते थे।

1. श्री वारणासी सुब्रह्मण्यम शास्त्री—आस्तिकत्वमु तापीवारि देवालय दूषणमु—समाधानमु, पृ. 41, 49।
2. एस.सी. उपाध्याय—कामसूत्र (अनुवाद)

1059 में और एक बार अधिवेशन हुआ। इस अधिवेशन में यह नियम बनाया गया कि विवाहित धर्मगुरु प्रार्थना नहीं कर सकते। मेंज, एरफरड्, पारिस आदि में इस विषय पर आन्दोलन चला, चर्चाएँ हुईं। मध्य युग तक षंडत्व को ही महत्त्व दिया गया था। ईसाई धर्म कई शाखाओं में विभाजित हुआ।[1]

इसी तरह इस्लाम धर्म के सूफी धर्मगुरु भी षंडत्व को प्रधानता देते थे। सफ शब्द से सूफी शब्द बना। सफ शब्द के तीन अर्थ होते हैं। सफ माने क्यू है। प्रलयकाल में सारे मानव क्यू में खड़े रहते हैं। वहाँ पर नकीर, मुंकीर नामक दूत मानव की अच्छाइयों तथा बुराइयों की सूची बनाते हैं। इसके आधार पर यह निर्णय लिया जाता है कि वे स्वर्ग जाएँगे या नरक। सफ का दूसरा अर्थ होता है चबूतरा। मुसलमानों के पवित्र स्थान मक्का में यह चबूतरा है। मुसलमानों के धर्मगुरु इस चबूतरे पर चढ़कर धर्म प्रवचन करते थे। इस चबूतरे को ही सूफा नाम दिया गया है। ये धर्मगुरु अपने आपको पैगम्बर कहते हैं। उनके विचार में मुहम्मद के बाद कोई पैगम्बर नहीं आता है। यह मुहम्मद का ही वाक्य है। उनका विश्वास है कि इन धर्मगुरुओं में पैगम्बर का अंश आता है और प्रवचन करवाता है। इसे इलहाम कहते हैं। सूफ का तीसरा अर्थ है कि सफेद ऊन। प्राचीनकाल में ये धर्मगुरु सफेद ऊन के शॉल ओढ़ते थे। इस तरह प्रववन देनेवाले को सूफी कहते हैं। ये स्त्रियों की तरह बड़ी-बड़ी चोटियाँ डालते थे। ये गुरु साधारणतया विवाह नहीं करते। अंग-छेद प्रधान लक्षण है। अस्खलितत्व इनका साधन है।[2]

इस प्रकार ब्रह्मचर्य ने विद्यार्जन का अर्थ खो दिया। धीरे-धीरे ब्रह्मचर्य के लिए षंडत्व ही मुख्य लक्षण बन गया। षंडत्व के लिए कई उपाय ढूँढ़े जाने लगे। भारत देश में कमरपेटियों का रिवाज पुरुषों से ही सम्बन्धित है किन्तु यूरोप में केवल स्त्रियों के लिए ही कमरपेटियों का उपयोग होता था। इसका कारण क्या है? इस प्रश्न पर समाजशास्त्र की दृष्टि से विचार करना चाहिए।

पश्चिम एशिया तथा यूरोप में, समाज विकास के मध्यम चरणों में गुलाम राज्यों का जन्म हुआ था। सम्पत्ति के आधार पर ही ऐसा हुआ था। सुमेरिया, असीरिया, मिस्र देशों में निरंकुश राज्यों (डेस्फोटिक्) का ग्रीक तथा रोम में क्रूर राज्यों (टैरेंट) का जन्म हुआ। वहाँ पर समाज की प्रारम्भिक दशा में उत्तराधिकार का अधिकार स्त्री को ही था किन्तु धीरे-धीरे इसे पुरुष ने छीन लिया।

राजाओं ने रानियों को अपने मुट्ठी में रखना शुरू किया ताकि वह पराए पुरुष के साथ न रहे। रानी से उत्पन्न हुई सन्तान केवल राजा की ही होनी चाहिए। उसने किले को मजबूत बनाया। इसके साथ-साथ कमरपेटियाँ बनाने की भी आवश्यकता

1. रिचर्ड लुई शान : ए हिस्ट्री ऑफ सेक्सुअल कस्टम्स, पृ. 118, 120।
2. डॉ. एस.टी. अवस्थी से साक्षात्कार—हैदराबाद।

आ पड़ी। धीरे-धीरे कमरपेटियों का रिवाज व्याप्त हुआ।[1] आधुनिक युग के प्रारम्भिक चरण में भी कमरपेटियाँ पहनाने की प्रथा व्याप्त थी।

भारत देश में निरंकुश तथा क्रूर राज्यों का आविर्भाव नहीं हुआ। इसलिए यहाँ पर स्त्रियों के लिए कमरपेटियों का रिवाज अधिक व्याप्त नहीं हुआ। पश्चिम एशिया तथा यूरोप में प्राइवेट प्रॉपर्टी की व्यवस्था थी। भारत देश में ऐसा नहीं था। स्मृतियों के आधार पर कहा जा सकता है कि भारत देश में सामूहिक गण पद्धति थी। सारी सम्पत्ति समाज की होती थी। इसलिए कमरपेटियों की प्रथा यहाँ पर अधिक व्याप्त नहीं हुई। कौटिल्य ने अन्तःपुर रक्षण के बारे में बहुत कुछ लिखा था। किन्तु कमरपेटियों के बारे में उन्होंने कुछ नहीं लिखा था। पुरुष षंडत्व के बारे में उन्होंने जानकारी दी थी। हमारे देश के इतिहास को देखने के बाद यह तथ्य मालूम होता है कि रानी का शक्तिशाली पुत्र सिंहासन पर चढ़ सकता था। इसलिए शातवाहन या इक्ष्वाकु जो आन्ध्र राज्य के राजा थे माताओं के नाम पर प्रसिद्ध हुए न कि पिता के नाम पर। तेलुगु साहित्य में कमरपेटियों का जिक्र पुरुषों के सन्दर्भ में हुआ है।

समाज विकास सिद्धान्त के आधार पर कमरपेटियों की प्रथा को हमें समझना चाहिए। मोरगान ने मानवजाति के इतिहास का शास्त्रीय दृष्टि से अध्ययन किया था। उन्होंने समाज को आखेटक युग, अनागरिक युग और सभ्य युग में विभाजित किया है। इनका अध्ययन उन्होंने गहराई से किया है। इनके विचार में इन युगों में परिवर्तन आने का कारण मुख्यतः जीवन के लिए आवश्यक वस्तुओं का वितरण है। इन युगों की दशाओं के बीच कोई रेखा खींचकर यह कहना कठिन है कि इस समय पर एक युग समाप्त हुआ और दूसरा आरम्भ हुआ।

स्त्री-पुरुष सम्बन्धों को सामाजिक दशाओं के आधार पर देखा जाएगा तो कुछ तथ्य सामने आते हैं। प्राचीन इतिहास को देखा जाए तो यह सत्य मालूम होता है कि प्रारम्भ में एक ही समय में बहुपत्नियों और बहुपतियों का रिवाज था। बच्चे समूचे समाज के बच्चे माने जाते थे। धीरे-धीरे यह पद्धति एक पति और एक पत्नी की प्रथा में बदल गई। आजकल सारी दुनिया में यही पद्धति चल रही है। बॉकोफेन शास्त्रज्ञ ने सिद्ध किया था कि प्रारम्भिक दशा में स्त्री-पुरुष सम्बन्ध के लिए कोई नियम नहीं थे। स्त्री-पुरुष विशृंखलता से रहते थे। कुछ शास्त्रज्ञ इस सिद्धान्त से सहमत नहीं हुए। वेस्टमार्क ने कहा था कि इस सिद्धान्त को स्वीकार करना मानव जाति के लिए एक कलंक है। उन्होंने यह सिद्ध करने के लिए काफी प्रयत्न किया था कि आदिम समाज से ही एक पत्नी की प्रथा थी। उन्होंने इसे सिद्ध करने के लिए लेथेरनो नामक शास्त्रज्ञ के शोध के कुछ अंशों को (पशुओं से सम्बन्धित कुछ

---

1. मामिडिपूडि वेंकटरंगय्या—कौटिल्य का अर्थशास्त्र—तेलुगु अनुवाद, राजांतपुर नियमावलि—अध्याय 20, भाग 17, पृ. 57, 59।

उदाहरण, पशु के आपसी सम्बन्ध) प्रस्तुत किया था। धीरे-धीरे यह सिद्धान्त अस्वीकृत हुआ। एस्पितात् नामक शास्त्रज्ञ ने अपने 'डेसोयियारिस एनीमल्स' (1877) नामक ग्रन्थ में लिखा था कि पशु के आपसी सम्बन्धों में तथा मानव के आपसी सम्बन्धों में काफी भेद है। इस प्रकार इस शास्त्रज्ञ ने भी वेस्टमार्क के सिद्धान्त को गलत सिद्ध किया।

आरम्भिक दशा में समाज में ग्रूप मॉरेजस होते थे। समाज का थोड़ा कुछ विकास होने के बाद इसी प्रथा ने बहुभर्तृत्व के रिवाज का रूप धारण कर लिया। इसी दशा में मानव में ईर्ष्या की भावना बढ़ गई। जानवरों में यह भावना नहीं पाई जाती है। हाश्ट लाड ने अपनी पुस्तक 'प्रिमिटिव् वेटरनरी' में कहा था कि 'ईर्ष्या का कारण निजी सम्पत्ति है।' (पृ. 11, 102)

प्राचीन काल से संयुक्त परिवार की प्रथा थी। बहुभर्तृत्व से आया हुआ इकाई परिवार, संयुक्त परिवार का निर्मूलन नहीं कर सका। संयुक्त परिवार में स्त्री का ही अधिकार होता है। जोड़ा कुटुम्ब की दशा तक जितनी भी दशाएँ थीं इनमें बच्चों के पिताओं को पहचानना कठिन था। इसलिए सन्तान माँ के नाम से ही पहचानी जाती थी। समाज में माताओं को अधिक गौरव दिया जाता था। अघोर रैट नामक धर्मगुरु इराक्यूसेनका नामक जाति के लोगों के बीच कई दिन था। उसने इनके सामाजिक जीवन का अध्ययन किया था। मोरगान ने अपने ग्रन्थ में ऊपर दिए गए विषय से सम्बन्धित विवरण दिया है। (पृ. 454)

पहले स्त्री कई पुरुषों की पत्नी बनकर जीवन बिताती थी लेकिन बाद की दशा में एक पत्नी तथा एक पति का नियम आया। बोकोफेत का कहना है कि इस परिवर्तन का कारण स्त्री ही है। हमारे पुराणों के अनुसार 'जोड़ा-विवाह पद्धति' की नींव अरुन्धती ने डाली थी। आरम्भिक युग में गण-अधिकारिणी स्त्री ही थी। अनागरिक 'असभ्य' युग में निम्न दशा से मध्य दशा तक बहुपति तथा बहुपत्नी का रिवाज था। इस दशा में भी अधिकार स्त्री के हाथों में रहते थे। अनागरिक युग की मध्य दशा से और प्रथम दशा के बीच के परिवर्तन काल में जोड़ा-विवाह पद्धति का जन्म हुआ। इकाई परिवार की प्रथा आई। सभ्य समाज का यह प्रारम्भिक चिह्न है। स्त्री का पतन यहीं से आरम्भ हुआ।

पितृसत्ताक व्यवस्था का जन्म हुआ। कृषि का उत्पादन बढ़ने लगा। भूमि, पशुसमूह, व्यक्ति आदि सम्पत्ति के रूप में गिने जाने लगे। इस सम्पत्ति के उत्तराधिकारी की आवश्यकता हुई। सम्पत्ति बढ़ने से नूतन सामाजिक सम्बन्ध उत्पन्न होने के कारण दास प्रथा का आरम्भ हुआ। सम्पत्ति के कारण उत्तराधिकारी का महत्त्व बढ़ता गया। इस स्थिति में मातृसत्ताक व्यवस्था को धक्का पहुँचा। पिता के नाम पर ही सन्तान को पहचानने की प्रथा आ गई। सम्पत्ति के साथ-साथ पुरुष प्रधानता

बढ़ती गई। माता के अधिकार को अब समाज नकारने लगा। कानून बनाया गया कि सन्तान को पिता के नाम से ही जाना जाए, पिता के गण में ही उसे रखा जाए। अब स्त्री की तरफ से उत्तराधिकारी बनने का नियम लुप्त हो गया। स्त्री को उन्नत स्थान से नीचे गिराया गया। वह अब पुरुष की दासी बन गई। कुटुम्ब का अर्थ ही बदल गया।

रोमन कुटुम्ब को फेमिलिया कहते हैं। इसका अर्थ विवाहित दम्पती तथा उसकी सन्तान नहीं है। फेमुलस माने घर का दास। फेमिलिया माने किसी एक यजमान का दास समूह है। मोरगान का विचार है कि इस प्रकार कानून के तौर पर स्त्री घर की दासी बनाई गई। फेडरिक ऐंजिल्स इस विचार से सहमत हैं। उनका कहना है कि आधुनिक कुटुम्ब में इस प्रथा का आरम्भ कृषि सम्बन्धित कामकाज के लिए हुआ है।

स्त्री अपने पातिव्रत्य धर्म को सिद्ध करने के लिए, सन्तान के पिता को सिद्ध करने के लिए बिना किसी शर्त सर झुकाकर पति के अधिकार में चली गई। तब तक मातृत्व वास्तव था। पितृत्व केवल विश्वास पर आधारित था। एक प्रत्यक्ष सबूत है तो दूसरा शब्द-प्रमाण है। जब तक सम्पत्ति पूरे समाज की थी, किसी एक कुटुम्ब की नहीं थी तब तक उत्तराधिकारी का प्रश्न ही नहीं उठा। तब सन्तान के पितृत्व पर कोई ध्यान नहीं देते थे। इस सन्दर्भ में काद्रवेय, दैत्य आदि पौराणिक उदाहरण, वासिष्ठी पुत्र, माधवी पुत्र, हरिती पुत्र आदि इतिहास के उदाहरण ले सकते हैं। भारत के माद्रेय, कौन्तेय आदि नाम भी इसी तथ्य को सिद्ध करते हैं।[1]

इस तरह के परिवर्तन आने के कारण सगोत्र-विवाह, दम्पती-विवाह के बदले में एक पत्नी विवाह पद्धति आ गई। कई पत्नियाँ होने पर भी उत्तराधिकारी को जन्म देने का हक किसी एक पत्नी को ही होता है। बड़ी एक पत्नी कही जाती है[2] तथा अन्य पत्नियाँ उपपत्नियाँ कही जाती हैं। पत्नी के कई अधिकार हैं। उपपत्नियों पर यानी सौतनों से वह अपनी इच्छा से काम करवा सकती है। उपपत्नियों की सन्तान को सम्पत्ति पर अधिकार नहीं है। पत्नी ही मुख्य गृहिणी है। वही पट्टमहिषी है।[3]

उत्तराधिकारी को जन्म देनेवाली पट्टमहिषी को अन्य पुरुषों के सम्पर्क में कभी आना नहीं चाहिए। इसके लिए कई नियम बनाए गए। उसको चौखट के अन्दर ही रखा गया। वह दहलीज लाँघ नहीं सकती। लड़की को जब खरीदा जाता था

1. लेकिन श्री पेडयाल सुब्रह्मण्यम् के विचार के अनुसार युधिष्ठर और भीम तिब्बत से आए हुए किराए के पुत्र हैं। केवल अर्जुन ही कुन्ती की कोख से पैदा हुआ था। पृथु का बेटा है इसलिए वह पार्थ कहा गया।
2. आर. वाष—हाऊ डिड सेक्स बिगिन—पृ. 108।
3. फेडरिक ऐंजिल्स—कुटुम्बनु दानि पुहुपूर्वोत्तरालु—(तेलुगु अनुवाद), पृ. 39।

(कन्याशुल्क) तब भी लड़की के लिए कई नियम रखे जाते थे।[1] जिस पुरुष ने उसको खरीदा है, उससे ही सन्तान उत्पन्न होनी चाहिए। पहले की सामाजिक दशाओं में कन्यत्व को प्रधानता नहीं थी। कन्यत्व का सम्बन्ध धर्म के साथ जब से जुड़ने लगा तब से अक्षतयोनि की प्रधानता बढ़ने लगी।

ब्रिटेन, मध्य अफ्रीका, मॉरीशस द्वीपों में और इंडोनेशिया की कुछ जातियों में छोटी उम्र से ही लड़कियों का पराए पुरुष से शारीरिक सम्बन्ध रहता है।[2] नागा जाति में विवाहित स्त्री के लिए परपुरुष सम्बन्ध निषिद्ध है। मदागास्कर के समीप वालावे नामक स्थान में छोटे बच्चों की कामक्रीड़ाओं को उनके माता-पिता देखते रहते हैं। फ्रेजर ने इस विषय से सम्बन्धित कई उदाहरण दिए हैं। विवाह पूर्व अगर स्त्री सन्तानवती होगी तो उसका गौरव द्विगुणीकृत हो जाता है। एक जमाना ऐसा भी था, पुरुष अपनी पत्नी की विवाह पूर्व सन्तान को सब लोगों को दिखाता था तथा अपना बड़प्पन दिखाता था। सौरम प्रान्त में छोटे बच्चों को कबीले की बूढ़ी औरत किसी भी एक पत्ते को लेकर उँगली से छिद्र करके मिथुन क्रिया का संकेत देती है। विवाह पूर्व हर लड़की स्वेच्छा से घूम सकती है किन्तु विवाह होते ही बन्दी बन जाती है। आज भी अफ्रीका की कुछ जातियों में यह प्रथा है। कबीले के नायक या वृद्ध पर, कन्या का पहली बार कन्यत्व छुड़ाने (नथनी उतारना) की जिम्मेदारी होती है। कन्यत्व छुड़ाने से पहले उसके कन्यत्व का संरक्षण करना भी उसकी ही जिम्मेदारी है।

स्त्री को पराए पुरुष के सम्पर्क से रक्षण करने की आवश्यकता अधिक हो गई। ऊपर लिखित सामाजिक नियम ही इसका कारण है। सम्पत्ति के उत्तराधिकारी को जन्म देने के लिए, शुल्क देकर खरीदे गए वर के लिए, कुछ सन्दर्भों में अनाथ बच्चों के जन्म को रोकने लिए ऐसा नियम बनाया गया।

प्रारम्भिक चरणों में यानी प्राइवेट प्रॉपर्टी की दशा के पहले बच्चे पूरे समाज के होते थे इसलिए तब इन बच्चों की समस्या नहीं थी। अब अनब्याही माँ का सन्तान पैदा करना जघन्य अपराध है। वह पापी मानी जाती है। समष्टि सम्पत्ति जब व्यष्टि सम्पत्ति बन गई अनाथ बच्चे एक बहुत बड़ी समस्या बन गए। अब यह सब रोकने की जिम्मेदारी, कन्यत्व के रक्षण की जिम्मेदारी स्त्री तथा कबीले के नायक और माता-पिताओं पर आ पड़ी। विवाह होने के बाद पति पर यह जिम्मेदारी आ जाती है। तब से कन्यत्व रक्षण के लिए, विवाहित स्त्री को पराए पुरुष के सम्पर्क से दूर रखने के लिए मार्ग ढूँढ़ना शुरू हो गया। धीरे-धीरे नियम, निषेध बनाए गए।

कबीले में आपस में विवाह सम्बन्ध को निषेध किया गया। अपने 'टोटम' के लोगों से विवाह करना निषेध किया गया। एक ही गोत्र के लोग विवाह नहीं कर

---

1. जेम्स हेस्टिंग्स—एनसाइक्लोपीडिया ऑफ रिलीजन एंड एथिक्स, पृ. 486, 490।
2. वही, पृ. 486, 490।

सकते। मलिनोविस्की का कहना है कि ऐसे नियम बनाने का कारण उत्तराधिकार और पुरुष प्रधानता ही है। उन्होंने ट्रोवियांड जातियों के रीति-रिवाजों का विस्तार रूप से अध्ययन किया। उनका कहना है कि जो इन नियमों का उल्लंघन करता है उसे कठिन दंड दिया जाता है।[1] मारगारेट मीड ने आरापेस नामक जाति का अध्ययन किया था। अपने 'सेक्स एंड टेम्परामेंट इन थ्री प्रिमिटीव सोसाइटीज' में लिखा है कि इस जाति में जो नियम-उल्लंघन करता है उसे कठिन से कठिन दंड दिया जाता है।[2]

समाज में मातृसत्तात्मक व्यवस्था को गिराते हुए पैतृक व्यवस्था ने जन्म लिया। जब से पुरुष की प्रधानता बढ़ने लगी तब से पुरुष स्त्री पर हक जमाने लगा। अपनी पत्नियों को परपुरुषों से दूर रखने के लिए पुरुष ने जिन मार्गों को ढूँढ़ा वे इस प्रकार हैं—कहीं भी नहीं जा सकती। मलेशियन कुत्तों को रखते थे ताकि पराए पुरुष अन्दर नहीं आ सकें। एशिया में स्त्री के रक्षण के लिए हिजड़ों को रखने की प्रथा है। हेरिटोडस के समय में लियान में हिजड़ों को बनाने के कारखाने भी थे। वाक्समन का कहना है कि इन हिजड़ों को नागरिक भी खरीदते थे।

ऐंजिल्स का कहना है कि एक पत्नी विवाह का जन्म स्त्री-पुरुष के स्नेहभाव के कारण नहीं हुआ। इस विवाह व्यवस्था ने स्त्री-पुरुषों के बीच संघर्ष पैदा किया है। यह संघर्ष आज तक चल रहा है। पुरुष जब से स्त्री को सम्पत्ति मानने लगा तब से वह क्रूर बन गया। ग्रीक देश में पुरुष स्त्रियों पर क्रूरता से अपने अधिकार जमाते थे। सम्पत्ति पर हक जमाना मानव का स्वभाव है। इसी स्वभाव के कारण उसने कमरपेटियों का निर्माण किया। लोहे की कमरपेटियाँ पहनाकर पुरुष ने स्त्री को मानसिक रूप से भी दासी बना दिया। जो चीज स्त्री के लिए शृंखला के सिवा और कुछ नहीं थी उस चीज को उसने आभूषण बना दिया। अब बेचारी स्त्री यह सोचने लगी कि बिना यह आभूषण पहने उसका जीवन सार्थक नहीं होगा। स्व. धर्माराव जी कहना है कि मानव संस्कृति के विकास में कमरपेटियों का काल भी एक पड़ाव है।

मानव में जब से यह भावना आ गई कि मेरी इस सम्पत्ति को कोई दूसरा अनुभव नहीं करे तब से कमरपेटियों की आवश्यकता उत्पन्न हुई। जब से कन्यत्व सिद्ध करने की स्थिति आ गई तब से इनका महत्त्व और बढ़ने लगा। सम्पत्ति पर अधिकार की भावना के कारण जिस समाज में स्त्री का अधिकार था वहाँ पर स्त्रियाँ पुरुषांगों को लोहे के चक्र डालती थीं। पुरुष-प्रधान समाज में पुरुष स्त्री को कमरपेटियाँ पहनाता था। अक्षतयोनि का महत्त्व बढ़ गया। पुरुष स्त्री को हीन दृष्टि से देखने लगा। प्लेटो स्त्री को बहुत हीन दृष्टि से देखता था। पुरुष ने स्त्री बुद्धि को प्रलयांतक कहा। उसकी दृष्टि में स्त्री यमदूत है, कठोर सर्प है, मृत्यु देवता के नजदीक रिश्तेदार है। ऐसा कहकर

---

1. ब्रोलिस्ला मलिनोव्स्की—क्राइम एंड कस्टम इन सावेज सोसाइटी, पृ. 69, 84।
2. आर. ब्राश—हाऊ डिड सेक्स बिगिन, पृ. 225।

उसने अपनी अशक्तता को व्यक्त किया था। कई देशों में प्रयोग होनेवाले मुहावरे भी स्त्री के प्रति हीन भावना व्यक्त करते हैं। युरिपिडिस ने कहा था कि "विमेन आर इम्पोर्टेंट फॉर गुड बट कल्चर कंट्रावर्स ऑफ ऑल ईविल।"

"पत्नी की सलाह सुनो, उसके विरुद्ध करो।"—चीन

"दस औरतों में से किसी एक के ही हृदय होता है।"—रूस

"अच्छा हो या बुरा घोड़े को चाबुक लगाना चाहिए। इसी तरह स्त्री के प्रति करना चाहिए।"—इटली

"हम अपने आपको दुष्ट स्त्रियों से बचा लेंगे।"—स्पानियरड्स

फ्रेंच पुस्तक रोमन डिमलोरोज में स्त्री के प्रति लिखा गया था कि "यान आनेस्ट वुमन ईज याज रेर याज ब्लॉक स्वान"।[1]

स्त्री के विश्वासघात से सम्बन्धित कई कहानियाँ लिखी गईं, गीत गाए गए।[2] इन सबके पीछे एक ही कारण है कि पुरुष का स्त्री को पूर्ण रूप से सन्तुष्ट न कर सकने की अशक्तता। अपनी इस कमजोरी को छुपाने के लिए उसने यह सब किया, कमरपेटियों का निर्माण किया। स्त्री को संतृप्त करने के उपायों के बारे में वात्स्यायन ने अपने कामसूत्रों में लिखा। उसने इसके लिए कुछ दवाइयों का उपयोग करने के लिए भी कहा। यह एक बड़ा शास्त्र बन गया। स्व. धर्माराव जी के विचार में कमरपेटियों के जन्म के पीछे के कारणों में पुरुषों में रहनेवाली ईर्ष्या भी एक है। वह खुद बहुपत्नियों का पति बन सकता है किन्तु अपनी स्त्री का दूसरे पुरुष की तरफ देखना भी वह पसन्द नहीं करता है। तेरहवीं शताब्दी से कमरपेटियों का उपयोग होने लगा। इतिहास में कई उदाहरण मिलते हैं। स्व. धर्माराव जी ने कुछ उदाहरण, कमरपेटियों से सम्बन्धित प्रचलित कहानियाँ, कुछ न्यायालयों में आए हुए मुकदमे आदि का विस्तृत विश्लेषण किया है। इसके साथ-साथ उन्होंने स्त्री की कमरपेटियों के कई चित्र भी दिए हैं।

यूरोप के वीरों के चरित्रों से एक सत्य सामने आता है कि वे युद्ध को जाते-जाते स्त्रियों को कमरपेटियाँ पहनाकर जाते थे। इतालवी, जर्मनी, फ्रांस, स्पेन देशों में भी इन कमरपेटियों का रिवाज था।[3] उन्नीसवीं शताब्दी में भी स्पेन में कमरपेटियों का उपयोग करने की प्रथा थी।[4] आज भी कुछ देशों में यह प्रथा है। इसका प्रमाण है एक दुकान में मिलने वाला चित्र।[5]

1. रिचर्ड लुई शान—ए हिस्ट्री ऑफ सेक्सुअल कस्टम्स, पृ. 134।
2. फ्रांस में एक कवि के अपनी पुस्तक में स्त्री को कमरपेटी पहनाने के बारे में वर्णन किया है। स्कॉटलैंड के सर डेविड लिंडसो नामक कवि ने एक प्रबन्ध लिखा था। यह कहानी इतालवी भाषा में आई थी (1500)। एक मांक तथा नत् से सम्बन्धित कहानी भी मिलती है।
3. जेम्स हेस्टिंग्स—एनसाइक्लोपीडिया ऑफ रिलीजन एंड एथिक्स, पृ. 490।
4. रिचर्ड लुई शान—ए हिस्ट्री ऑफ सेक्सुअल कस्टम्स, पृ. 134।
5. सेक्सोलॉजी पत्रिका—1979।

होमर ने अपने 'ओडिसी' नामक ग्रन्थ में कमरपेटियों का जिक्र किया था। लगभग दो हजार वर्षों के बाद ग्रीक में प्लारेंटैन नामक नगर में इनके बारे में पूर्ण जानकारी मिली। होमर की कहानी में वीनस अपने पति के प्रति विश्वासघात करती है। तब उसका पति हिफियस्टास वीनस को कमरपेटी पहनाता है। इसी के आधार पर वीनस कमरपेटी, प्लारेंटैन कमरपेटी आदि के नाम से कमरपेटियाँ प्रसिद्ध हुई। 15-16वीं शताब्दियों में पूरब तथा पश्चिम के देशों में इनका उपयोग अधिक व्याप्त हुआ।[1] वाल्टेर ने लिखा था कि रोम और वेनिस में (मध्य युग में) कमरपेटियों का रिवाज अधिक था।[2]

स्व. धर्माराव जी ने अपनी रचना 'लोहे की कमरपेटियाँ' में लगभग आठ प्रकार की कमरपेटियों के चित्र दिए हैं। पोएंजर क़मरपेटी, कलूनी कमरपेटी (पेरिस की एक म्यूजियम का नाम कलूनी है), काल्मार कमरपेटी (जर्मनी में इसका उपयोग होता था), पेरिस कमरपेटी, ओडेनाल्ड कमरपेटी, करारा कमरपेटी आदि प्रसिद्ध कमरपेटियाँ हैं। इन कमरपेटियों से सम्बन्धित कुछ यथार्थ कहानियाँ भी इतिहास में मिलती हैं। सन् 1968 में डेविड रेनविकू नामक एक व्यक्ति रहता था। वह लोहे का काम करता था। उसकी पत्नी रोजमेरी ने प्रदर्शनी में एक कमरपेटी को देखा था। यह कमरपेटी 13वीं शताब्दी की थी। वह कमरपेटी के सौन्दर्य को देखकर मुग्ध हो गई और कागज पर उसका नक्शा उतारकर घर लाई। उसने इस नक्शे को अपने पति को दिखाया जिसने विनोद के लिए इसी प्रकार की कमरपेटी बनाकर अपनी दुकान में रखी। कुछ दिनों के बाद उसके पास 150 पत्र आए थे। ये सब इटलीवासियों के थे। सबने ऐसी कमरपेटियाँ बनाकर भेजने के लिए कहा था। सारी दुनिया से उसे इस प्रकार के पत्र आज भी मिल रहे हैं। एक कमरपेटी का मूल्य 60 पौंड है। उसके पास केवल पाँच मजदूर हैं। वह एक सप्ताह में 30 कमरपेटियाँ बना पाता है। उसका कहना है कि कमरपेटियों की डिमांड बहुत ही बढ़ती जा रही है।[3]

सन् 1980 में भी कुछ पुरुष पवित्रता के लिए कमरपेटियों को साधन के रूप में उपयोग कर रहे थे। दिल्ली के आसपास एक साधु अपने गुप्तांग में अँगूठी जैसा एक रिंग डालकर एक हाथ ऊपर उठाकर कई साल से नग्न होकर जीवन बिता रहा है।[4]

---

1. रिचर्ड लुई शान—ए हिस्ट्री ऑफ सेक्सुअल कस्टम्स, पृ. 133।
2. सेक्सोलॉजी, पृ. 66।
3. सेक्सोलॉजी पत्रिका, पृ. 66 (1970)।
4. इंडिया टुडे।

न्यूगिनी की बालियम में बुकाडुपी नामक जाति में पुरुष अपने गुप्तांगों को छुपाने के लिए एक साधन का उपयोग करते थे। यह चिचिंडा की आकृति में होता है। सन् 1938 में यह प्रथा व्याप्त थी। आज भी यह रिवाज पाया जाता है। पीटर माथैसेन ने अपनी पुस्तक 'अंडर दि मौंटेनवाल' में इससे सम्बन्धित विवरण दिया है। यह जाति (बुकाडुपी) आज भी आदिम जाति की संस्कृति में ही जी रही है।

रिचर्ड कारलिसले ने अपना ग्रन्थ इलस्टेरेड एनसाइक्लोपीडिया ऑफ मैनकाइंड में (पृ. 150) में लिखा है कि सूडान की बग्गरा जाति में माँ-बाप अपनी लड़कियों के गुप्तांगों को सीते हैं। विवाह होने के बाद ही पति इन टाँकों को काटते हैं। कमरपेटियों के जन्म के पीछे क्या कारण थे? मुख्यतः समाज में आज हुए स्त्री-पुरुष सम्बन्धों में परिवर्तन ही इसका कारण है। यह परिवर्तन मुख्यतः उत्पादन सम्बन्धों के आधार पर ही होता है। इनके साथ पवित्रता भी जुड़ी हुई है किन्तु यह पवित्रता एक प्रकार से दासता भी बन गई। मानव स्वभाव मुख्य कारण है। पुरुष का स्वभाव तथा बलहीनता, हक जमाने की भावना आदि इनसे जुड़ी हुई हैं।

9. विवाह संस्कार : विश्लेषण

मानव के जीवन में विवाह संस्कार का एक महत्त्वपूर्ण स्थान है। यह धर्म से भी जुड़ा हुआ है।

मांगल्यं तन्तुनानेन मम जीवन हेतुनाः
कंठे बध्नामि सुभगे त्वमूजीव शरदशतम्

विवाह-मंडप में यह मंत्र सुनने के बाद ही सबको विश्वास होता है कि वधू-वर का विवाह हो चुका है। धर्माराव जी के मन में ये प्रश्न उठे कि विवाह संस्कार का जन्म क्यों हुआ? कैसे हुआ? सारी दुनिया में इसका इतना महत्त्व क्यों है? आजकल के इस विवाह संस्कार में पूर्वजों के कौन से विचार प्रतिबिम्बित होते हैं? स्त्री-पुरुष सम्बन्धों से यह कहाँ तक जुड़ा हुआ है? गहराई से वे इन विषयों पर सोचने लगे। उनकी कलम से विवाहमु दानि पुट्टु पूर्वोत्तरालु (विवाह संस्कार : स्वरूप एवं विकास) रचना निकल पड़ी।

'विवाह संस्कार : स्वरूप एवं विकास' रचना सामाजिक इतिहास से सम्बन्धित है। परिवार से सम्बन्धित इस विषय का स्व. धर्माराव जी ने विस्तृत रूप से विश्लेषण किया है। परिवार किसी एक दशा में अचानक जन्म ली गई इकाई नहीं है। समाज का तथा उसके परिवर्तन की दशाओं का अध्ययन करने से इसका जन्म कब हुआ, क्यों हुआ? आदि स्पष्ट हो जाते हैं। इस अध्ययन से विवाह संस्कार के स्वरूप एवं विकास का चित्र स्पष्ट रूप से हमारे सामने आएगा।

विवाह संस्कार एक ऐसा सामाजिक नियम है जो सम्पत्ति की उत्पत्ति में सहायक बनता है। विवाह संस्कार को पूर्ण रूप से समझने के लिए आदिम समाज से लेकर आधुनिक समाज तक के मीन्स ऑफ प्रोडक्ट्स, आब्जेक्ट्स ऑफ प्रोडक्शन प्रोडक्ट्स, कन्सेप्शन ऑफ प्रोडक्ट्स आदि के विकास के बारे में अध्ययन करना आवश्यक है। कुछ हद तक धर्म से भी विवाह संस्कार जुड़ा हुआ है।

समाज पशुपालन तथा कृषि संस्कृति दशा तक पहुँचने के बाद इन दोनों की अभिवृद्धि के लिए मानव प्रयत्न करने लगा। प्रकृति पर अधिकार पाने के लिए भी वह प्रयत्न करने लगा। विज्ञान के बिना यह सम्भव नहीं है। फिर भी आदिमानव अपने अल्पज्ञान से (विश्वास के साथ) निरन्तर कल्पना करते हुए मंत्र-तंत्रों से प्रकृति को अधीन करने का प्रयत्न करता था। प्रजनन-तंत्र या काम्य तंत्र या सौभाग्य तंत्रों का जन्म इसी संघर्ष का फल है। प्रजनन-तंत्रों के अध्ययन से मानव और प्रकृति के बीच में निरन्तर होनेवाले संघर्ष और उसके कल्पित विषय के बारे में जान सकते हैं। पितृप्रधान समाज का जन्म क्यों हुआ? मातृप्रधान समाज को गिराकर अधिकार जमाने के लिए पुरुष समाज द्वारा किए गए प्रयत्नों के बारे में जानने के लिए कमरपेटियों का अध्ययन सहायक सिद्ध होता है। इसी दिशा में मानव इतिहास का एक महत्त्वपूर्ण मोड़ है 'विवाह संस्कार'।

ऐंजिल्स द्वारा स्वीकृत मोरगान के समाज विकास का विकसित रूप

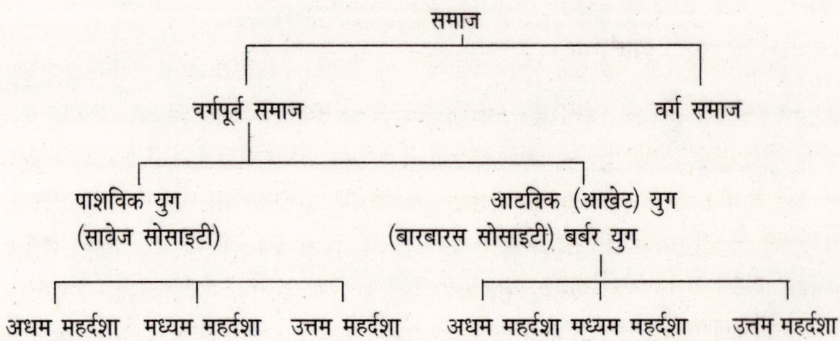

शास्त्रज्ञ मोरगान ने समाज को कुछेक दशाओं में विभाजित किया और हर एक दशा में आए हुए परिवर्तनों के बारे में भी बताया। परिवार निर्माण के बारे में ऐंजिल्स ने गहराईपूर्वक शास्त्रीय अध्ययन किया था। आदिम समाज का अध्ययन करते हुए ऐंजिल्स ने कहा था कि–'इतिहास में दो महान युग हैं। ये दो महायुग हैं–पाशविक युग (सावेज सोसाइटी) तथा बर्बर युग (बारबारस सोसाइटी)। इन दो युगों को फिर

विवाह के विकसित रूप

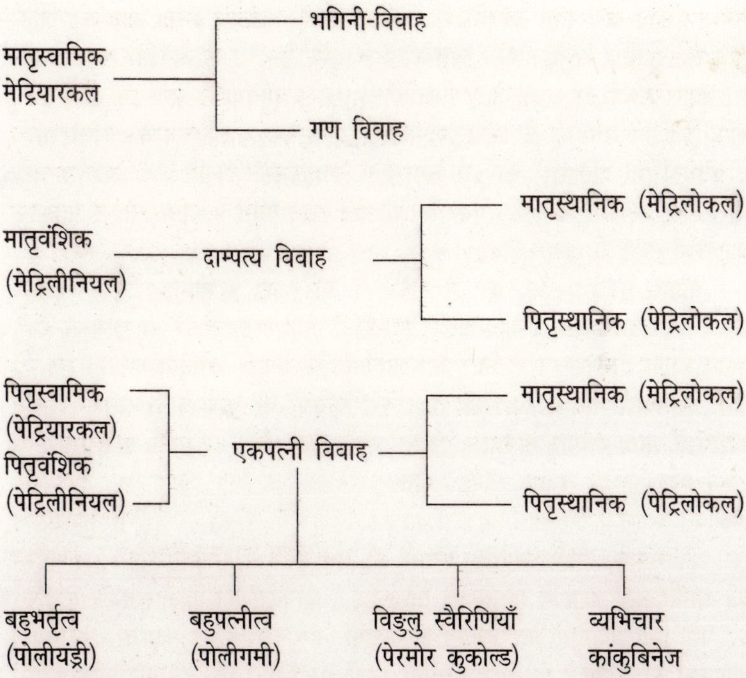

तीन अन्तर्दशाओं में विभाजित किया गया है। समाज में आए हुए परिवर्तनों को पूर्ण रूप से जानने के लिए इन दशाओं का अध्ययन करना आवश्यक है।

पाशविक युग : इस युग को तीन अन्तर्भागों में विभाजित कर सकते हैं– (1) अधम महर्दशा, (2) मध्यम महर्दशा, (3) उत्तम महर्दशा। अब हम यह देखेंगे कि इन दशाओं में क्या-क्या परिवर्तन आए तथा मानव इतिहास का विकास कैसा हुआ?

अधम महर्दशा–इस दशा में मानव बन्दर से अधिक भिन्न नहीं था। वह कन्दमूल फल खाता था। प्रकृति का लाड़ला बनकर जीता था। इसी दशा में भाषा का जन्म हुआ किन्तु पूर्ण रूप से इसका विकास नहीं हुआ। मानव की जरूरतों को पूरा करने में भाषा सहायक बनती थी। सामाजिक व्यवस्था की दृष्टि से देखा जाए तो मानव ग्रुप्स (समुदाय) बनाकर जीते थे। हर कबीले के लिए एक वृद्ध माता रहती थी।[1] उसे

1. न्यू मैक्सिको में इस प्रकार की जाति को कूंकमू कहते हैं। इस जाति में पिता नामक शब्द ही नहीं। ब्रिफाल्ट दि मदर्स, पृ. 65।

ही कबीले का नेता माना जाता था। विवाह व्यवस्था पशुओं के समान ही थी। पशुओं की तरह स्त्री-पुरुषों का सहवास भी ऋतुबद्ध था। कई सालों तक केवल रक्त सम्बन्धियों के बीच ही काम सम्बन्ध रखने की प्रथा थी। इसे 'कनसांग्युनेरियन' कहा गया। इसका अर्थ रक्त सम्बन्धियों के बीच सम्बन्ध होना है। यह दशा कई सालों तक रही होगी।[1] सांग्युन माने रक्त होता है। इस सम्बन्ध के अवशेष सभ्य समाज की दशा में नहीं रहे। पुराणों में मिलनेवाली कुछ कहानियों के पात्र इस विचार की पुष्टि देते हैं। रामायण के ऋष्यशृंगोपाख्यान, सुमेरियन, असीरियन की कहानियों में गिलगमेहा का इतिहास[2] का इस सन्दर्भ में उदाहरण ले सकते हैं। ऋष्यशृंग तथा गिलगमेहा इतिहास के ऐंकंडु एक जैसे ही थे। उस जमाने में मानव केवल भाषा के कारण ही पशु से अलग थे।

मध्यम महर्दशा—इस दशा में मानव ने अग्नि का आविष्कार किया। इसका उपयोग भी उसने जान लिया। कन्दमूल फलों के साथ जलचरों को भी खाने की रीति उसने सीखी थी। पाचन के लिए आग सहायक सिद्ध हुई। समुदाय बनाकर एक ही जगह रहनेवाले मानव अब समुद्र तथा नदी किनारों पर यात्रा करने लगे। पुरावस्तु विशेषज्ञों द्वारा बताया जानेवाला 'ओल्ड स्टोन एज' इसी दशा का था। पत्थरों से उसने कुछ औजार बनाना सीखा। आहार सम्पादन के लिए, आहार को पाचन के उपयुक्त बनाने के लिए इन औजारों का वह उपयोग करता था। महाद्वीपों तक व्याप्त होने का साहस, आहार-समृद्धि, पत्थरों को एक-दूसरे से रगड़कर आग पैदा करने की शक्ति इसी दशा में मानव को प्राप्त हुई।[3] जानवरों का शिकार करने के लिए वह बड़ी-बड़ी लकड़ियों का उपयोग करने लगा। इस दशा में वह गदाधारी बन गया। शास्त्रज्ञों का कहना है कि आखेट करना इनकी मुख्य वृत्ति थी। इसी दशा में नर-मांस का भी भक्षण करते थे। पालिनेशिया द्वीपों में, आस्ट्रेलिया में ऐसे मानव दिखाई पड़े जिनमें ये लक्षण पाए जाते हैं। श्रुति-पुराणों से हम इस तथ्य को जान सकते हैं कि हमारे देश में कुछ लोगों ने कछुए को आहार बना लिया था। इन्हें ही बाद में कच्छप[4]

---

1. मंचू तथा तातारों में गोत्र अलग है तो विवाह नहीं कर सकते। यहाँ सगोत्र विवाह का ही रिवाज है। एंडोगामी के लिए यह उदाहरण है।
   जॉन.एफ. मेकलानन, प्रिमिटिव मैरिज, पृ. 60।
2. बुलफिच ने अपनी ग्रीक मैथोलॉजी में इसके बारे में लिखा है।
3. आदिम मानव के जीवन में अग्नि एक अद्भुत चीज थी। उसने अग्नि को ईश्वर माना था। वह जहाँ भी जाता था अग्नि को लेकर जाता था। वह उसे बुझने ही नहीं देता था। रोमन लोगों में अगर कोई भी ब्रह्मचारी आग बुझा देता है तो उसे मरणदंड दिए जाने की प्रथा थी।
   विलड्यूरॉड—दि स्टोरी ऑफ सिविलाइजेशन, पृ. 12।
4. यही उनके लिए टोटम बन गया।
   ब्रिफाल्ट दि मदर्स, पृ. 262।

कहा गया है और ये ही काश्यप बन गए। पुराणों के अनुसार काश्यप प्रजापति था। पृथ्वी को 'काश्यपि' कहा जाता था। कास्पियन समुद्र के नाम से यह तथ्य विदित होता है कि ये टोलियाँ समुद्र तटों पर स्थिर निवास करती थीं क्योंकि समुद्र में कछुए अधिक मिलते हैं।

वेदों से हमें यह जानकारी प्राप्त होती है कि अग्नि का उपयोग उस समय बहुत होता था। अग्नि का आविष्कार जिन्होंने किया उनके लिए इतिहास में प्रधान स्थान है। ग्रीक पुराणों के अनुसार जीयस माने देवेन्द्र है। उसका बेटा प्रोमिथियस है। उसने देवताओं की अग्नि को अपहरण करके मानव को दिया था। इस तरह उसने मानवों का बड़ा उपकार किया था। देवताओं को इस पर गुस्सा आया। उन्होंने प्रोमिथियस को पत्थर से बाँधा और उसके पेट को चीरने के लिए एक चील को भेजा था। फिर भी उसने इसका धैर्य से सामना किया। अग्नि लाना उसके विचार में अपराध नहीं था। मार्क्स, ऐंजिल्स, लेनिन आदि ने प्रोमिथियस को क्रान्तिकारी माना था। क्योंकि प्रोमिथियस ने मानव-कल्याण के लिए देवताओं का सामना किया था, उनके द्वारा दी गई यातनाओं को सहन किया था। कवि शेली ने इसी विषय पर अपनी कल्पना शक्ति से 'प्रोमिथियस अनबौंड' नामक काव्य लिखा। उसने लिखा कि प्रोमिथियस के कारण ही मानव-कल्याण हुआ। इसीलिए सारी मानव-जाति ने मिलकर स्वर्ग पर चढ़ाई की तथा प्रोमिथियस को विमुक्त किया था।

भारत में अग्नि का शोध जिसने किया उसको 'अंगिर' कहते हैं। वेदों में यह कथा मिलती है। ऋग्वेद में अग्नि स्तुतियों में लिखा गया है 'तांप्रमंधो अंगिरः' । इससे हम इस तथ्य को जान सकते हैं कि मंथन के कारण ही प्रमंध नाम आया। पाचन के कारण आहार पौष्टिक बन गया। इस दशा में समाज दो प्रधान टोलियों में बँट गया।

1. वनचराखेटक–ये लोग जंगल में रहते थे तथा शिकार करना इनका प्रधान पेशा था।

2. जलचराखेटक–ये लोग समुद्र और नदी किनारों में रहते थे। जलचरों का शिकार करना इनकी प्रधान वृत्ति थी।

इस चरण में पका हुआ मांस खाने से मानव का भौतिक सन्तुलन बढ़ गया। मानव में उत्सुकता तथा जिज्ञासा का जन्म हुआ।

आहार के लिए मानव जब भू-भ्रमण करता था तब तरह-तरह की नई टोलियों से उसका परिचय होता था। आहार के लिए इन टोलियों के बीच युद्ध भी होते थे। किन्तु बाद में मानव ने सोचा कि पारस्परिक सहायता से दोनों ही अधिक लाभ प्राप्त कर सकते हैं। इस आदान-प्रदान के सन्दर्भ में एक नई नीति की भी आवश्यकता हुई। कुछ निषेधों का भी जन्म हुआ। धीरे-धीरे पाप की भावना भी मानव में आ गई।

प्रारम्भिक दशा में टोली का नेता वृद्ध माता होती थी। अब यह कायदा बनाया गया कि एक ही टोली के स्त्री-पुरुष आपस में नहीं मिल सकते। यह कायदा इसके पहले जो कायदा था उसके पूर्ण विरुद्ध बन गया। नए परिचित मित्र टोली के पुरुषों के लिए इस टोली की स्त्रियाँ सहज पत्नियाँ बन गईं।[1] इसी तरह उस टोली की स्त्रियाँ इस टोली के पुरुषों की सहज पत्नियाँ बन गईं।[2] इस स्त्री-पुरुष आदान-प्रदान का प्रभाव आहार पर पड़ा। इस प्रकार एक टोली आहार लेन-देन के लिए कई अन्य टोलियों से सम्बन्ध बढ़ा सकती है। ऐसे भी कई उदाहरण मिलते हैं कि एक टोली ने पाँच-छः टोलियों से सम्बन्ध रखा था। पुराणों से यह तथ्य मालूम होता है कि कच्छप टोली के पुरुषों के लिए दिति, अदिति, दनु विनत, कद्रुव, टोलियों की स्त्रियाँ सहज पत्नियाँ थीं। इसलिए दैत्य, आदित्य, दानव, वैनतेय, काद्रवेय, कश्यप सन्तान के नाम से जाने जाते थे। महाभारत में ये विषय मिलते हैं।

उत्तम महर्दशा–जब से मानव ने बाणों को बनाना सीखा तब से इस दशा का आरम्भ होता है। मानव अब धनुर्धारी बन गया। मानव की बुद्धि काफी विकसित हो चुकी थी। उसने बाणों का प्रयोग सीखा। धीरे-धीरे वह अन्य यंत्रों को भी बनाने लगा। जलचराखेटक तथा वनचराखेटक, दोनों जीवन-पद्धतियों का अब वह आदी हो चुका था। इसी चरण में आखेटक ग्रामों का भी जन्म हुआ। शायद इसी चरण में मानव ने कुम्भ बनाना सीखा होगा। मोरगान का कहना है कि इस भांड-काल से ही समाज की नई दशा प्रारम्भ होती है। अन्य मानव-शास्त्रज्ञों के अनुसार जब से मानव ने लकड़ी के पात्र और हाथ से कपड़े बनाना सीखा तब से समाज की नई दशा का आरम्भ होता है। कुछ समाज-शास्त्रज्ञों का कहना है कि पत्थर के नए साधन बनाना (पत्थर के परसु आदि) लकड़ी से घर बनाना आदि इसी दशा के अन्त में प्रारम्भ हुआ। इस दशा में तीन प्रकार की टोलियाँ थीं। इसके कई प्रमाण मिलते हैं–

1. प्रधान आहार के आधार पर पहचानी गई टोली–कच्छप (काश्यप)।

2. टोली की माँ के नाम से पहचानी गई टोली–दैत्य-दानव, आदित्य।[3]

3. जिन प्रान्तों में निवास करते थे उन प्रान्तों के आधार पर पहचानी गई टोली (टेरिटोरियल टैल्स) कुछ निवास प्रान्तों को टोलियों के नाम दिए गए। रामायण में दंडकारण्य नाम आता है (दंडक के नाम पर यह नाम आया)। पुराणों में आनेवाले ऋषियों के निवास प्रान्त के नाम एक जमाने के आखेटक प्रान्त थे।

---

1. लुई हेनरी मोरगान–एंशियंट सोसाइटी, पृ. 68।
2. जॉन एफ. मेक्लेनान–प्रिमिटिव मैरिज, पृ. 59।
3. चीन की कुछ टोलियों में पत्नी के सरनेम से ही पति को पुकारा जाता है। इस टोली के लिए वही नेता है। यह एक प्रकार से घर-जमाई पद्धति है।–ब्रिफाल्ट–दि मदर्स, पृ. 78।

धीरे-धीरे टोलियों के बीच एक सामाजिक न्याय का जन्म हुआ। इन दशाओं में स्त्री-पुरुषों का सम्बन्ध इस प्रकार था। एक ही टोली के स्त्री-पुरुष विवाह करते थे। इसे भगिनी विवाह कहते हैं।[1]

कनसांग्युनेरियन विवाह माने रक्त सम्बन्धियों में विवाह। कबीले में कितनी पीढ़ियाँ रहने पर भी कबीले की माता की सन्तान मानी जाती थीं। पुराने मिस्र राजाओं के वंश में भाई-बहन के विवाह होते थे। इतिहास में इससे सम्बन्धित कई उदाहरण मिलते हैं।[2]

ऋग्वेद के यम-यमी संवाद भी भगिनी विवाह से सम्बन्धित हैं।[3] माँ तथा बेटे में भी सम्बन्ध होते थे।[4]

बाद की दशा में एक नई विवाह व्यवस्था का जन्म हुआ। इसका आधार मुख्यतः टोलियों के बीच में आहार के लेन-देन पर आधारित है। मोरगान ने इसका नाम 'पुनालुवन मैरिज' रखा। आज भी कुछ पोलिनीशियन द्वीपों में यह पद्धति है।[5] शास्त्रज्ञों ने इस प्रकार की विवाह-पद्धति को ग्रूप मैरिज कहा है। मेल्कन ने पहली बार इसे 'एंग्जोगामी' कहकर विश्लेषण किया है।[6]

विवाह पद्धति का आरम्भ जब से हुआ तब से समाज में सम्बन्धबद्ध निषेधों का आरम्भ हुआ। टाबू का अर्थ होता है कि गलती या अपराध। पोलिनीशियन् भाषा में तप्पु तापु कहते हैं। तेलुगु भाषा में तप्पु कहते हैं। वेदवाङ्मय में इसी भावना को 'पापमा' लौकिक वाङ्मय में पापम् कहते हैं। ऋग्वेद के यम-यमी संवाद में भगिनी सम्भोग को पाप कहा गया है।

इस टाबू को ही स्मृतिकर्ताओं ने अगक्यम् कहा है। 'पापूमा' तथा 'अगम्या' भगिनी विवाह के विवेचन में आए हुए पहले शब्द हैं। उस जमाने में आहार वितरण के लिए इस निषेध की आवश्यकता भी थी। समोवा ताहती जातियों में और आस्ट्रेलिया की कई जातियों में भगिनी विवाह को पाप माना गया है। उड़ीसा, मेघालय के कुछ प्रान्तों की टोलियों में भी यह निषेध है। इस पाप के लिए मृत्युदंड दिया जाता है।

---

1. सुमात्रा की बतक जाति में यह प्रथा है। फिजी की सारी जातियाँ इसी प्रथा को अपनाती हैं। डॉ. वाइसन के अनुसार जावा में यही विवाह पद्धति है।—ब्रिफाल्ट—दि मदर्स, पृ. 56-57।
2. 19, 20वीं शताब्दी के राजवंशों के समय में मिस्र देश के राजाओं में भाई-बहिन विवाह होता था।—ब्रिफाल्ट—दि मदर्स, पृ. 58।
3. ऋग्वेद—मण्डलम् 10, सूत्रम् 10।
4. जावा में कालांगा जातिवाले माँ-बेटे के सम्बन्ध को शुभप्रद मानते थे।—ब्रिफाल्ट—दि मदर्स, पृ. 59।
5. लुई हेनरी मोरगान, एनशियंट सोसाइटी, पृ. 438।
6. जान.एफ. मेक्लेनान, प्रिमिटिव मैरिज, पृ. 57।

आदिम समाज में साल में एक बार इन निषेधों का उल्लंघन करने की प्रथा पाई जाती है। उनका विश्वास था कि इस तरह के सम्बन्धों में पवित्रता और देवत्व है। स्त्री-पुरुष के स्वेच्छा से मिलने के लिए कुछ उत्सव मनाए जाते हैं। इनमें रिश्ता नहीं देखा जाता है। केवल स्त्री-पुरुष होना काफी है। इटली का साटरनेलिया उत्सव इसी प्रकार का है। होली में होनेवाले कंचुकोत्सव भी इसी प्रकार का है। स्व. धर्माराव जी ने इसका विश्लेषण किया है। फ्रेजर का कहना है कि जर्मनी, स्कान्डिनेविया, उत्तर रूस में होनेवाले वसन्तोत्सव में इस प्रकार के नियम नहीं रहते हैं। आज भी स्कान्डिनेविया में और लापलांड में यह उत्सव मनाया जाता है। युगल प्रेमी के लिए यह यात्रा केन्द्र है। पुरी में पाए जानेवाले विग्रह इस स्वेच्छा संगम के उदाहरण हैं। श्रीकृष्ण बलभद्र के लिए सुभद्रा पत्नी थी। विग्रह भी इसी तथ्य को व्यक्त करता है।

जब से इस प्रकार के सम्बन्धों का निषेध किया गया है तब से युवती-युवकों के लिए अलग-अलग कक्षाएँ बनने लगीं। उड़ीसा की जनजातियों के प्रान्तों में इन्हें गोतुल कहते हैं। न्यूजीलैंड (मलेशियन) प्रान्तों में इनको बुकामातुल्ला कहते हैं। आज भी यह रिवाज वहाँ पर है। जो इस तरह का पाप नहीं करती है उसको ही कन्या कहा गया है। कन्यावरण मंत्र इसी अर्थ को व्यक्त करते हैं।

वधू के सिर पर वर और वर के सिर पर वधू जीरा और गुड़ रखते हैं। यह आन्ध्र प्रान्त के विवाह संस्कार की एक प्रथा है। तब इस प्रकार के मंत्र पढ़े जाते हैं। इसी समय को हम विवाह का सुमुहूर्त कहते हैं।

अभ्रातृघ्नीं वरुणापशुघ्नीं बृहस्पते।
इन्द्रापतिघ्नीं पुत्रिणीमास्मभ्यै सवितर्वह ॥

अघोरचक्षुर पतिघ्नी स्योना शग्मा सुशेवा सुयमा गृहेभ्यः
वीरसूर्देवृकामा सं त्वयैधिषीमहि सुमनस्यमाना ॥ [1]

इसका अर्थ होता है कि जिसे भयंकर आँख नहीं है, पति, भाई तथा पुत्र को न मारनेवाली कन्या।

इस मंत्र में उस समय के समाज का प्रतिबिम्ब भी मिलता है।

प्रान्तीय टोलियों के बीच भी यही विवाह पद्धति थी। इन विवाहों के कारण आहार की वृद्धि होती थी। इस दशा को सूचित करनेवाले कई अवशेष आज भी हैं। उस जमाने में कबीले का नेता वृद्ध माता के नाम पर कुल चलाता था। आजकल के सरनेम इसी को संकेत करते हैं। उदाहरण के रूप में देखिएगा—अक्सर हम पूछते हैं, "लड़की को कहाँ दिया?" तो उत्तर मिलता है कि "फलाने बुद्धिराजा के घर में

---

1. वेनिगल्ला सुब्बाराव—पेल्लिमंत्रलुबंडारमु, पृ. 97।

दिया या मथुरा में दिया।" उस जमाने में किसी एक कबीला या ग्राम के लिए लड़की सहज पत्नी बन जाती थी। आजकल फलाने घर में या फलाने गाँव में दिया कहने का रिवाज पुरानी प्रथा का प्रतिबिम्ब है।

प्रथम युग की तीन उपदशाओं की सामाजिक स्थितियाँ और स्त्री-पुरुष सम्बन्ध ऊपर किए गए विश्लेषण से स्पष्ट हो गए हैं। पौराणिक गाथाएँ इन उपदशाओं से सम्बन्धित हैं। पुराण काल की परतों के नीचे इस पाशविक युग के उत्तम, मध्यम, दशाओं के कुछ अवशेषों की रेखाएँ स्पष्ट दिखाई पड़ती हैं। यह स्पष्ट हो चुका है कि मध्य दशा में गदाधर, उत्तम दशा में धनुर्धर रहते थे। प्राचीन पौराणिक युद्ध गदाधर और धनुर्धरों के बीच हुए युद्धों को सूचित करते हैं।

बर्बर महायुग–पाशविक युग के बाद बर्बर युग दशा आती है। इस युग को बारबारस एज कहा जाता है। पाशविक युग की तरह इस युग को भी अधम, मध्यम, उत्तम आदि तीन दशाओं में विभाजित कर सकते हैं। कुछ शास्त्रज्ञों का विचार है कि इसी युग में मानव ने कुम्भ बनाना सीखा और कपड़े बुनना सीखा था। अधम महर्दशा इसी युग में आरम्भ होती है।

अधम महर्दशा–भौगोलिक धरातल पर इसी युग में प्राक्-पश्चिमों का विभाजन हुआ। मानव ने एक प्रान्त में स्थिर रूप से रहना शुरू किया। इस चरण में विवाह व्यवस्था में परिवर्तन नहीं आया। कहीं-कहीं लोहे का उपयोग करना शुरू होने पर भी साधनों के उपयोग करने की पद्धति में विशेष परिवर्तन नहीं आया। पशुपालन तथा कृषि-संस्कृति का विकास हुआ।

मध्यम महर्दशा–इस चरण में पशुपालन तथा कृषि-संस्कृति में अधिक विकास हुआ। कई प्रकार के धान्यों का उत्पादन होने लगा। पत्थरों से किला बनाना, पत्थरों को तराशना, ऊन से कपड़े बुनना आदि कार्यों का आरम्भ हुआ।

पशुपालन तथा कृषि-संस्कृति को स्थिरता मिली। अब पशुओं के लिए झगड़े होने लगे। गो-अपहरण होने लगे। आदिम पशुपालक सेमैटस और आर्य शक्तिवान बन गए। गोयात्रा को गवेषण कहा गया। अतिथि के लिए गोमांस देना आवश्यक था। इसलिए गोध्नि (गोहंतक) शब्द भी आया। गाय को प्रधानता मिली। अतिथि को दी जानेवाली मर्यादा को गवेष्ठि नाम दिया गया। स्त्रियों के लिए दूध दुहना प्रधान पेशा बन गया। इन शब्दों के सारी यूरोपीय भाषाओं में समान शब्द मिलते हैं। संस्कृत के गो उक्श शब्द के लिए कौ अक्स शब्द है। संस्कृत का शब्द अमि (भेड) के लिए ग्रीक भाषा में अविन शब्द है। इसी तरह अन्य भाषाओं में भी समान शब्द मिलते हैं। जर्मन भाषा में अतिथि या अतिथि मर्यादा को गुयोष्ठ कहते हैं। अंग्रेजी में गेस्ट कहते हैं। स्पेलिंग जी.यू.ई.एस.टी. है। गुयेष्ठि क्री स्पेलिंग भी यही है। रूसी भाषा में गोस्त गोस्त निस्स (होटल), कहते हैं। संस्कृत में गोमांस को गव्यादिन कहा गया

है। 'दूध दुहना' के लिए दुहित, दोहित कहते हैं। जर्मनी में 'दौघतर', अंग्रेजी में डाटर, पारसी में दुघर कहते हैं। इन सभी शब्दों का मूल एक ही है।

इन सब समान शब्दों को दृष्टि में रखकर एस.के. डांगे ने यह सिद्धान्त बनाया कि सभी जातियाँ एक ही हैं।[1] प्रमुख भारतीय इतिहासकार प्रोफेसर डी.डी. कोशांबी ने इसका खंडन किया है। उनका कहना है कि जब दूध का समान शब्द नहीं है तो दूध दुहने के लिए समान शब्द कैसे आए।[2] नामवाचक अलग-अलग प्रान्तों में अलग-अलग हो सकते हैं किन्तु क्रियापद नहीं बदलते हैं। आन्ध्र प्रान्त में लकड़ी के लिए कोय्या, मानु, चेटटु, कर्रा, कलप आदि शब्द हैं। नामवाचक अलग-अलग हैं। किन्तु काटना-तोड़ना क्रिया के लिए सभी प्रान्त वाले एक ही शब्द का प्रयोग करते हैं। भाषा में क्रियापद में समानता देखनी चाहिए न कि नामवाचक। कुछ भाषाशास्त्रज्ञों का कहना है कि क्रियापदों में समानता देखनी चाहिए। इसी सिद्धान्त पर उन्होंने जाति समानता का समर्थन किया है। इस दशा में पशुपालन प्रधान पेशा था। कृषि-संस्कृति आरम्भ दशा में थी।

इस दशा में विवाह व्यवस्था में अधिक परिवर्तन दिखाई नहीं पड़ता। पशुपालकों में पुरुष प्रधानता बढ़ती रही। सन्तान को पिता के नाम से या माता के नाम से पुकारते थे। उदाहरण के रूप में देखिएगा—राम को दाशरथी, कौशल्या तनय कहते हैं। अर्जुन को पार्थ कहते हैं। पाँच पांडु पुत्रों को पांडव कहते हैं। कृषि-संस्कृति में स्त्री की स्थिति में कुछ परितर्वन नहीं आया। इस दशा का साहित्य उपलब्ध नहीं है। उस जमाने के नाम कैसे थे, इसके बारे में बोलना कठिन है। आन्ध्र राज्य के प्रथम राजाओं के वंश के सभी नाम मातृप्रधानता को सूचित करते हैं।

उत्तम महर्दशा—मानव शास्त्रज्ञों ने इस युग को लौह युग कहा है। लोहे की शोध-क्रिया के साथ इस चरण का आरम्भ होता है। कृषि-संस्कृति और उससे सम्बन्धित दृश्यकलाओं की काफी अभिवृद्धि हुई। नए-नए प्रान्तों को कृषि योग्य बनाया गया। नदी-नालों पर सेतु बनाए गए। पत्थरों से सुन्दर-सुन्दर घर बनने लगे। पशु शक्ति का कृषि-संस्कृति में उपयोग करने की क्रिया का विकास आरम्भ हुआ।

ग्रीकों का वीरयुग, रोमनगर की स्थापना, हमारे पुराण कथायुग आदि इसी दशा से सम्बन्धित हैं। अब तक के सभी साधन जिन्हें शिकार में उपयोग करते थे व्यक्तिगत सम्पत्ति थे। मरण के बाद व्यक्ति के सभी साधन समाज के हो जाते थे। हमारे पुराणों में कुछ कहानियाँ मिलती हैं जिनमें यह कहा गया है कि मरण के बाद उसके साधन दिव्यलोक पहुँचते थे। इन दिव्य आयुधों का उपयोग करनेवाला फिर

1. एस.ए. डांगे—आदिम कम्यूनिज्म नुंडि बानिस समाजम् वरकु (तेलुगु अनुवाद)।
2. श्री डी.डी. कोशांबी—दि कल्चर एंड सिविलाइजेशन ऑफ एनशियंट इंडिया इन हिस्टोरिकल आउट लाइन, पृ. 75।

टोली में पैदा होने के बाद ये दिव्यत्व उस व्यक्ति को दिया जाता था। शिवधनुष, परशुरामधनुष, गांडीव पाशुपतास्त्र दैवदत्त थे।

कृषि तथा पशुपालन संस्कृति दोनों का विकास काफी हुआ है। इसी चरण में गृह और कुटुम्बों का जन्म हुआ। गृह और परिवार के लिए दम्पती मूल है इसलिए विवाह व्यवस्था में परिवर्तन आ गए। यह सहज भी है। पारिवारिक नीतिमूल्यों में भी परिवर्तन आया।

ग्रूप मैरिज में केवल भगिनी विवाह पर निषेध था। कृषि-संस्कृति और पशुपालन का पूर्ण रूप से विकास होने के कारण अब सारे कबीले एक ही जगह रहने लगे। कन्यागार, युवागार धीरे-धीरे हर एक ग्राम के उपांगों के रूप में बनने लगे।[1] सभी साधन समाज की सम्पत्ति बन गए। साधारणतया साधन युवागारों में रखे जाते थे। मध्य मैरेय कन्यागारों में रखे जाते थे। युवागारों की रखवाली वृद्ध स्त्रियाँ करती थीं। कन्यागारों का रक्षण सोम, मध्य मैरेय, वृद्ध आदि करते थे। इसलिए युवक और युवतियाँ यौन सम्बन्धी पाठ इनसे ही सीखते थे। शाम के समय युवती-युवक स्वेच्छा से कहीं पर भी जा सकते थे। इस समय उत्पन्न हुई सन्तान को माँ के नाम पर ही पहचानने की प्रथा थी। इसलिए कोई भी सामाजिक समस्याएँ नहीं थीं। अगर कोई भी अनैतिक रिश्ता रखता था तो कठिन दंड दिया जाता था। स्त्री हो या पुरुष अपराध किसी का हो, मातृसत्ताक समाज में पुरुष को ही कठिन दंड दिया जाता था। पोलिनेशिया महाद्वीपों में इस तरह के अपराध को सुवसोवा कहते हैं। मलिनोस्की ने इसका विश्लेषण किया है।[2] कुछ कबीलों में केवल पुरुषों को, कुछ में स्त्री-पुरुष दोनों को ही दंड देने की नीति आज भी है। आज का समाज पुरुष प्रधान है इसलिए आज इस तरह के अपराध (कन्या माँ बन गई तो) के लिए समाज स्त्री को ही दंड देता है।

कबीलों की प्रथाओं के अनुसार कुछ समय स्त्री-पुरुष स्वेच्छा से रहने के बाद जब दोनों शाश्वत बन्धन में बँध जाने का निर्णय लेते हैं तब वे दोनों सामूहिक शाला में रहने का अधिकार खो बैठते हैं। उनको फिर अपने माँ-बाप के पास जाना पड़ता है। इस स्थिति में वह स्त्री पिता के लिए पत्नी के रूप में रहती है। वह स्त्री दूसरे गोत्र की है इसलिए सम्बन्ध रहने में कोई अपराध या दोष नहीं। युगल प्रेमी अगर दम्पती बनना चाहते हैं तो वे दोनों विवाह कर सकते हैं। इस दशा में समाज में आया हुआ एक मुख्य परिवर्तन है यह 'दाम्पत्य-विवाह'। जो स्त्री पहले सारे समाज की सम्पत्ति मानी जाती थी, अब दाम्पत्य-विवाह के बाद किसी एक व्यक्ति की व्यक्तिगत

---

1. कोदुलु नामक जाति में इस प्रकार के आगार रहते हैं। माताएँ अपनी सन्तान को यहाँ पर भेजती हैं।—श्री अवसराल जगन्नाथ राव पंतुलु का लेख, कलिंगदेश चरित्र, पृ. 34-35।
2. ब्रोनिस्ला मलिनोवस्की—क्राइम एंड पनिशमेंट इन सावेज सोसाइटी, पृ. 84।

सम्पत्ति बन जाती है। इसके लिए समाज की सम्मति चाहिए। यह सम्मति कई रूपों में दी जाती है।

1. पहली रात कबीले के व्यक्ति (जिनका रिश्ता था) का उस विवाहित स्त्री के साथ रहकर अपना हक दूल्हा को दे देना।

2. कबीले के सभी व्यक्ति जिनका सम्बन्ध दुल्हन से था उनको कुछ भेंट देकर उनके हक को (वधू पर) रद्द करना।

धीरे-धीरे समय के साथ यह नियम बदल गया। अब केवल कबीले के नायक को ही पहली रात (दुल्हन के साथ रहने का) का हक मिलने लगा। नायक सभी का प्रतिनिधि बनकर नई वधू के पास रहता है। वधू के बाप को, कबीले की तरफ से, भेंट देने का नियम भी आया।[1] ऊपर के पहले नियम को रैट ऑफ फर्स्ट नाइट कहते हैं। इसे फ्रेंच में जसप्रैमेनाकटिस् कहते हैं। यह नियम एक रिवाज बन गया। आज भी एस्कीमो दक्षिण अमेरिका की कुछ जातियों में इस प्रकार की प्रथा है। केल्टिक देशों में भी यह प्रथा है। दूसरे नियम का प्रतिनिधि 'ओलि' या 'कन्याशुल्क' के रूप में आज भी दिखाई पड़ता है। आज भी कुछ जनजातियों में यह प्रथा पाई जाती है।[2] वाई-विवाह दम्पती-विवाह के रूप में परिवर्तित हो गए। आजकल हमारे विवाह मंत्रों में इस परिवर्तन का प्रतिबिम्ब मिलता है।

सोमः प्रथमो विविदे गन्धर्वो विविद उत्तरः।
तृतीयो अग्निष्टे पति स्तुरीयस्ते मनुष्यजाः ॥[3]

सोमोददद् गन्धर्वाय गन्धर्वो ददद्गनये।
रयिं च पुत्रांश्चादादग्निर्मह्यमथो इमामः ॥[4]

पाणिग्रहण के समय ये मंत्र पढ़े जाते हैं। मंत्र का अर्थ इस प्रकार है। स्त्री का पहला पति सोम है। वह इस स्त्री को फिर गन्धर्व को देता है। स्त्री कान्यागार में जब रहती थी (उस जमाने के मध्यागार) प्रथम पाठ सोमजन से जो सोमरस बनाना जानते हैं, सीखती थी इसलिए इसका पहला पति सोम है। शाम में अपने इष्टों के साथ रहने का नियम भी था। इस समय का पति गन्धर्व होता था। इस पद्धति को गान्धर्वम् कहा गया है। इससे यह प्रतीत होता है कि उस जमाने में यौन स्वतंत्रता थी। आज के डेटिंग में इस प्रकार की भावना का प्रतिबिम्ब दिखाई पड़ता है। पहला पति सोम होता है तो दूसरा पति गन्धर्व।

---

1. आर. ब्राश, हाऊ डिड सेक्स बिगिन, पृ. 77-78।
2. वही, पृ. 75।
3. श्री कडियाल जगन्नाथ शर्मा—भारत देश मुलो पेल्लिलु, पृ. 38।
4. श्री वेनिगल्ला सुब्बाराव—पेल्लिमंत्राल बंडारमु, पृ. 111।

स्त्री-पुरुष जब शाश्वत यौन सम्बन्ध बनाना चाहते हैं तब लड़की अपने पिता के पास आती है। वेदकाल में घर को अग्नि कहा जाता था। आज भी 'हार्त' जो अग्निकुण्ड है घर के अर्थ में लिया जाता है। मातृसत्ताक व्यवस्था में घर माने मालिकिन ही थी। पितृसत्ताक व्यवस्था में घर माने मालिक ही था। अब सम्बन्ध के अनुसार वधू उस घर के मालिक की पत्नी बन जाती है। यानी अग्नि उसका तीसरा पति है। अब वह जो इसके साथ रहना चाहता है, चौथा पति होता है। यह पति धन तथा बच्चों के लिए उसके साथ जोड़ी बनाता है। पाणिग्रहण के समय वह यह मंत्र पढ़ता है कि–

गृह्णामि ते सौभगत्वाय हस्तं मया पत्या जरदष्टिर्यथासः।
भगो अर्यमा सविता पुरंधिर्मह्यं त्वादुर्गार्हपत्याय देवाः ॥

वर को सोम तथा गन्धर्व के बारे में जानने का अवसर नहीं मिलता है। अब वह जिसके बारे में जानता है वह घर का मालिक (यजमान) है। इसलिए उस घर के मालिक के सामने प्रमाण करके यानी अग्नि को साक्षी बनाकर वर-वधू एक हो जाते हैं। इस तरह दम्पती-विवाह पद्धति का जन्म हुआ।

दम्पती-विवाह की पद्धति शुरू होने के बाद भी अन्य पद्धतियों के विवाह भी होते थे। कन्याशुल्क पद्धति विवाह भी होता था। अन्य विवाह पद्धतियाँ इस प्रकार हैं–राक्षस विवाह[1], पैशाच विवाह, आसुर विवाह आदि। अश्वलायन के अनुसार ब्राह्मम् प्राजापत्यम्, आर्षम्, दैवम्, गान्धर्वम्, आसुरम्, राक्षसम्, पैशाचिकम् आदि हैं। प्रथम चारों को छोड़कर अन्य विवाह पद्धतियों को आदर नहीं मिला।

आज अपने समाज की विवाह पद्धतियों में ये आठ प्रकार के विवाहों के चिह्न मिलते हैं। आज आन्ध्र प्रदेश में एक प्रथा दिखाई पड़ती है वह यह है कि लड़की का मामा वधू को थोड़े समय के लिए गोद में या टोकरी में बिठाकर विवाहवेदी पर ले आता है। वह कुछ भेंट लिये बिना वधू को नहीं लाता है। इस रिवाज में पहले के एक नियम का प्रतिबिम्ब मिलता है। इसी प्रकार स्थालीपाकम के बाद नागवल्लि नामक एक कार्यक्रम होता है। इसमें युद्ध की प्रधानता दिखाई पड़ती है। आजकल चौकापूरण में सब वस्तुओं के साथ एक हथियार पूरब की तरफ रखा जाता है। आजकल की यह प्रथा उस जमाने का मैरिजबैकाप्चर का चिह्न है। इसे आज देवतापूजा में परिवर्तित किया गया है।[2] उत्तर हिन्दुस्तान में बरात में जानेवाला दूल्हा

1. हत्वा छित्त्वा च भित्त्वा चक्रोशन्तीं रुदतीं गृहात्।
प्रसह्य कन्याहरणं राक्षसो विधिरुच्यते ॥
सुप्तां मत्तां प्रमत्तां वा रहो यत्रो पगच्छति।
स पापिष्ठो विवाहानां पैशाचः प्रथितोऽधमः ॥
ज्ञातिभ्यो द्रविणं दत्त्वां कन्यायै चैव शक्तितः।
कन्याप्रदानं स्वाच्छन्द्यादासुरो धर्म उच्यते ॥ मनुस्मृति–पृ. 104-05
2. कालिंजुलु (कलिंग) जाति में वर-वधू को ले जाते समय वधू के भाई वर की तरफ वालों पर बैंगन फेंकता है। –श्री चिलुकूरि नारायण राव–कलिंग देश चरित्र, पृ. 20

घोड़े पर बैठता है। उसके साथ तलवार भी रहती है। इस प्रथा में मैरिज बैकाप्चरिंग का प्रतिबिम्ब दिखाई पड़ता है। इसी तरह असुर पैशाचिक विवाह पद्धतियों के चिह्न भी कुछ प्रथाओं में दिखाई पड़ते हैं। वात्स्यायन का कहना है कि फर्स्ट नाइट रैट की प्रथा यूरोपीय देशों में नहीं भारत में भी थी। ग्रामवधू पर फर्स्ट नाइट का अधिकार गाँव का मालिक या जमींदार या राजा को मिलता था। वधू को पहले इनको अपना शरीर अर्पित करना पड़ता है। इसके बाद ही वह वर के साथ जा सकती है। निम्न पंक्तियों को देखिएगा–

''प्रता जनपद कन्यां, दशमेहनि किंचिदैपायनिकम्
गृहीत्वा, प्रविवेश अंतःपुर उपभोज्य विसृज्य
इत्याम् धाणाम्'' (वात्स्यायन कामसूत्र कन्यसंप्रयुक्तधिमरणम् 42 सूत्र)

प्रताकन्या माने वह नववधू जिसका किसी पुरुष के साथ सम्बन्ध नहीं हुआ हो। गाँवों में विवाह होने के बाद पति के साथ रहने के पहले एक दिन कुछ भेंट लेकर वधू को मालिक या जमींदार के अंतःपुर के पास जाना पड़ता है। वहाँ पर मालिक या जमींदार वधू के साथ रात बिताता है, बाद में वह वर के पास जा सकती है। आज भी क़ेरला में यह प्रथा है। वात्स्यायन का कहना है कि आन्ध्र में भी यह प्रथा थी। जर्मनी में कैथलिक फरडीनानर ने इसे रद करते हुए निम्न प्रकार की आज्ञा जारी की थी। (1486)

कोई भी किसान विवाह करता है...मालिक (सेन्योर, बारन) आदि पहली रात उस वधू के साथ सोना मना है। विवाह की रात वधू जब सोती है तब अपने अधिकार दिखाने का चिह्न, उस बिस्तर से या वधू को पार करके जाना मना है...हमने सोचकर यह निर्णय लिया है।[1]

वात्स्यायन से बताया गया यह प्रथा (विवाह होने के बाद पहली रात मालिक के साथ बिताने की प्रथा) आज भी अलास्का प्रान्त में सभी जातियों में है। उत्तर मैक्सिको ताहू जाति में भी है। केल्टिक जाति में भी है। कास्पियन देश में आरगात प्रान्त में यह प्रथा है। आन्ध प्रदेश में इसके लिए प्रमाण नहीं मिलते हैं कि पुराने जमाने में यह रिवाज था। ग्रामवासियों ने इस रिवाज को बन्द करने के लिए एक समाधान ढूँढ़ लिया। बाल्य विवाह इसका समाधान है।

विवाह के दस दिन के बाद वधू को मालिक के पास जाना पड़ता है। इस दुराचार को बन्द करने के लिए एक नया रास्ता ढूँढ़ा गया। आठ वर्ष की बालिका का विवाह किया जाएगा तो वह मालिक के पास गई तो भी उसका शीलभंग नहीं होगा। जब युवती मालिक के पास जाती है तब मालिक उसको एक बिल्ला देता है। इससे मालिक को यह पूछने का अवसर नहीं मिलता है कि युवती को उसके पास क्यों नहीं भेजा

1. फेडरिक ऐंजिल्स–कुटुम्बमु दानि प्रहुपूर्वोत्तरालु, पृ. 29।

गया। या उसका विवाह क्यों नहीं किया गया? एक बार युवती यह बिल्ला लेकर आएगी तो अब उसके पातिव्रत्य को कोई धोखा नहीं। इस प्रकार मालिक से दिया गया ताडू[1], बोट्टु[2], तालिबोट्टु[3] बन गया। इसी ने मंगलसूत्र का रूप धारण कर लिया।

आन्ध्र के बल्लारि प्रान्त में वधू के गले में ब्राह्मण ही मंगलसूत्र बाँधता है। उस जमाने में कबीले का पुजारी वधू के गले में मंगलसूत्र बाँधता था। अरूमैक्कारन जाति में पुजारी का काम नाई ही करता था। उस वंश में, जिसको अधिक सन्तान हो, वही बूढ़ा मंगलसूत्र बाँधता है।[4]

यह सब कार्यक्रम प्राचीन प्रथाओं के प्रतिबिम्ब ही हैं। इस सन्दर्भ में पढ़ाए जानेवाले निम्नलिखित मंत्र के बारे में भी अध्ययन करना जरूरी है–

कन्याम् कनकसंपन्नम् कनका भरणैयुताम्
दास्यानिम विष्ठवेत्तुभ्यम् ब्रह्मलोक जिगीशया।

यह मंत्र पढ़कर कन्यादाता वधू के हाथ को वर के हाथ में रखकर पानी की धार छोड़ता है। इसका अर्थ कन्यादान है। उस जमाने में मालिक के सामने लड़की का पिता प्रार्थना करता था कि धन है आभूषण है विष्णु पृथ्वीपति जैसे मालिक इसे (लड़की को) दास के रूप में ग्रहण करो। ब्रह्मस्वं भी एक प्रथा है। ब्रह्मलोक माने भूमि जिस पर कर अधिक न हो (क्विट रेंट)। इसी तरह इस कन्या पर भी कर न रहना चाहिए। इसी उद्‌देश्य से अपनी लड़की को वह मालिक को अर्पित करता है। इसमें यह अर्थ निहित है कि मैं अधिक भेंट दे नहीं सकता हूँ।[5]

यह मांगल्यधारण का रिवाज आन्ध्र और आन्ध्र के नजदीक प्रान्तों में पाया जाता है। अन्य प्रान्तों में यह प्रथा नहीं है। उत्तर भारत में माँग में सिन्दूर भराया जाता है। महाराष्ट्र में केवल काले पोते को गले में डाला जाता है। इस काले पोते में डोरला रहता है। वेदों में मंगलसूत्र का संकेत तक नहीं मिलता है। हमारे पुराणों में ग्यारहवीं सदी के स्कंदपुराण में पहली बार इसका जिक्र हुआ है।[6] रामायण में जनक सीता का हाथ राम को सौंपते हुए कहता है कि–

इयं सीता ममसुता सह धर्म चरीतव
प्रतीच्छा एनाम भद्रां ते पाणिम् गृहणीस्व पाणीना।[7]

---

1. यह तेलुगु शब्द है। ताडु का अर्थ होता है रस्सी।
2. यह तेलुगु शब्द है। बोट्टु माने डारला तथा कुंकम होता है।
3. यह तेलुगु शब्द है। तालिबोट्टु का अर्थ है मंगलसूत्र।
4. श्री वेनिगल्ला सुब्बाराव–पेल्लि मंत्रालु बंडारमु, पृ. 106-107।
5. रोम गें ब्रह्मचारियों पर कर रहता था। उन्हें उत्तराधिकार का हक नहीं दिया जाता था। उनसे नीच से नीच काम करवाते थे। –आर. व्राष, हाऊ डिड सेक्स बिगिन, पृ. 76।
6. श्री कडियाल जगन्नाथ शर्मा, पृ. 68।
7. रामायण बालकांड, 73 सर्ग।

पाणिग्रहण के साथ ही वाल्मीकि ने विवाह संस्कार को समाप्त कर दिया था। मंगलसूत्र का प्रसंग ही नहीं है। केवल पाणिग्रहण ही होता है।

बर्बर युग की उत्तम महर्दशा में व्यक्ति की सम्पत्ति कुटुम्ब की सम्पत्ति के रूप में परिवर्तित होने लगी। तब तक गवेषण युद्धों के द्वारा बलवान ही पशु-सम्पदा के मालिक बन गए। इन युद्धों में जो पराजित हुए वे कृषि संस्कृति अन्य पेशे करनेवालों के दास बन गए। पकड़ी गई स्त्रियों को भोगकान्ताओं के रूप में उपयोग किया गया। इस प्रकार दास-दासी गोगण कुछ बलवान व्यक्तियों को प्राप्त होने के कारण समाज में व्यक्ति को समष्टि पर विजय प्राप्त हुई। समाज में पहली बार स्वतंत्र मालिक और दास नामक दो वर्गों का जन्म हुआ। इन वर्गों ने एक स्थिति में आने के बाद वर्गसमाज का रूप धारण कर लिया। इस युग को इतिहासकारों ने 'सिविलाइजेशन' (सभ्यता) का नाम दिया है। पाशविक तथा बर्बर समाजों का अन्त हुआ। किन्तु तब की परिस्थितियाँ समुद्र में महाद्वीपों की तरह कहीं-कहीं दिखाई पड़ती हैं। बाकी सब कुछ सिविलाइज्ड है। उसके पहले भी आधुनिक युग खंडों के साथ पूर्वयुग के महाद्वीप भी थे। कृषिगण उत्तम महर्दशा में जब थे तब पशुपालक गण अधम महर्दशा में थे। इन विभिन्न दशाओं के गणों के बीच अकसर युद्ध होते थे।

वेदकाल के लोग पशुपालक थे। तब के कृषिगण इनसे भी उन्नत दशा में थे। इन दोनों के रीति-रिवाज और नीति-नियम भिन्न थे। इसलिए दोनों के बीच संघर्ष होता था। इस दशा में गौतमगण में ग्रूपमैरिज की ही प्रथा चल रही थी। इसके पड़ोस में मातंगगण रहता था। मातंगगण में दम्पती-विवाह संस्कार का आरम्भ हो चुका था। ये दो गण विभिन्न रीति-रिवाजों के साथ जीवन बिताते थे। गौतमगण में अरुन्धती त्रिलोक सुन्दरी थी। इस गण की प्रथा के अनुसार उसके साथ यौन जीवन बिताने के लिए उनके ही गोत्र के व्यक्ति आए थे। अरुन्धती को मालूम पड़ा कि पड़ोस में और एक समाज है जो उत्तम दशा में पहुँच चुका था। दम्पती-विवाह के बारे में वह जान चुकी थी। अपने गोत्र की नीति उसे पसन्द नहीं आई। एक दिन सबके साथ उसका पिता भी अरुन्धती का हाथ माँगने के लिए आया था। उस जमाने की प्रथा के अनुसार बच्चे माँ के गोत्र के होते हैं। पिता दूसरे गोत्र का होता है। इसलिए इस प्रकार के विवाह करने में कोई अपराध नहीं माना जाता था। इसी प्रथा का उल्लेख करते हुए यम-यमी संवाद में यमी अपने भाई से वाद-विवाद करती है–

उशान्ति घा ते अमृतास एत देकस्य चित् त्यजसं मर्त्यस्य।
नि ते मनो मनसि धाय्यस्मे जन्युः पतिस्तन्वमाविविश्याः ॥[1]

वह एक उदाहरण भी बताती है कि ब्रह्मा ने अपनी पुत्री से विवाह किया था।

1. ऋग्वेद : मण्डलम् 10, सूक्तम् 103

जब अरुन्धती ने पिता से विवाह करने के लिए अपनी असम्मति प्रकट की थी तब उसके कबीलेवालों ने उसका जाति बहिष्कार किया था। वह पड़ोस के मातंगगण के पास आश्रय लेने गई थी। मातंगगण के जनों ने उसे दत्तक लिया था। आज भी एक कबीले के व्यक्तियों द्वारा दूसरे कबीले के व्यक्तियों को दत्तक लेने की प्रथा है। इसके पहले अरुन्धति गौतमी थी किन्तु अब वह मातंगी बन गई थी। अरुन्धती मतंगों की विवाह पद्धति को अपने गौतमीगण में लाना चाहती थी इसलिए वह गौतमीगण में ही वर ढूँढ़ने लगी। पशुपालक गण में रहनेवाला वासिष्ठ उसके विचार से सहमत हुआ। उन दोनों ने युगल प्रेमी बनकर आर्यगणों में दम्पती विवाह का प्रचार किया। इन दोनों ने एक नई पद्धति को प्रवेश दिया है इसलिए आज भी वेदविहित विवाहों में पुरोहित को वसिष्ठ और सुहागिन को अरुन्धति कहते हैं। इस प्रकार ये दोनों आदिगणों के दाम्पत्य विवाहों के आदि दम्पती बन गए। इस तरह की क्रान्ति लाने के लिए अरुन्धती ने कई कष्ट झेले थे। इससे सम्बन्धित कई कहानियाँ मिलती हैं। समाज के हर मोड़ पर एक क्रान्तिकारी परिवर्तन के लिए स्त्री का हाथ रहता है। वह आत्मार्पण करती है। इसका उदाहरण अरुन्धती की साहस कथा है। आज भी नवदम्पती विवाह संस्कार में अरुन्धती का स्मरण करते हैं। इसका कारण यही है कि कई कष्ट सामने आने पर भी अरुन्धती ने विचलित न होकर दाम्पत्य जीवन की प्रतिष्ठा बढ़ाई थी। किन्तु असली कथा को सब भूल गए। आज केवल नवदम्पती को अरुन्धती नक्षत्र का दर्शन कराने की प्रथा प्रचलित है।

विवाह संस्कार में आखिरी कार्यक्रम यह है–

धृवक्षितिः धृवयोनिः धृवमसि धृवतः
स्थितंत्वम् नक्षत्रष्णाम् मेध्यसि समापाहिपृतन्यतः
सप्तऋषय प्रथमाम् कृत्तिका नाम् अरुन्धति यत् धृवताम्
हस्सिन्युः ष्टकृत्तिका मुख्ययोगम् वहतीययम् अस्वाकम् एतत्वष्टमी

यह पृथ्वी और स्त्री का उत्पत्ति स्थान ही शाश्वत है। तुम भी इसी तरह शाश्वत हो। सप्तमहर्षियों ने अरुन्धती को शाश्वत कहा है। उनकी पत्नियों ने भी अरुन्धती के अधिकार को स्वीकार किया है। अरुन्धती नक्षत्र को देखनेवाली इस वधू की कृत्तिका की तरह वृद्धि होगी। वह आठवाँ ऋषि है। पहले जो विश्लेषण किया गया है करीब-करीब वही अर्थ इन मंत्रों में समाया हुआ है।

सभ्य समाज : समाज में सम्पत्ति की वृद्धि काफी होने लगी। साथ-साथ पुरुष की प्रधानता बढ़ती गई। इसके साथ-साथ स्त्री का अधिकार भी कम होने लगा। सम्पत्ति जब बहुत बढ़ जाती है तब यह इच्छा पैदा होना स्वाभाविक है कि पुरुषों की सम्पत्ति पुरुषों को ही मिलनी चाहिए। इस दशा में समाज में बहुत बड़ा परिवर्तन आया। अब सन्तान स्त्री की नहीं पुरुष की बन गई। बच्चे अब पिता के गोत्र के

हो जाते हैं, न कि आरम्भिक दशा की तरह माता के गोत्र के। दम्पती विवाह के कारण थोड़ा-बहुत कुटुम्ब कल्याण हुआ। ग्रूप मैरिज की पद्धति पूर्ण रूप से लुप्त नहीं हुई। गवेषण तथा नरेषण युद्धों में मिलनेवाले दास-जन के कारण बहुभार्यत्व नामक नई पद्धति का जन्म हुआ। मुरदकू विद्वान के शोध के अनुसार 250 समाजों में 195 समाज इस नियम का ही पालन कर रहे हैं।[1] ऐतरेयब्राह्मण ने पहले इस पद्धति के लिए अपनी सम्मति दी थी। उषा आप्टे के अनुसार[2]—ऋग्वेद काल में केवल अधिपति ही बहुभार्यत्व प्रथा का पालन करते थे। धीरे-धीरे यह प्रथा साधारण जन में भी आ गई। मेगस्थनीज, अलबरूनी आदि ने अपने यात्रा-ग्रन्थों में इसका जिक्र किया था। पुनालुवन सम्प्रदाय में भी एक व्यक्ति के लिए वाई (रिश्ता) मिल गई तो सभी स्त्रियाँ पत्नियाँ बन जाती थीं। इसी तरह स्त्री के लिए भी सभी पुरुष पति थे। किन्तु दासीजन के कारण जन्म लिया बहुपत्नीत्व का, पुनालुवन दशा में जन्म लिया बहुपत्नीत्व के बीच अन्तर है। पुनालुवन प्रथा में हर स्त्री पर हर पुरुष का अधिकार होता है। दासजन के सम्पद्राय में मालिक के बिना उन स्त्रियों पर दूसरों को कानूनी तौर पर अधिकार नहीं होता है। पुनालुवन दशा की बहुपत्नीत्व और बहुपतीत्व प्रथाओं के अवशेष आज भी केरल के नायर कुटुम्बों में कहीं-कहीं दिखाई पड़ते हैं। एक स्त्री के साथ चार-पाँच पुरुष एग्रीमेंट करके रहते हैं। एक ही व्यक्ति इस प्रकार का एग्रीमेंट कई कबीलों में कर सकता है। किसी एक कबीले के लिए यह एग्रीमेंट बहुपतित्व हो जाता है तो दूसरे कबीले से सम्बन्ध के कारण वह बहुपत्नीत्व बन जाता है। किन्तु सभ्य समाज बहुपत्नीत्व प्रथा के विरुद्ध है। मालिक यानी पति के लिए सभी पत्नियाँ सम्पत्ति बन जाती हैं। इस दशा में इस विचार का जन्म हुआ कि मालिक दासजनों में किसी एक स्त्री को ही चुनना चाहिए, उससे पैदा हुई सन्तान को ही सम्पत्ति पर अधिकार देना चाहिए। इसके लिए पुरुष ने कई नियम बनाए थे ताकि अपनी स्त्री पराए पुरुष के सम्पर्क में न आए। सन्तान केवल अपनी ही होनी चाहिए। इसी सन्तान को वह गद्दी पर बिठाता था।[3] अपने इतिहास में तथा पुराणों में इस प्रथा से सम्बन्धित कई कहानियाँ मिलती हैं। शान्तनु से सत्यवती ने यही वरदान माँगा था। दुष्यन्त से शकुन्तला ने भी इसी वरदान को माँगा था।[4] पहली पत्नी को रानी कहते थे, दूसरी इष्टसखी होती है, उसे बहना कहते थे। तीसरी को परिवृत्ता कहते थे। शतपथ ब्राह्मण ने इस विषय का विश्लेषण किया है। पटरानी की सन्तान को सम्पत्ति पर अधिकार रहता है। अन्य पत्नियों की

1. श्री कडियाल जगन्नाथ शर्मा—भारत देश में विवाह, पृ. 29।
2. दि साक्रमेंट ऑफ मैरेज इन हिन्दू सोसाइटी, पृ. 41।
3. ब्रिफाल्ट दि मदर्स, पृ. 220-21।
4. सत्यवती को पहले ही पराशर से व्यास पैदा हुआ था। शान्तनु से चित्रांगद और विचित्रवीर्य पैदा हुए।

सन्तान का सम्पत्ति पर अधिकार नहीं है इसलिए उनके प्रति ध्यान नहीं दिया जाता था। उन्हें अधिकार नहीं दिए गए। ये सब पत्नियाँ सम्पत्ति का हिस्सा हैं। मालिक इन्हें बेच भी सकता है, दान भी कर सकता है। गिरवी भी रख सकता है। मारकर खा भी सकता है।[1] इस भावना को व्यक्त करनेवाली एक सूक्ति इस प्रकार है कि– 'ऋणानुबंध रूपेणा पशुपत्नि सुतालयाः।' दैव विवाह पद्धति में पत्नी को दान दिया जाता है। इसमें राजा या तो अपनी पत्नी को या बेटी को यज्ञ के समय ऋत्विक् को दान करता है–

ऋत्विजे वितते कर्मणि दद्र्यादलंकृत सदैवरि
दक्षिणा सुदीयमाना स्वंतखेदि यद्धृत्वजे सदैवः
(बोधायन सूत्र)

स्मृतिकारों ने इस पद्धति को स्वीकार नहीं किया था, फिर भी इस प्रकार के विवाह होते थे। धीरे-धीरे यह पद्धति भी उत्तम विवाहों की सूची में आ गई।

जिन स्त्रियों को अन्तःपुररक्षण नहीं रहता था वे स्वेच्छा से घूमती थीं। यह दशा एकपत्नी दशा होने पर भी बहुपत्नियों का रिवाज चलता था। रानियाँ स्वेच्छा से घूमती थीं इसलिए यहाँ पर बहुपत्नियों की प्रथा चलती थी। इस सन्दर्भ में विद्वान रिस्ले का विश्लेषण महत्त्वपूर्ण है–

बहुपतित्व पद्धति दो प्रकार की है। पहली पद्धति सहोदर सम्प्रदाय है। इसमें परिवार के सभी भाई मिलकर एक स्त्री से विवाह करते हैं। दूसरी पद्धति में स्त्री के सभी पति, एक ही कुटुम्ब के भाई होना आवश्यक नहीं है। यह मातृसत्ताक पद्धति के अनुसार है।[2]

काणे पंडित के विचार के अनुसार यह पद्धति वेदकाल में नहीं थी। एन.सी. सरकार सर्वदमन सिंह जैसे महान लेखकों के विचार में यह प्रथा ऋग्वेदकाल में थी। भारत में द्रौपदी विवाह सन्दर्भ में द्रुपद अपनी शंका को प्रकट करता है। तब धर्मराज कहता है कि जटिल नामक स्त्री ने सात ऋषियों के साथ और वराक्षि नामक स्त्री ने दस भाइयों के साथ विवाह किया था।

इसी तरह रामायण में भी बालि-सुग्रीव दोनों के लिए तारा, रूमा पत्नियाँ थीं। इसी तरह एक ही स्त्री से इन्द्र और सूर्य के द्वारा बालि-सुग्रीव पैदा हुए थे। आज भी हिमालय प्रान्तों में कुछ जातियों में और खासा, तोडा जातियों में यह बहुपतित्व सम्प्रदाय है।

---

1. अफ्रीका में कुछ प्रान्तों में यह रिवाज है। कांगो में बंगलाजाति में भी यह प्रथा है। इसके नायक ने सन् 1887 में एक ईसाई धर्मगुरु को बताया कि उसने अपनी 8 पत्नियों को खाया और मांस से अपने रिश्तेदारों को दावत भी दी।–ब्रिफाल्ट–दि मदर्स, पृ. 71।
2. रिसल हरबर्ट–दि पीपल ऑफ इंडिया, पृ. 206।

समाज पर कुटुम्ब और सम्पत्ति का अधिकार जैसे-जैसे बढ़ने लगा वैसे-वैसे स्त्री की प्रधानता कम होती गई। समाज पुरुषप्रधान बन गया। इसके साथ ही एक पत्नीत्व और एक पत्नीव्रतम् नामक सुन्दर शब्दों का जन्म हुआ। एंजिल्स के विचार के अनुसार इसी दशा में बहुभार्यत्व, बहुभर्तृत्व, व्यभिचार आदि का जन्म हुआ था। पुरुषप्रधान समाज में स्त्री दासी बन गई।

ये सब परिवर्तन बदलती हुई जीवन पद्धतियों के कारण और उत्पादन सौलभ्य के कारण आए थे। समाज नई दशा में आने के बाद उसमें तुरन्त नए परिवर्तन नहीं आते। पुराने समाज के लक्षण एकदम लुप्त नहीं होते। पुराने और नए के संघर्ष में पुराने लक्षण नए लक्षणों को अपने में मिला लेते हैं इसलिए एक दशा में सभी विवाह पद्धतियों के चिह्न रह जाते हैं। कुछ अवशेष कई रूपों में रह जाते हैं। आज हम आधुनिक विवाह व्यवस्था में विविध दशाओं के विवाह के अवशेष देख रहे हैं। हमें उनके अर्थ नहीं मालूम हैं। हम यह नहीं देखते हैं कि किन परिस्थितियों में इनका जन्म हुआ? कारण क्या थे? आज उनकी आवश्यकता कहाँ तक है? आज के सन्दर्भ में उनका मूल्य क्या है? हम यह सब अपने रीति-रिवाज कहकर सन्तुष्ट हो जाते हैं। यह स्थिति सारी दुनिया के सभी धर्मों में है। श्री धर्मारावजी ने ऐतिहासिक दृष्टि से, शास्त्रीय अध्ययन की दृष्टि से, सत्यान्वेषण की जिज्ञासा से इन प्रथाओं का अध्ययन करना चाहते थे इसलिए उन्होंने इन तीन पुस्तकों के लेख लिखे थे।

आज विवाह के लिए निम्न शब्दों का उपयोग किया जाता है–1. परिणय, 2. उद्वाहम्, 3. कल्याण, 4. पाणिग्रहण, 5. पाणिपीडन, 6. पाणिबन्धन, 7. दारोप संग्रह, 8. दारपरिग्रहण, 9. दारकर्म, 10. दारक्रिया आदि।[1] तेलुगु में विवाह को पेल्लि (पेंडिल) कहा जाता है।[2]

विवाह के लिए उपयोग किए जानेवाले ये पर्यायवाची शब्द कुछ हद तक विवाह व्यवस्था में आज हुए परिवर्तनों का संकेत करते हैं। परिणयम् माने चलाते हुए ले जाना– यह इस प्रथा को सूचित करता है कि प्रारम्भिक दशा में कन्याशुल्क देकर कन्या को चलाते हुए अपनी टोली में लाते थे। कृषि-संस्कृति जन सभ्यता का भाग बन गई तब से स्थिर निवास आरम्भ हुआ। एक टोली की सम्पदुत्पत्ति में लड़की का भी श्रम रहता है। इसलिए उस लड़की को अपनी टोली में लाने के लिए कुछ शुल्क देना पड़ता है। गाय, भेड़, भैंस आदि के रूप में इस शुल्क को चुकाकर लड़की को लाते थे। इससे

1. अंग्रेजी में वेडिंग कहते हैं। वेड का अर्थ है वादा करना।
2. श्रीकालहस्तीश्वर महत्यम् में पेण्णासय, मण्णासय, पोण्णासय आदि शब्दों का प्रयोग किया गया है। पेल्लि (विवाह) की उत्पत्ति जानने के लिए हमें इन प्रयोगों को देखना चाहिए। द्रविड भाषा में पेण माने लड़की है। पेण्णास माने लड़की पर आशा रखना। इल माने (इल्लु) घर है। पेणइलू ही पेंडिल पेंडिल्ल शब्द बन गया और यही शब्द पेल्लिणा बन गया।

सप्तपदी का सम्बन्ध जोड़ा गया है। इस तरह के विवाह कार्यक्रम को अंग्रेजी में लीडिंग टु आल्टार कहते हैं। स्व. धर्मारावजी ने इसका विस्तारपूर्वक विश्लेषण किया है। 'सरायम् सप्तपदी न मुच्यते' नामक लोकोक्ति से सप्तपदी को जोड़ा गया है। सप्तपदी के मंत्रों का मुख्य अर्थ यह निकलता है कि लड़की जिस टोली में जा रही है उस टोली की वंशाभिवृद्धि के लिए उसे सन्तान की उत्पत्ति करनी चाहिए।

1. एकमिषे विष्णास्तवा अन्वेतु – विष्णु तुम्हें शक्ति देने के लिए तुम्हारा अनुगामी बनेगा।
2. द्वे ऊर द्वे विष्णास्तवा अन्वेतु – बल देने के लिए विष्णु तुम्हारा अनुगामी बनेगा।
3. त्रीणि व्रताय विष्णास्तवा अन्वेतु – व्रत के लिए विष्णु तुम्हारा अनुगामी बनेगा।
4. चत्वारि मयोभवाय विष्णास्तवा अन्वेतु – आनन्द के लिए विष्णु तुम्हारा अनुगामी बनेगा।
5. पंचपशुभ्यो विष्णास्तवा अन्वेतु – इन्द्रिय कार्यों की पुष्टि के लिए विष्णु तुम्हारा अनुगामी बनेगा।
6. षड्ऋतुभ्यो विष्णास्तवा अन्वेतु – ऋतुकाल के लिए विष्णु तुम्हारा अनुगामी बनेगा।
7. सप्तभ्यो होत्राभ्यो विष्णास्तवा अन्वेतु – घर में होनेवाले होम के लिए विष्णु तुम्हारा अनुगामी बनेगा।

"सखा सप्तपदा भव...इषमूर्जमभिसंवसानौ संनौ मनागैसि संव्रता समुचित्ता-न्याकरम्" नामक मंत्र में दोनों हृदयपूर्वक आहार की वृद्धि करते हुए, शक्ति को प्राप्त करते हुए मिलकर रहने की इच्छा व्यक्त होती है। मानव, प्रकृति के तत्त्वों को अपने अनुभवों के आधार पर मानवजीवन से जोड़ता था और कल्पना करता था। आकाश को पुरुष के रूप में, स्त्री को पृथ्वी के रूप में देखता था। उसने कल्पना की थी कि सहवास से अपने कबीले की सन्तान की उत्पत्ति जिस तरह होती है उसी तरह आकाश की वर्षा से भूमि पर पौधे आते हैं। इस तरह की भावनाओं को मानवशास्त्रज्ञों ने कॉस्मोलॉजी का नाम दिया है। फ्रेजर ने इसके बारे में विस्तृत वर्णन किया है। सप्तपदी का आखिरी मंत्र है–"सात्वामस्यमूह ममूह मस्मिस्वात्वम् द्यैहम् पृथ्वी त्वगम् रेतोऽहगम् रेतो भृत्यु मनोऽहमस्मि वाक्तवगम् सामाऽह वस्मकतगम् सामामनुव्रता भव पुगम से पुत्राय वेत्तव एहि सुनृते।"

इसमें मुख्य भावना इस प्रकार है कि 'सम्भोग क्रिया में मैं आकाश हूँ', तुम भूमि के समान हो। मैं वीर्य को दूँगा जो तुम ग्रहण करोगी–तुमसे मैं भोगभाग्य देनेवाली सन्तान प्राप्त करना चाहता हूँ यहाँ आओ–

इसके साथ स्त्री का अपने कबीले से सम्बन्ध छूट जाता है। नए कबीले के रीति-रिवाजों को उसे निभाना पड़ता है। इस प्रकार शुल्क देकर स्त्री को ले जानेवाली प्रथा का जन्म सम्पदुत्पत्ति के समय जब स्त्री भी भागस्वामिनी थी तब हुआ था। आज यह प्रथा अर्थविहीन बन गई। हमारे हिन्दू विवाह पद्धति सप्तपदी का महत्त्वपूर्ण स्थान है। दक्षिण भारत में स्वाभिमान आन्दोलन चला था, इसके कारण इस पद्धति में थोड़ा कुछ परिवर्तन आया। उसमें सप्तपदी नहीं है।[1]

आज कानून में भी इसका कोई मूल्य नहीं है।

उद्वाहन माने ऊपर उठाना है। उठाकर ले जाना। अपने कबीले की लड़की से विवाह नहीं करना चाहिए। पराए कबीले से लाना पड़ता है। इसे ही एग्जोगमी कहते हैं। इस प्रकार उठाकर लाने की हिम्मत रखनेवाला ही विवाह योग्य है। इस प्रथा का प्रभाव हम ऐतिहासिक, पौराणिक महत्त्वपूर्ण घटनाओं में देख सकते हैं। कृष्ण रुक्मिणी को उठाकर लाया था। भीष्म अपने भाइयों के लिए पत्नियों को लाया था। सुभद्रा को अर्जुन उठाकर ले गया और विवाह किया था। ग्रीक सभ्यता में भी यह रिवाज पाया जाता है। बेरजित पंडित के विचार में जिस विवाह में लड़ाई-झगड़े न हों वह विवाह विवाह नहीं है। इसी प्रथा के कारण ही 'मूर्धानाम् पत्युरारोह' वरारोह (माने पत्नी) आदि शब्दों का जन्म हुआ। आन्ध्र के विवाहों में 'नागवली' नामक एक कार्यक्रम होता है। उसमें छोटा-सा युद्ध होता है। इससे सम्बन्धित कई उदाहरण ब्रिफाल्ट ने दिए हैं। गोंड जाति के लोग युद्ध का अभिनय करते हैं। वधू जोर-जोर से रोने का अभिनय करती है। तिब्बत, कोरिया, भूटान आदि की जातियों में आज भी यह प्रथा है। सनातनों ने इस पद्धति को राक्षस विवाह कहा है। क्षत्रियों की दृष्टि में यह प्रथा सदाचार ही है।

कल्याण का अर्थ होता है सुखप्रद। विवाह अर्थ इसमें नहीं आता है। 'कल्याणाद्भुत गात्राय कामितार्थ प्रदायने' पंक्ति में यही भावना है कि सुख देनेवाला शरीर। पति-पत्नी का रति सुख। कुटुम्ब अभिवृद्धि के कारण कबीले की अभिवृद्धि बढ़ती जाती है और आहार की वृद्धि होती है। इससे सुख मिलता है। निष्कर्ष यह निकलता है कि यह सब सुख देनेवाले कार्यक्रम ही कल्याण है। कल्याण में आदिम जातियों की भावनाओं का प्रतिबिम्ब मिलता है। कल्याण बिन्दी (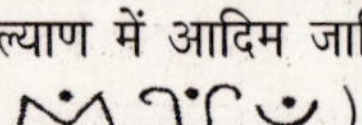) स्त्री के गुप्तांगों का चिह्न है। यह भावना ग्रूप मैरिज से लेकर दम्पती-विवाह दशा तक स्त्री-पुरुष सम्बन्धों में निहित है। स्त्रीप्रधान तथा पुरुषप्रधान समाजों के आरम्भिक चरणों में यही भावना व्याप्त थी।

पाणिग्रहण उस स्थिति का संकेत करता है जब स्त्री-पुरुष अपने-अपने जनवासा में रहते थे, कुछ समय के लिए संकेत स्थल पर स्वेच्छा से मिलते थे। विवाह करने

1. न्यायमूर्ति श्री आवुल सांबशिव राव से साक्षात्कार—हैदराबाद।

का निर्णय लड़की के पिता को मालूम कराने के बाद उस कबीले से लड़की का सम्बन्ध टूट जाता है। यह प्रथा दम्पती-विवाह की पहली दशा तक चल रहा था। एक पत्नीव्रत प्रथा की स्थिति में समाज के पहुँचने के बाद के चरण का है यह। इसलिए राम के विवाह के सन्दर्भ में 'पाणिम् गृहणीत्व पाणिना' कहा था। इतिहास और पुराणों में पाणिग्रहण का उल्लेख हुआ है। पाणिपीडन या पाणिबन्धनम् दोनों शब्दों का अर्थ पाणिग्रहण ही है। आज भी विवाह के समय पति-पत्नी दोनों हाथ में हाथ डालकर अग्नि की प्रदक्षिणा करते हैं। इसी सन्दर्भ में 'पाणिग्रहणाख्य कर्म करिष्यमान' नामक मंत्र पढ़ते हैं।

दारोप संग्रहम्, दारपरिग्रहम्, दारकर्म, दारक्रिया आदि शब्दों का जन्म सभ्य समाज में ही हुआ। तब तक पितृसत्ताक व्यवस्था पूर्ण रूप से स्थापित हो चुकी थी। दान से जो आता है उसे दारा कहते हैं। वर्गसमाज में ही कन्यादान का जन्म हुआ। जब से स्त्री को दास बनाया गया तब से इस भावना का जन्म हुआ कि स्त्री दान करने की वस्तु है। फामिली या पत्नी शब्द दासी के अर्थ में ही प्रयोग किए जाते हैं। मोरगान ने अपने एशियाटिक सोसाइटी नामक ग्रन्थ में इसका विस्तृत विवेचन किया है। क्षमेन्द्र ने अपनी अवधान कल्पलता में कहा था कि पुरुष-स्त्री को अपनी इच्छा के अनुसार दान कर सकता है। श्रीसेन, जो अरिष्टदेश का राजा था, ने अपनी पत्नी जयाप्रभा को अपने गुरु को दान में दिया था। बौद्धजातक कथाओं में भी इस प्रकार के रिवाजों का उल्लेख हुआ है। उसमें विश्वपुरी राजा की कथा, वेस्संतर कथा इसी प्रकार की है। महाभारत के अनुशासनिक पर्व में ओघवती सुदर्शनों की कहानी भी इसी प्रकार की है। राहुल सांकृत्यायन ने अपने 'वोल्गा से गंगा तक' में पत्नी को काशीब्राह्मण को दान करने के रिवाज का उल्लेख किया है। दान समय में आज यह मंत्र पढ़ाया जाता है कि–

'अष्टवर्षात्वियम् कन्या पुत्रवत् पालितामया
इदानीम् तवदास्वामि दत्ताम् स्नेहेन पालय'

यह मंत्र पढ़ते हुए पिता अपनी पुत्री का हाथ वर के हाथ में रखकर पानी छोड़ देता है। कहता है कि दासी के रूप में अपनी बेटी को वह भेज रहा है। कन्या माने अविवाहिता या जिसकी कामना कर सकते हैं। श्री बंकुमल्लि मल्लय्यशास्त्री ने अपनी पुस्तक 'विवाहतत्वम्' में इसके बारे में विस्तृत विवेचन किया है।

भार्यादान की प्रथा (ई. पू. 1000-1400) कोरिया में बहुत व्याप्त थी। ऋण विमुक्त होने के लिए पत्नी को दान करते थे।[1] बच्चे और दासियों को दान देने का रिवाज था। थाइलैंड में मंगकुदू महराज ने (1850, 1868) इसका निषेध किया था।[2]

1. कांगवान यंग—ए स्टडी ऑफ दि फैमिली सिस्टम इन कोरिया, पृ. 35।
2. ए. दि थॉमस—लोटस लैंड, पृ. 69।

इस निषेध के पहले पत्नियों को उनकी सम्मति के बिना पति बेचते थे। पन्द्रह-सोलह साल की लड़कियों को बेचने की प्रथा थी। पुराणकाल में हरिश्चन्द्र ने जो किया है वह इसी प्रथा के अन्तर्गत आता है।

निस्सन्देह यह कह सकते हैं कि विवाह शब्द के पर्यायवाची सारे शब्द समाज के कुछ चरणों में निभाए गए रीति-रिवाजों का संकेत करते हैं। इसलिए स्व. धर्माराव जी ने कहा था कि विवाह की परिभाषा पूर्ण रूप से कोई नहीं दे सकता है। उन्होंने यह भी स्पष्ट किया है कि पेयरबॉन्डेज प्रकृति से सम्बन्धित है, विवाह समाज से। विवाह का प्रकृति से बिल्कुल सम्बन्ध नहीं है, यह एक कृत्रिम संस्कार है। बुद्धिशाली कोई भी प्रकृति के विरुद्ध नहीं जाना चाहता है। आदिम जाति के स्त्री-पुरुष सम्बन्धों को देखने के बाद स्पष्ट रूप से कह सकते हैं कि पेयरबॉन्डेज के लिए उम्र, रूप, गुण, प्रेम आदि की आवश्यकता नहीं है। अफ्रीका में वृद्ध छोटी उम्र की पत्नियों के साथ रहते हैं। पत्नियाँ पराए पुरुष के पास जाएँगी तो भी अपराध नहीं माना जाता है।[1] अष्ट प्रकार की विवाह पद्धतियों में कहीं मन, प्रेम आदि का महत्त्व नहीं दिखाई पड़ता है। इन पद्धतियों में इनका कहीं पर भी स्थान नहीं है। विवाह के हर कार्यक्रम में यही भावना दिखाई पड़ती है कि सन्तानाभिवृद्धि ही प्रमुख है। दाम्पत्य प्रेम की भावना इसमें नहीं है। सभ्य समाज के चरण में सौन्दर्य को प्रधानता दी गई है। 'भार्यारूपवती शत्रुः' कहा गया है। मेलिनवोस्की ने पोलिनीशिया के इतिहास का गहराई से अध्ययन किया था। उसने आँखों देखा हाल लिखा था कि पति-पत्नी का प्रेम नहीं दिखाई पड़ता है। पति के मरने के चार दिन के बाद ही स्त्री दूसरे पुरुष से विवाह करती है। (पृ. 6) कुमारी किंगप्टे ने लिखा है कि अफ्रीका में दाम्पत्य प्रेम कहीं भी नहीं दिखाई पड़ता है। गयाना (ब्रिटेन में है) के इंडियन जातियों में युवक पहले बूढ़ी औरत से विवाह करता है। उसके मरने के बाद या कुछ समय के बाद वह युवक दूसरी युवती से विवाह करता है।

स्व. धर्माराव जी ने 'मेनरिकालु' (तेलुगु शब्द) (सपिंड विवाह) का विश्लेषण किया है। उनका कहना है कि मेइन नामक शब्द, जो केवल लैंगिक अर्थ में प्रयोग किया जाता है, से मेनरिकालु का जन्म हुआ। तेलुगु के महान लेखक आरुद्रा का कहना है कि 'मेन' का अर्थ होता है शरीर। इस सम्बन्ध के पीछे जो तत्त्व है उसके बारे में हम गहराई से सोचें तो यह सत्य स्पष्ट होता है कि सपिंड विवाह के लक्षण इसमें दिखाई पड़ते हैं। जब कबीलों में इस प्रकार के सम्बन्धों पर निषेध लगाया गया

1. गर्भाधान मंत्रों में एक मंत्र का अर्थ इस प्रकार है। 'हे गन्धर्व' कन्या के स्वामी ! इस सेज से उठो। बड़े-बड़े नितम्बवाली स्त्री के पास जाओ। ऋग्वेद के एक सूत्र में यही अर्थ निहित है। यह सूक्त विस्वासु गन्धर्व की प्रार्थना से सम्बन्धित है। "उदीर्स्वातो विश्वावसोनमसेला मर्हेत्वा अन्यामिच्छ प्रफरयगू संजायाम् पत्यासृज।" ऋग्वेद अध्याय-3, सूक्त 75, मंडल 10, पृ. 226।

तब ये सम्बन्ध कम होते गए। मिस्र के राजवंशों में वंश की पवित्रता रखने के लिए भाई-बहनों में विवाह सम्बन्ध होते थे। ब्रिफाल्ड के विचार में ऐसे सम्बन्ध दृढ़ तथा आरोग्यप्रद हैं। उन्होंने उदाहरण के रूप में सेति, रामसेन (जो दृढ़काय थे) को प्रस्तुत किया है।[1] इसका प्रतिबिम्ब आज भी मामा और भानजी के विवाह सम्बन्ध में दिखाई पड़ता है। मेनरिकालु की प्रथा दक्षिण में अधिक है।

मिस्र में (19-20वीं सदी) राजवंशों में हर राजा अपनी बहिन से विवाह करता था और राजवंश के उत्तराधिकारी को जन्म देता था।

'अक्क मगडे अंदरिकी मगडु' (जीजाजी सब सालियों का पति है) और 'निषेध ही निदर्शन है' नामक अध्यायों में लेवारेट सोरारेट प्रथाओं के बारे में विश्लेषण हुआ है।

'एमगडू लेकपोते अक्कॉ मगडे गति' (यह तेलुगु की लोकोक्ति है। इसका अर्थ इस प्रकार है कि कहीं भी पति न मिला तो जीजाजी ही पति है।) लोकोक्ति में एक प्रथा का प्रतिबिम्ब मिलता है। अगर पत्नी मर गई तो पति अपनी साली से विवाह कर सकता है। जीजा-साली का रिश्ता विवाह योग्य है। इसे ही लेविरेट (Levirate) कहते हैं। इन्हें नियोग विवाह भी कहते हैं।

भाई की पत्नी से विवाह करना 'लेवारेट' है। स्कॉट ने अपने ग्रन्थ में लिखा है कि पुरातन हीब्रू समाज में एक प्रथा थी कि अगर भाई निस्सन्तान मर गया तो भाभी-देवर को विवाह करना पड़ता है।[2] काणे पंडित का कहना है कि इस प्रकार का रिवाज बहुत पुराना है। भारत में ऐसे कई उदाहरण मिलते हैं। वसिष्ट बोधायनों ने अपने सूत्रों में कहा था कि यह प्रथा अच्छी नहीं है। आपस्तंबगृह्यसूत्र ने इसे निषेध किया था। मनु ने कहा था कि अगर सन्तान की बहुत ही जरूरत है तभी इस प्रथा को निभाना चाहिए। उन्होंने एक नियम भी रखा था कि सन्तान होते ही इस सम्बन्ध को तोड़ना चाहिए। कौटिल्य ने कुछ हद तक इस प्रथा को स्वीकार किया था। इस लेविरेट के आधार पर ही धृतराष्ट्र, पांडुराज, विदुर आदि ने जन्म लिया था। कपाड़िया का कहना है कि आज भी भारत देश की खास जाति में यह रिवाज है।[3]

उस जमाने में वर तथा वधू की परीक्षाएँ होती थीं। इन कठिन परीक्षाओं में अगर स्त्री हो या पुरुष उत्तीर्ण हो जाएँगे तो ही वे विवाह योग्य माने जाते हैं। वर को वधू कई कष्ट देती है। मिस्र के कुछ प्रान्तों में स्त्रियाँ वर को चाबुक से मारती हैं। वर को हँसते हुए इन सबको सहन करना पड़ता है।[4] ग्रीक में एक प्रथा पाई जाती है

1. ब्रिफाल्ट—दि मदर्स, पृ. 68।
2. जी.आर. स्कॉट—क्यूरियस कस्टम्स ऑफ सेक्स एंड मारेज, पृ. 132।
3. के.एम. कपाडिया—मैरिज फामिली इन इंडिया, पृ. 64।
4. ब्रिफाल्ट ने लिखा है कि प्यूब्लो जातियों में यह प्रथा अधिक व्याप्त है।

कि साँड़ के सींगों में लाल कपड़ा बाँधा जाता है, उसे उत्तेजित किया जाता है और छोड़ दिया जाता है। वर को उस साँड़ को पकड़कर लाल कपड़े को लाना चाहिए। इस वर परीक्षा में वह उत्तीर्ण हो गया तो ही वह विवाह योग्य ठहराया जाता है। डोंगला जाति में वधू के लिए अगर दो वर आ जाएँगे तो वर परीक्षा इस प्रकार होती है—वह दोनों युवकों की जाँघों में चाकू चुभाती है। जिसके चेहरे पर पीड़ा व्यक्त नहीं होती है वही व्यक्ति विवाह योग्य है।[1] उसी व्यक्ति से वधू विवाह करती है। मदागास्कर में वर परीक्षा इस प्रकार होती है—वर को दूर रखा जाता है। वधू की तरफ वाले उस पर बाण छोड़ते हैं। वर को अपना नैपुण्य दिखाते हुए सारे बाणों को पकड़ना चाहिए। एक पहाड़ी जाति में लुकाठा से वर को चुभाने की प्रथा पाई जाती है। अगर वह सहन कर सकता है तो ही वह विवाह योग्य बन जाता है। यह आदिम स्त्री समाज की प्रथा थी। उनकी दृष्टि में पुरुष को सब तरह के कष्टों को झेलना चाहिए। सहनशक्ति उसमें होनी चाहिए। वह दृढ़काय हो, उसे अपने कबीले के लिए अन्न सम्पादन करना चाहिए। सीडयक नामक जाति में पति अगर बीमार पड़ता है तो पत्नी उसे छोड़ देती है। उत्तर अमेरिका में अगर वर अच्छा शिकारी नहीं है तो उसे विवाह के लिए अयोग्य ठहराया जाता है। अलास्का में कोयुकु होतन जाति में पुरुष को विवाह करने के लिए कम से कम एक हिरण को तो मारना ही चाहिए। फायमोज जाति में वर को कम से कम एक चीनी आदमी को मारना चाहिए। नहीं तो विवाह के योग्य नहीं है। बोरनिया में वर द्वारा किसी एक मनुष्य को काटकर उसका सर लाने की प्रथा पाई जाती है। मृत आदमी के सिर दिखाने के बाद ही वधू वर से विवाह करती है। हीरफ्रांसिस ने इसका विश्लेषण किया है। दक्षिण अमेरिका की कारीबू जाति में, गिनि के मकूसी जातियों में कुछ प्रथाएँ हैं। वधू वर को सुइयों से और चाकू से चुभाती है। शरीर पर चींटियाँ डालती हैं। अमेरिका की कुछ जातियों में द्वन्द्वयुद्ध होता है। मलै द्वीपों में वधू के साथ-साथ वर को भी घुड़सवारी करनी चाहिए। शाम तक जो जोड़ी वापस आती है उन दोनों का विवाह किया जाता है। ब्रिफाल्ट ने इन वर परीक्षाओं का विस्तृत विवेचन किया है।[2] नैसीरिया में वर को कोरयकू, चुकटी आदि कहते हैं। होनेवाला ससुर एक बड़े पेड़ को काटकर जंगलों में डाल देता है। वर को इस पेड़ को घर तक लाना पड़ता है।

हमारे पुराणों में वर परीक्षाओं से सम्बन्धित कुछ प्रचलित कथाएँ मिलती हैं। मत्स्य यंत्र को छेदना, धनुष को उठाना आदि कार्य इसी प्रथा को सूचित करते हैं। आज हमारे विवाह संस्कार में इसके चिह्न मिलते हैं। घड़े में अँगूठी डाली जाती है। वर-वधू दोनों को घड़े में हाथ डालकर उस अँगूठी को निकालना चाहिए जो निकालता

---

1. ब्रिफाल्ट—दि मदर्स, पृ. 195।
2. ब्रिफाल्ट—दि मदर्स, पृ. 193, 196।

है उसकी जीत होती है। फूलों के गुच्छों को वर-वधू एक दूसरे पर फेंकते हैं। इनको नीचे गिराए बिना नैपुण्य से इन्हें पकड़ना चाहिए। मर्चेंट ऑफ वेनिस में कुछ प्रश्न सुलझाने के लिए दिए जाते हैं। काशीमजली कहानियों में शतरंज का खेल, वधू-वर को प्रश्न पूछना आदि प्रथाएँ वर-वधू की परीक्षाओं को सूचित करती हैं। इन सबके पीछे एक ही कारण दिखाई पड़ता है कि पुरुष को स्त्री के सभी कामों में हाथ बँटाना चाहिए। सभ्य समाज के चरण में रूप को प्रधानता मिलने लगी।

वधू की परीक्षाएँ भी होती थीं। वधू परीक्षा में पुरुष स्त्रियों को उठाकर लाते थे और उनके हाथ-पाँव और गले में कुछ आभूषण डालते थे। यह प्रथा पितृसत्ताक व्यवस्था में अधिक व्याप्त थी। आभूषण लोहे या पत्थर या सींग से बनाए जाते थे। ये बहुत भारी वजनदार रहते थे। इनके वजन को वहन करते हुए जब स्त्री अपने कबीले के अन्नसम्पादन में हाथ बँटाती है, घर का पूरा काम करती है तभी पुरुष उससे विवाह करता है। इस प्रथा के चिह्न आज भी हमारे विवाह संस्कार में दिखाई पड़ते हैं।

विवाह संस्कार के समय चूड़ियाँ, गले में काले पोते, पाँवों में मोटे कड़े और छल्ले या अँगूठियाँ डालने की प्रथा है। यह प्रथा उस पुरानी प्रथा का चिह्न है। कनोज ब्राह्मणों में नथनी डालने की प्रथा है। ये सब वधू की परीक्षाओं के चिह्न हैं। ब्रिफाल्ट ने शोध करके कहा है कि ये सब आरम्भिक दशा में पुरुषों को डाले जाते थे। सभ्य समाज में ये सब धीरे-धीरे अलंकरण के आभूषण बन गए। आदिम जातियों की स्त्रियाँ आभूषण नहीं पहनती थीं।[1] जब समाज पुरुषप्रधान बन गया तब से इस प्रकार का बदलाव आया। अर्थ बदलते गए और बेड़ियाँ आभूषण बन गईं। आभूषण को अंग्रेजी में आर्नमिंट्स कहते हैं। इसका अर्थ होता है कि सौन्दर्य के लिए वहन करनेवाली निरुपयोगी वस्तुएँ। संस्कृत शब्द आभरणम् भी इसी अर्थ को व्यक्त करता है।

बाल्यावस्था, यौवन, वृद्धावस्था की तरह मानव जीवन में विवाह भी एक पड़ाव है। विवाह संस्कार का महत्त्व बहुत है। बिना विवाह के अगर कोई मर गया तो उसकी मुक्ति नहीं होगी इसलिए शवों का भी विवाह कराते थे। श्मशान भूमि में मृत स्त्री-पुरुषों की कब्रों का विवाह कराते थे। इसका प्रतिबिम्ब आजकल किए जानेवाले कुछ कर्मकांडों में मिलता है। कोई स्त्री अविवाहित मर गई तो उसका जो कर्मकांड किया जाता है उसमें शव विवाहों का प्रतिबिम्ब मिलता है। फिजी आदिवासियों में यह विश्वास है कि स्त्री अविवाहित मर गई तो उनकी आत्माओं को नंग नंग नामक देवी सताती है। चीन में शव-विवाह को करानेवालों को मध्यवर्ती कहते हैं। ग्रूट नामक शोधक ने इसके बारे में लिखा है। स्व. धर्माराव जी ने 'शव-विवाह' नामक अध्याय में इसका विस्तार से विश्लेषण किया है।

1. ब्रिफाल्ट—दि मदर्स, पृ. 91।

स्व. धर्माराव जी ने पातिव्रत्यम् का विश्लेषण किया है। उनके विचार में आदिम जातियों में यह भावना कतई नहीं थी। जब से पितृसत्ताक व्यवस्था आई तब से पुरुष ने इस पातिव्रत्यम् के परदे में स्त्री को कुचल दिया। उसे दासी के रूप में वह देखने लगा। इस सदी में प्रश्न उठता है कि पुरुष के लिए एक पत्नीव्रत का नियम नहीं है तो स्त्री के लिए पातिव्रत्य का नियम क्यों? वुमेन्स लिबरेशन ने समाज के सामने इस प्रश्न को खड़ा कर दिया है। पुराणकाल की पतिव्रताओं के रूप में ली जानेवाली स्त्रियों में कितनी पतिव्रताएँ थीं? विवाह में कन्यादान के बाद चूर्णिका मंत्र पढ़ाया जाता है। मंत्र इस प्रकार है कि–सीता अरुन्धती अहल्या द्रौपदी मन्दोदरी दमयंती व्यादि महापतिव्रता नाम। इसमें ऐसी भी स्त्रियाँ हैं जिनके एक से अधिक पति हैं। आधुनिक युग में एक ही पति के साथ रहनेवाली स्त्री ही पतिव्रता है।

वेस्टमार्क का कहना है कि समाज विकास को ईसाई धर्म के अनुसार अध्ययन करना चाहिए।[1] आदम की कहानी का उल्लेख करते हुए उन्होंने लिखा था कि समाज में प्रारम्भिक दशा में पितृसत्ताक व्यवस्था थी। बाद के चरण में मातृसत्ताक व्यवस्था आई थी। उन्होंने यह भी कहा था कि प्रारम्भिक चरणों में दम्पती-विवाह पद्धति थी, बाद की दशा में ग्रूप मैरिज की पद्धति आई। किन्तु धीरे-धीरे वे अपनी गलती मानने लगे। ब्रिफाल्ट ने दि सोशल इवल्यूशन ऑफ मोनोगॉमिक मैरिज नामक अध्याय में इस विषय का सैद्धान्तिक अध्ययन प्रस्तुत किया था। कृषि-संस्कृति जिस समाज में समृद्ध थी, वहाँ सम्पदा की कमी न थी, उस समाज में स्त्री काम करने में सहभागी नहीं, सन्तान देनेवाली एक व्यक्ति के रूप में रह गई। अरबी स्त्री को कोई काम नहीं करने देते। वहाँ पर स्त्री का काम करना निषेध है। सारे यूरोप में एक पत्नी की प्रथा थी। पूरब के देश इसके विरुद्ध थे। आर्थिक परिस्थितियों के कारण लंका की 'वेडडा' जातियों ने इस प्रथा को प्रोत्साहन दिया था। जंगलों में आहार ठीक तरह से न मिलने के कारण एक पत्नी, एक पति की विवाह पद्धतियों को अपनाया गया है।

केवल कन्याओं से ही विवाह करने की प्रथा नई है। विवाह पूर्व यौनानुभव, सन्तान रहना निषिद्ध नहीं है। कन्या को सुभग कहना इस विषय का संकेत करता है। आज भी विवाह पत्रिकाओं में चिरंजीवी, सौभाग्यवती आदि शब्द मिलते हैं। ये शब्द भी यही अर्थ व्यक्त करते हैं। किन्तु आज अपने सभ्य समाज में बच्चोंवाली माँ से विवाह करना मना है। इसलिए सभ्य मानव का कहना है कि सौभाग्यवती कहने

---

1. बैबिल (बाइबिल) को कहा गया है कि आदम का जन्म पहले हुआ। उसके शरीर की हड्डी से अव्वा (ईव) का जन्म हुआ। यानी पहले पितृसत्ताक व्यवस्था थी, बाद में मातृसत्ताक। हीब्रू भाषा में रिबू का अर्थ है टसला। इसका अर्थ होता है कि अभागा, आगे-पीछे करनेवाला।–आर. ब्राश–हाऊ डिड सेक्स बिगिन, पृ. 12।

के पीछे सम्पत्ति का अर्थ निहित है। प्राचीनकाल में जन-सम्पदा ही जन-सौभाग्य था। स्व. धर्माराव जी ने ईगवालनि रोहे (रोटी जिस पर मक्खी तक न बैठी हो) नामक अध्याय में इसी भावना क़ो स्पष्ट रूप से व्यक्त किया है।

कन्या कौन है? इसे समझाने के लिए सारे धर्मग्रन्थों ने प्रयत्न किया है। किन्तु पूर्ण रूप से कोई भी परिभाषा नहीं दे सके। मनु ने स्पष्ट रूप से कन्या के लिए कुछ नियम बनाए किन्तु ये ठीक नहीं लगते। बंकुपल्लि मल्लय्या शास्त्री ने अपनी पुस्तक 'विवाहतत्त्व' में इसका विवेचन किया है। केवल कन्या से ही विवाह करने की पद्धति आधुनिक काल की है।[1]

चीनी भाषा में विवाह के लिए जिस शब्द का प्रयोग होता है उसका अर्थ होता है कि कान पकड़कर खींच लाना। तेलुगु में बहू को कोडलु कहते हैं। कूडे आलु (आकर मिलनेवाली स्त्री) ही कोडलु है। विवाह संस्कार में मुख्यतः निम्नलिखित अंश रहते हैं–इनके अलावा पाणिग्रहण, अग्निप्रदक्षिण, गन्धर्वपूजा, ध्रुवनक्षत्रदर्शन (अरुन्धती नक्षत्र दर्शन) शेषहोम, गर्भदान आदि इसके (विवाह संस्कार) के भाग हैं। शेष होम को कुछ प्रदेशों में स्थली पाक कहते हैं। नागवली के बाद गर्भादान का कार्यक्रम किया जाता है।[2]

1. स्नातक
2. रक्षा-बन्धन
3. कन्यावरण
4. गौरी पूजा
5. वर पूजा
6. मधुपर्कम्
7. कन्यादान
8. प्रमाण
9. सुमूहर्त–सप्तपदी
10. योक्रत धारण
11. मांगल्य धारण
12. तलंब्रालु[3]

स्नातक–सारा जीवन ब्रह्मचर्य व्रत का पालन करना आत्महत्या सदृश है। सर्वदामन सिंह ने अपने पोलियांड्री इन एंशियंट इंडिया ग्रन्थ में कहा है कि मैं पुरुष शाश्वत ब्रह्मचर्य का पालन करने का स्त्री के अविवाहित रहने का निषेध करता हूँ। असल में ब्रह्मचर्य का उद्‌देश्य विद्यार्जन है। ब्रह्मचर्य का पालन करने के बाद गृहस्थाश्रम को स्वीकार करने की योग्यता को स्नातक कहा जाता है।[4]

---

1. महाभारत में कन्या के बारे में इस प्रकार लिखा गया है कि–ऋतु स्नातु तयाशुद्ध साकन्ये त्यभिधीयते। आपस्तंबस्मृति में लिखा गया है कि–रोमकालेतु संप्राप्ते सोमोभुंकतेत, कन्यकाम् रजो दृष्टात्वु गंधरवः कुचौ दृष्टात्वु पावकः।
2. अग्निपुराण में लिखा गया है कि कन्यादान शचिपूजा, विवाह चर्तधी (गर्भाधान) आदि मुख्य हैं। कन्यादानम् शचियोगो, विवाहो ध चर्तुधिका विवाह मेतत्कधितम् युग कर्म चतुष्टयम् पृ. 154।
3. यहाँ पर दिए गए मंत्र श्री चल्ला लक्ष्मीनरसिंह शास्त्री के द्वारा प्रकाशित प्रतियों में लिये गए हैं।
4. पारस्करगृह्य सूत्र में इससे सम्बन्धित वर्णन मिलता है। वैवाहयुः स्नातकः में वैवाध्यु माने वह व्यक्ति है जिसको वधू मिल गई हो और विवाह के लिए तैयार हो। वही स्नातक है।

स्नातक रस्म में वर से अभिनय कराया जाता है कि वह विद्यार्जन के लिए काशी जाना चाहता है। किन्तु गुरु उसे रोकता है और गृहस्थाश्रम स्वीकार करने के लिए कहता है। पूर्वकाल में गुरु ही वधू को ढूँढ़कर लाता था। वधू की तरफ वालों द्वारा वर को ढूँढ़ने की प्रथा एंडोगामी पर निषेध आने के बाद आई है। होनेवाला साला (वधू का भाई) वर के पाँव धोता है और अपनी बहिन को स्वीकार करने का अभिनय करता है। कुछ सन्दर्भों में वधू का पिता अपने दामाद का आह्वान इस प्रकार करता है कि सालंकाराम् कन्याम् ममसुताम् द्विजते दास्यम्।[1]

कन्यावरण : यह कार्यक्रम ब्रह्मचारी के लिए कन्या को ढूँढ़ने से सम्बन्धित है। स्नातक और उसके तरफ वाले, जिसे मंत्र मालूम है, उन्हें बुलाकर कहते हैं कि 'मदरधं कन्याम् वृणीध्वम् (मेरे लिए इस कन्या को स्वीकार करो)। तब वे समाधान इस प्रकार देते हैं कि वृणीम हे (हाँ करेंगे)। इस सन्दर्भ में धर्माराव जी का कहना है कि पुराने जमाने में वर के पहले वधू नायक या राजा या आचार्य या ब्राह्मण के पास यौन जीवन के लिए भेजी जाती थी। इसके पीछे एक कारण है। एक दशा में विश्वास था कि रजस्वला का रक्त अपवित्र है।[2] भूत बाधा भी होती है। भूत बाधा निकालने के लिए किसी के पास जाना जरूरी था। कुछ देशों की जातियों में एक पेड़ से कन्या का पहला विवाह करते हैं। बाद में पेड़ को काट देते हैं और वर से ब्याह कराते हैं। इसलिए ऊपर लिखित मंत्र के पीछे यही भावना होगी। चटोपाध्याय ने प्यूबिरटी रैटस् नामक ग्रन्थ में लिखा था कि समाज विकास के एक चरण में रजस्वला के रक्त को पवित्र माना जाता था।

गौरी पूजा : स्व. धर्माराव जी ने 'देवालयों पर मिथुन-मूर्तियाँ क्यों?' नामक रचना में लिखा कि कोहू माने पर्वत है। उसका स्त्रीलिंग कोहरी होती है। कोहरी माने देवी है। यह धीरे-धीरे गौरी बन गई। यह प्रजनन-तंत्रों में एक भाग है। प्राचीनकाल में विश्वास था कि देवियाँ पर्वतों पर रहती हैं। देवियाँ सन्तान देकर कबीले की वृद्धि करती हैं। इसी भावना से गौरी पूजा की जाती है।

वर पूजा : प्रारम्भिक चरणों में वर की परीक्षा ली जाती थी। उस शक्तिशाली को भगवान के समान मानते थे। आज वरपूजा के समय में यह मंत्र पढ़ा जाता है कि—श्री लक्ष्मीनारायण स्वरूपस्य, ब्राह्मणस्य इदम् आसनम् अपः पादावने जने रधिवषंतम् नाशयंतुमे, इसका अर्थ है कि यह बहुत ही महत्त्वपूर्ण व्यक्ति है। वह जल, जिससे इसका पाँव धोया गया है, हमारे शत्रु का नाश करेगा। 'अस्मिन् कुले ब्रह्मवरथस्य सानि' वाक्य में यही अर्थ व्यक्त होता है कि मेरी जाति में ब्रह्मतेजस्व

1. व्यास संहिता में इस प्रकार है—केशान्तः स्तानम् उद्वाहः विवाहाग्नि परिग्रहः। गौतम ने दस संस्कारों का वर्णन करते हुए कहा था कि—गर्भाधानम् पुंसवनम् स्तानम् सहधर्मिणी संयोगम्।
2. आर ब्राश—हाऊ डिड सेक्स बिगिन, पृ. 67।

यह व्यक्ति मिल रहा है इसलिए मुझे अब कुछ डर नहीं है। अपने कबीले में आनेवाले इस शक्तिशाली के कारण अब हमारे कबीले को बिलकुल डर नहीं है।

इस सन्दर्भ में मधुपर्क के बारे में जानना आवश्यक है। आज मधुपर्क माने दूल्हे को दिए जानेवाले कपड़े। कुछ विद्वानों का विचार है कि भरद्वाज ने राम को गोमांस दिया था, वही मधुपर्क है। अश्वलायन गृह्यसूत्र अध्याय-1, भाग 24, सूत्र 33 में लिखा गया है कि मांस के बिना मधुपर्क नहीं होता है। पराशर गृह्यसूत्र प्रथम अध्याय, तीसरे भाग में लिखा गया है कि इस समय दिए जानेवाले अतिथि भोज में मांस रहना चाहिए। हिरण्यकौशिक आपस्तंब गृह्यसूत्रों में लिखा गया है कि अतिथि को मांस के साथ देना मधुपर्क है। वर अतिथि होता है इसलिए विवाह में इस अतिथि को मधुपर्क खिलाना पड़ता है–इस सन्दर्भ में एक मंत्र पढ़ाया जाता है–

'त्रे विद्यायैयसो सियससोय रोसि ब्रह्मणो दीप्ति रसितम्
मा प्रियम् प्रजनाम् कुरवधिपटिम् पशुनाम्।'

इसका अर्थ है कि मधुपर्क प्रकाश और कीर्ति को बढ़ाती है। प्रजा को यह पसन्द है। पशु-सम्पदा की वृद्धि करती है।

आजकल इस सन्दर्भ में वर को एक स्वादिष्ट मिश्रण खिलाया जाता है। मक्खन, घी, दूध, दही, शहद आदि को मिलाकर यह मिश्रण बनाया जाता है। प्राचीन समय में और आज भी कुछ जनजातियों में वर परीक्षा होने के बाद उसकी तन्दुरुस्ती के लिए प्रीतिभोज देने का रिवाज है। आज का मधुपर्क का रिवाज एक प्रकार से यही प्रीतिभोज है। ये सब पशुपालक गणों की प्रथाएँ हैं। विविध गृह्यसूत्रों में मधुपर्क की विधि अलग-अलग बनाई गई है। सभी सूत्रों में एक समान विषय मिलता है वह यह है कि केवल ऋत्विज्, गुरु, वर, राजा, स्नातक, गृहस्थ, इष्ट व्यक्ति आदि मधुपर्क पाने योग्य हैं। श्री राहुल सांकृत्यायन का कहना है कि वर के साथ उसके कबीलेवालों को भी अतिथि सत्कार देने का रिवाज पाया जाता है।

यह प्रथा उत्तर भारत के 'बरात' कार्यक्रम में दिखाई पड़ती है। बरात के दृश्य देखने के बाद लगता है कि वर युद्ध को जा रहा है। साधारणतया बरात में स्त्रियाँ नहीं जाती हैं क्योंकि वर युद्ध को जा रहा है। युद्ध में वर अपनी वीरता दिखाकर वधू को ले आता है। बाद में वर की तरफ वाली स्त्रियाँ इस कार्यक्रम में भाग लेती हैं। वरअतू बरात बन गया।

कन्यादान : कन्यादान ने आजकल के विवाह संस्कार में अपना महत्त्वपूर्ण स्थान बना लिया है। षोडश महादानों में कन्यादान एक महत्त्वपूर्ण दान है।

कन्या कनक दासीच शकटाश्व गजागृहम्
लांगलम् कालपुरुषम् कालचक्रम् तधाक्षितिः
मेघश्च महिषी चैव शय्याशो भयतो मुखी
तिलपर्वत विज्ञेया महादानानिषोडषः

इस सूत्र की सभी दान वस्तुएँ पशुपालन संस्कृति से सम्बन्धित हैं। हल, पृथ्वी, वस्त्र, तिल आदि इसी से सम्बन्धित हैं। उस जमाने में सम्पदा की अभिवृद्धि के साथ-साथ दासी सम्पदा की अभिवृद्धि भी होती गई। दासीदान, काले मनुष्य (गुलाम) का दान आदि दास सम्पत्ति से जुड़े हुए हैं। इस समय तक दम्पती-विवाह पद्धति आ चुकी थी। मातृसत्ताक व्यवस्था लुप्त हो चुकी थी। स्त्री सम्पत्ति का भाग बन गई। इसलिए स्त्री खरीदी-बिक्री पद्धति में अदला-बदली होने वाली एक वस्तु बन गई। जब वर को कन्यादाता आज्ञा देता है कि–धर्मेच अर्थेच कामेच नातिचरितव्या, तब वर यह कहते हुए आज्ञा पालन करता है कि 'नातिचरामि', उत्तर हिन्दुस्तान के विवाह संस्कार में इस कार्यक्रम का महत्त्व अधिक नहीं है।

सुमुहूर्त : विवाह संस्कार में सुमुहूर्त कौन सा है? इस विषय में भिन्न-भिन्न विचार हैं। वर और वधू के बीच के अन्तरपट को उठाने की प्रथा उत्तर हिन्दुस्तान में है। इस सन्दर्भ में कहते हैं कि कन्या निरीक्षण मुहूर्तस्सुमूहरतो• अस्तु इति अनुगृहंतु यानी कन्या को देखना ही शुभमुहूर्त है। इसे स्वीकार करके आशीर्वाद दे दो।

जीरा और गुड़ को वधू के सिर पर वर और वर के सिर पर वधू रखते हैं इसी समय अन्तरपट उठाया जाता है। इस समय 'अभ्रातृध्नीम्', 'अघोरचक्षु' नामक मंत्र पढ़ाए जाते हैं।

जीरा और गुड़ रखने के पीछे एक भावना है। जीरा जल्दी वृद्धत्व आने नहीं देता। गुड़ शुभ्रता का चिह्न है।[1] प्राचीनकाल में विश्वास था कि मनुष्य के प्राण चिड़ियों के रूप में होते हैं। मनुष्य के सिर को तोड़कर ये पक्षी आहार ग्रहण के लिए बाहर जाते हैं। ऐसा जाने का अर्थ होता है कि मृत्यु। जीरा तथा गुड़ इसलिए रखा जाता है कि पक्षी आहार के लिए न जाए और प्राण पक्षी शरीर में ही रह जाए। आदिमानव का विश्वास था कि प्राण चिड़ियों के रूप में या कौओं के रूप में रहते हैं। श्राद्ध कर्मकांड में पिंड खाने के लिए कौए को बुलाने की प्रथा आज भी है। कई लोककथाओं में इस तरह की कल्पना मिलती है कि प्राण तोते या चिड़ियों के रूप में रहते हैं।

उत्तर हिन्दुस्तान में माँग में सिन्दूर भरना ही शुभमुहूर्त माना जाता है।

इस शुभमुहूर्त के समय वधू के सिर पर जुआ रखकर उसके छिद्र के द्वारा पानी छोड़ते हैं। जुआ का रन्ध्र (जो वधू के सिर पर रहता है) पर दर्भाओं का गुच्छा रखते हैं। इस समय पढ़े जानेवाले मंत्रों से यह तथ्य मालूम होता है कि इस प्रथा में पशुपालन और कृषि-संस्कृति के अवशेष निहित हैं। इसके पीछे प्रजनन-तंत्र की भावना ही दिखाई पड़ती है। मंत्र है कि–'अरम्णे अग्निम् परियंतु क्षिप्रं प्रतीक्षम् ताग् स्मश्रो देवराइच्च' अर्थ–प्रार्थना है कि वधू-वर की माताएँ, जीजा, साली इस संस्कार के साथ रहकर रक्षण करो। कबीलों में जी चाहे जब उठाकर ले जाने की प्रथा है इसलिए यह प्रार्थना की जाती है कि इसका रक्षण करो।

---

1. श्री कडियाल जगन्नाथ शर्मा, भारतदेशम् लो पेल्लिल्लु, पृ. 67।

विवाह के बाद लड़की अपने कबीले से विदा लेकर पराए कबीले में चली जाती है। एक प्रकार से लड़की सन्धि या संक्रान्त दशा में है इसलिए रक्षण की आवश्यकता है। 'खेनसः खेरथः खेयुगस्य शचीपते; अपालामिंद्रत्रिः पूरत्वक सस्यूर्य वर्चसम्–यह इन्द्र से सम्बन्धित प्रार्थना है। रथ के रन्ध्र के द्वारा जुआ के रन्ध्र के द्वारा पानी डालकर इसे पवित्र करो। रथ पशुपालन संस्कृति का और जुआ कृषिदशा के चिह्न हो सकते हैं। इन चरणों में इन दो चीजों की महत्त्वपूर्ण प्रधानता है। तब इन्द्र जलाधिपति था। देवेन्द्र भी था इसलिए इसके रक्षण करने के लिए प्रार्थना की जाती है। अपालम् से यह अर्थ निकलता है कि रक्षक कोई नहीं है। यहाँ पर और एक अर्थ भी होता है कि कबीलों के रिवाज के अनुसार कबीले के नायक या पुरोहित ने भूतबाधा निकाल दी है। बाद में पढ़ाया जानेवाला मंत्र इस प्रकार है–

शते हिरण्यगम् समुशंत्वा पश्यंते मेधी भावतुशः युग स्य तृदम–'शंत आयश्य पवित्राभवंत्वधापत्या तन्वंगम् सगम् सृजस्व'। इसका अर्थ यह है कि जुआ रन्ध्र सुख देता है। उसमें का पानी तुम्हें सुख देता है। वह जल कई चीजों को पवित्र करता है। इस अर्थ को सूक्ष्म दृष्टि से देखें तो यह तथ्य विदित होता है कि यह प्रजनन-तंत्र का भाग है। जुआ का रन्ध्र पुरुषेन्द्रिय है। पानी वीर्य है। सिर पर रखे जानेवाले दर्भों का गुच्छा योनि का चिह्न है।

यह सब प्रजनन-तंत्र का भाग है। आदिम काल की भावनाओं ने रूप बदलकर सभ्य समाज में प्रवेश किया है। आज हम सब आदिम भावनाओं को रीति-रिवाजों के रूप में स्वीकार कर रहे हैं। स्व. धर्माराव जी का कहना है कि आदिम भावना (कामवासना की पूजा) ने अँगूठी का रूप धारण कर लिया है। अँगूठी का महत्त्व तो सब जानते ही हैं।

सुमुहूर्त के बाद सूत्रधारण का कार्यक्रम आता है। वधू की कमर में दर्भ की रस्सी बाँधने के साथ यह कार्यक्रम आरम्भ होता है। इसे योक्तधारण कहते हैं। पहले स्त्रियों का भी उपनयन होता था। योक्तधारण इसका चिह्न है।[1] उपनयन संस्कार में यज्ञोपवीत एक प्रधान भाग है। अति प्राचीन काल में इस प्रकार का

---

1. उपनयन संस्कार में गायत्री (सावित्री) जप होता है। एक सूक्ति बताती है कि स्त्रियों को इसे जपना चाहिए। 'पुराकल्पेतु नारीणाम् मौंजी बन्धन मिष्यते, अध्यापनंच वेदानाम् सावित्री वचनम् तदा'। वैद्यनादीयम् में भी लिखा गया है कि स्त्रियों के लिए भी उपनयन संस्कार है। स्त्रीणा मप्युक्त कालातिक्रमे प्रायश्चित्त माहकात्या यनः। स्मृति मुक्तफल में इस प्रकार है—संस्कारा अति पद्येरन स्वकाले चेत्कधंयनक हुत्वै तदेव कर्तव्या येतूप नयनादयः। रामायण में लिखा गया है कि संध्यार्धे वरवर्णिनी (सुन्दरकांड 14 श्लोक 49)।

उत्कल देश में स्नातक वधू के घर आने के बाद अपना पुराना यज्ञोपवीत कन्या को भेजता है। कन्या उसे धारण करती है। विवाह संस्कार पूरा होते ही वह उसे निकाल देती है।

संस्कार नहीं था। काणे पंडित का कहना है कि किसी भी गृह्यसूत्र ने यज्ञोपवीत धारण के बारे में नहीं बताया है। तिलक का ग्रन्थ ओरियन इससे सम्बन्धित है। उसने नक्षत्र मंडल का नक्षत्र मृगशिरा से इसे जोड़ा है। यज्ञोपवीत (दर्भ, रस्सी) शिकार के समय कमर को लगाने का एक पट्टा है। इसे बाँधने का अर्थ है शिकार के लिए तैयार हो जाना। विश्रान्ति समय में इसे शिकारी थोड़ा ढीला करता है। ढीला करने के कारण यह पट्टा (आजकल का यज्ञोपवीत) नीचे आ जाता है इसलिए इसे भुजाओं पर डाला जाता है। शिकारी शिकार करते समय इस पट्टे से कमर को बाँधता है। ऐसा करना कार्य आरम्भ करने की सूचना है। स्पष्ट है कि एक जमाने में शिकारी के शिकार करते समय बाँधे जाने वाले कमरपट्टे ने आज के यज्ञोपवीत का रूप धारण कर लिया है। इसी के आधार पर तेलुगु में एक कहावत का जन्म हुआ है। वाडी पनिकि नडुंकट्टाडु, नडुंबिंगियाडु (उसने कमर कसा, काम करने के लिए तैयार होना)।

विद्यार्जन आरम्भ करने की सूचना यज्ञोपवीत देता है। प्रारम्भिक दशा में हिरन के चर्म से पट्टा तैयार करते थे। अब यज्ञोपवीत को छोटा या चर्म का टुकड़ा लगाए जाने की प्रथा है। प्रायः यह प्रथा आदिम मानव की भावनाओं का प्रतिबिम्ब है। प्रारम्भिक दशा में शिकार के लिए स्त्री-पुरुष दोनों जाते थे। वे चर्म का पट्टा या घास की रस्सी को कमर में बाँधते थे।[1] इसे आज मुंज कहते हैं। काणे पंडित के विचार में मौंजी एक प्रकार की घास है। धीरे-धीरे स्त्रियों के उपनयन संस्कार करने की प्रथा कम होती गई। मौंज धारण करने का रिवाज भी कम हो गया। फिर भी पूर्ण रूप से लुप्त नहीं हुआ। इस प्रथा का प्रतिबिम्ब विवाह में होनेवाला कार्यक्रम योक्तधारण में मिलता है। वर वधू को इसे बाँधता है। यह इसकी सूचना है कि वधू नई स्थिति में प्रवेश कर रही है। इस समय यह मंत्र पढ़ाया जाता है–

आशासाना सौमनसं प्रजां सौभाग्यं रयिम्।
पत्युरनुव्रता भूत्वा सं नह्यस्वामृताय कम्॥

वर कहता है कि अच्छी सन्तान के लिए विवाह नामक पुण्य कार्य के लिए इस रस्सी को बाँध रहा हूँ। ऊपर दिया गया विश्लेषण इसकी पुष्टि करता है।

अब सूत्रधारण आरम्भ होता है। इस समय जो मंत्र पढ़ाया जाता है वह केवल लौकिक है। वर कहता है कि मेरे सुख के लिए तुम सौ साल जियो, इसलिए इसे मैं तुम्हारे गले में बाँध रहा हूँ। वात्स्यायन के विचार में इस मंगलसूत्र का रिवाज केवल आन्ध्र में ही है। दक्षिण के कुछ प्रान्तों में, महाराष्ट्र में इसका प्रभाव दिखाई पड़ता है। उत्तर भारत में कहीं भी यह प्रथा नहीं है। आन्ध्र में यही विवाह का

1. पारसी स्त्रियों में पट्टा बाँधने की प्रथा आज भी है।

प्रतीक बन गया है। कुछ पंडितों के विचार में मंगलसूत्र-धारण ही सुमुहूर्त है। धर्माराव जी का कहना है कि युद्ध में विजित तातार पराजित कबीलों की स्त्रियों को लाते थे। इन स्त्रियों के गले में एक रूमाल बाँधते थे। इसी रूमाल ने गलसूत्र या मंगलसूत्र का रूप धारण कर लिया। उत्तर भारत में, जो तातारों के नजदीक प्रान्त है, यह प्रथा रहनी चाहिए थी। किन्तु उत्तर भारत, चीन, मंगोल आदि प्रान्तों में यह रिवाज नहीं दिखाई पड़ता है।

मंगलसूत्र को तेलुगु में 'तालिबोट्टु'[1] कहते हैं। किन्तु इस विषय में भिन्न विचार मिलते हैं। कुछ लोगों के विचार में यह 'तालिबोट्टु'[2] है। आदिकाल में स्त्री को बोट्टु (कुंकुम) लगाकर आराधना करते थे, प्रायः तालिबोट्टु यही हो सकता है।[3] कुछ प्रदेशों में माँग में सिन्दूर भरना ही विवाह माना जाता है। कुछ पंडितों के विचार में यह रजोरक्त है। 'देवालयों पर मिथुनमूर्तियाँ क्यों? 'नामक रचना में इसके बारे में विश्लेषण हुआ है। इस विश्लेषण के आधार पर यह कह सकते हैं कि तालिबोट्टु का अर्थ रजोरक्त नहीं और कुछ है।

कुछ पंडितों की कल्पना है कि कुछ जनजातियों में ताड़ के पत्ते को वधू के गले में बाँधते हैं। यह ताडिबोट्टु है। धीरे-धीरे यही शब्द तालिबोट्टु में परिवर्तित हो गया है।[4] तालि का अर्थ पत्ते से बनाया गया एक आभूषण होता है।

इस रिवाज के पीछे मालिक के जुल्म के कारण पैदा होनेवाली दास की व्यथा है। इस सन्दर्भ में पढ़े जानेवाले मंत्रों के अनुसार यही विचार ठीक लगता है।[5] यह प्रथा आधुनिक है। रामायण, महाभारत में यह रिवाज नहीं दिखाई पड़ता है। आपस्तम्ब गृह्यसूत्रों के अनुगामी कावड़ (जुआ) और सूत्र-धारण को मिलाकर अपनाते हैं। केवल यजुर्वेदाध्यायी ही मंगलसूत्र रिवाज को मानते हैं।

महाराष्ट्र के लोग काले पोते पहनते हैं, यही उनके लिए मंगलसूत्र है। विवाह के सुमुहूर्त में मंगलसूत्र धारण का नियम नहीं है। काले पोते का रिवाज आन्ध्र में भी है। नील लोहिते नामक मंत्र पढ़ते हुए इसे वधू के गले में पहनाते हैं। उत्तर

---

1. तेलुगु शब्द है—इसे तालिबोट्टु कहते हैं।
2. तेलुगु शब्द है—तोलि माने पहला है, बोट्टु माने बिन्दी (कुंकुम) है।
3. श्री वेनिगल्ला सुब्बाराव—पेल्लिमंत्रालु वंडारमु, पृ. 104।
4. तालिबोट्टु का आकार योनि और लिंग के आकार में होता है। अनुमान लगाया जा सकता है कि शायद इसे सौभाग्यवर्धक चिह्न मानकर स्त्रियाँ इसे धारण करती हैं। कहा जाता है कि स्पार्टा के विवाह के समय स्तन और योनि के आकार में केक बनाए जाते हैं और वर को ये खिलाए जाते हैं। लिंगाकार केक वधू को खिलाए जाते हैं। शोभायात्रा के समय इन आकृतियों के केक बाँटते हैं।
5. कुछ लोगों का विचार है कि यह तालिबोट्टु शिवलिंग और योनि के आकार में रहता है। लिंग और योनि की आराधना की भावना अति प्राचीन है। इसी भावना से तालिबोट्टु पहनते हैं। यह लिंग और योनि का चिह्न है।—श्रीयलमंयलि वेंकटप्पय्या—मंगलसूत्र पवित्रमइंदा? पृ. 7।

भारत में कान्यकुब्ज प्रान्त में यह रिवाज है। महम्मदीयों में भी यह रिवाज है। भारतीय क्रैस्तवों में भी कहीं-कहीं यह रिवाज दिखाई पड़ता है।

चावल में हल्दी मिलाकर तलंब्रालु बनाते हैं। आशीर्वाद देने के लिए, देवताओं की पूजा के लिए फूलों के साथ चावल का भी उपयोग करते हैं। इन्हें अक्षत या अक्षित कहते हैं। चावल में कंकी निकालते हैं। टुकड़े हुए चावलों का उपयोग इसमें नहीं करना चाहिए। कुछ विद्वानों का कहना है कि जो क्षत नहीं हुए वे ही अक्षत हैं। दुनिया की कई जातियों में यह रिवाज दिखाई पड़ता है कि आशीर्वाद देने के लिए और पूजा के लिए चावलों का उपयोग किया जाता है। इसके लिए चावल का ही क्यों उपयोग करते हैं? इसके पीछे एक सैद्धान्तिक कारण है।

'रैस' शब्द पर्शियन शब्द से आया है। इसका अर्थ है वृद्धि। वृद्धि गोसम्पदा, भूसम्पदा, सन्तान सम्पदा से जुड़ी हुई है। यह ऐरिस नामक देवी से जुड़ा हुआ है। यह देवी सौभाग्य देवी है। यह प्रेम देवी भी है। इस वृद्धि को पर्शियन में वृज कहते हैं। संस्कृत में व्रीहि कहते हैं। व्रीहि का अर्थ है चावल। चावल का एक बीज बोने से अधिक संख्या में चावल का उत्पादन होता है। इसी भावना के कारण और एरिज देवता पर विश्वास के कारण ही यह रिवाज आया है। आशीर्वाद के रूप में यह चावल डालने का अर्थ यही होता है कि वह, उसका सारा कुटुम्ब सुख सम्पन्नता से रहे और बाल-बच्चों से कुटुम्ब की वृद्धि हो। कुछ प्रान्तों में हल्दी मिलाया जाता है तो कुछ प्रान्तों में कुंकुम। ये सब शुभ चिह्न हैं।[1]

विवाह के समय पहले वर वधू के सिर पर अंजलि भर तलंब्रालु (हल्दी मिलाया गया चावल) डालता है। बाद में वधू डालती है। इस सन्दर्भ में ये मंत्र पढ़ाए जाते हैं–

प्रजामे काम समृध्यताम् (वर कहता है)
पशवोते काम समृध्यताम् (वधू कहती है)
यज्ञो में काम समृध्यताम् (वर कहता है)
श्रेयोमे काम समृध्यताम् (दोनों मिलकर कहते हैं)

वर कहता है कि मुझे मेरी इच्छा के अनुसार सन्तान चाहिए। वधू कहती है कि पशु और खेत-खलिहान, जो मुझे प्रिय हैं, समृद्ध रहें। वर कहता है कि यज्ञ सम्बन्धी काम मुझे अधिक रहना चाहिए। दोनों कहते हैं कि हमें शुभ प्राप्त हो, काम की इच्छा समृद्ध रहे।

ये मंत्र समृद्धि सम्पदा से जुड़े हुए हैं। इसलिए समृद्धि की यह भावना और चावल के पीछे निहित भावना (एक बीज हजारों बीजों को जन्म देता है) तलंब्रालु

---

1. जेस्डूड जेब्स, डिक्शनरी ऑफ मैथालॉजी–फोकलोर सिम्बल इंट्रोडक्शन, पृ. 6।

रिवाज का मुख्य कारण है। यह रस्म काम्यतंत्र का एक भाग है। इसके लिए चिह्न के रूप में उपयोग किए जानेवाले चावल इसकी ही सूचना देते हैं। प्रधानतः कुटुम्ब अभिवृद्धि की भावना ही निहित है। कृषि संस्कृति के काम्यतंत्र की देवी स्त्री थी इसलिए इस भावना को व्यक्त करने वाले मंत्र वधू ही कहती है। इस रस्म को केवल ऋग्वेदी सूत्रधारण के पहले करते हैं, बाकी सभी सूत्र धारण के बाद करते हैं।

पाणिग्रहण रस्म में वर वधू का हाथ पकड़ता है और कहता है कि 'गृहणमिते सुप्रजास्वाय हस्तम् मया पव्या जरदष्ठिरयधा सह'। इसका अर्थ है कि जिस तरह हमारे पूर्वजों ने किया उसी तरह मैं सन्तानोत्पत्ति के लिए तुम्हारा हाथ लेता हूँ। इसमें केवल सन्तान की आकांक्षा ही है। हमारे प्राचीन ग्रन्थों के अध्ययन से यह तथ्य मालूम होता है कि पाणिग्रहण ही विवाह है। इस अंश पर कई बार चर्चाएँ होती थीं कि कौन-सी उँगली को पकड़ना चाहिए। वधू के सीधे किए दाएँ हाथ में वर का उलटा किया हुआ हाथ रहना चाहिए। प्रायः यह कॉस्मोलॉजी से सम्बन्धित भावना हो सकती है।[1] इसमें पृथ्वी और आकाश क्रमशः स्त्री और पुरुष के रूप में माने जाते हैं।[2]

विवाह संस्कार में सप्तपदी का महत्त्व अधिक है। सप्तपदी का अर्थ पिछले पृष्ठों पर समझाया गया है। हिन्दू न्यायशास्त्र में सप्तपदी की बहुत प्रधानता है। प्रभु और पी.एन. शास्त्री के विचार में पाणिग्रहण और सप्तपदी के बिना विवाह संस्कार नहीं है।

ऐरेणिकुम्भ रखने के रिवाज के बारे में स्व. धर्माराव जी ने विवेचन किया है। उनके विचार में यह ईरान की प्रथा है। इस रिवाज का भारत देश पर बहुत कुछ प्रभाव है। नागवल्लि नामक रस्म में चौकापूरण में इस प्रकार के कुम्भ रखे जाते हैं। इन कुम्भों को धागों से बन्द कर दिया जाता है। इस समय समस्त देवताओं की पूजा की जाती है। इस सन्दर्भ में वर यह मंत्र पढ़ते हुए–

नीललोहितं भवति कृत्यासक्तिव्यजते।
एधन्ते अस्या ज्ञातयः पतिर्बन्धेषु बध्यते॥

वधू के गले में कालेपोत डालता है।

---

1. इराकुयातु जातियाँ (हुरान्स मोहकस) पूरब टेन्निसी प्रान्त में हैं। इनका विचार है कि स्त्रियाँ आकाश से आई हुई हैं। बेबीलोनिया में और एक कथा पाई जाती है। तबते नामक एक स्त्री थी। उसने अप्सन नामक व्यक्ति को जन्म दिया था। आगे वही उसका पति भी बन गया। इन दोनों से मोहमिन यानी पृथ्वी पैदा हुई। कुछ दिनों के बाद प्रकाश की देवी आई। तबते ने उससे युद्ध किया। प्रकाश की देवी ने तबती को दो भागों में चीर दिया। उन दो भागों को उसने फेंक दिया। एक भाग आकाश बन गया। दूसरा पृथ्वी। इन दोनों से मानव पैदा हुआ।
2. एनसाइक्लोपीडिया ऑफ रिलीजन एंड कल्चर, सम्पादक—हेस्टिंग्स, पृ. 129।

शेषहोम : यह कार्यक्रम सम्भोग कार्य से सम्बन्धित है। इस समय गौरी-गन्धर्व की पूजा की जाती है। मंत्र के सारे अर्थ आज अश्लील लगते हैं। गर्भाधानम् इससे सम्बन्धित कार्यक्रम है। इस कार्यक्रम में सम्भोग से सम्बन्धित मंत्र पढ़ाए जाते हैं। किन्तु यह सब इन्द्र, सूर्य, अग्नि, विष्णुमूर्ति, भूमि, आकाश, अश्विनी देवताओं के नामों की आड़ में व्यक्त किया जाता है। इन मंत्रों का सूक्ष्म दृष्टि से अध्ययन करने से यह तथ्य मालूम होता है कि इसमें ग्रूप मैरिज से लेकर दम्पती-विवाह तक दुल्हन से सम्बन्ध रखनेवाले सारे व्यक्तियों की सूची है।

इस विस्तृत विवेचन से यह स्पष्ट होता है कि समाज के विकास के साथ-साथ स्त्री-पुरुष सम्बन्धों में कई परिवर्तन आए हैं। स्त्री-पुरुषों का शारीरिक सम्बन्ध एक प्रकृति सत्य है। यह सहज है। समाज के विकास के साथ-साथ स्त्री-पुरुष सम्बन्धों को धर्म के साथ जोड़ा गया। इसके कारण अलग-अलग विवाह पद्धतियों का जन्म हुआ। इन सबमें प्रधान अंश एक ही है, वह है स्त्री-पुरुषों का मिलन। ये विवाह पद्धतियाँ प्रायः वात्स्यायन के काल में आरम्भ हुई होंगी। इसका प्रमाण वात्स्यायनस्य वाक्य है। गृह्यसूत्रों में भी विवाह संस्कार में किए जानेवाले सभी कार्यक्रमों के बारे में नहीं बताया गया है।

हिन्दू धर्मावलम्बियों को छोड़कर अन्य धर्मावलम्बियों के विवाह संस्कारों में इतने लम्बे-चौड़े कार्यक्रम नहीं होते हैं।

इस विश्लेषण से यह स्पष्ट होता है कि आदिकाल के विश्वास और भावनाएँ रूप बदलकर आज हमारे विवाह संस्कार के रीति-रिवाज बन गए। आदिम मानव की मनोभावनाओं का प्रतिबिम्ब आज भी दुनिया की कई जातियों के रीति-रिवाजों में मिलता है। हमारी प्रथाओं का नेपथ्य अपने पूर्वजों की भावनाएँ ही हैं।

सन्दर्भ ग्रन्थ

1. तापी धर्माराव–देवालयाम मीद बूतु बोम्मलु ऐंदुकु–विशालान्ध्र, प्रचुरणालय, विजयवाड़ा, 1977
2. तिरुमल रामचन्द्र–आन्ध्र पत्रिक स्वर्णोत्सव संचिक-मद्रास, 1973-1974
3. जॉर्ज थाम्प्सन–स्टडीज इन अरली ग्रीक कल्चर
4. प्रमथनाथ बोस–एपिक्स ऑफ सिविलाइजेशन–एशियन एज्यूकेशन सर्विसेस, नई दिल्ली, प्रथम संस्करण, 1913-1978
5. जेनैड ए रागोजिन–वैदिक इंडिया, मुंशी राममनोहर लाल, दिल्ली-1961
6. ग्रांट आलेन–दि इवल्यूशन ऑफ दि ऐडिया ऑफ गॉड, वाल्ट्स एंड कं., लंदन, 1931
7. डी.डी. कोशांबी–द कल्चर एंड सिविलाइजेशन ऑफ एनशियंट इंडिया इन हिस्टॉरिकल अजुट लाइन, विकास पब्लिशिंग हाउस प्राइवेट लिमिटेड, दिल्ली-लंदन, 1972
8. ब्रिफाल्ट–दि मदर्स, जॉर्ज आलेन एंड आल्विन लिमिटेड, लंदन, 1959
9. मलिनोस्की–सेक्स एंड स्प्रिेशन इन सेवेज सोसाइटी
10. जी.एम. स्पोराटू–गेम्स एंड स्टूडीज ऑफ सावेज लाइफ
11. देवीप्रसाद चट्टोपाध्याय–लोकायत, पीपल्स पब्लिशिंग हाउस, नई दिल्ली, 1978
12. बर्ट्रेंड रसेल–मारेज एंड मोरल्स, 1948
13. जे.जी. फ्रेजर–दि गोल्डेन बौ, माक्मिलन एंड कं., लिमिटेड, लंदन, 1960
14. दि लास्ट टु मिलियन इयर्स, रीडर्स डाइजेस्ट एसोशिएशन, न्यूयॉर्क, 1974
15. जेम्स हेस्टिंग्स–वरशिप, एनसाइक्लोपीडिया ऑफ रिलिजियन एंड एथिक्स, भाग-2
16. फेरीरा–टोटमिज्म इन इंडिया, आक्सफोर्ड पब्लिकेशंस, 1965
17. डब्ल्यू.बी. स्पेन्सर एंड जी.एफ. गिल्लेन–दि नेटिव ट्रैब्स इन सेंट्रल आस्ट्रेलिया मिस्टिक रोज, भाग-1
18. जेसड जोब्स–डिक्शनरी ऑफ मैथालजी, फोकलोर एंड सिंबल्स भाग-2, 1962
19. हेनरी क्रिप्टन–सेक्स एंड सेक्स वरशिप, लंदन, 1921
20. जेम्स जे. प्रेस्टन–कल्ट ऑफ दि गाडेसेस, विकास पब्लिशिंग हाउस प्राइवेट लिमिटेड, दिल्ली, 1980
21. आरचिबाल्ट रॉबर्टसन–दि ऑरिजन्स ऑफ क्रिस्टियानिटी, लारेन्स एंड विशरटू, लंदन, 1962
22. समरेश बोस–दि तांत्रिक कल्ट, कवेस्ट संडे साप्ताहिक, 1981
23. जॉर्ज बौले–दि कनसइज एनसाइक्लोपीडिया ऑफ वर्ल्ड हिस्ट्री, लंदन, 1958
24. डेविड एल. सिल्स्–इंटरनेशनल एनसाइक्लोपीडिया ऑफ सोशल साइंसेज, भाग-8
25. विलड्यूरांड

26. जॉर्ज बनार्ड शॉ–एडवेंचर्स ऑफ स्लाक गर्ल इन सर्च ऑफ गॉड
27. एम. ए. डांगे–आदिम कम्यूनिज्म नुंडि बानिस समाजम वरकु भारतदेहाम विशालान्ध्रा प्रचुरणालया, विजयवाड़ा, 1978
28. श्रीधर मूर्ति–गणपति, पुनर्वसु, प्रकाशनम, बंगलूर, 1978
29. ओ.ए. वाल–सेक्स एंड सेक्स वरशिप, हेनरी क्रिप्टन, लंदन 1921
30. जी.आर. स्काट–फालिक वरशिप, अमर कं. बुक एजेन्सी, नई दिल्ली, 1975
31. एच.एम. वेस्ट्राप एंड सी.एस. वेक–एनशियंट सिम्बल वरशिप, न्यूयॉर्क, 1875
32. एन इनक्वायरी इन्टु दि सिंबोलिकल लैंग्वेज ऑफ एनशियंट आर्ट एंड मैथालजी, 1818
33. जे.जी. आर. फरलांग–रिवर्स ऑफ लाइफ, भाग-1, 1883
34. इसबेल्ला. एल. बरड्–अनबीटेन ट्राक्स इन जापान, भाग-1, लंदन, 1880
35. ब्रिफाल्ट–दि मदर्स
36. वारणासि सुब्रह्मण्य शास्त्री–आस्तिकत्वमु-2, तापी वारि देवालय दूषणमु समाधानमु, 1970
37. तारापूरवाला ट्रेजर हाउस ऑफ बुक्स, 1970, अनुवाद–एस.सी. उपाध्याय
38. रिचर्ड लूइनशान–ए हिस्ट्री ऑफ सेक्सुअल कस्टम्स, 1961
39. मामिडिपूडि वेंकट रंगय्या–राजातःपुर नियमवालि, कौटिल्युनि अर्थशास्त्र, मामिडिपूडि वेंकट रंगय्या प्रचुरणलु, सिकंदराबाद, 1968
40. आर.ब्राश–हाउ डिड सेक्स बिगिन, पान बुक्स लिमिटेड, लंदन, 1973
41. बोनिस्ला मलिनोवस्की–क्राइम एंड कस्टम इन सावेज सोसाइटी, रूट्र डे एंड केगन्पाल लिमिटेड-1961
42. सेक्स शायलजी पत्रिका–200 पार्क एवेन्यू, सउत न्यूयॉर्क, 1970-79
43. जॉन एफ. मेक्लानन–प्रिमिटिव मैरेज, 1970
44. बुल्फिंच–ग्रीशियन मैथालजी
45. लुई हेनरी मोरगान–एनशियंट सोसाइटी, भारती
46. ऋग्वेद
47. वेनिगल्ला सुब्बाराव–पेल्लि मंत्राल बंडारम, वेनिगल्ल हेतुवादी साहित्य निकेतन रेपले, 1979
48. अवसराल जगनाथ राव पंतुलु–कलिंग देश चरित्र, 1930
49. कडियाल जगनाथ शर्मा–भारत देहामलो पेल्लिल्लु टेक्निकल पब्लिशर्स, गुंटूर, 1981
50. चिलुकूरि नारायणराव–कलिंग देश चरित्र, 1930
51. रिसेल हर्बर्ट्–दि पीपल ऑफ इंडिया, ओरियंटल बुक्स, रीप्रिंट कॉर्पोरेशन दिल्ली, 1969
52. जी.आर. स्कॉट–क्यूरियम कस्टम्स ऑफ सेक्स एंड मैरेज, टार्चरों बुक्स, लंदन, 1953
53. के. एम. कपाडिया–मॅरिज, फैमिली इन इंडिया, कलकत्ता, 1977
54. पि. एन. प्रभु–हिन्दू सोशल ऑर्गनाइजेशन, बॉम्बे, 1963

□□□

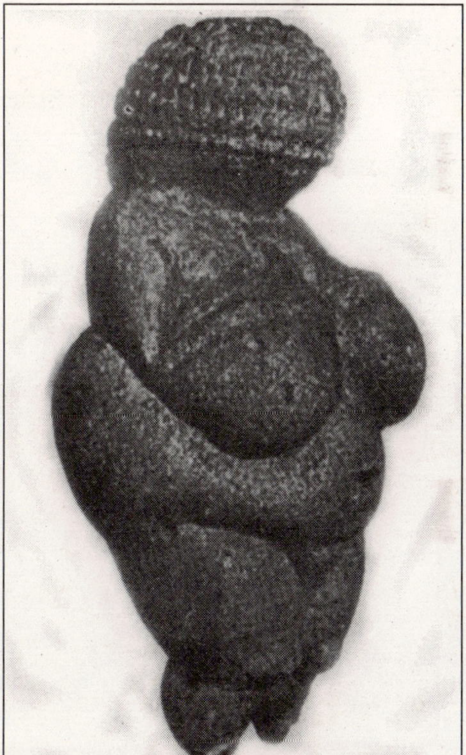

चित्र-1 : आदिमकाल की सौभाग्यदेवी का रूपआस्ट्रिया

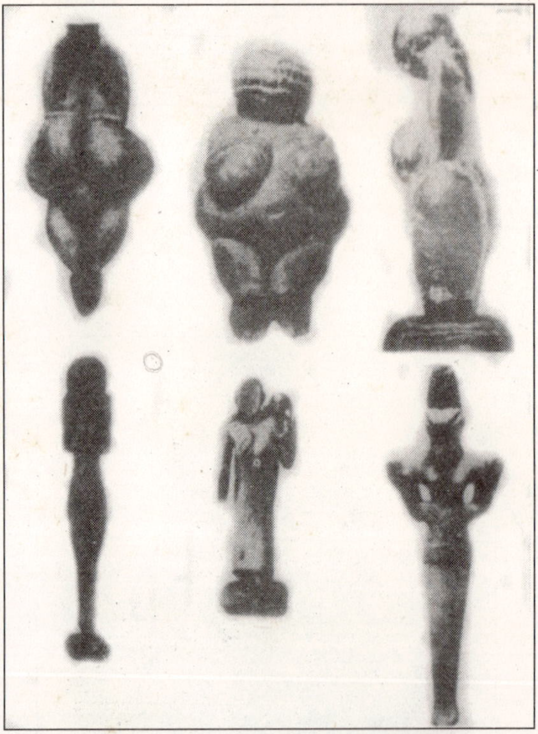

चित्र-2 : आदिमकाल के विविध देशों की सौभाग्य देवियों के रूप

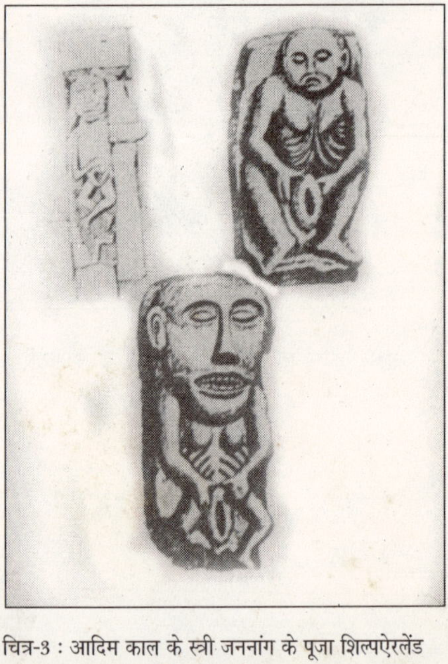

चित्र-3 : आदिम काल के स्त्री जननांग के पूजा शिल्पऐरलेंड

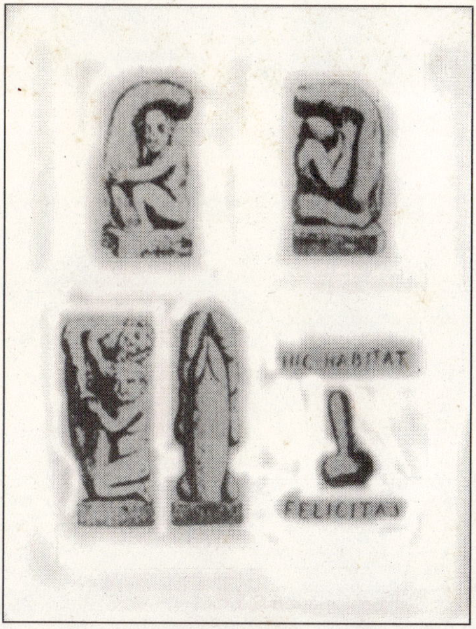

चित्र-4 : मिस्र देश में प्राचीनकाल की स्वलिंग पूजा

चित्र-5 : रोम में लिंगरूपी प्रियापस को स्त्रियाँ नग्न होकर पूजा करती थीं।

चित्र-6 : 'बच्चूसू' को स्त्रियाँ पूजा करती थीं।

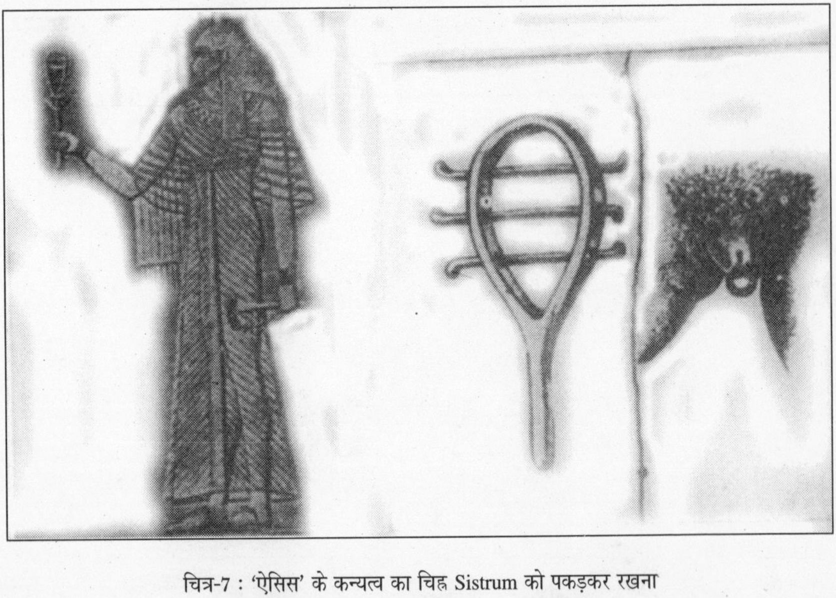

चित्र-7 : 'ऐसिस' के कन्यत्व का चिह्न Sistrum को पकड़कर रखना
मिस्र देश की लोहे की कमरपेटी के रूप में Sistrum

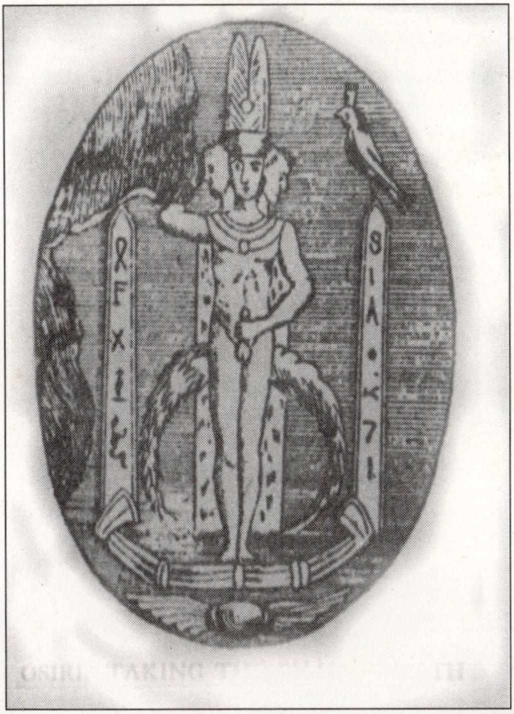

चित्र-8 : मिस्र तथा वेल्स में कसम खाने की पद्धति, बाइबिल में इसकी जानकारी मिलती है।

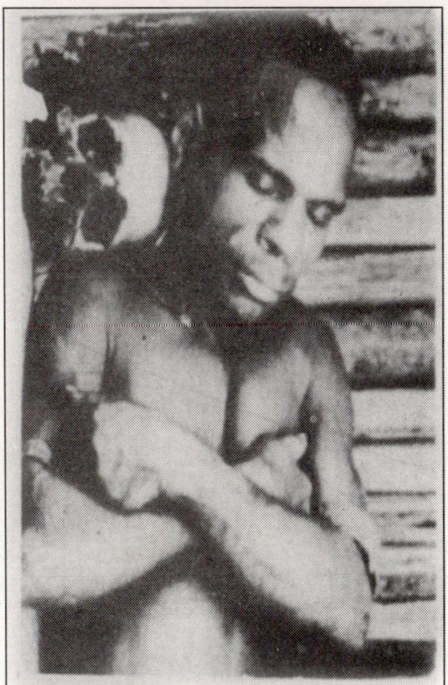

चित्र-9 : ऑस्ट्रेलिया जनजातियों में जिसे मारा जाता है उसकी खोपड़ी (Skull) पर मारनेवाले के सिर रखने की प्रथा पाई जाती है।

चित्र-10 : मेक्सिको के जूनी तथा अजित प्रांतों के खेतों में रखे जाने वाले सौभाग्य चिह्न।

चित्र-11 : अमेरिका की कुछ जनजातियों (आदिवासी) में गाँव के सामने लिंगाकार तथा योनि के रूप में लकड़ियों को रखने की प्रथा पाई जाती है।

चित्र-12 : अफ्रीका में बुशमेन जनजाति में पत्थरों को स्त्रियों के अंगों के रूप में, पेड़ों को पुरुषांगों के रूप में पूजा करने की प्रथा पाई जाती है।

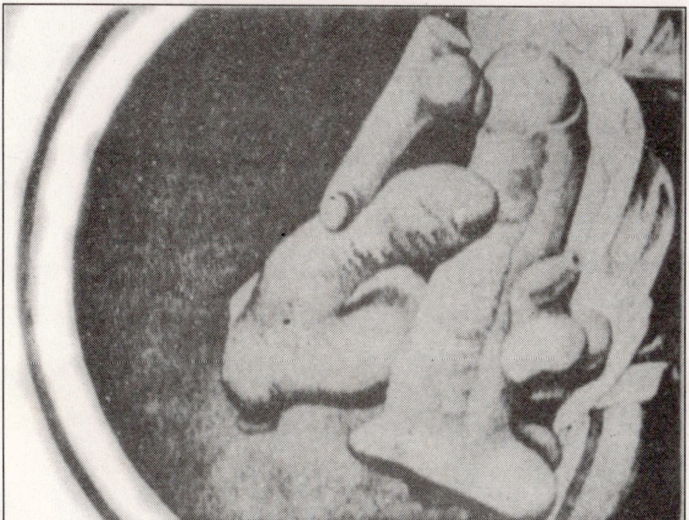

चित्र-13 : 'इंजरेना' देश में प्रियापस की पूजा की जाती है।
केक को पुरुष जननांग का रूप दिया जाता है। इन केकों को मन्नत के रूप में समर्पित किया जाता है।

चित्र-14 : विश्व के ऊँचे स्तम्भ, टवरसू, गिरजाघर, मसजिद, मन्दिरइनके सारे निर्माण स्त्री-पुरुषों के जननांगों के चिह्न ही हैं।

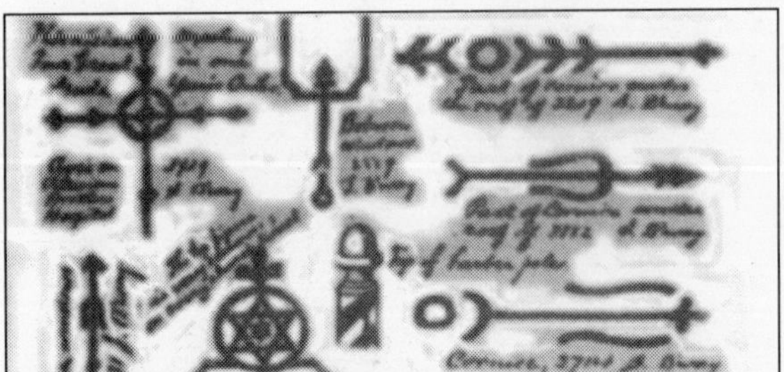

चित्र-15 : भारत देश के सभी प्रान्तों में उपयोग किए जाने वाले सौभाग्यवर्धक चिह्न।

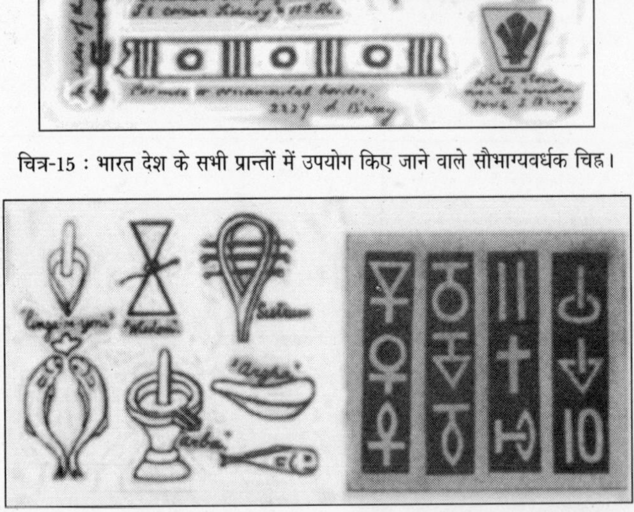

चित्र-16 : स्त्री-पुरुष जननांगों क रूपविश्व में इस प्रकार के चिह्नों की पूजा की जानेवाली प्रथा पाई जाती है।

चित्र-17 : सारे चौकापूरणों (रंगोली) के कोण स्त्रियों के सौभाग्यवर्धक चिह्न हैं।

चित्र-18 : हिन्दू 'अर्द्धनारीश्वर' की कल्पना।

चित्र-19 : कोणार्क सूर्यदेवालय का नागमिथुन शिल्प

चित्र-20 : नागार्जुन कोंडा (आन्ध्र पद्रेश) बौद्धस्तूप को मिथुन शिल्प

चित्र-21 : खजुराहो में विश्वनाथ मंदिर का शिल्प

चित्र-22 : योद्धा युद्ध में जाते समय पत्नी के लिए लोहे की कमरपेटी लाता हैमध्ययुग का चित्र

THEY'RE STILL USING chastity belts!

BY FRANK RECTOR

Orders from all over the world are pouring into the town of Ridgeway in England for objects costing $60 apiece that most persons thought had gone out of style after the Middle Ages.

The orders are for custom-made chastity belts, which David Renwick and his five-man staff carefully produce from top-quality Sheffield steel.

Because every chastity belt has to be made to measure, the hard-

चित्र-23 : आज भी इंग्लैंड में कुछ दुकानों में लोहे की कमरपेटियाँ बेची जाती हैं। लोहे की कमरपेटी का एक चित्र

चित्र-24 : न्यूगिनी की 'कुरेलु' जनजाति की एक पुरुष कमरपेटी।

चित्र-25 : 'कंबरलैंड' साँप की आकृति के रूप का पुरुष जननांग।
इसकी पूजा करने की प्रथा पाई जाती है।

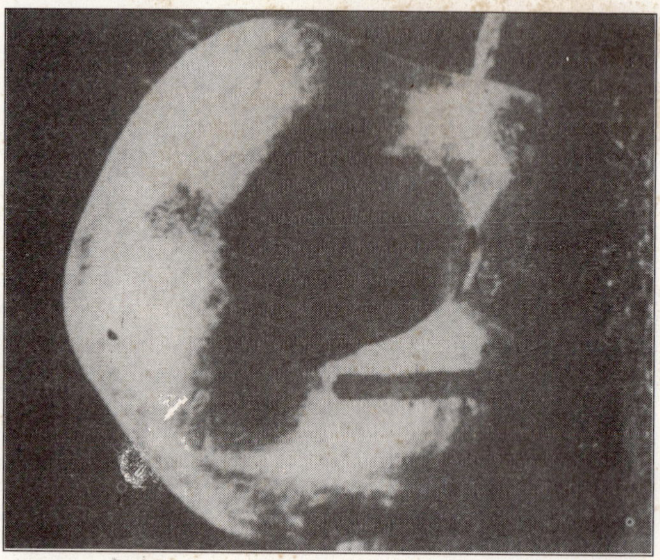

चित्र-26 : योनिपूजा के लिए उपयोग किए गए पत्थर मेंस्त्री जननांगमोहनजोदड़ो

चित्र-27 : लिंगपूजा के लिए उपयोग किया गया पुरुषांग का रूपमोहनजोदड़ो

चित्र-28 : मृतकों पर किया गया निर्माणआदिम देवालयभावना

चित्र-29 : आदिम देवालय-भावनादूसरा रूपअफ्रीका

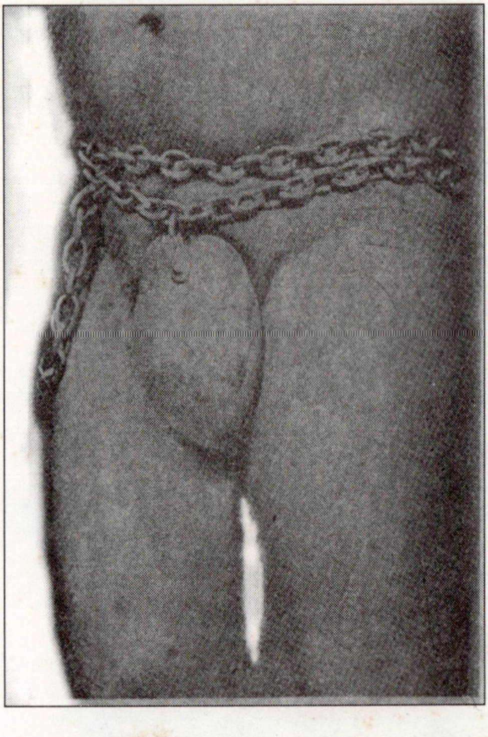

चित्र-30 : भारत देश के कुछ प्रान्तों में पुरुषों द्वारा उपयोग की जानेवाली लोहे की कमरपेटी